La Bible
de l'aromathérapie

Nerys Purchon

La Bible de l'aromathérapie

Marabout

Note importante

Ce livre contient une kyrielle d'informations sur les huiles essentielles. Ce n'est pas un ouvrage médical. Avant d'essayer l'un des remèdes proposés, j'attire l'attention du lecteur sur la nécessité de faire un test ou patch préalable sur la peau (voir L'aromathérapie pratique, Les méthodes de A à Z, p. 468), afin de déterminer une éventuelle allergie à un quelconque produit. Chacun devra également toujours se rappeler que certaines huiles essentielles, bénéfiques sur de courtes périodes, peuvent se révéler nocives en cas d'utilisation prolongée. Enfin, les traitements présentés dans le cadre de cet ouvrage n'entendent pas se substituer aux soins médicaux qui s'imposent, particulièrement dans le cas des maladies graves, qui réclament toujours la consultation d'un spécialiste.

Ni l'auteur ni l'éditeur ne peuvent être tenus pour responsables de réactions indésirables lors de l'application des recommandations, des indications et des remèdes donnés dans ce livre. L'utilisation des huiles essentielles est entièrement aux risques et périls du lecteur.

Remerciements

Je remercie tout particulièrement Jan Castorina pour son aide précieuse lors de la rédaction du chapitre concernant les massages.

Titre original : *Nerys Purchon's Handbook of Aromatherapy.*

Traduction : Denis Montagnon.

Sommaire

Je dédie ce livre à mon père, éternel amoureux
de la nature qui m'a tant appris à aimer
les plantes et leurs secrets.

Introduction

Le bon génie des huiles essentielles

J'ai passé quelques-unes des plus heureuses années de ma vie dans une petite ferme de Rivendell, en Australie. Là, avec mon époux Prakash, ma famille et mes amis, nous avions une petite société artisanale d'herboristerie et de produits cosmétiques…

Une vie au service des plantes

Chaque matin était différent du précédent. Quand le soleil du petit jour commençait à réchauffer la terre, je sentais monter et s'épanouir les odeurs envoûtantes des fleurs et des plantes de notre jardin aromatique. Lorsque le temps était froid et humide, leur arôme était moins prenant, moins enivrant, même quand on écrasait les feuilles pour fabriquer nos produits. Vous ne me croirez peut-être pas mais, certains jours, je me sentais particulièrement attirée par une plante entre mille. Et je m'apercevais toujours peu après que j'avais justement besoin d'elle !

Pour préparer nos produits naturels, nous utilisions de nombreuses huiles essentielles. C'était à la fin des années 1970, et nous étions de vrais pionniers ! Les huiles de bonne qualité étaient assez rares sur le marché, et vraiment pas faciles à trouver. C'est pourquoi nous nous sommes mis à les fabriquer nous-mêmes, en expérimentant des méthodes nouvelles pour obtenir des infusions très concentrées. Je dois dire ici un grand merci au soleil de l'Australie : sans lui, nos résultats n'auraient pas été aussi excellents ! Il a fait un travail merveilleux. Sous l'effet de sa douce chaleur, nos plantes se sont gorgées de substances précieuses. Il nous a suffi d'extraire leurs essences délicates pour obtenir de puissantes huiles essentielles.

Un beau jour, nous avons décidé d'abandonner notre vie sédentaire, notre ferme et notre terrain de 8 ha, pour nous transformer en « nomades ». Au volant de mon mobile home, je n'avais qu'une seule idée en tête : découvrir des herbes médicinales que je ne connaissais pas. L'Australie s'offrait à moi, immense, comme un gigantesque terrain d'investigation ! Aujourd'hui, nous n'avons toujours pas abandonné cette manière de vivre. Avec mon mari, mes enfants et mes deux petits chiens, nous sillonnons le pays sans nous presser. Nous campons sur les collines et nous « transhumons » au gré des saisons, en fuyant l'hiver le froid du Sud et en été les chaleurs du Nord. Cette vie proche de la nature nous convient parfaitement. Mieux, elle nous comble. À chaque bivouac, j'allume notre petite lampe à huile. Je fais la popote pour tout le monde et nous nous sentons bien, comme chez nous.

Mais je rêvasse et j'oublie l'essentiel, les plantes et les huiles essentielles justement ! Il n'y a pas très longtemps, sur les pentes des montagnes colorées par l'automne, j'ai cueilli des fruits et quelques pousses de mûrier. J'ai conservé ces dernières pour les faire sécher et les garder dans ma petite pharmacie. Les millepertuis, « l'herbe de la Saint-Jean », étaient en fleurs. Comme par miracle, leur jaune vif donna une huile d'un rouge flamboyant qui se révéla très utile pour calmer nos muscles endoloris par une longue marche. Tout près de là, j'ai trouvé encore d'autres herbes médicinales. Elles seront très utiles si l'un de nous prend froid !

Pour tout vous dire, je ne me sépare jamais de la boîte en bois dans laquelle je range mes huiles essentielles et mes plantes médicinales séchées. Je profite quotidiennement des bienfaits de l'aromathérapie, et jamais de la même manière. Chaque jour, j'aime toujours plus ces plantes et j'apprends à connaître un peu mieux les vertus de leurs essences magiques. Quand je froisse une feuille ou les pétales d'une fleur, je me prends pour Aladin quand il frottait sa lampe à huile pour réveiller son bon génie ! Et j'attends, émoustillée, la merveilleuse magie qu'elles vont m'offrir…

Dans ce livre, j'ai engrangé toutes les connaissances acquises dans ma ferme de Rivendell et depuis que j'herborise au gré des saisons. J'espère qu'il vous aidera et, chose plus importante peut-être, qu'il vous donnera envie d'en savoir plus, et, qui sait, d'expérimenter de nouvelles « recettes » à vous ! Comme vous le verrez, les remèdes conseillés dans cet ouvrage sont très faciles à réaliser. Ils ne vous prendront guère de temps. La plupart d'entre eux ne vous coûteront pratiquement rien, seul l'achat des huiles essentielles étant parfois un peu onéreux. Et quand bien même… Si vous mettez bout à bout toutes les sommes accumulées en une année en produits de beauté pour la peau et les cheveux, en parfums, en nettoyants ménagers, en désinfectants et autres insecticides, vous verrez que votre investissement de départ était vraiment ridicule en comparaison. Mieux, ces cadeaux de la nature vous enrichiront, vous, votre famille et vos amis. Ils embelliront vos vies ! Quant à la joie quotidienne de voir les huiles essentielles se transformer en autant de pommades, de crèmes, de parfums aux arômes étonnants, de désodorisants et d'autres choses adorables, elle est franchement inestimable !

J'espère que ce livre vous apprendra à aimer les huiles essentielles, et qu'elles vous deviendront indispensables.

Nerys Purchon
Bunburry W.A., janvier 1999

Utiliser des huiles essentielles

On obtient des huiles essentielles pures à l'issue d'une distillation (ou d'une autre méthode extractive) des substances aromatiques ou des essences présentes dans les plantes. Ces extraits naturels s'évaporent et leurs parfums puissants se répandent dans l'air. Non grasses et très volatiles, les huiles essentielles sont donc très différentes des huiles végétales, animales, ou minérales.

Les huiles essentielles, aussi appelées oléolats ou « essences », sont souvent élogieusement qualifiées de « substances vitales ». Ce qui est fantastique avec elles, c'est qu'elles sont utiles à chacun. Elles favorisent la guérison des enfants, des adultes comme des personnes âgées. Elles protègent et embellissent tous ceux qui les utilisent. Quand vous aurez pris connaissance de certains principes, méthodes et procédés de base, vous vous apercevrez que leur utilisation est enfantine. L'emploi le mieux connu des huiles essentielles, c'est bien sûr le massage, mais vous allez voir qu'il y a mille autres façons de profiter de leurs bienfaits. Et ce n'est jamais bien compliqué : même si l'aromathérapie ressemble un peu à de la magie, elle n'est jamais un art vraiment bien sorcier dans la pratique !

Longtemps mal aimées

Les huiles essentielles sont utilisées depuis la nuit des temps, notamment pour les cérémonies religieuses. Les historiens émettent l'hypothèse selon laquelle on se servait également d'essences d'herbes aromatiques pour masquer l'odeur de certains lieux malpropres ou de corps qui n'étaient pas très souvent lavés… Mais peut-être qu'une telle information vous fera frémir et ne vous convaincra pas des pouvoirs des herbes essentielles ! La Bible est, quant à elle, sans la moindre ambiguïté à ce sujet : chacune des herbes et des huiles qu'elle mentionne possède des vertus médicinales et thérapeutiques. Cela n'est certainement pas dû au hasard !

Pourtant, jusqu'à une date récente, l'utilisation d'herbes, d'huiles essentielles ou d'autres méthodes naturelles à base de plantes était regardée avec beaucoup de méfiance par les savants et les médecins, dont la plupart ne jurent que par les médicaments de synthèse. Soit dit en passant, le microcosme scientifique niait ainsi une réalité essentielle : l'odorat est à la fois le sens le plus immédiat et le plus évocateur que nous possédons, notamment parce qu'il est relié à la région de notre cerveau correspondant à la mémoire. Lequel d'entre nous n'a pas eu le souvenir d'une personne, d'un lieu ou d'un événement passé en humant le soudain effluve d'un parfum ou d'une quelconque senteur ? Qui n'a pas eu un haut-le-cœur en respirant une odeur nauséabonde ? Qui n'a pas été attiré ou repoussé par l'odeur corporelle d'un individu ? Enfin, lequel d'entre nous n'est pas passé devant un boulanger, ou devant un café, sans avoir l'eau à la bouche et l'irrésistible envie d'un croissant ou d'un petit noir ? L'odorat est un sens très puissant. Il est à l'origine de nos plaisirs culinaires. Avant même de déguster un plat, il nous donne un avant-goût de sa saveur.

Une réhabilitation ?

Aujourd'hui, les herbes aromatiques et les huiles essentielles jouissent d'une plus grande considération. Leur utilisation est de mieux en mieux acceptée, et l'efficacité de nombreux remèdes à base de plantes a pu être scientifiquement démontrée. On commence aussi à comprendre et à savoir comment agissent certaines essences aux propriétés thérapeutiques, même si de nombreuses recherches restent à mener dans ce domaine. Bien sûr, il y a encore beaucoup de sceptiques qui se moqueront de vous si vous n'êtes pas capable d'apporter des explications scientifiques de leurs vertus. Répondez-leur simplement que même les médecins n'expliquent pas de manière vraiment convaincante comment l'aspirine, entre autres médicaments, parvient à calmer la douleur !

De précieux soutiens

Ne vous méprenez pas : ce livre – ni même l'aromathérapie dans son ensemble – n'a pas la prétention de se substituer à l'avis de votre médecin traitant ! Rappelez-vous toujours qu'un problème très anodin en apparence peut cacher un mal plus sérieux. Si vos symptômes sont importants ou s'ils persistent, allez consulter sans tarder un médecin. Les huiles essentielles peuvent seulement vous aider à traiter de petites indispositions quotidiennes, à stimuler votre système immunitaire, vos organes et vos glandes. C'est déjà énorme : elles renforceront votre organisme, qui sera ainsi mieux à même de lutter contre les infections, qu'elles soient d'origine bactérienne, virale ou fongique. En bref, elles donneront à votre corps les moyens de guérir plus vite. Les essences végétales ont d'autres atouts : elles ont un pouvoir relaxant et tonifieront chacun des muscles de votre corps ; elles vous aideront également à calmer votre tension nerveuse, à mieux vous concentrer et à gérer votre stress quotidien. Quand on sait toutes les maladies que déclenchent les soucis et l'anxiété, vous comprendrez facilement à quel point le soutien des huiles essentielles est précieux !

Vous avez dit condensé ?

Quand vous vous achèterez vos premières huiles essentielles, vous penserez peut-être que vous n'en avez pas pour votre argent… C'est oublier que vous utiliserez des doses infimes, de l'ordre de quelques gouttes. C'est ignorer aussi la quantité phénoménale de plantes qu'il a fallu pour produire le précieux liquide contenu dans le petit flacon : à titre d'exemple, il faut 1 tonne de thym pour obtenir 20 cl d'huile essentielle !
Êtes-vous maintenant convaincu d'avoir fait une bonne affaire ? Et encore, je ne parle pas de l'investissement en termes de bonne santé et de bien-être pour vous et votre famille…

Comment utiliser les huiles essentielles ?

Vous ajouterez quelques gouttes d'huiles essentielles pour préparer toutes sortes de traitements de soin et de beauté, mais aussi pour bichonner votre maison et votre animal de compagnie. Grâce aux essences de plantes, vous préparerez toutes sortes de produits naturels sans danger :

- huiles de massage (mélangées à des huiles végétales) ;
- solutions pour applications locales (sur des compresses imbibées d'eau) ;
- bains (en dose infinitésimale) ;
- eaux de toilette et parfums (mélangées à de l'alcool) ;
- répulsifs contre les insectes (incorporées à différentes substances) ;
- crèmes cosmétiques, lotions et pommades de soin ;
- shampooings ou après-shampooings tonifiants ;
- parfums pour pots-pourris ;
- désodorisants antibactériens et antiviraux ;
- préparations antipuces et de soins divers pour votre animal de compagnie ;
- nettoyants ménagers pour sols et murs.

Avertissements importants

- N'utilisez jamais d'huiles essentielles par voie orale sans l'avis d'un phyto-aromathérapeute ou d'un naturopathe qualifiés.
- Conservez les huiles essentielles hors de la portée des enfants : ce sont des poisons mortels, même en petites quantités. En cas d'accident, appelez d'urgence le centre antipoison, le SAMU ou les pompiers (voir L'aromathérapie au quotidien, Premiers secours, p. 457).
- Lisez impérativement les précautions d'emploi des huiles essentielles décrites dans la première partie de cet ouvrage. Certaines d'entre elles sont formellement contre-indiquées pendant la grossesse. D'autres sont toxiques à des concentrations trop fortes.

• Suivez les dosages appropriés, sans jamais chercher à les augmenter dans l'espoir d'une plus grande efficacité. La quantité d'huile essentielle excède rarement 3 ou 4 % dans un mélange. Le plus souvent, les concentrations sont encore plus faibles (voir L'aromathérapie pratique, Dosages et conservation, p. 466).

• Achetez exclusivement des huiles essentielles naturelles de la meilleure qualité. Fiez-vous à l'étiquette où doit figurer l'indication H.E.B.B.D. (Huile Essentielle Botaniquement et Biologiquement Définie), qui définit les trois critères fondamentaux assurant leur nature exacte : l'espèce botanique en latin, l'organe producteur (feuilles, fleurs, etc.) et la spécificité biochimique (lieu de récolte). Certains produits dépourvus de ce label sont appelés tantôt « huiles aromatiques », tantôt « huiles composées » ou « huiles parfumées ». De telles mentions signifient qu'il s'agit d'huiles synthétiques sans la moindre vertu thérapeutique.

Première partie

Les huiles

Ma pharmacie verte ne me quitte jamais. Elle voyage avec moi dans une boîte en bois. Il ne se passe pas un jour sans que mes huiles essentielles m'apportent une bonne surprise. Je les aime toujours un peu plus et, jour après jour, je perce un peu mieux leurs nombreux mystères.

Les propriétés des huiles essentielles

La plupart des huiles essentielles possèdent des vertus thérapeutiques, mais certaines essences sont plus efficaces que d'autres. Chacune a des propriétés et des utilisations bien précises. C'est pourquoi il convient d'abord, dans cette première partie, de les passer en revue de A à Z. En fin de chapitre seront évoquées les décoctions de plantes, ou « huiles infusées », ainsi que les huiles végétales que vous retrouverez dans les suggestions de soins et de remèdes. Lisez attentivement le Tableau des propriétés des huiles essentielles figurant ci-dessous : c'est une sorte de pense-bête qui vous sera très utile pour dénicher au bon moment l'essence qu'il vous faut. Veillez à avoir aussi toujours en tête les précautions d'emploi énoncées en introduction. Enfin, ne manquez pas la fin de cette première partie et les mises en garde sur l'importance de l'étiquette figurant sur le flacon (Lisez l'étiquette ! et De l'importance du nom botanique, p. 138 et 139), certaines contre-indications (Suivez les instructions !, p. 141), et enfin les essences que je vous déconseille d'utiliser (Pour les professionnels seulement, p. 142).

Par quelles essences commencer ?

Quand vous ferez vos premiers pas dans l'aromathérapie, vous n'aurez peut-être pas envie de vous ruiner... Commencez par vous procurer les musts : de l'huile essentielle de lavande ou de tea-tree, éventuellement de l'huile essentielle de camomille ou de géranium. Vous comprendrez immédiatement pourquoi lorsque vous lirez la deuxième partie de ce livre : ces huiles sont le plus souvent utilisées dans les remèdes et les soins. La lavande, en particulier, offre l'inestimable avantage d'avoir de multiples applications et d'être sans aucun danger pour toute la famille.

Tableau des propriétés des huiles essentielles

Figurent seulement dans ce tableau les huiles essentielles les plus importantes

Propriétés	Termes médicaux	Huiles essentielles
Soulagement de la douleur par une action sédative sur les nerfs	Analgésique	Bergamote, camomille, eucalyptus, lavande, marjolaine, menthe poivrée et romarin.
Abaissement de la libido	Anaphrodisiaque	Marjolaine.
Lutte contre les infections internes	Antibiotique	Ail, cajeput, manuka, niaouli, ravensare et tea-tree.
Suppression des états dépressifs	Antidépresseur	Bergamote, géranium, jasmin, lavande, lemon-grass, mandarine, mélisse, néroli, orange, pamplemousse, petit grain, romarin, rose, santal, sauge sclarée et ylang-ylang.

Soulagement des états nauséeux et des vomissements	Antiémétique	Badiane, camomille, fenouil, girofle, gingembre, menthe poivrée, menthe verte et poivre.
Réduction des inflammations	Anti-inflammatoire	Bergamote, camomille, hélichryse, lavande et myrrhe.
Élimination et destruction des bactéries à l'origine d'une infection	Antiseptique	La plupart des huiles essentielles possèdent un pouvoir antiseptique, à commencer par l'ail, la bergamote, l'eucalyptus, le genièvre, la lavande, la manuka, le niaouli et le ravensare.
Prévention et soin des crampes ou des douleurs spasmodiques de l'intestin et de l'utérus	Antispasmodique	Camomille, genièvre, gingembre, lavande, marjolaine, orange, menthe poivrée et sauge sclarée.
Réduction de la transpiration	Antisudoral	Cyprès et sauge sclarée.
Action d'antipoison	Antitoxique	Bergamote et poivre.
Inhibition ou élimination des virus	Antiviral	Ail, bergamote, eucalyptus, lavande, manuka, palmarosa, ravensare et tea-tree.
Augmentation de la libido	Aphrodisiaque	Bois de rose, jasmin, néroli, patchouli, rose, santal, sauge sclarée, vétiver et ylang-ylang.
Tonique des tissus	Astringent	Benjoin, cèdre, cyprès, encens, genièvre, myrrhe, rose et santal.
Expulsion des gaz présents dans les intestins	Carminatif	Aneth, angélique, badiane, cardamome, carvi, coriandre, fenouil, gingembre, menthe poivrée, menthe verte et poivre.

Stimulation de la sécrétion biliaire	Cholagogue	Camomille, lavande, menthe poivrée, menthe verte et romarin.
Stimulation de la cicatrisation	Cicatrisant	Bergamote, bois de rose, cyprès, eucalyptus, encens, lavande, néroli, patchouli et petit grain.
Réduction des odeurs	Déodorant	Bergamote, cyprès, eucalyptus, lavande, lemon-grass, litsea cubeba, patchouli, petit grain et sauge sclarée.
Purification du sang	Dépuratif	Ail, bouleau, carotte, fenouil, genièvre, rose et sauge sclarée.
Stimulation de la digestion et soulagement de l'indigestion	Digestif	Aneth, badiane, carvi, cardamome, camomille, marjolaine, poivre et romarin.
Augmentation de la quantité d'urine	Diurétique	Bouleau, camomille, cèdre, fenouil, géranium, genièvre et persil.
Stimulation et régulation des règles	Emménagogue	Basilic, camomille, marjolaine et sauge sclarée.
Élimination des excès de mucus bronchiques	Expectorant	Benjoin, encens, eucalyptus, lavande, marjolaine, myrrhe, tea-tree et santal.
Réduction de la fièvre	Fébrifuge	Bergamote, camomille, eucalyptus, lavande, menthe poivrée, ravensare et tea-tree.
Prévention et destruction des infections fongiques	Fongicide	Lavande, myrrhe et tea-tree.
Stimulation de la sécrétion lactée	Galactalogue	Badiane, basilic, céleri, cubèbe et fenouil.
Interruption des saignements	Hémostatique	Camomille, cannelle, citron, cyprès, géranium, lime et rose.

Stimulation et tonification du foie	Hépatique	Angélique, baume du Pérou, citron, hélichryse, menthe poivrée, pamplemousse, romarin, rose, sauge sclarée et violette.
Augmentation de la pression sanguine	Hypertenseur	Hysope, menthe poivrée, poivre, romarin et sauge sclarée.
Abaissement de la pression sanguine	Hypotenseur	Ail, lavande, marjolaine, mélisse et ylang-ylang.
Renforcement des défenses de l'organisme contre les infections	Immunostimulant	Ail, bois de rose, eucalyptus, hélichryse, lavande, manuka, ravensare et tea-tree.
Tonique du système nerveux	Nervin	Angélique, basilic, camomille, marjolaine, mélisse et sauge sclarée.
Production de rougeurs et de chaleurs après une application sur la peau ; action par augmentation de l'afflux de sang	Rubéfiant	Bouleau, eucalyptus, genièvre, gingembre, marjolaine, poivre, romarin et thym.
Réduction du stress et calmant du système nerveux	Sédatif	Benjoin, bergamote, camomille, encens, jasmin, lavande, mandarine, marjolaine, mélisse, néroli, rose, sauge sclarée et ylang-ylang.
Augmentation de l'énergie et accélération des sécrétions glandulaires, notamment la libération d'adrénaline	Stimulant	Basilic, bergamote, cyprès, eucalyptus, géranium, menthe poivrée, poivre et romarin.
Stimulation de la digestion gastrique	Stomachique	Angélique, badiane, basilic, bergamote, carotte, camomille, cannelle, menthe poivrée, muscade, poivre, romarin et sauge sclarée.
Interruption ou réduction d'une hémorragie externe	Styptique	Benjoin, citron et cyprès.

Augmentation de la transpiration	Sudorifique	Basilic, camomille, genièvre, manuka, menthe poivrée, ravensare, romarin et tea-tree.
Tonification du corps ou d'un organe spécifique	Tonique	Angélique, basilic, bergamote, bouleau, citron, genièvre, géranium, gingembre, girofle, lavande, marjolaine, myrrhe, néroli, poivre, romarin, rose, tea-tree et thym.
Tonification de l'utérus	Utérin	Encens, jasmin, mélisse, myrrhe, rose et sauge sclarée.
Contraction des petits vaisseaux sanguins	Vasoconstricteur	Camomille, cyprès et rose.
Dilatation des petits vaisseaux sanguins	Vasodilatateur	Marjolaine.
Accélération de la cicatrisation	Vulnéraire	Benjoin, bergamote, camomille, géranium, lavande, myrrhe, romarin et tea-tree.

Synergies

Lorsque vous mélangerez des huiles essentielles, vous allez les faire entrer en synergie, c'est-à-dire coordonner leurs actions. La théorie de la synergie illustre le vieil adage selon lequel l'union fait la force : le pouvoir thérapeutique de plusieurs huiles essentielles est plus grand que celui d'une seule huile. En associant deux ou trois essences de plantes aux propriétés identiques ou voisines, vous créerez un mélange synergique non seulement très puissant, mais aussi différent. N'allez pas trop vite en besogne cependant ! Ne mélangez pas plus de trois ou de quatre huiles essentielles avant de vous être familiarisé avec chacune d'entre elles.

Les huiles essentielles et les huiles infusées de A à Z

Les huiles essentielles sont fréquemment utilisées dans les massages thérapeutiques, dans les médicaments pharmaceutiques, les produits cosmétiques et les parfums. Ces précieuses essences sont composées de molécules suffisamment petites pour pénétrer dans l'épiderme et passer ensuite dans le sang. Leur usage est extrêmement varié : huiles de massage comme il a été dit, mais aussi applications locales, lotions antiseptiques et toniques, crèmes et pommades, produits de soins corporels, etc. Vous les inclurez également dans vos détergents ménagers, vos désodorisants et vos désinfectants.

L'essence est tantôt obtenue à partir des feuilles (eucalyptus), tantôt à partir des pétales (roses), de l'écorce (bois de santal), de la résine (myrrhe), du zeste (agrumes) ou des graines (carvi). La plante peut excréter elle-même de l'huile, ce qui lui donne un arôme caractéristique qui attire souvent les oiseaux et les insectes. L'huile essentielle est extraite en broyant la plante ou en la séchant (racine de valériane). Elle peut être obtenue à partir de la gomme ou de la résine d'un arbre en pratiquant une incision dans l'écorce. Dans ce cas, la substance ne dégage son arôme qu'une fois séchée.

Les pages suivantes, consacrées à la description des huiles essentielles et de leurs utilisations respectives, vont vous permettre de vous familiariser avec l'aromathérapie. Je ne doute pas qu'avec un peu d'habitude vous serez capable de jongler avec toutes ces essences de plantes et d'inventer vos propres remèdes.

À noter

À la suite du nom de certaines huiles essentielles figure, entre parenthèses, une autre appellation. Vous pourrez trouver indifféremment les deux termes selon les fabricants et les laboratoires.

Les huiles essentielles

Ail
Allium sativum

L'ail est une plante comestible appartenant à la même famille que l'oignon et la ciboulette. Son arôme familier est présent dans les cuisines du monde entier. Quant à ses vertus thérapeutiques, elles sont immenses et il n'est plus utile de les célébrer ! L'huile essentielle est obtenue par distillation du bulbe comprenant plusieurs gousses étroitement serrées les unes contre les autres. Peut-on parler de parfum à propos de l'ail ? Disons qu'il est pour le moins puissant, piquant et entêtant ! Si vous marchez sur une gousse, l'odeur collera à vos semelles pendant près de 20 minutes ! C'est d'ailleurs pour cette raison que l'ail est plutôt ingéré sous forme de capsule. Son huile essentielle a peu d'adeptes : dommage, elle procure une foule de bienfaits !

Indications

• L'huile essentielle d'ail joue un rôle préventif dans les infections d'origine fongique. C'est aussi un insecticide naturel redoutablement efficace et très utile aux amateurs de jardinage, c'est-à-dire quand on s'expose aux puces et à toutes sortes d'insectes. Vous en mettrez quelques gouttes sur un coton que vous appliquerez sur vos boutons ou sur une piqûre de teigne.

• L'ail régule la pression artérielle. Dans les pays méditerranéens, où il est un ingrédient de base de la cuisine, les maladies cardiaques, l'hypertension, ainsi que les problèmes digestifs et pulmonaires, sont beaucoup plus rares qu'ailleurs.

• L'huile essentielle d'ail protège des maladies d'origine bactérienne ou virale. Elle décongestionne et élimine le mucus bronchique, ce qui la rend très utile en cas d'infection des voies respiratoires. Agissant également sur le système digestif, l'ail stimule la sécrétion de bile. Il soulage les crampes, les spasmes et les douleurs intestinales. Il possède en outre un rôle d'antipoison et vous remettra d'aplomb en cas d'intolérance alimentaire.

• Absorbé régulièrement dans l'alimentation sous forme fraîche ou en gélules, l'ail maintiendra votre organisme en bonne santé. Il renforcera l'ensemble de vos systèmes internes sans que son action antibiotique n'affecte votre flore intestinale. Il stimulera l'action des glandes sudoripares, si bien que vous pourrez ainsi faire baisser un accès de fièvre ou simplement favoriser l'élimination des toxines présentes dans votre corps. Les personnes sujettes aux cystites et aux urétrites à répétition prendront 4 gélules d'huile d'ail, trois fois par jour pendant une ou deux semaines. Ce traitement très efficace permettra en outre de prévenir une infection rénale. Cependant, il faudra absolument consulter un médecin pour déterminer l'origine du problème.

Précaution d'emploi

L'ail peut irriter certains estomacs sensibles.

ANGÉLIQUE (ANGÉLIQUE ARCHANGÉLIQUE)
Angelica archangelica

Les vertus médicinales et culinaires de cette grande et belle plante bisannuelle sont connues depuis des siècles. Ses jeunes tiges confites sont très souvent utilisées pour décorer les gâteaux et les desserts. Selon une vieille croyance, un ange serait apparu à un moine. Il lui aurait conseillé d'utiliser cette herbe pour guérir des malades frappés de la peste. De là proviendrait son nom d'angélique et expliquerait qu'on l'ait utilisée, pendant plusieurs siècles, pour se protéger de cette maladie.

L'huile essentielle est obtenue par distillation à la vapeur des racines et des graines de l'angélique. Son parfum riche et agréable se marie très bien avec le basilic, la camomille, le géranium, le pamplemousse, le citron ou la mandarine. La fragrance de l'angélique est utilisée dans l'industrie cosmétique pour les savons, les parfums et les eaux de toilette. Elle est également utilisée dans la fabrication de délicieuses liqueurs monastiques, comme la Chartreuse et la Bénédictine.

Indications

• L'huile essentielle d'angélique est excellente pour toutes les préparations de soins de l'épiderme. Elle agit à la fois comme tonique et comme adoucissant des peaux sèches ou un peu rugueuses. Comme elle a le pouvoir de réduire les inflammations, on pourra l'utiliser en applications locales pour soigner des irritations cutanées ou un psoriasis.

• Présente dans une huile de massage, l'huile essentielle d'angélique permet de purifier le sang, de stimuler le système lymphatique qui draine les excès de fluides et, plus généralement, d'accélérer les fonctions des glandes. Elle augmente également la transpiration et élimine les toxines présentes dans le corps. Enfin, elle renforce l'organisme, tout particulièrement le cœur.

• Excellent tonique du système digestif, l'huile essentielle d'angélique donne de l'appétit, ce qui conduit à la conseiller en cas d'anémie, d'anorexie, ou pour favoriser le rétablissement des personnes convalescentes à la suite d'une longue et grave maladie. Elle tonifie le foie et soulage les problèmes d'indigestion en favorisant la dissipation des gaz intestinaux, des crampes intestinales et des coliques. Enfin, elle a un effet bénéfique sur les ulcères de l'estomac.

• C'est un remède précieux contre les infections respiratoires. L'huile essentielle d'angélique décongestionne les bronches en éliminant les excès de mucus. Elle réduit la fièvre causée par un rhume, une bronchite, une grippe ou une pleurésie.

• Dans un bain, une huile de massage ou en application locale, les propriétés diurétiques et antiseptiques de l'huile essentielle d'angélique seront d'un grand intérêt pour le soin des cystites et des urétrites. L'angélique passe aussi pour réguler les règles, soulager les douleurs menstruelles et favoriser la production d'œstrogènes.

• L'huile essentielle d'angélique fait baisser le stress et renforce le système nerveux. Elle donne de la vigueur à un esprit fatigué. On pourra s'en servir aussi pour soigner des maux de tête, des migraines ou une rage de dents.

Précaution d'emploi

Éviter d'appliquer sur la peau un produit à base d'huile essentielle d'angélique avant de s'exposer au soleil.

L'angélique chinoise

L'*Angelica sinensis,* longtemps utilisée en médecine chinoise, est désormais connue pour son action qui rappelle celle des œstrogènes. C'est une proche parente de l'*Angelica archangelica.*

BADIANE (ANIS ÉTOILÉ)
Ilicium verum

L'huile essentielle de badiane est obtenue par distillation à la vapeur des graines vertes en forme d'étoile de cet arbuste originaire du Tonkin, dans le nord du Vietnam. Son parfum anisé se marie bien avec les odeurs épicées des huiles essentielles de lavande, de pin, d'oranger et de bois de rose. La badiane est utilisée dans l'industrie pharmaceutique pour masquer le goût désagréable de certaines substances chimiques présentes dans les médicaments. Sa saveur si particulière se retrouve dans de nombreux aliments et boissons, notamment dans des liqueurs fabriquées pour certaines depuis le XVIe siècle. Bien que leur parfum et leurs propriétés soient pratiquement identiques, les huiles essentielles d'anis et de graines d'anis ne doivent pas être confondues. L'huile essentielle de badiane, parfois appelée « anis étoilé », est d'une utilisation plus sûre. Cependant, vous devrez observer certaines précautions, en évitant notamment de masser l'ensemble de votre corps avec cette essence.

Indications

• La badiane sera utilisée dans des inhalations ou des huiles de massage à 0,5 % (2 gouttes pour 20 ml d'huile végétale). Elle soulagera les problèmes respiratoires en facilitant l'expectoration du mucus bronchique en cas de bronchite, de sinusite ou de rhume.

• L'huile essentielle de badiane est précieuse pour venir rapidement à bout de problèmes digestifs et intestinaux comme des coliques ou des flatulences. Vous l'utiliserez en fomentation, en versant 3 gouttes sur une compresse humectée d'eau chaude. La badiane soulage également la constipation en stimulant l'intestin.

• L'huile essentielle de badiane échauffe les tissus. Elle pourra soulager des problèmes rhumatismaux et un lumbago, autant de douleurs rendues plus aiguës lorsqu'il fait froid.

Précautions d'emploi

Ne pas utiliser en massage corporel complet.

Ne pas utiliser sous forme concentrée et sur une période prolongée.

Basilic

Ocimum basilicum

Peut-être ignore-t-on que le mot *basilic* est emprunté au grec *basilikon*, qui désigne selon Aristote une plante royale... Personne n'ignore en revanche le goût et l'arôme délicatement épicé du basilic frais ! Les boutons et les feuilles de la plante sont distillés pour produire une huile dont le parfum s'accordera à merveille avec la bergamote, le géranium et l'hysope. L'huile essentielle de basilic doit donc être traitée avec le respect royal qui lui est dû : 2 gouttes pour 40 ml d'huile végétale sera suffisant !

Indications

• Du fait de ses propriétés toniques et antiseptiques, l'huile essentielle de basilic interviendra efficacement contre l'acné et tous les problèmes de frottements de peau. Elle sera également présente dans les soins contre les piqûres et dans les répulsifs d'insectes.

• Mélangée aux huiles essentielles de romarin ou de lavande et à l'huile de jojoba, elle fera un excellent fortifiant capillaire.

• L'huile essentielle de basilic est souvent utilisée pour traiter des problèmes respiratoires comme des bronchites, des rhumes et des grippes. Elle favorise l'expectoration du mucus et réduit la fièvre. On la mélangera à d'autres huiles essentielles pour préparer des inhalations, des huiles de massage ou de bain.

• Avec ses propriétés proches des œstrogènes, l'huile essentielle de basilic soulagera les douleurs utérines et intestinales. Elle facilitera le flux menstruel et augmentera la sécrétion lactée chez la femme allaitante. Utilisée en application locale sur les seins à faible dose (0,5 % seulement), elle réduira l'engorgement de lait.

• Le basilic stimule l'appétit et le système digestif. Il facilite la digestion et aide les intestins à expulser les gaz. Il soulage également le hoquet, les brûlures d'estomac, les nausées et les gastro-entérites.

• En le mélangeant à de l'huile essentielle de lavande, de marjolaine et de poivre, on préparera une excellente huile de massage et de bain pour soulager des muscles fatigués ou endoloris.

• L'huile essentielle de basilic passe pour avoir la faculté de diminuer le taux d'acide urique dans le sang. Elle sera donc utile pour traiter la goutte.

• Excellent pour le cerveau, le basilic stimule l'intellect. Il éclaircit les idées et favorise la concentration. On pourra aussi s'en servir pour soigner des maux de tête et soulager les états migraineux. Donnant énergie et vigueur, l'huile essentielle de basilic est également à conseiller dans le traitement des dépressions, de l'hystérie, de l'insomnie et de l'anxiété.

Précautions d'emploi

Ne jamais utiliser par voie orale, mais toujours en applications locales à une concentration de 0,5 %.

À éviter pendant la grossesse.

BAUME DE TOLU
Myroxylon balsamum

Proche cousin du baume du Pérou, le baume de Tolu est extrait en pratiquant des incisions en « V » dans l'écorce et dans l'aubier (partie tendre située entre le bois dur et l'écorce) d'un sapin originaire d'Amérique du Sud. La résine se solidifie au contact de l'air. L'huile est obtenue par distillation à la vapeur (une méthode à sec est également pratiquée). Elle possède un délicieux parfum fleuri qui se marie bien avec le cèdre, le patchouli et la plupart des huiles essentielles à base de fleurs. Le baume de Tolu est souvent utilisé dans l'industrie pharmaceutique comme agent de saveur. On le trouve également dans les remèdes contre la toux en raison de ses propriétés expectorantes.

Indications

• Le baume de Tolu est excellent pour adoucir et soigner les peaux sèches, gercées ou crevassées. Il est vivement conseillé dans le traitement des plaques d'eczéma, des blessures et des plaies, en particulier des escarres. C'est enfin un très bon déodorant que l'on pourra mélanger avantageusement à d'autres huiles.

• En raison de ses puissantes propriétés expectorantes, on l'ajoutera à des inhalations pour éliminer les mucosités lors d'une bronchite chronique, d'une laryngite ou d'un croup (laryngite de nature diphtérique généralement).

BAUME DU PÉROU
Myroxylon balsamum var. *pereirae*

Ce grand arbre à feuilles persistantes originaire d'Amérique du Sud sécrète une résine odoriférante à partir de laquelle est obtenue l'huile. Sa saveur vanillée se marie bien avec la plupart des huiles essentielles. Le baume du Pérou est largement utilisé comme fixatif et comme agent de saveur dans les parfums, les savons et les crèmes. On le trouve aussi dans certaines boissons alcoolisées et dans quelques sodas.

Indications

• Le baume du Pérou réduit les inflammations et élimine les bactéries. On pourra l'utiliser pour traiter des problèmes de peau comme des escarres, des dermatites, des eczémas, des irritations diverses de l'épiderme et des inflammations du mamelon. Il possède un effet adoucissant et lénifiant qui profitera aux peaux sèches, crevassées ou gercées. En outre, le baume du Pérou accélère le renouvellement cellulaire.

• Il donne de l'énergie et favorise l'action des glandes. Il fait augmenter une pression artérielle trop faible et soulage les douleurs musculaires liées aux rhumatismes. Favorisant l'expectoration, il constitue enfin un traitement de choix des problèmes respiratoires tels que l'asthme, la bronchite, le rhume et la toux.

• Le baume du Pérou apporte réconfort et détente lorsqu'on a le cœur serré par le chagrin ou par un stress.

Précaution d'emploi

Il est possible de développer une allergie au baume du Pérou.

BAY ST THOMAS (BOIS D'INDE)
Pimenta racemosa

Les feuilles persistantes de cet arbre originaire de l'est de l'Inde sont distillées avec du rhum pour produire un tonifiant de la chevelure qui stimule la pousse et limite la sécrétion de sébum. L'huile essentielle nous vient des Antilles. Elle est parfois présente dans les savons, les parfums, les après-rasage et les préparations capillaires que l'on trouve dans le commerce. Son arôme frais et odoriférant s'accorde bien avec le parfum des huiles à base d'agrumes ou épicées, comme la lavande, le géranium, le romarin et l'ylang-ylang.

Indications

- L'huile essentielle de bay St Thomas sera essentiellement utilisée dans le domaine capillaire comme stimulant de la chevelure. Elle redonnera une belle allure aux cheveux fins et gras. Elle favorisera la pousse et limitera l'apparition de pellicules.
- Son utilité dans le traitement des douleurs musculaires a parfois été évoquée. Cependant, en raison de sa légère toxicité, je vous conseille d'utiliser plutôt des huiles essentielles moins dangereuses.

Précaution d'emploi

À utiliser seulement à 0,5 % seulement dans des préparations capillaires.

À noter

Les enfants, les personnes de santé fragile, les personnes âgées ou convalescentes ont besoin de concentrations d'huiles essentielles moins élevées que les sujets adultes bien portants.

Benjoin
Styrax tonkinensis (ou styrax benjoin)

Il est utilisé depuis des milliers d'années comme ingrédient de l'encens et, selon une vieille croyance, la fumée de benjoin serait censée éloigner les esprits démoniaques... L'huile est préparée à partir de la résine brute exsudant du tronc de l'arbre coupé. Elle ne devient à proprement parler une huile essentielle qu'une fois dissoute dans l'alcool. La teinture de benjoin est difficile à trouver dans le commerce, mais vous pourrez la fabriquer vous-même en achetant de la résine déshydratée sous forme de fine poudre que vous ferez dissoudre dans autant d'eau chaude que vous le désirez. Il ne vous suffira plus ensuite qu'à ajouter de la vodka, une eau-de-vie quelconque, ou l'huile végétale de votre choix. On dit que le parfum du benjoin est « vanillé », mais c'est là, à mon avis, une erreur car je lui trouve plutôt une note résineuse. L'huile de benjoin se marie avec les huiles épicées comme la bergamote, le cyprès, le genièvre, la lavande, la myrrhe, le petit grain et le santal.

Indications

• L'huile de benjoin favorise l'élimination des bactéries et des champignons à l'origine des infections cutanées. Elle réduit l'inflammation et agit comme un antioxydant. On l'utilisera pour soigner les irritations de la peau et pour soulager les démangeaisons (urticaires et dermatites). Ajoutée à une crème, elle sera un excellent adoucissant et hydratant des peaux asséchées ou craquelées. L'huile de benjoin contracte et donne du tonus aux tissus. Elle interrompt les saignements, facilite la cicatrisation et atténue les odeurs corporelles. Personnellement, je l'utilise souvent dans mes pommades, mes crèmes et mes lotions pour son action à la fois préventive et curative. Je m'en sers aussi en parfumerie à cause de ses propriétés fixatives.

• Le benjoin est une « huile échauffante ». Elle est donc parfaitement indiquée pour traiter l'arthrite, la goutte, les problèmes circulatoires et les rhumatismes. Cette propriété, en se combinant à ses vertus toniques et expectorantes, explique aussi pourquoi on l'utilise de longue date pour soulager les problèmes respiratoires comme l'asthme, la bronchite, la toux, le rhume et la laryngite.

• Si vous mélangez 10 % d'huile essentielle de benjoin, 2,5 % de baume de Tolu, 2 % d'aloès et 7,5 % de styrax (ou storax) dans de l'alcool, vous obtiendrez un produit utilisable en inhalation qui se révélera particulièrement efficace pour adoucir des maux de gorge, soigner un enrouement ou une extinction de voix.

• L'huile de benjoin possède un pouvoir diurétique : elle est donc un bon remède pour soulager une cystite et toute autre infection du système urinaire.

• Cette huile agit doucement mais très efficacement sur le subconscient. Elle soulage les tensions nerveuses et favorise la communication. Elle apporte du réconfort aux personnes souffrant de solitude, de stress, de fatigue ou simplement tristes. Elle est très utile pour surmonter des moments difficiles ou des situations délicates.

Bergamote
Citrus bergamia

La bergamote est un petit arbuste délicat qui pousse essentiellement dans le sud de l'Italie. Son nom est d'ailleurs emprunté à l'italien *bergamotta.* Ses petits fruits ronds sont une variété de poire fondante utilisée pour fabriquer de délicieuses confiseries, les bergamotes de Nancy. L'huile est extraite de la peau des fruits juste avant maturité : c'est à elle que le thé earl grey doit sa saveur inimitable ! Son parfum est un irrésistible mélange de senteurs d'agrumes et de fleurs. Il s'allie à merveille avec le cyprès, le géranium, la lavande, le citron, le néroli, la palmarosa, le patchouli et l'ylang-ylang. L'huile essentielle est utilisée comme fixatif dans les préparations cosmétiques et les parfums. Elle est l'un des ingrédients les plus importants de l'eau de Cologne.

Indications

• La bergamote est excellente pour traiter divers problèmes de peau parmi lesquels l'acné, l'eczéma, le psoriasis, la gale, les ulcères variqueux ou l'hyperséborrhée de la peau ou du cuir chevelu. Elle soulage également la douleur en engourdissant les nerfs. Elle a enfin des propriétés antifongiques et cicatrisantes, ce qui permet de la recommander en présence de plaies infectées. On dit qu'elle est capable d'inhiber le virus à l'origine du rhume si une goutte de son huile essentielle est immédiatement appliquée au premier symptôme. La bergamote soigne encore les irritations cutanées et adoucit un épiderme asséché ou fendillé. Ajoutée aux mélanges déodorants, elle atténuera les odeurs corporelles et se révélera un excellent répulsif contre les insectes.

• L'huile essentielle de bergamote facilite la digestion et renforce les systèmes de l'organisme. Elle soulage également les crampes de l'intestin et les douleurs menstruelles.

• La bergamote est diurétique. Dans le système génito-urinaire, elle agira à la fois comme un antiseptique et comme un désinfectant. On l'utilise pour traiter certaines infections et inflammations, comme la cystite et l'urétrite.

• En inhalation ou dans un baume de poitrine, son action antiseptique fera des merveilles contre les infections des voies respiratoires. Elle soulagera la toux et les symptômes d'une bronchite, d'un refroidissement ou d'une laryngite.

• En raison de ses propriétés à la fois vivifiantes et relaxantes, l'huile essentielle de bergamote est l'une des essences les plus fréquemment utilisées dans les désodorisants, les brûle-parfums, les huiles de bain et de massage destinés à soulager la tension nerveuse, l'anxiété et la dépression.

Précautions d'emploi

L'huile essentielle de bergamote peut irriter certaines peaux sensibles.

À utiliser seulement à des dosages de 1 ou 2 %.

Éviter d'appliquer sur la peau un produit à base d'huile essentielle de bergamote avant de s'exposer au soleil.

BOIS DE ROSE
Aniba rosaeodora

On utilise encore le bois à l'arôme délicat de ce grand arbre originaire du Bassin amazonien pour fabriquer des meubles précieux. L'huile essentielle, quant à elle, est obtenue par distillation à la vapeur des copeaux du cœur du tronc de l'arbre. Son parfum boisé et fleuri, auquel s'ajoute une note épicée, est très agréable. Il se marie bien avec la plupart des huiles essentielles.

Indications

• L'huile essentielle de bois de rose stimule la régénération des cellules de la peau. Comme elle est aussi antiseptique, elle sera parfaite pour soigner l'acné, une coupure, une dermatite, un eczéma, ou pour favoriser la cicatrisation d'une plaie. Je la conseillerais également aux peaux sèches et sensibles, ainsi que pour lutter contre l'apparition des rides.

• Comme j'ai un faible pour son parfum, j'en mets parfois dans mes déodorants. J'ai remarqué que les moustiques me fuyaient subitement, preuve que l'huile essentielle de bois de rose est aussi un bon répulsif !

• L'essence de bois de rose est un excellent stimulant du système immunitaire. Dans l'eau du bain ou ajoutée à une huile de massage, elle permettra de traiter les symptômes d'une myasthénie ou d'une grippe, de réduire des ganglions gonflés et tout autre problème lié à un ralentissement de la circulation lymphatique dans l'organisme.

• L'essence de rose exerce un effet calmant sur le système nerveux et le cerveau. Comme elle possède aussi des propriétés analgésiques, vous en ajouterez quelques gouttes à vos remèdes destinés à soulager des maux très variés : maux de tête, décalage horaire, frigidité, etc. Plus généralement, essayez-la chaque fois que vous suspectez un problème d'ordre nerveux ou psychologique.

• L'huile essentielle de bois de rose vous calmera si vous vous sentez fatigué, stressé, ou accaparé par vos soucis. Non contente de redonner de l'énergie, elle passe aussi pour avoir des vertus aphrodisiaques.

BOULEAU (BOULEAU BLANC)
Betula pendula syn. *Betula alba*

Il s'agit du magnifique bouleau argenté originaire de France. Quand j'étais enfant, j'avais l'habitude de ramasser des branches de cet arbre, cela faisait plaisir à ma mère qui s'en servait pour décorer la maison. L'huile essentielle de bouleau est obtenue par distillation à la vapeur des bourgeons. Elle possède un arôme résineux puissant qui se mélange bien avec le cajeput, le niaouli, le tea-tree, les baumes de Tolu et du Pérou. De nombreuses recherches ont été menées sur les vertus des bourgeons du bouleau blanc. On a découvert qu'ils contenaient une substance capable de détruire le mélanome chez des souris de laboratoire. D'autres composés chimiques du bourgeon de bouleau pourraient inhiber le virus du sida.

Indications

• Grâce à ses propriétés diurétiques, toniques et purifiantes, l'huile essentielle de bouleau aide le corps à se débarrasser de ses toxines. C'est aussi un anti-inflammatoire et un antiseptique. On utilisera donc son huile essentielle en application locale, ajoutée à des compresses, des crèmes ou des pommades, pour soigner des problèmes dermatologiques comme un eczéma, un furoncle, une dermatite, une ulcération cutanée ou un psoriasis.

• L'huile essentielle de bouleau, du fait de son pouvoir diurétique, va favoriser l'élimination de l'acide urique. À ce titre, elle est conseillée dans le traitement de la cellulite, de l'œdème, de la cystite, des rhumatismes et des problèmes d'arthrite.

Ne vous trompez pas de bouleau !

Quand vous achèterez de l'huile essentielle de bouleau, demandez du bouleau blanc et lisez attentivement l'étiquette. Ne la confondez pas avec de l'huile essentielle de bouleau noir *(Betula nigra),* qui doit seulement être utilisée par des phyto-aromathérapeuthes.

CAJEPUT
Melaleuca leucadendra

Le cajeput ou cajeputier est un grand arbre vigoureux et robuste originaire des Indes que l'on trouve aussi à l'est de l'Australie et de l'Indonésie. C'est un membre de la famille *Melaleuca,* dont sont issus l'eucalyptus, le giroflier, le myrte, le tea-tree et le niaouli. Son nom provient des mots malais *kayou* et *pouti,* qui signifient « arbre blanc ». L'huile essentielle est extraite par distillation à la vapeur des bourgeons, des feuilles et des brindilles du cajeputier. Son parfum ressemble un peu, en moins corsé cependant, à celui de l'eucalyptus. Vous pourrez l'associer à l'angélique, la bergamote, le girofle, le géranium, la lavande, le niaouli, la muscade, le bois de rose et le thym.

L'huile essentielle de cajeput est un agent puissant pour combattre et prévenir les infections. Elle est utilisée comme antiseptique dans certaines préparations pharmaceutiques. Cette propriété explique sa présence dans les savons, les détergents et les cosmétiques.

Indications

• L'huile essentielle de cajeput traite les piqûres d'insectes, l'acné, le psoriasis et les boutons. Elle atténuera la douleur en engourdissant les nerfs tout en détruisant la cause de l'infection. C'est également un bon insecticide.

• Du fait de sa parenté avec l'essence de tea-tree, les utilisations de l'huile essentielle de cajeput sont très voisines. Cependant, vous préférerez cette dernière pour soulager une arthrite et des douleurs rhumatismales ou musculaires. En raison de son action apaisante, je vous la recommande pour calmer vos douleurs menstruelles et vos crampes intestinales.

• À la fois expectorante, tonique et antiseptique, l'huile essentielle de cajeput agira efficacement en cas de problèmes respiratoires. Elle facilitera l'élimination du mucus bronchique, augmentera la transpiration et abaissera la fièvre. Tant sous forme d'inhalation ou d'huile de bain qu'ajoutée à un diffuseur d'atmosphère, vous l'utiliserez pour combattre une crise d'asthme, une bronchite, une sinusite, un mal de gorge, un état fébrile, une laryngite et des infections d'origine virales.

• Son rôle d'antiseptique me conduit à vous la conseiller pour soigner une cystite et une urétrite.

• À noter enfin que cette huile calmante peut apaiser une rage de dents.

À noter

Avant d'utiliser une huile essentielle pour votre bébé ou votre enfant, consultez toujours le tableau L'aromathérapie à l'âge tendre (p. 204).

CAMOMILLE

Camomille romaine :
Chamaemelum nobile ou *Anthemis nobilis*

Camomille allemande :
Matricaria recutita ou *Matricaria chamomilla*

Son nom botanique latin *chamaemelum* est emprunté au grec. Il signifie littéralement « pomme à terre », le parfum rafraîchissant et agréable de la camomille évoquant celui de la pomme pour les Grecs. Les espèces romaine et allemande se ressemblent beaucoup et leurs propriétés sont très voisines. L'huile essentielle est distillée à partir des fleurs des deux variétés. L'essence de camomille allemande, d'un bleu plus sombre que celle de la camomille romaine, qui jaunit en vieillissant, est plus riche en aluzène, un puissant agent anti-inflammatoire. Elle est couramment utilisée dans les préparations pharmaceutiques et dans l'industrie alimentaire.

L'huile essentielle de camomille est chère, mais vous pourrez éventuellement lui substituer de l'huile essentielle de lavande, bien que celle-ci ne soit pas efficace contre la douleur. L'essence de camomille pourra se mélanger au géranium, à la lavande, au patchouli et à la rose.

Indications

• Vous utiliserez souvent l'huile essentielle de camomille pour traiter toutes sortes de problèmes de peau : acné, inflammations causées par des allergies ou par des piqûres d'insectes, ampoules, herpès, dermatites, eczémas, coupures, brûlures, furoncles, etc. Elle préviendra et détruira les infections fongiques, éliminera les bactéries, réduira l'inflammation et facilitera la cicatrisation.

• L'essence de camomille adoucit les peaux sèches et soulage les démangeaisons. Dans une huile de bain, une crème ou une lotion, ses propriétés anti-allergéniques seront très utiles pour les personnes sujettes aux allergies cutanées, par exemple aux dermatites, aux crises d'urticaire ou aux plaques d'eczéma.

• La camomille atténue la douleur en engourdissant les nerfs tout en réduisant l'inflammation des tissus. Vous l'utiliserez donc en applications locales chaudes, dans le bain ou dans une huile de massage, pour soulager des douleurs liées à des problèmes aussi différents qu'une arthrite, un rhumatisme, une souffrance articulaire, une entorse, une foulure, une névralgie, une rage de dents, des maux de tête ou un état migraineux. Combinée avec d'autres huiles essentielles dans un bain ou lors d'un massage, elle sera particulièrement efficace pour atténuer un mal aux reins.

• L'huile essentielle de camomille est diurétique. Elle stimule la sécrétion de bile, ce qui facilite la digestion. Enfin, elle joue un rôle tonique sur le foie et sur l'ensemble du système digestif. Utilisée en applications locales chaudes et dans des huiles de bain ou de massage, elle soulagera des problèmes de cystites, de flatulences, de diarrhées, de gastrites, de colites, de troubles peptiques, de nausées et autres maux d'estomac.

• L'essence de camomille est connue pour son rôle bénéfique sur le système génital. Elle est à la fois emménagogue (elle favorise et régule les règles) et efficace en cas de dysménorrhée. Elle calme l'irritabilité pendant le syndrome prémenstruel et à la ménopause.

• C'est un soporifique que l'on ne présente plus ! La camomille calme l'excitation. Elle soulage la tension nerveuse et le stress, ainsi que la dépression et les problèmes de sommeil. Avant d'aller au lit, cette plante sera aussi efficace en infusion que sous forme d'huile essentielle dans une huile de bain et de massage, ou dans un quelconque diffuseur d'ambiance.

• Si vous n'en abusez pas, bien sûr, l'essence de camomille est une huile sans danger pour les bébés et les enfants. Elle soulagera leurs coliques, leurs poussées de dents, leur nervosité et beaucoup d'autres petits bobos de l'âge tendre.

Précautions d'emploi

Faire un test sur l'épiderme au préalable, l'huile essentielle de camomille pouvant irriter certaines peaux sensibles.

Ne pas utiliser pendant les quatre premiers mois de grossesse.

> **À noter**
>
> Il existe une troisième variété de camomille, la camomille du Maroc *(Ormenis multicaulis)*. Ressemblant beaucoup aux espèces romaine et allemande, elle possède aussi la plupart de leurs propriétés.

CANNELLE (CANNELLE DE CEYLAN)
Cinnamomum zeylanicum

C'est principalement du cannelier de Ceylan qu'est extraite l'épice aromatique utilisée en cuisine pour relever les plats et en médecine pour soigner, depuis des milliers d'années, de très nombreuses maladies. L'écorce parcheminée du petit arbre, en séchant, prend l'allure de petits tuyaux que vous connaissez bien. L'huile essentielle est obtenue par distillillation à la vapeur de l'écorce broyée, des bourgeons et des feuilles du cannelier, mais vous utiliserez seulement l'essence obtenue à partir des feuilles (voir les précautions d'emploi ci-dessous). L'arôme très parfumé de la cannelle rappelle un peu celui de la mélisse. Il se marie bien avec le benjoin, l'encens, le gingembre, le pamplemousse, la lavande, la mandarine, l'orange, le pin, le romarin, le thym et l'ylang-ylang.

Indications

• Les piqûres d'insectes, les poux, la gale, les verrues et les morsures de guêpe peuvent être traités avec de l'huile essentielle de cannelle. Légèrement astringente et d'une odeur épicée, l'essence est idéale dans un après-rasage.

• L'huile essentielle de cannelle est un insecticide, un antiseptique, un antiviral et un antibactérien puissants. Elle a aussi la réputation d'être un bon antidote aux poisons. Comme elle augmente légèrement la température du corps et qu'elle est à la fois antiseptique et tonique, elle soulagera un rhume, un refroidissement, une grippe, ainsi que la plupart des infections et des maladies d'origine virale.

• L'essence de cannelle stimule le système digestif. Vous l'utiliserez pour traiter des coliques, des indigestions, des diarrhées, des nausées et des vomissements. Elle favorisera l'expulsion des gaz intestinaux et calmera les crampes d'estomac ou du côlon tout en stimulant la production de sucs gastriques. Comme elle est apéritive et digestive, vous l'ajouterez à vos huiles de bain ou de massage pour traiter l'anorexie, la colite, la nausée, les flatulences et la diarrhée.

• La cannelle renforce les fonctions et accroît l'activité des systèmes glandulaire, circulatoire et respiratoire. Je vous la recommande donc si vous avez une mauvaise circulation sanguine ou des problèmes respiratoires. Enfin, elle régule le flux menstruel : elle est donc conseillée en cas de dysménorrhée.

• L'huile essentielle de cannelle joue un rôle utile dans le traitement d'une arthrite, d'une névralgie et des rhumatismes.

• La cannelle passe pour éveiller la spiritualité. Elle redonnera du tonus aux personnes fatiguées et stressées.

Précautions d'emploi

À éviter pendant la grossesse.

N'utiliser que de l'huile essentielle de feuilles de cannelle, l'essence obtenue à partir de l'écorce ou des bourgeons pouvant engendrer de graves réactions cutanées.

Ne pas utiliser à une concentration supérieure à 0,5 %.

Ne jamais appliquer pure sur la peau.

CARDAMOME
Elettaria cardamomum, Amomum cardamomum

La cardamome est un grand arbuste aux longues feuilles soyeuses qui donne des fleurs et des graines à partir desquelles on extrait l'huile essentielle par distillation à la vapeur. Proche du gingembre, l'essence de cardamome possède plusieurs propriétés en commun avec lui, en particulier son pouvoir échauffant et tonique sur l'organisme. La cardamome est utilisée depuis plus de trois mille ans tant en cuisine et en médecine ou en parfumerie que pour fabriquer de l'encens. Son parfum rappelle celui du poivre. Il se mariera avec d'autres huiles épicées, comme l'encens, le géranium, le genièvre, l'orange, le néroli et le bois de rose.

Indications

• Vous utiliserez surtout l'huile essentielle de cardamome pour son rôle de stimulant de la digestion. En application locale chaude, incluse dans une huile de bain ou de massage, elle stimulera l'appétit et soulagera des coliques, des flatulences, des indigestions, des nausées et des diarrhées douloureuses. Elle rafraîchira enfin une mauvaise haleine liée à une mauvaise digestion.

CAROTTE
Daucus carrota

Originaire d'Asie, cette plante potagère bien connue a été introduite en Europe il y a environ six siècles. L'huile essentielle est obtenue principalement par distillation de la graine de carotte sauvage, même si on en trouve aussi dans l'ensemble de la racine. Son parfum est vif et sucré : c'est tout simplement le même que celui de la carotte. L'huile essentielle peut se mélanger avec la bergamote, le cèdre, le géranium, le genièvre, la lavande, le citron, la lime, la mélisse, l'orange, le petit grain et le romarin.

Indications

• L'huile essentielle, avec sa belle couleur dorée, est excellente pour les soins cutanés. Elle contracte et tonifie les tissus tout en éliminant les bactéries. Elle améliore l'élasticité de la peau, surtout en cas de vieillissement précoce de l'épiderme. Elle est capable d'effacer les cicatrices et les taches de vieillesse. En raison de ses puissantes vertus curatives, vous l'utiliserez en petites quantités pour soigner une dermatite, un prurit anal ou vaginal, un eczéma, une ulcération cutanée, un furoncle ou un psoriasis.

• L'huile de carotte aide le corps à éliminer ses toxines. Vous en mettrez donc quelques gouttes dans l'eau du bain ou dans une huile de massage pour traiter une arthrite, ainsi qu'une crise de goutte ou de rhumatismes.

• Puissant stimulant du système digestif, particulièrement du foie et de la vésicule biliaire, l'huile essentielle de carotte favorise la digestion et l'expulsion des gaz présents dans l'intestin. On s'en sert aujourd'hui dans le traitement de certains cancers et de la jaunisse. Elle aurait enfin le pouvoir d'augmenter la production de globules rouges, ce qui, en conjonction avec des traitements médicamenteux appropriés, pourrait la rendre utile en cas d'anémie ou de maladies engendrant une faiblesse générale de l'organisme.

• L'huile essentielle de carotte régule la production d'hormones. Vous l'ajouterez dans des produits destinés à traiter tous les problèmes liés à l'affaiblissement des glandes hormonales, en particulier lors du syndrome prémenstruel et à la ménopause.

Précaution d'emploi

À utiliser avec modération sur la peau.

CÈDRE (CÈDRE ATLAS)
Cedrus atlantica

Pouvant atteindre 40 à 50 m de hauteur, ce grand arbre de forme pyramidale est originaire des montagnes de l'Atlas, en Algérie. Son bois odorant est très apprécié par les artisans qui s'en servent pour fabriquer des coffres et autres boîtes à bijoux. Il a la faculté de repousser les insectes. Dans l'Égypte ancienne, on se servait déjà de l'huile de cèdre pour embaumer le corps des défunts, son bois étant utilisé, quant à lui, pour fabriquer les cercueils : comme vous le voyez, le cèdre était donc doublement utile dans les rites funéraires !

L'huile essentielle de bois de cèdre est distillée à la vapeur à partir des feuilles et du bois de l'arbre. Son odeur chaude et boisée rappelle un peu celle du bois de santal. Elle se mariera avantageusement avec le benjoin, la bergamote, le cyprès, l'encens, le genièvre, la lavande, le citron et le romarin.

Indications

• L'huile de cèdre élimine les bactéries. Elle permet de prévenir et de soigner les infections d'origine fongique. C'est également un insecticide et un astringent doux. Vous l'ajouterez donc volontiers à vos huiles de bain et à vos produits d'inhalations ou de beauté (masque facial) pour traiter des problèmes aussi variés que l'acné, un eczéma, une dermatite, une infection fongique, une ulcération de la peau ou un psoriasis. Comme cette huile essentielle resserre et tonifie les tissus, elle sera idéale pour soigner les peaux grasses. Pour les mêmes raisons et grâce à ses propriétés antiseptiques, elle sera d'autant plus indiquée dans certaines préparations masculines (après-rasage, etc.) que les hommes apprécient généralement son odeur très virile. On pourra aussi s'en servir pour se protéger des piqûres d'insectes.

• L'essence de cèdre stimule la circulation sanguine et renforce les différents systèmes de l'organisme. Si vous en mettez un peu dans une huile de massage ou de bain, vous soulagerez une arthrite et un rhumatisme chronique. Antiseptique puissant et diurétique, elle est par ailleurs fréquemment utilisée pour traiter toutes sortes d'infections du tractus urinaire.

• Décongestionnant et antiseptique puissant du système respiratoire, l'essence de cèdre permettra de fluidifier le mucus bronchique en cas de bronchite, de toux, de rhume, de grippe et autres congestions des voies aériennes supérieures.

• L'huile essentielle de cèdre calme la surexcitation. Elle décontracte et assouplit les tempéraments portés à l'égoïsme et à une certaine rigidité. Elle soulage la tension nerveuse. Enfin, elle sera précieuse aux personnes déprimées ou souffrant d'insomnie à cause d'un stress.

Précautions d'emploi

À éviter pendant la grossesse.

Faire un test sur l'épiderme au préalable, l'huile essentielle de cèdre pouvant irriter certaines peaux sensibles.

Ne pas confondre avec le cèdre blanc.

CÉLERI

Apium graveolens

Le céleri sauvage est un légume à l'odeur forte qui a été « domestiqué » depuis maintenant deux mille ans. Il est devenu aujourd'hui un aliment très populaire que l'on trouve dans les soupes, les purées et les salades. L'huile essentielle peut être extraite de l'ensemble de la plante, mais la meilleure est celle que l'on obtient en distillant les graines, d'où son nom d'huile de graines de céleri que vous rencontrerez parfois. Son parfum est épicé, chaud et persistant. Il se marie bien avec l'angélique, le basilic, la camomille, le pamplemousse, le citron, l'orange, la palmarosa et le romarin.

Indications

• Les propriétés les mieux connues de l'huile essentielle de céleri sont sans doute son action diurétique et sa faculté d'éliminer les toxines ou l'excès d'acide urique présent dans le sang. Dans vos huiles de massage ou de bain, vous ajouterez cette essence pour traiter l'arthrite, la goutte, les rhumatismes, la sciatique, ainsi que pour soulager les symptômes d'une cystite et d'une urétrite.

• L'huile de graines de céleri, utilisée en applications locales, est indiquée pour soulager des règles douloureuses. Elle facilitera et régulera le flux menstruel tout en stimulant la sécrétion des glandes mammaires.

• Tonique du système digestif, le céleri stimule le foie et facilite la digestion. Il soulage également les crampes, les spasmes intestinaux et les flatulences. Il sera également bénéfique en cas de congestion hépatique ou de jaunisse.

• L'huile essentielle de céleri réduit le stress. Elle renforce le système nerveux, créant une sensation de bien-être.

Précaution d'emploi

À éviter pendant la grossesse.

À noter

En leur ajoutant différentes substances, vous favoriserez la dissolution des huiles essentielles lorsque vous les mélangerez dans de l'eau.

CITRON (CITRONNIER)

Citrus limonum

Le citron est un fruit surprenant aux multiples usages. Riche en vitamine C, il est largement utilisé tant dans le domaine culinaire que médical, cosmétique et industriel. À la maison, on le retrouve dans nos plats, mais aussi dans de nombreux nettoyants ménagers. L'huile essentielle est extraite du zeste du citron. Fraîche et piquante, sa délicieuse odeur se marie parfaitement avec le benjoin, la camomille, l'eucalyptus, l'encens, le pamplemousse, la lavande, l'orange, le romarin, le santal et l'ylang-ylang.

Indications

• L'huile essentielle de citron adoucit et tonifie l'épiderme en contractant les tissus de l'épiderme. Elle est adaptée aux soins des peaux grasses et des peaux mates en raison de son action légèrement décolorante. Vivement conseillée pour éliminer les verrues, elle soulage aussi les infections causées par les piqûres d'insectes et elle est même capable de les prévenir. Vous pourrez aussi vous en servir pour arrêter un saignement après un coup sur le nez, une blessure, ou la chute d'une dent.

• Le citron stimule la production de globules blancs, c'est pourquoi de nombreux phyto-aromathérapeuthes l'utilisent pour traiter des maladies graves. Cette propriété, en s'ajoutant à son rôle antibactérien et à sa faculté de faire baisser la fièvre, font de l'huile essentielle de citron un remède extrêmement utile pour traiter des maux et des infections de gorge, des bronchites, des rhumes ou la grippe.

• En dépit de ce que l'on pourrait penser *a priori,* le citron n'est pas acide mais alcalin. Dans l'organisme, il va stimuler l'action du pancréas, de la vésicule biliaire et du foie. Ainsi, il facilitera la digestion et l'expulsion des gaz présents dans l'intestin tout en purifiant le sang.

• En cas de fatigue ou d'apathie, l'huile essentielle de citron est un bon remontant. Elle vous donnera un esprit plus positif et plus clair.

Précautions d'emploi

Éviter d'utiliser l'huile essentielle de citron avant de s'exposer au soleil.

Faire un test sur l'épiderme au préalable, l'huile essentielle de citron pouvant irriter certaines peaux sensibles.

Citronnelle (citronnelle de Ceylan)
Cymbopogon nardus

Le genre *cymbopogon* comprend pas moins de cinquante variétés différentes de grandes herbes vivaces des régions tropicales dont on tire de précieuses huiles essentielles. C'est le cas par exemple du lemon-grass *(Cymbopogon citratus),* de la palmarosa *(Cymbopogon martinii* var. *martini)* et bien sûr de la citronnelle *(Cymbopogon nardus).* L'essence de citronnelle sent bon le frais. Puissante et citronnée, elle se mélange bien avec la bergamote, l'eucalyptus, le géranium, la lavande, le néroli, la menthe poivrée, le petit grain et l'ylang-ylang. À noter que l'huile essentielle de citronnelle est bon marché et facile à utiliser.

Indications

• Pas de surprise, l'huile essentielle de citronnelle sert surtout à faire fuir les insectes ! Vous en ajouterez à vos désodorisants, à vos baumes corporels et dans vos diffuseurs d'ambiance pour protéger l'ensemble de la maisonnée, vous-même, votre famille comme votre animal de compagnie. La citronnelle est également un antitranspirant que vous pourrez ajouter dans un déodorant. Mais attention, n'en abusez pas : sa très forte odeur risque vite se révéler incommodante…

• L'huile essentielle de citronnelle renforce et stimule les fonctions des glandes. Dans une huile de bain ou de massage, elle permettra de soigner un rhume, une grippe et diverses infections bronchiques.

• Si vous traversez une petite dépression ou si n'avez simplement pas trop le moral, la citronnelle vous éclaircira les idées et chassera vos idées noires.

Précaution d'emploi

À éviter pendant la grossesse.

Cubèbe
Piper cubeba

Proche du poivrier, le cubèbe est un arbuste à feuillage persistant qui part à la conquête du ciel un peu à la manière de la vigne. Son fruit, une fois séché et broyé, est très utilisé dans la cuisine indonésienne. L'huile essentielle est extraite par distillation à la vapeur des baies non encore parvenues à maturité. Son parfum chaud et piquant se mélange bien avec d'autres huiles épicées, à commencer par la lavande et le romarin.

Indications

• En raison de ses propriétés diurétiques et antiseptiques, l'huile essentielle de cubèbe constitue un bon choix pour traiter une cystite, une urétrite et une leucorrhée.

• Comme l'essence de cubèbe possède en outre des vertus expectorantes, elle pourra soulager une bronchite, une congestion pulmonaire, une toux, une sinusite, un mal de gorge en favorisant l'élimination du mucus. Vous pouvez également l'essayer pour traiter des problèmes digestifs et des flatulences.

À noter

L'huile essentielle de cubèbe a parfois été utilisée pour traiter la dysenterie amibienne. Mais ne vous amusez pas à soigner une maladie aussi grave en faisant appel à l'aromathérapie ! Consultez d'urgence un spécialiste.

Cyprès (cyprès toujours vert)
Cupressus sempervirens

Le cyprès est inséparable des paysages méditerranéens, tant dans le sud de la France qu'en Italie, en Espagne ou en Grèce. Les propriétés médicinales de l'huile de l'arbre dédié à Hadès, dieu grec des Enfers, sont connues depuis l'aube des temps. Sachez que l'huile de cyprès est l'une des plus douces et des moins dangereuses que vous puissiez trouver. Elle est obtenue à partir des feuilles, des tiges et des aiguilles de l'arbre. Son parfum dégage une saveur douce et une puissante odeur de résine qui s'accorde bien avec le genièvre, le pin, le romarin et le santal.

Indications

• L'huile essentielle de cyprès est un tonique et un régulateur de la sécrétion de sébum qui convient parfaitement aux peaux grasses. Elle tonifie les tissus et contracte les petits vaisseaux sanguins, ce qui effacera les plaques très inesthétiques suite à l'éclatement des vaisseaux capillaires. Je vous la conseille également en cas de blessure, car elle réduira le saignement. Vous pouvez enfin l'ajouter à votre déodorant pour vous protéger des insectes, ou l'utiliser en bain de bouche en cas de pyorrhée dentaire.

• Le parfum du cèdre plaît aux hommes et, comme son huile essentielle est astringente, elle sera idéale dans un après-rasage.

• Stimulant du système circulatoire, elle donnera du tonus et réchauffera des mains ou des pieds froids. Elle calmera également les crampes musculaires et les rhumatismes. En application locale chaude, dans une huile de bain ou en massage, l'huile essentielle de cèdre apaisera des crampes et des spasmes de l'utérus. Elle régulera le cycle menstruel et réduira des règles trop abondantes. Enfin, je vous la recommande pour traiter le syndrome prémenstruel et certains effets désagréables de la ménopause.

• En ajoutant un peu d'huile essentielle de cyprès dans une inhalation ou une pommade pour frictionner la poitrine, vous calmerez une crise d'asthme, un rhume, une bronchite et certains symptômes de la coqueluche.

• Étant à la fois un puissant astringent et un tonique des systèmes circulatoires, l'huile essentielle de cyprès sera d'une grande utilité pour soigner des problèmes liés à des excès de fluides ou à une mauvaise circulation : œdèmes, transpiration excessive, hémorroïdes, dysménorrhée, etc. Ses propriétés astringentes seront également utilisées pour traiter les écoulements de pus. Des compresses froides soulageront les hémorroïdes et les varices douloureuses.

• En règle générale, l'essence de cyprès est à conseiller pour soigner tous les dysfonctionnements du système génito-urinaire féminin, en particulier les problèmes menstruels et la ménopause. Par son effet diurétique, elle est capable de soulager une cystite ou une urétrite.

• Le cyprès réduit le stress et la tension nerveuse. Il apporte un certain réconfort lors d'une séparation ou après la disparition d'un être cher, aidant à tourner la page. On dit aussi qu'il favorise l'introspection…

ENCENS (OLIBAN)
Boswellia carteri

L'encens, brûlé dans les cérémonies religieuses depuis la plus haute Antiquité et aujourd'hui répandu sous forme de bâtons pour assainir l'air, est extrait de l'oliban, un arbrisseau originaire d'Éthiopie. En se fendillant naturellement, l'écorce excrète une résine aromatique qui, après distillation, donnera une huile essentielle au parfum épicé, boisé et sucré. Vous pourrez l'associer au basilic, au cyprès, à la lavande, au patchouli, au pin, au santal et aux diverses essences à base d'agrumes. En raison de son arôme si particulier et de son rôle de fixatif, l'huile essentielle d'encens est très utilisée en parfumerie. Elle entre dans la composition de savons et de nombreux produits cosmétiques.

Indications

• Si on a brûlé de la résine d'encens pendant des siècles, c'est sans doute parce qu'elle détruit les bactéries à l'origine des infections… Mais là n'est pas sa seule vertu ! L'essence d'encens contracte et tonifie les tissus. Elle stabilise la sécrétion de sébum des peaux grasses, retarde le vieillissement de l'épiderme et repousse l'apparition des rides : on dit même qu'elle est capable de les atténuer ou de les effacer ! Enfin, c'est un excellent désinfectant pour soigner un furoncle, une plaie ou un ulcère purulents.

• L'huile essentielle d'encens est particulièrement efficace en cas de congestion pulmonaire. Elle fluidifie le mucus bronchique, facilitant ainsi l'expectoration, tout en agissant comme antiseptique des voies aériennes supérieures. Massée sur la poitrine, elle ralentira le rythme de la respiration, ce qui peut être utile en cas de crise d'asthme. En inhalation ou dans une huile de massage, elle soulagera la toux, la bronchite chronique, la laryngite et le souffle court.

• L'encens stimule et renforce l'utérus, surtout lors du travail d'accouchement. Il régule les règles importantes.

• Il aide l'intestin à expulser les gaz. Plus généralement, il facilite la digestion.

• En raison de ses propriétés diurétiques et antiseptiques, je vous le recommande en cas de problèmes urinaires, de cystites, d'urétrites et de pertes blanches.

• L'encens calme les tempéraments par trop impétueux… Il réduit le stress et calme la nervosité. On dit parfois que, à force de trop penser au passé, on en oublie le présent… Cette ancienne huile sacrée nous rappelle qu'il faut vivre aujourd'hui et maintenant.

Précaution d'emploi

Faire un test sur l'épiderme au préalable, l'huile essentielle d'encens pouvant irriter certaines peaux sensibles.

EUCALYPTUS (EUCALYPTUS GLOBULEUX)

Eucalyptus globulus

Comme antiseptique naturel, l'huile essentielle d'eucalyptus n'a guère de rivale ! L'essence est obtenue principalement par distillation des feuilles fraîches et des tiges de l'*Eucalyptus globulus* ou eucalyptus globuleux, le grand et le magnifique arbre de Tasmanie. Son parfum frais et camphré se marie bien avec la lavande, le romarin et le pin. Parmi les quelque 600 espèces d'eucalyptus, plusieurs variétés sont dotées de vertus aromatiques, à commencer par *Eucalyptus radiata* (à l'arôme moins puissant, et donc plus agréable à respirer), *Eucalyptus maculata* (à la saveur citronnée) et *Eucalyptus dives* (à l'odeur proche de la menthe poivrée).

« L'huile du quotidien »

J'aime bien partir à l'aventure en mobile home avec mon mari et mes deux chiens. Comme j'ai un tempérament un peu « mère poule », je veille sur ce petit monde et j'ai envie de le garder en bonne santé ! C'est pourquoi j'ai toujours sur moi un flacon rempli d'eau dans lequel j'ai ajouté quelques gouttes d'huiles essentielles d'eucalyptus et de lavande. Je l'utilise pour assainir l'air ambiant et j'en mets aussi un peu partout sur notre mobilier de camping. Ainsi, nous ne sommes jamais tombés malades, et même les puces n'ont pas osé s'attaquer à mes chiens !
Attention, l'huile essentielle d'eucalyptus est très puissante : utilisez-la avec précaution ! Si une recette indique d'en ajouter une goutte, n'en mettez pas une de plus ! De toute façon, son odeur vous ferait vite tourner la tête…

Indications

• L'huile essentielle d'eucalyptus est idéale pour soigner des brûlures, des ampoules, des coupures, des blessures et des plaies, car elle prévient l'infection bactérienne et soulage la douleur en engourdissant les nerfs. Vous l'utiliserez aussi à faible dose dans vos crèmes de soin contre l'herpès labial et génital.

• C'est l'une des meilleures essences pour venir à bout des poux, soulager les piqûres d'insectes et repousser les assauts de ces bestioles ailées.

• Dans une huile de bain ou dans une crème de massage, l'huile essentielle d'eucalyptus soulagera des muscles endoloris ou blessés. Elle calmera également toutes sortes de douleurs, notamment lorsqu'elles sont liées aux rhumatismes ou à une polyarthrite rhumatoïde.

• Très légitimement, l'essence d'eucalyptus passe pour abaisser la température et décongestionner les voies respiratoires : son parfum dégage les bronches, comme on dit. N'hésitez pas à en faire usage en cas de bronchite, de toux, de grippe, de sinusite et d'infections de la gorge. Ajoutée dans un bain de pieds, elle pourra efficacement contrer une poussée de fièvre.

• Antivirale et antibactérienne, l'huile essentielle d'eucalyptus peut enrayer la prolifération des bactéries et des virus dans le corps humain. Parallèlement, elle a un rôle préventif qui protégera les membres de votre famille. Dans un désodorisant ou un diffuseur, ses propriétés antivirales et antibactériennes ralentiront la propagation des épidémies. Une application locale chaude à base d'huile essentielle d'eucalyptus aura un effet diurétique qui, s'ajoutant aux autres actions de cette huile, pourra soulager une cystite ou une urétrite. Enfin, même si cela dépasse le propos de ce livre, c'est avec de l'essence d'eucalyptus que vous pourrez enlever des taches et des traces de graisse particulièrement rebelles.

• On ne le sait pas, mais l'huile essentielle d'eucalyptus fait un peu de « ménage » dans un esprit torturé... Rafraîchissante comme l'air, elle éclaircit les idées et favorise la concentration intellectuelle.

Précautions d'emploi

À éviter en cas d'hypertension.

À éviter chez les personnes sujettes à des crises d'épilepsie.

Tenir l'huile essentielle à l'écart des médicaments homéopathiques et ne jamais l'utiliser en même temps : l'eucalyptus, trop puissant, annihilerait leur effet.

À noter

Quand on a le nez bouché ou des difficultés pour s'endormir, rien de tel qu'un mouchoir humecté de quelques gouttes d'huile essentielle d'eucalyptus posé sur la table de nuit !

FENOUIL
Feniculum vulgare

Cette jolie plante annuelle peuple tous les potagers de France. Sa racine est comestible et ses graines sont utilisées dans les currys ou dans les plats épicés. Quant à ses feuilles, elles donnent un parfum délicieusement anisé aux plats de poisson et aux fruits de mer. Le fenouil possède des vertus curatives reconnues et attestées depuis les temps les plus anciens. Charlemagne n'avait-il pas décrété que le fenouil devait figurer dans son jardin impérial ? C'est la variété *Feniculum vulgare* var. *dulce* qu'on utilise en aromathérapie. L'huile essentielle, obtenue par distillation de graines broyées, se marie bien avec l'encens, le géranium, la lavande, le romarin et la rose. Le fenouil de Florence *(Feniculum azoricum)* est une espèce voisine tout aussi délicieuse, mais on l'utilise seulement en cuisine.

Indications

• L'huile essentielle de fenouil est un tonique qui purifie les peaux grasses. On dit qu'il retarde l'apparition des rides, sans doute parce qu'il a les mêmes propriétés que les œstrogènes.

• Tonique, antispasmodique et purifiant réputé, l'huile essentielle de fenouil agit sur le système digestif et soulage toutes sortes de problèmes allant de l'indigestion à la constipation en passant par les crampes, les coliques, les nausées, les flatulences et les hoquets. C'est aussi l'une des meilleures essences connues pour traiter l'alcoolisme. Elle renforce et accélère le fonctionnement des glandes. Elle aide le corps à se débarrasser de ses toxines par son action tonique sur le foie, les reins, la rate et l'ensemble du système digestif.

• En raison de ses propriétés antispasmodiques et de son action proche des œstrogènes, l'huile essentielle de fenouil exerce des effets bénéfiques sur le système génital féminin. Elle soulagera notamment les crampes utérines et les problèmes de rétention d'eau. Elle régulera aussi des menstruations faibles ou irrégulières. Au cours du syndrome prémenstruel et après la ménopause, son action stimulante sur la glande surrénale – glande à l'origine de la production d'œstrogènes – permettra d'atténuer les effets liés à la fluctuation ou à l'interruption de la sécrétion hormonale. Enfin, cette dernière action stimulante favorisera aussi la sécrétion lactée chez la femme allaitante.

• L'huile essentielle de fenouil apporte gaieté et consolation. Elle donne le courage nécessaire pour faire certains changements.

Précautions d'emploi

À éviter pendant la grossesse.

Éviter d'utiliser l'huile essentielle de fenouil sur votre peau avant de vous exposer au soleil.

À éviter chez les personnes sujettes à des crises d'épilepsie.

Ne pas administrer aux enfants.

L'huile sacrée

Le fenouil est l'une des Neuf Herbes Sacrées des Saxons de Bretagne. Elle était utilisée dans les rites de purification.

FÉRULE (GALBANUM)
Ferula galbaniflua communis

Cette plante herbacée vivace, à cause de ses énormes racines, est parfois appelée « fenouil géant », bien qu'elle soit sans aucun rapport avec le légume. La férule est utilisée depuis des temps immémoriaux, en particulier pour fabriquer de l'encens et une huile sacrée. Les Égyptiens, qui connaissaient ses exceptionnels pouvoirs de conservateur, s'en servaient pour embaumer leurs défunts. L'huile essentielle est obtenue à partir de la gomme ou résine oléagineuse de la férule. Son parfum fumé s'accorde bien avec les huiles aux senteurs florales ou boisées.

Indications

• Du fait de ses propriétés cicatrisantes, anti-inflammatoires et antiseptiques, l'huile essentielle de férule sera efficace pour traiter de nombreux problèmes cutanés : abcès, acné, furoncles, inflammations et plaies. Mélangée à d'autres huiles essentielles, elle est capable de retarder le vieillissement de la peau.

• L'huile essentielle de férule est souvent utilisée pour stimuler le système respiratoire car elle fluidifie le mucus bronchique et facilite ainsi son expectoration. Elle soulage l'asthme, les convulsions bronchiques et les toux chroniques.

• Dans une huile de bain ou de massage, l'essence de férule atténuera les symptômes de la ménopause. En outre, elle augmentera la circulation sanguine et apaisera des douleurs musculaires ou rhumatismales.

Précaution d'emploi

À éviter pendant la grossesse.

GENIÈVRE (GENÉVRIER COMMUN)
Juniperus communis

Si vous utilisez l'huile essentielle de genièvre, accrochez-vous ! Dotée d'une action puissamment « désintoxiquante », elle peut déclencher ce que j'appellerais une « crise de guérison », c'est-à-dire une réaction de votre organisme qui se trouve subitement débarrassé de ses toxines ! Il faudra attendre que votre corps s'habitue avant de retrouver votre état normal ! La meilleure huile essentielle est obtenue par distillation à la vapeur des baies mûres, d'une couleur violette tirant sur le noir ; une autre essence, de qualité inférieure, étant extraite des baies, mais aussi des aiguilles de l'arbuste. Son arôme est piquant et stimulant. Il s'accorde bien avec les senteurs de cyprès, de lavande, de pin et d'agrumes de manière générale. Du fait de ses propriétés et de son parfum agréable, vous utiliserez surtout l'essence de genièvre dans des désodorisants et des diffuseurs pour assainir l'air des chambres à coucher.

Indications

• Parce qu'elle élimine les toxines accumulées dans le corps, l'huile essentielle de genièvre est indiquée pour traiter l'acné, une dermatite, un psoriasis et l'eczéma.

• Sans jamais dépasser une concentration de 1 %, vous l'ajouterez à une crème, à une huile ou à un gel destinés à des applications locales sur des hémorroïdes.

• Le genièvre est l'une des meilleures huiles essentielles pour se débarrasser de problèmes de peaux ou de cheveux gras.

• Vous pouvez aussi l'utiliser dans différents répulsifs d'insectes, tant pour vous-même que pour votre animal de compagnie : elle lui évitera d'attraper des tiques et des puces.

• L'une des propriétés les mieux connues de l'huile essentielle de genièvre est son action diurétique. Grâce à elle, vous traiterez une rétention urinaire, une hypertrophie de la prostate (sur prescription médicale seulement) et des calculs rénaux. Elle exercera également une action bénéfique en cas de cystite ou d'urétrite.

• L'essence de genièvre joue un rôle très important sur le système digestif. Tonique du foie et formidable agent d'élimination des toxines, elle calmera une intoxication alimentaire, les effets d'un abus de nourritures riches ou d'alcool, ainsi qu'une crise de goutte ou de rhumatisme. Comme elle possède en outre le pouvoir de stimuler la transpiration et d'abaisser la température corporelle, je vous la conseille pour traiter les états fébriles tels qu'un rhume, une grippe ou tout autre problème infectieux.

• Elle fortifie le système lymphatique et stimule ses fonctions. Je la recommande à toute personne sortant d'une longue maladie.

• En application locale, l'huile essentielle de genièvre déclenche une rougeur et un échauffement cutané qui soulagera des douleurs musculaires.

• L'essence de genièvre a décidément plus d'un tour dans son sac : elle exerce aussi un effet bénéfique sur le système génital féminin. Elle calmera des crampes de l'utérus et régulera ou stimulera les règles.

• L'essence de genièvre exerce un effet apaisant sur l'esprit tout en renforçant le système nerveux. Chez des personnes surmenées ou stressées par leur travail, elle dissipera l'anxiété et fera s'envoler les soucis. Enfin, elle est réputée stimuler le désir sexuel.

Précautions d'emploi

À éviter pendant la grossesse.

À éviter en cas de problèmes rénaux.

À noter

Les baies du genévrier prennent environ deux ans pour parvenir à maturité. Elles donnent au gin son arôme si particulier.

GÉRANIUM (GÉRANIUM ROSAT ET *GÉRANIUM ODORANT)*
Pelargonium graveolens, Pelargonium odorantissimum

Il existe des centaines de variétés de géraniums, mais une poignée d'entre elles seulement est utilisée en aromathérapie. L'huile essentielle est principalement extraite des feuilles, des fleurs et des tiges du géranium rosat *(Pelargonium graveolens)*, au parfum proche de la rose, et du géranium odorant *(Pelargonium odorantissimum)*. Plus ou moins forte selon la plante utilisée, l'odeur de l'essence peut être capiteuse, sensuelle ou apaisante. Elle se marie bien avec la plupart des huiles essentielles et équilibre d'autres senteurs. C'est pourquoi on l'utilise beaucoup dans la fabrication des parfums.

Indications

• L'huile essentielle de géranium, avec son pouvoir antiseptique, accélère la guérison des plaies. Elle aide à arrêter les saignements. Vous pourrez l'utiliser pour traiter l'acné, une ecchymose, ainsi que toutes sortes de brûlures. Je vous la recommande aussi pour traiter un eczéma, une ulcération cutanée et des hémorroïdes. C'est également un bon remède contre les poux et la teigne.

• L'essence de géranium convient à toutes sortes d'épidermes. Je la conseille autant pour les soins des peaux sèches que des peaux grasses ou ridées. Elle équilibrera la sécrétion de sébum, la substance grasse émise par les glandes sébacées qui préserve l'élasticité de l'épiderme.

• Le géranium calme la douleur en engourdissant les nerfs. Utilisé en bain de bouche ou en gargarisme, il soulagera des maux de gorge, une amygdalite, et plus généralement les infections buccales.

• Tonique et diurétique, l'huile essentielle de géranium aide le système urinaire et le foie à éliminer les toxines accumulées dans l'organisme.

• Parce qu'elle régule l'action des hormones sécrétées par le cortex surrénal, l'essence de géranium est parfois surnommée l'« huile essentielle des femmes ». Vous pourrez l'utiliser pour régler divers problèmes liés au déséquilibre hormonal : gonflement des seins, symptômes liés au syndrome prémenstruel, à la ménopause, etc.

• Le géranium apporte douceur et harmonie. Son parfum à la fois enivrant et apaisant nous fait beaucoup de bien à nous les femmes. Lors de la délicate étape de la vie que constitue la ménopause, il nous apporte un soutien et un réconfort précieux en calmant nos états dépressifs et notre irritabilité.

Précaution d'emploi

Faire un test sur l'épiderme au préalable, l'huile essentielle de géranium pouvant irriter certaines peaux sensibles.

GINGEMBRE
Zingiber officinale

Les vertus culinaires et thérapeutiques du rhizome de gingembre, tant sous forme fraîche que de poudre déshydratée, sont connues et utilisées de très longue date. En Asie tropicale, dont cette plante herbacée est originaire, son arôme passait jadis pour protéger de l'attaque des tigres ! L'huile essentielle est distillée à partir de la racine. Son parfum riche et épicé peut s'allier avec la lavande, le citron, l'orange et le petit grain.

Indications

• Le gingembre est un stimulant du système digestif et de la production de sucs gastriques. Il donne de l'appétit, facilite la digestion, soulage les crampes ou les spasmes des intestins et de l'utérus. Il est également capable de calmer une diarrhée, une colique, des flatulences, un estomac un peu barbouillé ou une nausée matinale. C'est le meilleur remède contre le mal des transports : avalez une gélule ou un peu de poudre de gingembre 1 heure avant le départ, puis inhalez l'odeur de son huile essentielle toutes les 30 minutes pendant le voyage et le tour est joué !

• En raison de son action analgésique et échauffante, vous ajouterez un peu d'huile essentielle de gingembre dans vos produits de soin contre l'arthrite, les rhumatismes, les problèmes liés à une mauvaise circulation sanguine, les douleurs musculaires, les entorses et les foulures. En application locale, dans une crème ou une huile de massage, l'essence ne devra pas être utilisée à une concentration supérieure à 1 ou 1,5 %.

• L'huile essentielle de gingembre fait baisser la fièvre et stimule la transpiration. Elle est donc parfaitement indiquée pour soigner un catarrhe (inflammation des muqueuses), un refroidissement, un rhume, une grippe, une sinusite, un mal de gorge et pour calmer la toux.

• Est-il nécessaire d'évoquer les vertus aphrodisiaques du gingembre ? Sachez aussi qu'il vous donnera beaucoup de tonus, qu'il dissipera votre tension nerveuse et qu'il vous donnera confiance en vous.

Précaution d'emploi

Faire un test sur l'épiderme au préalable, l'huile essentielle de gingembre pouvant irriter certaines peaux sensibles.

À noter

Les pouvoirs thérapeutiques du rhizome de gingembre sont mentionnés par Confucius au Ve siècle avant J.-C.

GIROFLE (CLOU DE GIROFLE)
Eugenia caryophyllata

Le fameux clou de girofle, avec son arôme caractéristique, est obtenu par déshydratation de la terminaison florale du giroflier, arbre originaire de Madagascar appartenant au genre *Eugenia.* L'huile essentielle est distillée à partir des boutons séchés. Elle a une odeur piquante et un parfum d'épice. On la trouve souvent dans les pâtes dentifrices, dans les préparations dentaires en général, dans certaines boissons et dans un large éventail de préparations culinaires.

Indications

• L'huile essentielle de girofle est excellente dans les produits de soin contre les plaies infectées, les ulcères variqueux, l'acné, le pied d'athlète, les ecchymoses ou les brûlures.

• Soulager une rage de dents avec un clou de girofle ou avec son huile essentielle n'est pas un secret ! C'est en engourdissant les nerfs que les substances présentes dans la fleur de giroflier réduisent la sensation douloureuse. Ces propriétés analgésiques calmeront également des souffrances liées à une ulcération buccale, une névralgie, une arthrite ou des rhumatismes.

• L'action bénéfique de l'huile essentielle de girofle sur la digestion ne sera pas non plus pour vous une découverte. Utilisée en compresses froides ou chaudes, dans une huile de bain ou de massage, elle fortifiera votre système digestif, soulagera vos spasmes intestinaux, facilitera l'expulsion des gaz et calmera votre envie de vomir. En outre, elle rafraîchira une mauvaise haleine due à la fermentation gastrique.

• L'essence de girofle renforce les glandes et stimule leurs fonctions. Vous l'utiliserez souvent dans vos huiles de massage pour frictionner la poitrine d'une personne atteinte d'asthme ou de bronchite. Par la même occasion, elle agira aussi comme répulsif d'insectes.

• Pourquoi vous contenter de peu alors que le meilleur est à portée de main ? L'huile essentielle de girofle vous donnera force, endurance, assurance et détermination. Agissant très profondément sur votre mental, elle stimulera aussi votre mémoire.

Précaution d'emploi

Ne jamais utiliser pur en forte concentration dans des préparations de soins cutanés.

HÉLICHRYSE (IMMORTELLE)

Helichrysum italicum ou *Helichrysum angustifolium*

Plus connue sous son nom d'immortelle, l'hélichryse possède des fleurs très parfumées rappelant celles de la marguerite. Elles sèchent quand la plante parvient à maturité en gardant leur couleur et leur senteur. Il existe beaucoup de variétés d'hélichryses, mais seule l'espèce vivace méditerranéenne (*Helichrysum italicum* ou hélichryse italienne) est utilisée pour fabriquer l'huile essentielle. Elle est extraite des fleurs jaunes de l'immortelle par distillation à la vapeur. Son arôme se marie bien avec la camomille, la sauge sclarée, l'encens, la lavande, le géranium, le girofle et les huiles à base d'agrumes.

Indications

• Du fait de ses propriétés anti-allergéniques, anti-inflammatoires et antiseptiques, vous utiliserez l'huile essentielle d'hélichryse pour traiter l'acné, les plaques d'urticaire, les dermatites, l'eczéma, les inflammations cutanées, le psoriasis et les plaies. L'essence d'immortelle favorise le renouvellement cellulaire de l'épiderme. À ce titre, vous en ajouterez dans vos produits de soin pour la peau.

• En la mélangeant à de l'huile essentielle de lavande et de mandarine, vous obtiendrez une huile douce délicieusement parfumée qui soignera l'asthme, la bronchite et le rhume de votre bébé ou de votre enfant. Elle calmera aussi ses pleurs et ses cris s'il a attrapé la coqueluche.

• Stimulant du système immunitaire, l'huile essentielle d'hélichryse aide l'organisme dans son combat contre les infections et les substances allergènes. Vous l'utiliserez pour prévenir et soigner un rhume, une grippe, ou tout autre problème lié à une faiblesse du système immunitaire.

• Ajoutée à une huile de bain ou de massage, l'essence d'hélichryse soulagera les rhumatismes, les douleurs et les contractions musculaires, ainsi que les entorses.

• Comme son nom l'indique, l'immortelle apportera un rayon d'espoir à tous ceux qui pensent que la vie ne vaut pas la peine d'être vécue. Antidépresseur naturel, elle apportera un réconfort certain aux personnes émotives, phobiques ou stressées.

À noter

Pour profiter à plein de ses vertus thérapeutiques, on utilisera l'huile essentielle d'hélichryse en synergie avec d'autres essences aux propriétés similaires.

HYSOPE
Hyssopus officinalis

Très souvent citée dans la Bible, l'hysope est un arbrisseau vivace dont les feuilles persistantes, légèrement amères, sont parfois ajoutées dans des salades ou pour relever certains plats de viande. L'huile essentielle est distillée à partir des feuilles et des fleurs bleues qu'apprécient tant les papillons et les abeilles. Le parfum de l'hysope est difficile à décrire. À la fois camphré et épicé, il pourra se marier avec les arômes d'agrumes, de géranium, de lavande, de romarin et de sauge sclarée.

Indications

• L'hysope contracte et stimule les tissus. À ce titre, elle est recommandée pour traiter une ecchymose, un eczéma, une coupure ou une plaie. Elle agit également sur la circulation sanguine en augmentant la pression artérielle.

• Capable de faire baisser la fièvre, d'augmenter la transpiration et possédant également des propriétés expectorantes, elle est conseillée en cas de crise d'asthme, de bronchite, de toux, d'emphysème, de catarrhe, de maux de gorge, d'amygdalite et de coqueluche.

• L'hysope stimule le système digestif. Elle facilite la digestion et aide l'intestin à expulser les gaz. Enfin, elle peut soulager une constipation et une gastro-entérite.

• Certains problèmes menstruels, notamment les crampes, les spasmes de l'utérus, pourront être traités à l'aide de cette plante. L'hysope possède également une fonction régulatrice des règles et du flux urinaire.

• L'huile essentielle d'hysope donne l'esprit vif et les idées claires. Elle fortifie le système nerveux, réduit le stress, et apporte une agréable sensation de détente.

Précautions d'emploi

L'huile essentielle d'hysope est toxique à fortes doses. Elle sera seulement utilisée en conjonction avec d'autres essences et à une concentration qui ne devra jamais dépasser 0,5 %.

À éviter pendant la grossesse.

À éviter chez les personnes sujettes à des crises d'épilepsie.

À éviter en cas d'hypertension.

À noter

L'huile essentielle d'hysope n'est pas toujours conseillée en raison de la présence de certaines substances chimiques pouvant, à fortes doses, être toxiques ou favoriser les crises d'épilepsie. Elle est néanmoins souvent utilisée par de nombreux phyto-aromathérapeutes. Quant à moi, je préfère me servir d'hysope fraîche ou déshydratée, car les feuilles ont les mêmes propriétés que l'essence sans en avoir les risques. À vous de décider donc, après avoir lu attentivement les précautions d'usage.

Jasmin
Jasminum officinale

Pour la plupart des gens, les fleurs blanches ou jaunes du jasmin évoquent immédiatement une odeur sucrée et entêtante. L'essence est parfois surnommée la « reine des huiles essentielles », sans doute parce qu'elle est l'une des plus coûteuses sur le marché (sa fabrication est lente et réclame plusieurs opérations). Elle intervient très fréquemment dans la confection des parfums haut de gamme. L'huile essentielle de jasmin est extraite des fleurs, qu'il faut couper la nuit, quand leur parfum s'épanouit pleinement ! Sa fragrance sensuelle, exotique et apaisante, se marie avec la plupart des huiles essentielles, à commencer par les essences de rose et d'agrumes.

Indications

• L'huile essentielle de jasmin adoucit et satine les peaux sèches ou irritées. Elle équilibre la sécrétion de sébum, ce qui permet de la conseiller pour traiter la plupart des problèmes de peau, en particulier des dermatites.

• Ajoutée à un shampooing ou à une lotion capillaire, l'essence de jasmin embellira vos cheveux et leur donnera une grande brillance.

• L'essence de jasmin fortifie l'utérus, notamment après un accouchement, mais on évitera cependant d'en faire usage avant le travail. Pendant les règles, elle soulage les douleurs menstruelles et les crampes utérines.

• À la suite d'un choc émotif ou en état d'anxiété, l'huile essentielle de jasmin calmera les palpitations ou une respiration haletante. Elle réduira également la pression sanguine.

• C'est l'une des essences les plus efficaces pour soulager les états dépressifs. Stimulante et tonique, elle aidera celles et ceux qui manquent de projets dans la vie. Mais la senteur du jasmin est surtout connue pour sa capacité à susciter et augmenter le désir sexuel !

Précautions d'emploi

À éviter pendant la grossesse.

Utilisée excessivement, l'huile essentielle de jasmin peut engendrer des maux de tête et des nausées.

À éviter chez les très jeunes enfants.

> **À noter**
>
> Comme l'huile essentielle de jasmin est très chère, vous pouvez la remplacer par de l'essence d'ylang-ylang dans vos remèdes et vos huiles de bain. Cette dernière possède en effet des propriétés très voisines.

LAURIER (LAURIER NOBLE dit aussi LAURIER D'APOLLON)
Laurus nobilis

L'arbre majestueux consacré à Apollon, appelé aussi « laurier des poètes », se reconnaît à sa belle frondaison luisante d'un vert sombre. On le voit souvent dans les jardins comme arbre d'ornement. Ses feuilles délicatement lancéolées, avec leur arôme épicé, donnent une saveur très agréable aux plats. On en met aussi parfois dans les aliments secs pour éloigner les charançons. Dans l'Antiquité, les Grecs et les Romains s'en servaient pour tresser des guirlandes ou des couronnes en l'honneur des héros victorieux.

L'huile essentielle est distillée à la vapeur à partir des feuilles et des tiges. Son odeur épicée et un peu médicamenteuse se marie bien avec la sauge sclarée, le cèdre, le cyprès, l'eucalyptus, le gingembre, la lavande, la marjolaine, le romarin et toutes les huiles essentielles à base d'agrumes. Le laurier est présent dans toute une gamme de produits : détergents ménagers, cosmétiques, et bien sûr les plats cuisinés.

Indications

• Comme toutes les huiles épicées, le laurier stimule le système digestif grâce à son effet tonique sur le foie et la vésicule biliaire. On utilisera son huile essentielle en petites quantités (2 à 3 gouttes pour 40 ml d'huile végétale) pour masser l'abdomen et soulager les problèmes d'indigestion, de flatulence, ou pour redonner de l'appétit.

• Stimulant du système immunitaire et des glandes sudoripares, l'huile essentielle de laurier sera ajoutée dans des inhalations ou dans des huiles de massage. Elle soulagera ainsi des fièvres, des problèmes infectieux et des bronchites.

Précautions d'emploi

À éviter pendant la grossesse.

Appliquer seulement sur des régions limitées du corps.

Déconseillée dans les bains, car elle pourrait causer des irritations cutanées.

LAVANDE (LAVANDE VRAIE et LAVANDE ASPIC)
Lavandula augustifolia, Lavandula officinalis,
Lavandula vera (lavande vraie ou lavande officinale)
Lavandula latifolia, Lavandula spica (lavande aspic)

En raison de ses vertus « équilibrantes », la lavande est utilisée depuis des siècles. Aujourd'hui, son huile essentielle est l'une des plus appréciées au monde. La liste de ses applications en aromathérapie est impressionnante, sans comparaison avec la plupart des autres essences. Dans le cas où vous ne pourriez vous offrir qu'une seule huile essentielle, ce serait celle-là, sans la moindre hésitation ! Elle ne présente aucun danger : versatile et très douce, vous pourrez même l'utiliser pure sur de petites parties de votre épiderme !

L'huile essentielle de lavande est obtenue par distillation à la vapeur des épis floraux de couleur bleue et des feuilles linéaires aromatiques. La plus recherchée est extraite des plantes qui couvrent d'immenses espaces en Provence. Il existe plusieurs centaines de variétés différentes de lavandes. Pour l'aromathérapie médicinale, j'avoue avoir un faible pour la lavande aspic, car elle me paraît exercer un effet plus « en profondeur ». En parfumerie en revanche, je choisirais plutôt *Lavandula angustifolia.* Sa fragrance est en effet plus douce et sucrée que celle de l'espèce aspic, sans doute trop forte et pénétrante pour un tel usage. L'industrie du parfum ne s'y est d'ailleurs pas trompée, puisqu'elle marque une nette prédilection pour la lavande officinale dite aussi lavande vraie ! Quelle que soit la variété choisie, vous pourrez marier l'huile essentielle de lavande avec les essences de bergamote, d'eucalyptus, de géranium, de jasmin, de romarin et d'agrumes.

Indications

• Antiseptique et favorisant le renouvellement cellulaire, l'huile essentielle de lavande est l'une des essences les plus recommandables pour les soins de l'épiderme et des maladies de peau. C'est un antibiotique et un antiviral qui accélérera la cicatrisation et soulagera la douleur. Reprenez votre respiration et voyez à quel point elle n'est pas avare de bienfaits : vous l'utiliserez pour traiter un abcès, l'acné, des allergies, un pied d'athlète, un furoncle, une ecchymose, une inflammation cutanée, une dermatite, un eczéma, une piqûre d'insecte et l'éventuelle infection engendrée par le dard, un psoriasis, la gale, un coup de soleil, une brûlure superficielle, une plaie, une pustule, un bouton, une blessure et contre la teigne. Et ce n'est pas tout… Elle réduit aussi les odeurs corporelles quand on en ajoute dans un déodorant !

• L'essence de lavande stimule les glandes et les aide à mieux fonctionner. Elle soulage les problèmes digestifs, respiratoires ou urinaires. Elle apaisera des crampes et des spasmes de l'utérus ou de l'intestin. Elle favorisera par ailleurs la sécrétion biliaire. Enfin, elle aidera les intestins à expulser les gaz et régularisera le flux menstruel.

• Dotée à la fois de propriétés antiseptiques, antivirales, antibiotiques et expectorantes, l'huile essentielle de lavande constituera un ingrédient de choix lorsque vous préparerez des inhalations ou des baumes de poitrine destinés à soulager une bronchite, une toux persistante, un rhume, une laryngite, un mal de gorge ou l'excès de mucus bronchique.

• L'essence de lavande est bien connue pour soulager les douleurs et les inflammations causées par une arthrite, un lumbago, un rhumatisme, une sciatique et, de manière générale, toutes les souffrances liées à des tensions musculaires. Dans tous les cas, vous l'utiliserez dans vos huiles de bain ou de massage en synergie avec d'autres huiles essentielles. Vous maximiserez ainsi les effets de cette substance ô combien bénéfique.

• En cas de baisse d'énergie ou de moral en berne, rien de mieux que l'huile essentielle de lavande ! Elle est capable de calmer et de donner un peu de rigueur à l'esprit le plus torturé ! Elle réduira le stress et calmera la nervosité. Enfin, elle soulagera vos maux de tête et vos problèmes d'insomnie.

Précaution d'emploi

Ne pas utiliser pendant les quatre premiers mois de grossesse – et pendant une période encore plus longue en présence d'antécédents de fausse couche.

À noter

Selon une pratique ancestrale, les jeunes vierges souhaitant rester chastes faisaient sécher de la lavande et s'en jetaient sur la tête. Si vous voulez préserver votre pureté face à la gent masculine, libre à vous d'observer ce rite… mais en utilisant plutôt de l'huile essentielle, ce sera tout de même plus pratique !

En cas d'urgence, rappelez-vous que la lavande remédie à presque tout (voir L'aromathérapie au quotidien, Premiers secours, p. 457).

Lemon-grass
Andropogon citratus

La cuisine du Sud-Est asiatique fait grand usage de la partie inférieure blanche et pulpeuse des tiges du lemon-grass (de l'anglais *lemon,* citron ; et *grass,* herbe). L'huile essentielle est extraite en broyant et en pilant les feuilles coriaces et non comestibles. Son fort parfum frais et citronné se mélange bien avec les essences de cèdre, de géranium, de jasmin, de néroli, de palmarosa, de romarin et de tea-tree.

Indications

• L'huile essentielle de lemon-grass tonifie, rafraîchit et purifie la peau. Vous l'ajouterez à vos remèdes pour traiter le pied d'athlète et toute autre infection liée à un champignon : ses propriétés antifongiques et désodorisantes feront merveille ! Mettez-en également dans vos déodorants et dans vos répulsifs contre les insectes de manière à protéger votre famille et votre animal de compagnie contre les assauts des puces, des poux et des tiques.

• L'huile essentielle de lemon-grass n'est pas seulement un antibactérien et un antifongique. C'est également un antiseptique puissant et un excellent tonique. Capable de faire baisser la fièvre, elle sera très utile pour prévenir et traiter des maladies infectieuses. Vous mettrez enfin à profit sa capacité de renforcer l'organisme en l'administrant à des personnes convalescentes.

• Le lemon-grass favorise la circulation sanguine et l'élimination de l'acide lactique. C'est pourquoi il soulagera les douleurs musculaires et les pieds endoloris.

• Dans un shampooing, l'essence de lemon-grass donnera beaucoup de brillance à votre chevelure.

• Agissant sur le système nerveux, l'essence de lemon-grass peut soulager la dépression et réduire le stress. Plus généralement, il redonnera de l'énergie et de l'entrain à des personnes épuisées nerveusement.

Précautions d'emploi

Faire un test préalable sur la peau, l'huile essentielle de lemon-grass pouvant irriter certaines peaux sensibles.

Dans un bain, ajouter seulement 3 gouttes d'huile essentielle de lemon-grass et ne jamais dépasser une concentration de 1 % dans un remède.

Ne pas administrer aux bébés ni aux enfants en bas âge.

À noter

Le soir, si vous avez envie de dîner dehors, vaporisez un mélange d'eucalyptus et de lemon-grass. Vous éloignerez ainsi les mouches et les moustiques !

LIME (LIMETTIER VRAI ou CITRON VERT)
Citrus aurantifolia

Communément appelé citron vert, la lime possède une saveur plus prononcée et un goût plus acide que le citron jaune, mais la fragrance de son huile essentielle est très voisine. Comme elle possède les mêmes propriétés, vous l'utiliserez dans les mêmes cas. L'essence est extraite du zeste du fruit non parvenu à maturité, ou de l'ensemble de la lime mûre. Son parfum est à la fois frais, sucré et citronné. Il s'accorde bien avec la senteur de l'angélique, de la bergamote, de la citronnelle, de la sauge sclarée, du géranium, de la lavande, du néroli, de la palmarosa, de la rose, du romarin et de l'ylang-ylang.

Indications

• Tout comme l'essence de citron, l'huile essentielle de lime contracte et tonifie les tissus, si bien qu'elle adoucit l'épiderme. Vous l'utiliserez pour soigner les peaux grasses et, du fait de ses propriétés décolorantes, pour éclaircir un teint mat.

• Très efficace pour éliminer les verrues, elle permet en outre de prévenir l'infection d'une piqûre d'insecte. Vous pourrez aussi vous en servir pour arrêter un saignement du nez, d'une plaie, ou après une extraction dentaire.

• La lime favorise la production de globules blancs. Cette propriété, en s'ajoutant à son rôle antibactérien et à sa faculté de faire baisser la fièvre, fait de cette huile essentielle un remède très efficace pour soigner des maux et des infections de gorge, une bronchite, un rhume ou une grippe.

• L'essence de lime stimule l'action du pancréas, de la vésicule biliaire et du foie. Elle facilitera la digestion, l'expulsion des gaz présents dans l'intestin et purifiera le sang.

• L'huile essentielle de lime éclaircit les idées. Elle donne l'esprit vif et alerte.

Précautions d'emploi

Ne pas utiliser l'huile essentielle extraite du zeste du fruit avant de s'exposer au soleil ; l'essence obtenue à partir du fruit entier ne présente pas de problème de photosensibilité.

Faire un test préalable sur l'épiderme, l'huile essentielle de lime pouvant irriter certaines peaux sensibles.

Ne jamais dépasser la dose de 3 gouttes d'huile essentielle dans un bain et une concentration de 1 % dans les remèdes.

LITSEA CUBEBA (VERVEINE YUNNAN)
Litsea cubeba

C'est un petit arbre tropical originaire de Chine et d'Asie du Sud-Est dont les fleurs et le feuillage sont très odorants. Ses petites baies ont la même forme que celles du poivrier, dont dérive d'ailleurs son nom. L'huile essentielle, parfois appelée verveine Yunnan, est extraite des fruits par distillation à la vapeur. Elle possède un intense parfum citronné proche de celui du lemon-grass. Vous pourrez l'associer au basilic, au géranium, au jasmin, à la lavande, au lemon-grass, au néroli, à l'orange, au petit grain, à la rose ou au bois de rose, au romarin et à l'ylang-ylang.

Indications

• Vous utiliserez surtout cette huile essentielle pour le soin de l'épiderme. Dans vos préparations, elle permettra de traiter l'acné, une dermatite, des taches de vieillesse et des problèmes de peau grasse.

• Présente dans un déodorant, elle limitera la transpiration. L'essence de litsea cubeba peut se substituer à l'huile essentielle de bergamote. À la différence de cette dernière, elle ne pose pas de problème de photosensibilité : vous n'aurez donc pas de souci à vous faire si vous avez envie de profiter un peu du soleil.

• En raison de ses effets bénéfiques sur le système digestif, vous l'utiliserez en application locale ou dans des huiles de massage pour soigner une indigestion ou des flatulences.

• De manière générale, le litsea cubeba renforce et tonifie les systèmes internes, particulièrement le système immunitaire et le cœur. Il s'avérera utile pour donner un peu de tonus à une personne convalescente.

Précaution d'emploi

Faire un test préalable sur l'épiderme, l'huile essentielle dc litsea cubeba pouvant irriter certaines peaux sensibles.

MANDARINE (MANDARINIER)
Citrus reticulata

Le mandarinier est un arbre dont les fleurs à l'odeur capiteuse produisent l'agrume que vous connaissez bien. L'huile essentielle est obtenue à partir du zeste du fruit mûr. Il en existe une seconde, de moins bonne qualité, que l'on extrait des feuilles et de leurs tiges. L'essence de mandarine est douce et délicate. Sans danger aucun, vous pourrez l'utiliser pour soigner des enfants, des personnes âgées et pendant la grossesse. Elle constituera en outre un excellent remontant pour les personnes convalescentes. Le parfum de l'huile essentielle de mandarine est puissant, à la fois délicieusement sucré, citronné et agrémenté d'une délicate note florale. Il se mariera bien avec le basilic, la bergamote, le poivre, la camomille, le pamplemousse, la lavande, le citron, la lime, le néroli, l'orange, la palmarosa, le petit grain et la rose.

Indications

• Vous utiliserez cette huile essentielle dans vos traitements préventifs et curatifs contre les cicatrices et les vergetures. Elle permettra aussi d'atténuer les rides et autres signes du vieillissement de la peau.

• L'une des principales propriétés de cette huile à l'odeur délicieuse est son action tonique sur le système digestif. Elle soulagera les crampes et les spasmes de l'intestin, stimulera la production de bile, favorisera la digestion et augmentera l'appétit. Elle facilitera l'expulsion des gaz de l'intestin et calmera les indigestions d'origine nerveuse, ainsi que la constipation et le hoquet.

• Je vous la recommande tout particulièrement pour les « petits bobos » de bébé : coliques, douleurs intestinales, vomissements, etc. Les propriétés sédatives de l'huile essentielle de mandarine calmeront l'anxiété et la nervosité de votre bambin.

• L'essence de mandarine rend gai. Elle soulage l'insomnie, réduit le stress et exerce une légère action sédative sur l'ensemble du système nerveux.

MANUKA (TEA-TREE DE NOUVELLE-ZÉLANDE)
Leptospermum scoparium

Le manuka, communément appelé théier de Nouvelle-Zélande ou manuka rouge, appartient à la famille du myrte.

Il n'a rien à voir avec le thé *(Camellia sinensis).* La confusion serait liée à une anecdote selon laquelle le capitaine James Cook (1728-1779) aurait utilisé des feuilles aromatiques de manuka pour se faire un « thé » pendant son expédition cartographique des côtes de Nouvelle-Zélande, archipel qu'il venait de découvrir. Aujourd'hui, les feuilles sont utilisées pour extraire une huile essentielle puissante dont je trouve – mais c'est là un avis très personnel – l'odeur beaucoup plus séduisante que celle de l'essence de tea-tree. Malheureusement, à moins d'habiter la Nouvelle-Zélande, elle est beaucoup plus chère et vraiment difficile à trouver en France. C'est dommage, car c'est l'une des rares essences que l'on peut utiliser pure, sur de petites parties de la peau bien sûr. Son parfum est sucré et doux. Il se marie bien avec la cannelle, la sauge sclarée, le girofle, le cyprès, l'eucalyptus, le géranium, le gingembre, la lavande, le citron, le lemongrass, la mandarine, la marjolaine, le romarin et le thym.

Indications

• L'huile essentielle de manuka possède des propriétés puissamment antiseptiques, antibactériennes, antivirales et antifongiques. Vous pourrez l'utiliser pure ou diluée pour traiter un abcès, la teigne, un cor au pied, une ampoule, une verrue, un ulcère buccal ou un herpès. Ajoutée à l'eau d'un bain ou d'un bain de pieds, elle soignera un pied d'athlète, une plaie, un coup de soleil, un échauffement quelconque ou une brûlure légère. En bain de bouche ou en gargarisme, elle soulagera une gingivite ou une amygdalite tout en parfumant votre haleine.

• L'action antihistaminique du manuka sera précieuse en cas de piqûre d'insecte, en particulier d'une guêpe ou d'une abeille. Elle apaisera d'éventuelles réactions allergiques.

• L'érythème fessier de bébé peut être prévenu ou soigné en ajoutant de l'huile essentielle de manuka à de la crème ou à du talc.

• L'essence de manuka, en plus des propriétés déjà évoquées, possède des vertus expectorantes. Dans une inhalation, une huile de bain ou de massage, elle jouera un rôle bénéfique dans le traitement des bronchites, des catarrhes, des rhumes, des grippes, des fièvres, des toux, des sinusites, ainsi que de la tuberculose ou de la coqueluche. Dans un brûle-parfum ou un diffuseur, elle assainira l'air et empêchera la propagation des maladies infectieuses.

• L'huile essentielle de manuka pourra enfin intervenir dans le traitement des problèmes du système génito-urinaire : urétrite, cystite, trichomonas vaginal, candida, muguet, herpès génital et vaginite.

MARJOLAINE (MARJOLAINE DES JARDINS)
Origanum majorana

En médecine comme en cuisine, la douce marjolaine est une herbe aromatique que les hommes connaissent depuis fort longtemps. Ses feuilles aromatiques, utilisées en assaisonnement sous forme fraîche ou séchée, donnent une saveur particulière à de nombreux plats méditerranéens. Enfin, il n'est peut-être pas inutile de rappeler combien l'infusion de marjolaine est efficace avant d'aller se coucher… L'huile essentielle est obtenue par distillation à la vapeur des feuilles et des fleurs de la plante. Son parfum chaleureux et légèrement piquant se marie bien avec la bergamote, le poivre, le cèdre, la camomille, la sauge sclarée, le cyprès, l'eucalyptus, le genièvre, la lavande, la mandarine, la muscade, le patchouli, la menthe poivrée, le petit grain, le romarin et le tea-tree.

Indications

• L'huile essentielle de marjolaine renforce les différents systèmes de l'organisme. Échauffante et relaxante, c'est aussi un analgésique et un expectorant. Comme elle favorise en outre la transpiration, elle est très indiquée pour soulager la fièvre et les difficultés respiratoires liées à une crise d'asthme, une bronchite, une toux persistante, un rhume, une grippe ou une sinusite. Vous en ajouterez soit dans vos inhalations et vos désodorisants, soit dans vos huiles de bain ou de massage.

• L'essence de marjolaine dilate les artères et les petits vaisseaux sanguins. Présente dans une huile de massage, elle constituera un ingrédient extrêmement bénéfique pour traiter une arthrite, un lumbago, une entorse, une ecchymose, des rhumatismes et, de manière plus générale, tous les problèmes articulaires et musculaires. Son action de vasodilatateur agira également sur les engelures, les évanouissements ou les syncopes, les maux de tête, la migraine, ainsi que sur l'hypertension artérielle.

• La plupart des herbes utilisées en cuisine sont d'excellents toniques du système digestif : tel est aussi le cas de la marjolaine. Vous utiliserez son essence pour traiter des crampes intestinales, des flatulences, des diarrhées, des problèmes d'indigestion ou de constipation. Appliquée sur le bas-ventre, elle soulagera les douleurs menstruelles et régulera des règles peu abondantes ou irrégulières.

• Son rôle sédatif est certainement le pouvoir le mieux connu de la marjolaine. Attention cependant, une utilisation excessive de son huile essentielle peut littéralement vous assommer ! Dans une huile de bain ou de massage, vous la combinerez à de l'essence de lavande pour calmer votre nervosité et lutter contre l'insomnie, particulièrement si ces problèmes sont causés par un stress, un état de surexcitation ou par le syndrome prémenstruel. Un conseil, allez vous coucher tout de suite après avec un bon livre !

• L'essence de marjolaine favorise les effusions de tendresse… Elle apporte la paix intérieure et soulage les gros chagrins.

Précautions d'emploi

À éviter pendant la grossesse.

L'usage intensif d'huile essentielle de marjolaine présente un risque de somnolence.

À éviter en cas d'hypotension aiguë.

> **À noter**
>
> Attention, ne confondez pas l'huile essentielle de marjolaine avec l'essence d'origan (*Origanum compactum* ou *Origanum vulgare*), parfois appelé « marjolaine sauvage ». Ses propriétés sont assez proches à un point près, mais de taille : l'origan est un tonique et non un sédatif du système nerveux !

MÉLISSE
Melissa officinalis

Les propriétés thérapeutiques de cette herbe aromatique sont bien connues, surtout pour soigner les enfants. Réputée dès l'Antiquité, la mélisse était très utilisée par les médecins arabes du Moyen Âge : elle est d'ailleurs mentionnée par Avicenne (980-1037), l'un des plus illustres d'entre eux. À la Renaissance, l'alchimiste Paracelse (vers 1493-1541) la surnomma l'« élixir de vie ». En raison de son abondant nectar et de ses fleurs au doux parfum sucré et acidulé, la plante a reçu divers surnoms : « citronnelle » et, parce qu'elle attire ces insectes, « feuille à abeilles » ou « piment des abeilles » (*melissa* désigne une abeille en grec). L'huile est extraite par distillation à la vapeur des feuilles et des sommités florales. Comme le suc est présent en infimes quantités, l'essence est difficile à extraire et donc onéreuse. Pour vous donner une idée de l'odeur et des propriétés de la mélisse, imaginez un mélange d'huiles essentielles de citron et de petit grain. Vous pourrez associer son parfum au basilic, à la camomille, à l'encens, au géranium, au gingembre, à la lavande, au petit grain, au romarin ou à l'ylang-ylang.

Indications

• Quand je pense à l'huile essentielle de mélisse, « douceur » et « quiétude » sont les premiers mots qui me viennent à l'esprit. Ce sont en effet les deux principaux bienfaits qu'elle apporte tant à notre corps qu'à notre esprit. Plus précisément, elle est efficace contre les réactions allergiques cutanées. Vous l'utiliserez donc pour traiter l'acné, l'eczéma, les piqûres d'abeille, et comme répulsif contre les insectes.

• Je vous la recommande vivement pour soigner les problèmes des systèmes reproductif, digestif ou circulatoire. L'essence de mélisse soulage les crampes intestinales et les spasmes de l'utérus. Elle réduit aussi la fièvre. Elle fortifie et calme le muscle cardiaque, apaise d'éventuelles palpitations et abaisse la pression artérielle. Ses propriétés relaxantes agissent également sur les maux de tête, les migraines et les toux nerveuses.

• Son action anti-allergénique s'exerce non seulement sur la peau mais aussi sur le système respiratoire. C'est pourquoi elle est indiquée pour traiter un rhume des foins ou une crise d'asthme.

• Autour de soi, la senteur de mélisse crée une douce aura sécurisante. Elle donne l'impression que l'on est protégé par sa bonne étoile, à l'abri des vicissitudes de la vie… Cela vous aidera à oublier un chagrin, un souci, et à ne pas vous enfoncer dans une dépression. L'essence de mélisse réduit aussi le stress et calme doucement le système nerveux.

Précautions d'emploi

À éviter pendant la grossesse.

Faire un test sur l'épiderme au préalable, l'huile essentielle de mélisse pouvant irriter certaines peaux sensibles.

Dans un bain, ajouter seulement 3 gouttes d'essence de mélisse et ne jamais dépasser une concentration de 1 % dans un remède.

MENTHE POIVRÉE
Mentha piperata

La rafraîchissante menthe poivrée est une herbe vivace très répandue dans les régions tempérées humides. Ses feuilles sont utilisées en cuisine et dans l'industrie alimentaire de mille et une manières : elles agrémentent les salades, aromatisent le thé (le fameux thé à la menthe) et de nombreuses boissons, liqueurs, sodas et sirops. Les hommes ont été attirés très tôt par sa saveur fraîche : les Égyptiens la cultivaient déjà. De l'Antiquité à nos jours, la menthe poivrée est demeurée l'une des plantes les plus utilisées pour ses propriétés thérapeutiques.

L'essence de menthe poivrée est extraite des feuilles par distillation à la vapeur. Elle est fortement concentrée en menthol, son constituant chimique le plus important, un alcool qui se cristallise en aiguilles incolores. Le parfum de l'huile essentielle est puissant et doté d'une saveur fortement camphrée. Il s'accorde bien avec le benjoin, l'eucalyptus, la lavande, la marjolaine, le citron, le romarin et sa voisine, la menthe verte.

Indications

• En ajoutant 2 ou 3 gouttes d'huile essentielle de menthe poivrée dans une fumigation, vous décongestionnerez votre peau et éliminerez les bactéries. Vous traiterez ainsi l'acné, une dermatite, des démangeaisons, la gale ou la teigne.

• Ce n'est pas une surprise : la menthe est l'une des meilleures huiles essentielles pour rafraîchir l'haleine et soigner des problèmes digestifs, notamment en cas d'indigestion, de nausée, de maux de ventre ! Elle stimulera la production de bile, tonifiera le foie et favorisera l'expulsion des gaz présents dans l'estomac ou les intestins. Si vous éprouvez des difficultés à digérer un repas, versez 25 cl d'eau chaude dans un verre, ajoutez 1 goutte d'huile essentielle de menthe poivrée et un peu de miel ; agitez et buvez le breuvage d'un trait. Le rot qui devrait suivre presque immédiatement vous apportera déjà un immense soulagement ! Le même traitement sera prescrit pour soulager des nausées et des vomissements causés par une intolérance alimentaire ou par le mal des transports. Évidemment, vous trouverez en pharmacie toutes sortes de pilules dragéifiées à base d'huile essentielle de menthe poivrée. Elles délivrent leur substance active en atteignant l'intestin. Là, elles soulageront très efficacement une colique douloureuse ou le syndrome du côlon irritable.

• Si vous pensez couver un rhume ou une grippe, mélangez 3 gouttes d'huile essentielle de menthe poivrée, 3 gouttes d'huile essentielle de marjolaine et 4 gouttes d'huile essentielle de lavande dans 5 ml d'huile végétale. Versez le tout dans un bain chaud et profitez de l'agréable sensation de chaleur. Un conseil, pendant que vous êtes dans votre baignoire, jouez les grands malades et faites-vous apporter un thé à la menthe et au citron : cela vous fera transpirer et facilitera l'élimination des bactéries ! Si c'est déjà trop tard et que vous présentez déjà des symptômes de rhume ou d'un état grippal, l'huile essentielle de menthe poivrée vous soulagera. Elle aura un effet expectorant et fera baisser votre fièvre.

• Ses propriétés rafraîchissantes et analgésiques sont extrêmement précieuses pour apaiser des jambes fatiguées ou des pieds échauffés. Ajoutez 1 % d'huile essentielle de menthe poivrée dans un gel ou un vaporisateur et appliquez sur vos membres endoloris. Attention, n'essuyez pas ! Attendez que le produit ait bien pénétré dans l'épiderme.

• En appliquant sur le front des compresses froides imbibées d'huile essentielle de menthe poivrée, vous soulagerez les maux de tête, la fatigue intellectuelle, le stress, un choc émotionnel, mais aussi des vertiges et des syncopes. Vous pouvez mettre le flacon d'essence sous le nez d'une personne évanouie pour lui faire reprendre connaissance. Dans le même but, versez quelques gouttes d'huile essentielle de menthe poivrée dans un diffuseur ou ajoutez-en dans un désodorisant.

• Par ailleurs, la menthe est excellente pour repousser les insectes et les rongeurs, qui semblent détester particulièrement son odeur !

• La menthe est un stimulant intellectuel qui éveille et éclaircit l'esprit. Elle vous aidera à être plus positif et à chasser vos idées noires. Enfin, elle exercera un pouvoir calmant en cas de choc affectif, d'hystérie ou de tachycardie.

Précautions d'emploi

À utiliser en faibles dosages dans vos remèdes (0,5 % est suffisant).

À éviter pendant la grossesse.

Ne pas utiliser l'huile essentielle en conjonction avec des remèdes homéopathiques et conserver le flacon dans un endroit à part.

À noter

Les huiles essentielles de menthe poivrée et de lavande présentent beaucoup d'affinités. Si vous les mélangez, leurs propriétés s'amplifieront par synergie.

MENTHE VERTE
Mentha spicata

Les Anglo-Saxons en raffolent : la menthe verte est l'ingrédient de base de la fameuse sauce inséparable du rôti d'agneau ou des pommes de terre nouvelles… Moins adeptes de ce genre de saveurs, les Latins l'utilisent seulement dans leurs hors-d'œuvre froids. Il y a heureusement consensus en Europe : le goût de la menthe verte est unanimement apprécié quand il s'agit de boissons fraîches ! L'huile essentielle est distillée à la vapeur à partir des feuilles vertes très ridées et des boutons terminaux. Moins forte que l'essence de menthe poivrée, elle est mieux adaptée aux soins des enfants, des personnes âgées, des malades convalescents et des femmes enceintes. Son parfum sucré et mentholé s'accorde bien aux senteurs de basilic, de benjoin, de pamplemousse, de lavande, de marjolaine, de romarin et, on ne s'en étonnera pas, de menthe poivrée.

Indications

• En ajoutant seulement 2 ou 3 gouttes d'huile essentielle de menthe verte dans une fumigation, vous décongestionnerez votre peau et éliminerez les bactéries. Ce traitement sera particulièrement adapté en cas d'acné, de dermatite, de démangeaisons, de teigne et de gale.

• À égalité avec sa cousine poivrée, l'huile essentielle de menthe verte est l'une des meilleures essences pour traiter les problèmes digestifs. Stimulant la production de bile et exerçant une action tonique sur le foie, elle vous aidera à expulser les gaz présents dans votre estomac ou votre intestin. Elle soulagera parallèlement vos états nauséeux, vos crampes d'estomac, et vous remettra vite d'aplomb.

• Dans le cas où vous auriez une bronchite ou une grippe compliquée de fièvre, l'effet expectorant de l'essence de menthe verte soulagera vos voies aériennes supérieures. Votre température baissera et vous vous sentirez déjà beaucoup mieux.

• À la fois rafraîchissante et analgésique, l'huile essentielle de menthe verte soulage presque instantanément des jambes ou des pieds échauffés, fatigués ou endoloris. Dans un vaporisateur ou un gel, ajoutez cette substance miracle sans dépasser la concentration fatidique de 1 %. Laissez agir sans essuyer pour que le produit pénètre bien dans la peau.

• À vous de voir, qu'il s'agisse d'appliquer une compresse fraîche, d'ajouter quelques gouttes d'huile essentielle de menthe verte dans un brûle-parfum ou de humer simplement le goulot du flacon, le résultat sera le même : adieu maux de tête, fatigue psychologique, stress nerveux, chocs émotifs, palpitations, tournis, vertiges et évanouissements. Si vous êtes adepte de méthodes plus douces, rien ne vous empêche de mettre un peu d'huile essentielle de menthe verte dans un pulvérisateur ou dans un diffuseur.

• La menthe verte stimule l'esprit et éclaircit les idées. Elle vous permettra de « positiver » et d'oublier vos idées noires. Elle passe aussi pour soulager les suites d'un choc affectif. On lui prête enfin un effet calmant en cas d'hystérie et de palpitations.

Précautions d'emploi

À n'utiliser qu'en faibles dosages dans les remèdes, de l'ordre de 0,5 %.

À éviter pendant la grossesse.

Ne pas utiliser l'huile essentielle de menthe verte en conjonction avec un traitement homéopathique et conserver le flocon dans un endroit à part.

MUSCADE (NOIX DE MUSCADE)
Myristica fragrans

L'amande du fruit du muscadier, arbre tropical pouvant dépasser 10 m de haut, a de nombreuses utilisations tant dans le domaine culinaire que médical. La noix sèche râpée donne aux plats un arôme savoureux, surtout aux desserts à base de lait : personnellement, je ne peux pas préparer un gâteau de riz sans saupoudrer dessus un peu de noix de muscade ! Le parfum de l'huile essentielle est sucré et épicé. Il se marie bien avec les senteurs de poivre, de sauge sclarée, de cyprès, d'encens, de géranium, de citron, de lime, d'orange, de patchouli, de petit grain et de romarin. L'essence est largement employée dans l'industrie pharmaceutique : on la trouve dans certains analgésiques et autres préparations toniques. Elle est bien sûr présente dans de nombreux desserts et plats cuisinés que l'on trouve dans le commerce.

Indications

• Le rôle tonique de l'huile essentielle de muscade s'exerce surtout sur le système digestif. Elle soulage les vomissements et les nausées, les crampes et les spasmes de l'intestin, tout en stimulant l'appétit et en aidant les intestins à expulser les gaz. Je vous la recommande vivement en cas d'indigestion, de digestion difficile ou pour vous remettre vite d'aplomb après un repas un peu lourd.

• L'huile essentielle de muscade possède des propriétés échauffantes et analgésiques. Présente dans une huile de massage, elle calmera les douleurs et les tensions musculaires, mais aussi l'arthrite, la goutte, une mauvaise circulation ou des rhumatismes. Pour soigner les mêmes types de problèmes, vous pouvez aussi en ajouter dans l'eau de votre bain. Attention, n'en mettez que 3 gouttes (pas plus !) préalablement mélangées à un peu d'huile végétale. À une dose plus forte, l'huile essentielle de muscade pourrait irriter votre peau.

• L'action tonique de l'essence de muscade agit un peu à la manière d'une hormone naturelle sur le système reproductif. Comme les œstrogènes, elle régule le flux menstruel et soulage les spasmes de l'utérus. Elle est tout indiquée en cas de règles peu abondantes.

• Encore en raison de son action tonique, elle fortifiera vos cheveux si vous en ajoutez dans un shampooing ou dans une quelconque lotion capillaire.

• La muscade donne de l'énergie vitale. C'est aussi un fortifiant de l'esprit.

Précautions d'emploi

Ne pas utiliser pendant des périodes prolongées.

En inhalation, en application locale ou dans une huile de bain, ne jamais ajouter plus de 3 gouttes d'huile essentielle de muscade. Ne pas dépasser une concentration de 1 %.

MYRRHE

Commiphora myrrha

La précieuse myrrhe est utilisée depuis la nuit des temps au Proche et au Moyen-Orient. Dans l'Égypte ancienne, on s'en servait pour embaumer les corps et pour ses vertus régénératrices. L'huile essentielle est obtenue par distillation à la vapeur de la résine brute exsudant du tronc du balsamier. Son odeur fumée, musquée et légèrement âcre, se marie bien avec le benjoin, la férule, la lavande, le patchouli, le santal et – cela n'est guère une surprise – avec l'encens.

Indications

• L'action rafraîchissante de la myrrhe joue un rôle anti-inflammatoire bien utile pour traiter un furoncle, une ulcération cutanée, un eczéma purulent ou une plaie infectée. Antifongique, l'essence de myrrhe sera également d'une aide précieuse pour soigner un pied d'athlète. Vous ajouterez enfin quelques gouttes d'huile essentielle de myrrhe dans vos remèdes de soins contre le vieillissement de la peau, les lèvres gercées, les pieds ou les talons desséchés.

• La myrrhe, sous forme de teinture ou d'huile essentielle, est souvent présente dans les produits de soins dentaires, en particulier dans certains dentifrices et bains de bouche. C'est sans doute le meilleur remède pour traiter un ulcère buccal, une inflammation ou une infection de la gencive, mais aussi un simple mal de gorge. Pour vos soins bucco-dentaires, le mieux est d'acheter de la teinture de myrrhe en pharmacie ou d'utiliser son huile essentielle à une concentration de 3 % (40 gouttes de teinture dans 60 ml de vodka ou une eau-de-vie quelconque). Teinture ou essence peuvent aussi être utilisées pures et appliquées directement sur le point douloureux ; en bain de bouche ou en gargarisme, diluez 5 ml de produit dans 20 ml d'eau bien chaude.

• L'essence de myrrhe agit très efficacement sur les infections des voies respiratoires. Son action purifiante et desséchante enraye l'infection et facilite l'élimination du mucus bronchique en cas de crise d'asthme, de bronchite, de rhume et de toux grasse.

• Dans une huile de massage ou en applications externes sur le ventre, l'huile essentielle de myrrhe exercera un effet tonique sur le système digestif. Elle soulagera une diarrhée, une indigestion et des problèmes de flatulence. Dans une crème ou un gel, elle servira à traiter des hémorroïdes.

• L'action antifongique de l'essence de myrrhe peut être mise à profit pour traiter un muguet, une leucorrhée, et différents types de prurits.

• La myrrhe est une essence éminemment mystique. Entrant dans la composition de l'huile sacrée de la Bible, elle forme une sorte de lien entre ce monde et l'au-delà. C'est pourquoi elle soulage la douleur d'avoir perdu un proche et calme l'angoisse de mourir.

Précaution d'emploi

À éviter pendant la grossesse.

À noter

La myrrhe est utilisée depuis l'époque de Moïse. Son caractère précieux est rappelé dans les Évangiles, quand les Rois Mages en offrent à Jésus en même temps que de l'encens et de l'or. Elle est l'un des meilleurs antiviraux et antibactériens naturels.

MYRTE (MYRTE COMMUN)
Myrtus communis

Symbole de l'amour et dédié à Vénus, le myrte ou « myrte commun », comme on l'appelle parfois, est un grand arbuste originaire d'Afrique du Nord qui a maintenant essaimé dans l'ensemble du Bassin méditerranéen. Si les fleurs sont tout aussi parfumées, c'est surtout à partir des feuilles persistantes et de leurs tiges que l'huile essentielle est obtenue par distillation à la vapeur. Le parfum de l'essence de myrte est fin, herbacé et puissant. Vous pourrez l'associer aux senteurs de bergamote, de sauge sclarée, d'hysope, de lavande, de citron, de lime, de romarin, de thym, de tea-tree et, de manière générale, à toutes les huiles épicées.

Indications

• L'essence de myrte possède des propriétés antibactériennes. Comme elle est capable de prévenir les maladies infectieuses, vous en ajouterez dans un désodorisant ou un diffuseur d'ambiance de type brûle-parfum.

• Le myrte a le pouvoir de tonifier et de contracter les tissus, c'est pourquoi il sera présent dans des remèdes contre l'acné, les ecchymoses, les hémorroïdes, les peaux grasses et le psoriasis.

• Sans danger, car dénuée de toxicité, l'huile essentielle de myrte est néanmoins particulièrement efficace pour traiter les problèmes respiratoires. Vous pourrez donc faire profiter de ses pouvoirs expectorant et antitussif de très jeunes enfants et des personnes âgées. Comme elle est en même temps un bon antiseptique, elle conviendra parfaitement au traitement d'une crise d'asthme, d'une bronchite, d'un catarrhe, d'une toux récalcitrante ou d'un rhume.

• Son action antiseptique déjà évoquée agit sur la cystite et sur l'urétrite. On dit que l'essence de myrte peut soulager les hémorroïdes, les diarrhées et la dysenterie.

• Apaisante, l'huile essentielle de myrte calme les grosses colères… Elle favorisera aussi un sommeil réparateur.

Néroli (Néroli bigarade ou Oranger amer)
Citrus aurantium

L'huile essentielle de néroli est obtenue à partir des fleurs du bigaradier de Séville, un arbre qui ressemble à l'oranger à s'y méprendre. Elle est extraite soit par distillation à la vapeur, soit par un long et délicat procédé appelé enfleurage (voir encadré p. 96). Le généreux arbre fruitier produit aussi des fruits d'un goût fameux, idéal pour faire de la marmelade d'orange. Le parfum de l'essence, orangé et sucré, est très féminin : c'est d'ailleurs à une noble dame, la duchesse de Néroli, qu'il doit son nom ! Il se marie bien avec la plupart des autres huiles essentielles.

Curieusement, son arôme exquis n'apparaît pas immédiatement : en ouvrant le flacon, vous ne lui trouverez pas beaucoup de charme. En fait, sa véritable fragrance se révèle seulement quand l'essence est mélangée à une huile végétale ou associée à une base quelconque. C'est alors que vous réaliserez pourquoi le néroli, aussi appelé fleur d'oranger, est utilisé dans le monde entier, tant dans les eaux de Cologne que dans les parfums les plus coûteux.

Indications

• L'essence de néroli est une excellente huile de soins pour la peau. Elle a la réputation de favoriser la régénération cellulaire et de maintenir une bonne élasticité de l'épiderme, particulièrement pour les peaux desséchées, fines ou âgées. Elle est capable de gommer ou d'atténuer des cicatrices et de prévenir l'apparition des rides, des vergetures ou des varices.

• L'huile essentielle de fleur d'oranger soulage les crampes et les spasmes. Elle aide les intestins à expulser les gaz. Elle calmera également une diarrhée et une indigestion causée par une contrariété ou par la nervosité. De même, elle apportera un réconfort aux femmes souffrant de spasmes et douleurs utérines.

• Tranquillisante et très relaxante, c'est l'une des huiles essentielles les plus efficaces pour traiter un état d'anxiété prolongé, soulager une dépression, calmer la nervosité ou une crise de palpitations. Elle sera également très utile pour apaiser l'irritabilité souvent observée lors du syndrome prémenstruel et à la ménopause.

• Tendre et sensible, l'huile essentielle de néroli stimule l'appétit sexuel. N'est-ce pas d'ailleurs pour cette raison que la fleur d'oranger sert à faire les couronnes et les bouquets des jeunes mariées ?

L'enfleurage

Pour extraire l'huile essentielle de choses aussi délicates que les pétales de fleurs, on utilise traditionnellement l'enfleurage. Se pratiquant soit à chaud, soit à froid, la technique consiste à plonger les pétales dans de la graisse animale ou végétale (froide ou chaude), puis à les laisser macérer en répétant l'opération de nombreuses fois. Le corps gras est ensuite éliminé à l'aide d'alcool qu'on laissera évaporer avant d'obtenir l'essence de rose, de jasmin ou de fleur d'oranger. Vous comprenez maintenant pourquoi l'huile essentielle de néroli est très difficile à trouver et pas vraiment à la portée de toutes les bourses ! Pour retrouver à peu près les mêmes vertus thérapeutiques, vous pourrez la remplacer par un mélange à parts égales d'essences de mandarine et de petit grain. Cependant, si vous souhaitez créer un parfum de très grande classe, il vous faudra absolument investir dans l'achat de cette petite merveille !

Niaouli (Mélaleuque pantanerve)
Melaleuca quinquenervia

Appartenant à la famille des myrtacées, le niaouli est un arbrisseau tropical à l'écorce blanche que l'on trouve en abondance en Nouvelle-Calédonie et en Australie. Les chauves-souris et les oiseaux s'intéressent de près à ses fleurs, qui attirent les insectes. L'huile essentielle est extraite par distillation à la vapeur des feuilles et des jeunes tiges de l'arbre. Son parfum est fort, camphré et franc, avec une note soufrée qui n'est pas des plus agréables. Vous pourrez l'atténuer en l'associant au genièvre, à la lavande, au citron, au lemon-grass, à la lime, à l'orange, au pin, à la menthe poivrée et au romarin.

Antiseptique naturel, l'essence de niaouli a parfaitement sa place dans un cabinet médical. Vous la retrouverez sous le nom de « goménol » dans de nombreuses préparations commerciales (gargarismes, dentifrices et rafraîchisseurs d'haleine).

Indications

• Bien qu'elle soit très proche de l'essence de cajeput, je préfère l'huile essentielle de niaouli pour les soins de la peau : elle présente un moindre risque d'irritations cutanées, du moins si elle est suffisamment diluée. Avec cette essence, vous pourrez traiter et soigner l'acné, un furoncle, une coupure ou une brûlure légères, une écorchure ou une blessure, une piqûre d'insecte ou un bouton. L'application de l'huile essentielle de niaouli diluée calmera aussi la douleur en engourdissant les nerfs. En prime, elle éliminera les bactéries !

• Présente dans un bain de bouche, l'essence de niaouli rafraîchira une haleine rendue fétide par des problèmes de gencives ou de dents cariées. Mais que cela ne vous empêche pas d'aller chez le dentiste !

• Ajoutée dans l'eau du bain ou dans une huile de massage, l'huile essentielle de niaouli soulagera des douleurs et des tensions musculaires, des rhumatismes, des problèmes de circulation ou des névralgies.

• Dans une inhalation, l'essence de niaouli aura un puissant effet expectorant sur les voies respiratoires. Comme elle a aussi le pouvoir de réduire les poussées de fièvre, elle est parfaitement indiquée pour traiter une bronchite, une toux persistante et grasse, un rhume, une sinusite, une laryngite, une grippe et une coqueluche.

• L'huile essentielle de niaouli favoriserait la fabrication de globules blancs par l'organisme. Elle aurait la capacité de renforcer le système immunitaire et de stimuler l'activité des anticorps.

• Le niaouli enlèvera les « toiles d'araignée » que vous avez dans la tête ! Plus sérieusement, il favorisera votre concentration.

Précaution d'emploi

Ne jamais utiliser pure sur la peau.

ORANGE (ORANGER ou ORANGE DOUCE)
Citrus sinensis

L'oranger *dulcis* (doux) est originaire de Chine, mais il pousse désormais un peu partout, y compris dans de nombreux pays non tropicaux. Ses fruits brillants et gorgés de soleil comptent parmi les plus appréciés dans le monde entier. Il faut dire que leur pulpe et leur jus, très riches en vitamine C, sont un véritable élixir de santé ! Comme c'est le cas pour tous les agrumes, l'huile essentielle est obtenue à partir du zeste. Son parfum familier – identique à celui de l'orange – se marie bien avec l'angélique, le benjoin, la cannelle, le cyprès, l'encens, la lavande, la rose, le bois de rose, la muscade, et avec ses proches cousins de la famille des *citrus,* le néroli et le petit grain en tête. L'huile essentielle d'orange entre souvent dans la composition des savons, des produits cosmétiques, des eaux de Cologne ou des parfums en règle générale. C'est également un agent de saveur fréquemment utilisé pour aromatiser les apéritifs, les liqueurs et de nombreux aliments.

Indications

• Excellent tonique de l'épiderme, l'huile essentielle d'orange convient à tous les types de peaux. Elle embellira tout particulièrement les peaux grasses, mais je vous la recommande aussi si vous avez une peau normale ou sèche.

Ajoutée à d'autres essences, elle conviendra parfaitement au traitement des infections fongiques et bactériennes.

• Son action tonique s'exerce sur le système digestif. Capable de soulager des flatulences, des crampes ou des spasmes intestinaux, elle peut calmer un estomac noué et facilite la digestion.

• L'huile essentielle d'orange fortifie les glandes et stimule leur fonctionnement. Elle renforce le système immunitaire et peut faire baisser la fièvre en cas de rhume ou de grippe.

• Son parfum gai, léger et vivifiant vous apportera beaucoup de joie si vous êtes morose et un peu déprimé. Comme un rayon de soleil, elle nous rappelle que la vie est belle et qu'il ne faut jamais trop se prendre au sérieux !

Précautions d'emploi

Faire un test sur l'épiderme au préalable, l'huile essentielle d'orange pouvant irriter certaines peaux sensibles.

Pour éviter tout risque d'irritation cutanée, utiliser seulement 4 gouttes d'essence d'orange mélangée à de l'huile végétale.

À noter

L'huile essentielle d'orange s'oxyde facilement. Achetez-en par petites quantités que vous utiliserez dans les trois ou quatre mois.

PALMAROSA

Cymbopogon martinii var. *martini*

La palmarosa appartient à la famille *cymbopogon,* dont sont issus le lemon-grass et la citronnelle. L'huile essentielle est distillée à la vapeur ou à l'eau à partir de l'ensemble de la plante. Son parfum, sucré, fleuri et résistant, se retrouve dans certains savons. Il rappelle un peu celui de la rose. Vous pourrez l'associer aux senteurs de bergamote, de citronnelle, de géranium, de cèdre, de jasmin, de lavande, d'orange, de petit grain, de santal et d'ylang-ylang. Cette essence est peu connue et assez difficile à trouver. Pourtant, je la conseillerais en priorité pour les soins de tous les types de peaux en raison de sa « triple action » : elle hydrate l'épiderme, stimule la régénération cellulaire et régule la sécrétion de sébum.

Indications

• Quel dommage que les merveilleux bienfaits de l'huile essentielle de palmarosa soient si peu connus… Pour tout vous avouer, j'en mets dans toutes mes préparations de soins pour la peau ! L'essence de palmarosa est sans pareille pour maintenir l'épiderme dans le meilleur équilibre possible. Elle hydrate parfaitement la peau, stimule sa régénération et régule la sécrétion de sébum. Si vous l'utilisez régulièrement, vous verrez avec étonnement vos rides s'atténuer – parfois même s'effacer ! Et ce n'est pas tout ! Cet étonnant élixir de jouvence est le meilleur antibactérien que je connaisse… C'est le traitement n° 1 en cas de crise d'acné, de dermatite, d'eczéma, de bouton disgracieux ou, de manière générale, d'infection cutanée.

• L'action antibactérienne de l'essence de palmarosa n'agit pas seulement sur la peau, mais également sur le système digestif. Là encore, quand il s'agit de combattre une infection intestinale, vous aurez du mal à trouver une huile essentielle plus efficace !

• L'huile essentielle de palmarosa est un remontant qui redonne un bon équilibre mental. Elle réduit le stress et l'anxiété.

PAMPLEMOUSSE (PAMPLEMOUSSIER)
Citrus paradisii

Le pamplemousse, tant la pulpe que le jus du fruit, joue un rôle fondamental dans une bonne hygiène alimentaire. Sa teneur en vitamine C donne un coup de fouet très salutaire, surtout quand on déguste cet agrume au petit déjeuner.

La meilleure huile essentielle est obtenue à partir de la peau du fruit frais et bien mûr, l'huile distillée étant de qualité inférieure. Son parfum – nul ne s'en étonnera – est frais et citronné. On pourra l'associer au persil, à la bergamote, au cèdre, à la camomille, à l'encens, au géranium, à la palmarosa, au bois de rose et à l'ylang-ylang.

Indications

- L'huile essentielle de pamplemousse contracte et stimule les tissus. Vous l'utiliserez dans vos produits de soin pour les peaux grasses et pour traiter l'acné.
- On dit que l'essence de pamplemousse dissipe l'acide lactique sécrété dans les muscles trop sollicités. Elle serait donc capable de les assouplir et ainsi de soulager la douleur ou la fatigue musculaire tout en limitant les risques de crampes.
- Dans une huile de bain ou un gel de douche, elle constituera un excellent remède pour se remettre du décalage horaire ou de la fatigue d'un voyage.
- L'huile essentielle de pamplemousse stimule le système digestif. Elle a un effet purifiant sur les reins, le foie, la vésicule biliaire et le système lymphatique. Elle aide l'organisme à se débarrasser de ses excès de toxines.
- L'huile essentielle de pamplemousse est indiquée en cas de dépression, d'état léthargique ou de fatigue nerveuse. Elle passe aussi pour améliorer la mémoire.

À noter

L'huile essentielle de pamplemousse, comme celle de tous les agrumes, est dépourvue de propriétés photosensibles. Si vous êtes amené à vous exposer au soleil, vous pouvez donc l'utiliser sans crainte et de préférence à une essence à risque. Attention cependant, l'huile essentielle de pamplemousse s'oxyde rapidement. Vous l'achèterez donc en petite quantité.

PATCHOULI
Pogostemon cablin

La plante est originaire de la côte orientale de l'Inde et d'Asie du Sud-Est. On la cultive pour produire une huile aromatique très largement utilisée dans l'industrie du parfum comme fixatif ou pour créer des fragrances sensuelles, puissantes et capiteuses. L'huile essentielle est obtenue par distillation à la vapeur des feuilles de patchouli (du tamoul *patch ilai,* littéralement « vert feuille »). Sa senteur chaude, terreuse et lourde, parfois associée au rire du dieu Pan, passe pour apporter mesure et équilibre... à condition toutefois de pouvoir la supporter ! De plus, à la différence d'autres huiles essentielles, le parfum typiquement oriental du patchouli se renforce en vieillissant ! Voilà un petit truc si vous êtes rebuté par le fumet pas très discret de l'huile essentielle de patchouli : utilisez-la en très petites quantités et associée à d'autres essences, son puissant parfum sera alors pratiquement neutralisé !

Indications

• L'huile essentielle de patchouli réduit l'inflammation, ainsi que les infections d'origine bactérienne ou fongique. Elle favorise aussi la régénération cellulaire. Du fait de cette impressionnante liste de propriétés, elle est très utile pour les soins de peau et pour traiter les maladies cutanées. Vous pouvez l'utiliser pour traiter l'acné, une dermatite, un eczéma purulent, des infections fongiques et des piqûres d'insectes. Enfin, son action astringente favorise le resserrement d'une peau distendue et gomme les plis disgracieux.

• L'essence de patchouli possède un rôle diurétique. Je vous la conseille si vous avez des problèmes de rétention d'eau. En outre, elle n'est certainement pas sans effet en cas de cystite et d'urétrite.

• Le patchouli évoque pour moi la moisson – un temps fort de l'année, synonyme de richesse, de fertilité et d'abondance.

Essayez son essence pour ranimer une relation que la routine a rendue un peu monotone et ronronnante !

> **À noter**
>
> En Inde, on a l'habitude de glisser des feuilles de patchouli sous le linge et dans les vêtements pour les protéger des insectes.

PERSIL
Petroselinum sativum

Le persil est l'un des aromates les plus populaires au monde. Il est cultivé depuis des milliers d'années. Les Grecs croyaient que cette ombellifère naissait du sang des héros ! Elle fut longtemps réservée à un usage médicinal, son rôle diurétique et emménagogue (stimulation et régulation des règles) étant attesté dès le Ier siècle après J.-C. Selon certains historiens, les premiers qui utilisèrent le persil à des fins culinaires furent les Romains. D'autres pensent qu'il faut attendre la fin du Moyen Âge avant de le trouver à table. L'huile essentielle est obtenue par distillation à la vapeur des feuilles, des tiges et, surtout, des graines du persil. Son parfum chaud et épicé s'accorde bien avec les arômes de sauge sclarée, de lavande, de lime, de marjolaine, d'orange, de romarin et de tea-tree. L'essence de persil est utilisée dans plusieurs préparations pharmaceutiques destinées à faciliter la digestion. L'industrie du parfum s'en sert également.

Indications

• Le persil est un vasoconstricteur, c'est-à-dire qu'il favorise la contraction des petits vaisseaux sanguins. Vous l'utiliserez pour soigner des hémorroïdes, des ecchymoses et des varices.

• Au Ier siècle déjà, le médecin grec Dioscoride vantait les vertus diurétiques du persil. Il avait bien raison ! Grâce à son huile essentielle, vous éviterez les problèmes de rétention d'eau et l'apparition d'œdèmes aux chevilles lors de vos règles ou à l'approche de la ménopause. L'action diurétique et antiseptique du persil sera également utile pour soigner une cystite ou une urétrite. Cependant, vous éviterez de l'utiliser si vous souffrez d'une inflammation, d'un problème rénal et si vous êtes enceinte, le persil stimulant les contractions utérines (en revanche, cet effet peut être recherché pendant l'accouchement). L'essence de persil est également contre-indiquée en cas de dysménorrhée : elle pourrait augmenter l'intensité des douleurs menstruelles.

• Stimulant de la digestion, le persil donne également de l'appétit. Il soulage la nausée, les coliques, les crampes et les spasmes intestinaux tout en favorisant l'élimination des gaz. Enfin, il n'y a guère de meilleur remède contre l'indigestion et il rafraîchit l'haleine.

Précautions d'emploi

À éviter pendant la grossesse et en cas de règles douloureuses.

Ne jamais dépasser une concentration de 0,5 % dans un remède.

À noter

Un conseil, mangez le persil qui décore votre assiette, c'est sans doute l'aliment le plus sain que vous allez manger pendant tout votre repas au restaurant ! En plus, il vous donnera bonne haleine !

PETIT GRAIN (PETIT GRAIN BIGARADE)
Citrus aurantium

Comme l'essence de néroli, l'huile essentielle de petit grain provient du bigaradier de Séville, dit aussi oranger amer. Elle n'est pas extraite à partir des fleurs, mais des feuilles et de leurs tiges. Autrefois, elle était obtenue à partir des minuscules fruits verts de l'arbre que l'on cueillait avant qu'ils ne soient parvenus à maturité : de là provient son nom de « petit grain ». Cette essence est nettement moins onéreuse que sa sœur jumelle (hors de prix, il est vrai !), l'huile essentielle de néroli. Comme elle possède des propriétés voisines, vous serez sans doute tenté de la préférer. Cependant, vous devez savoir que son parfum est moins subtil et que ses vertus thérapeutiques ne sont pas aussi grandes. Le parfum sucré de l'essence de petit grain, agrémenté d'une note délicate de citron, se mariera bien avec les senteurs de benjoin, de bergamote, de sauge sclarée, de géranium, de lavande, de palmarosa et, bien sûr, de néroli.

Indications

• L'essence de petit grain est un tonique antiseptique qui régule la sécrétion de sébum. Je vous la conseille donc pour les problèmes de peau ou de cheveux gras, et tout particulièrement contre les pellicules. Très agréable dans une huile de bain ou de massage, elle aura un effet à la fois antitranspirant et déodorant. Vous pourrez aussi l'utiliser pour apporter une note de fraîcheur citronnée à un parfum. Elle servira enfin d'agent équilibrant, c'est-à-dire qu'elle atténuera les senteurs fortes et amplifiera les arômes légers.

• De par son rôle de stimulant du système immunitaire, l'huile essentielle de petit grain sera très bénéfique sur les personnes sortant d'une longue ou d'une grave maladie.

• L'essence de petit grain est capable de soulager les flatulences et une indigestion due à la nervosité.

• C'est une huile essentielle « sociabilisante », qui vous ôte l'envie de vous morfondre dans votre coin. Elle éclaircit les idées et rend l'esprit vif et pétillant. Vous pouvez aussi l'utiliser comme sédatif doux pour apaiser une anxiété et des angoisses.

> **À noter**
>
> Si vous aimez vraiment les agrumes et les saveurs orangées, essayez de mélanger les huiles essentielles de petit grain, d'orange et de néroli. Sur votre moral en berne, l'effet ressemblera à un grand rayon de soleil au milieu d'un ciel d'hiver chargé de nuages menaçants…

PIN (PIN SYLVESTRE)
Pinus sylvestris

On a recensé plusieurs centaines d'espèces de ce résineux dans le monde. Le pin sylvestre est celle que l'on rencontre le plus fréquemment, en particulier dans les grandes forêts alpines et en Sibérie. L'huile essentielle est distillée à la vapeur à partir des aiguilles et des pommes de pin. Il est difficile de résister à son odeur fraîche et franche. C'est sans doute pourquoi cette essence jouit d'un tel succès commercial, et que sa fragrance agrémente une kyrielle de produits ménagers, depuis les désinfectants jusqu'aux détergents en passant par les insecticides. Vous pourrez associer son enivrant parfum de résine et de térébenthine aux senteurs de cèdre, de sauge sclarée, d'eucalyptus, de romarin et de tea-tree.

Indications

• L'essence de pin est l'une des meilleures huiles essentielles pour traiter la gale, les coupures et les plaies, ou pour venir à bout des poux.

• L'huile essentielle de pin est un antiseptique et un expectorant puissant qui agit avec une grande efficacité sur le système respiratoire. Dans le bain ou une huile de massage, en inhalation ou dans un désodorisant, elle fluidifiera le mucus bronchique et facilitera son élimination. En outre, elle vous fera transpirer et fortifiera votre organisme. L'ensemble de ces propriétés sera très bénéfique en cas de bronchite, de catarrhe, de toux persistante, de sinusite, de maux de gorge, de rhume et de grippe.

• L'essence de pin réchauffe et détend les muscles fatigués ou endoloris. Petite fille, quand j'étais fatiguée ou un peu ronchonne, ma mère me faisait couler un bain qui sentait la pinède (de l'huile essentielle de pin et des sels de magnésium). J'avoue le faire encore maintenant, et cela me réussit toujours aussi bien. Les personnes souffrant d'arthrite, de rhumatisme, de douleurs et de tensions musculaires, de mauvaise circulation, de goutte, de fatigue physique ou nerveuse trouveront également grand bien à prendre un tel bain relaxant aussi bien le corps que l'esprit.

• Du fait des ses propriétés diurétiques et antiseptiques, l'huile essentielle de pin soulage les cystites, les urétrites et, plus généralement, les infections urinaires.

• L'essence de pin apporte du réconfort. Elle nous rassure sur notre valeur et nous pousse à puiser dans nos propres ressources. Elle nous donne de la force quand on se sent vulnérable ou lorsqu'on manque de confiance en soi.

À noter

Du pin mugo rampant *(Pinus mugo),* qui pousse dans les Alpes suisses, est extraite une huile essentielle dangereuse que je vous déconseille vivement d'utiliser.

Poivre (poivre noir)
Piper nigrum

Le poivrier noir est un arbre grimpant qui peut atteindre six mètres de hauteur s'il n'est pas élagué. Son fruit non décortiqué est séché pour devenir l'épice à la saveur très forte et piquante que vous connaissez bien. Vous ignorez peut-être qu'il peut aussi être distillé à la vapeur pour fabriquer une huile essentielle dont le parfum puissant s'alliera avec le basilic, la bergamote, le cyprès, l'encens, le géranium, la palmarosa, le santal, l'ylang-ylang, et la plupart des essences d'agrumes. Le poivre noir est très souvent utilisé, en toutes petites quantités, pour ajouter une note capiteuse et épicée aux parfums.

Indications

• Elle n'a guère de rivale pour traiter les problèmes musculaires. Appliquée sur la peau, l'huile essentielle de poivre produira des rougeurs localisées et dilatera les vaisseaux sanguins, ce qui fera beaucoup de bien à vos muscles : les danseurs et les sportifs, les coureurs à pied notamment, ont d'ailleurs compris son utilité depuis belle lurette ! Ajoutée en petite quantité dans un bain ou une huile de massage, elle soulagera vos douleurs musculaires et vos entorses en assouplissant vos muscles et en leur donnant du tonus. Je vous la recommande également en cas d'arthrite, de rhumatismes, de névralgie, d'engelure, ou si vous avez des problèmes de circulation sanguine. À noter également qu'elle possède aussi des propriétés antibactériennes et qu'elle exerce un rôle calmant sur les nerfs.

• L'huile essentielle de poivre stimule et renforce les systèmes nerveux, circulatoire et digestif. Elle facilite la digestion et soulage les crampes, les gaz et les spasmes intestinaux, ainsi que les douleurs menstruelles. Elle est conseillée en cas de nausée, de constipation, de diarrhées et de coliques. Enfin, c'est un antipoison avéré.

• Utilisez l'huile essentielle de poivre en petites quantités (seulement 3 gouttes !) dans votre bain pour favoriser la transpiration et réduire la fièvre à la suite d'un refroidissement, d'un rhume ou d'une grippe. L'essence renforcera votre système immunitaire et l'aidera à venir à bout d'une infection d'origine virale.

• L'huile essentielle de poivre passe pour réchauffer les cœurs de pierre… Dans l'adversité, elle vous donnera du courage et de la vigueur !

Précaution d'emploi

Utiliser avec modération pour éviter d'éventuelles irritations de la peau.

POIVRE DE LA JAMAÏQUE
Pimenta officinalis

Originaire des Caraïbes, le myrte piment est communément appelé « poivre de Jamaïque », « piment des Anglais » ou « toute-épice » (de l'anglais *allspice*). C'est un arbre ou un arbrisseau à feuilles persistantes dont les fleurs blanches donnent des fruits couramment utilisés en cuisine et dans des pots-pourris. L'huile essentielle est obtenue par distillation des feuilles et des fruits. Vous associerez sa fragrance magique – mélange d'odeurs de cannelle, de muscade, de poivre et de clou de girofle – à la plupart des essences épicées. Elle se mariera très bien aussi aux essences d'orange, de citron, d'encens et de pin.

Indications

• L'huile essentielle de poivre de la Jamaïque échauffe l'épiderme. Elle stimule la circulation sanguine très rapidement et efficacement. Si vous l'utilisez dans une huile de massage, il est plus prudent de frictionner de petites zones à la fois plutôt que de vous asperger tout le corps d'un seul coup, le « coup de fouet » serait un brin violent ! Ajoutez 1 goutte d'essence de poivre de la Jamaïque dans 5 ml d'huile végétale, cela suffira amplement… À l'aide de ce produit, vous vous masserez la poitrine pour soulager une infection bronchique, une toux persistante, un rhume ou une grippe. Appliquée sur le ventre dans le sens des aiguilles d'une montre, la même huile de massage soulagera une colique, un ballonnement, des crampes intestinales ou des vomissements. Sur les jambes, elle calmera des crampes et des douleurs musculaires, surtout si elles sont dues à une trop forte tension des muscles.

Précaution d'emploi

Ne pas utiliser sur le visage ou sur les parties génitales, l'huile essentielle de poivre de la Jamaïque pouvant causer des irritations graves.

RAVENSARE (RAVENSARE AROMATIQUE ou RAVENSARA)
Ravensara aromatica

Peu connue et relative nouvelle venue sur la scène des plantes aromatiques aux vertus médicinales, l'huile essentielle de ravensare (de *ravina* = feuille, et *tsara* = bonne) est une essence à l'odeur délicieuse qui nous vient de Madagascar et de l'île Maurice. L'huile essentielle, de couleur translucide, est obtenue par distillation des feuilles. Son arôme, proche de celui du romarin et de la lavande, se marie bien avec le manuka, le pin, le romarin, le tea-tree, le thym, et bien sûr la lavande.

Indications

• L'huile essentielle de ravensare possède de puissantes propriétés immunostimulantes et inhibitrices des virus. Faites-en bon usage dans vos désodorisants pour protéger votre organisme des épidémies de grippes ou autres infections virales comme la varicelle ou la rougeole. Si vous avez déjà attrapé une maladie, un bain suivi d'un massage ou d'une inhalation à l'aide de cette huile devrait accélérer votre rétablissement.

• L'essence de ravensare est d'une redoutable efficacité sur les infections des voies aériennes : bronchite, sinusite, rhume, toux, etc. À la fois antiseptique, antibactérienne, antivirale et expectorante, elle fluidifiera vos sécrétions bronchiques et facilitera ainsi leur élimination.

• Toujours parce qu'elle est un excellent antiviral, vous l'utiliserez pour soigner un herpès facial, un herpès génital et un zona. Associez-la à d'autres essences, par exemple à de l'huile essentielle de lavande ou de camomille, pour soulager la douleur.

• L'huile essentielle de ravensare relaxe les muscles et calme la douleur. Elle soulagera une arthrite et les souffrances ou autres raideurs liées à un problème d'origine rhumatismale, articulaire ou musculaire.

• L'huile essentielle de ravensare est un bon stimulant. Elle vous tirera de votre léthargie quand vous êtes fatigué, déprimé ou abattu.

À noter

Dénuée de toxicité, l'huile essentielle de ravensare est aussi facile à utiliser et aussi polyvalente que la lavande. Quel dommage qu'elle soit plus difficile à trouver !

ROMARIN
Rosmarinus officinalis

Littéralement « rosée de mer », le romarin est d'abord utilisé dans l'Antiquité pour son arôme balsamique avant d'être cultivé par des moines, sans doute dès le début du Moyen Âge, pour ses vertus médicinales. Au XVIe siècle, Isabelle de Hongrie a l'idée de macérer la plante dans de l'alcool pour soigner ses rhumatismes. Peu après, cette même eau se verra parée du titre enviable d'« élixir de jouvence »… Aujourd'hui, sans parler de l'industrie alimentaire, qui l'utilise comme agent de saveur et comme antioxydant, il ne viendrait à l'esprit de personne de contester les propriétés hautement thérapeutiques du petit arbuste aromatique qui pousse en abondance dans le sud de la France. La meilleure huile essentielle est extraite des feuilles par distillation. On trouve aussi sur le marché des produits moins chers, mais de qualité sensiblement inférieure, obtenus à partir de l'ensemble de la plante. Est-il nécessaire de présenter le parfum acéré et pénétrant du romarin, qui se marie si bien avec le basilic, la bergamote, le cèdre, la lavande, la menthe poivrée et toutes les huiles à base d'agrumes ?

Indications

• Astringent puissant, l'essence de romarin contracte et donne une nouvelle élasticité aux tissus distendus et affaissés. Elle est également antibactérienne et antifongique, ce qui me permet de vous la conseiller pour traiter l'acné, une dermatite, un eczéma, un pied d'athlète ou la gale.

• On dit que l'huile essentielle de romarin stimule la pousse des cheveux. Je ne me prononce pas, mais elle donne en tout cas du tonus à la chevelure. Si vous avez des pellicules ou les cheveux gras, ce serait une bonne idée d'en ajouter un peu à vos shampooings, à vos après-shampooings et à vos lotions capillaires tonifiantes.

• L'essence de romarin fortifie les différents systèmes de l'organisme. Elle accroît l'énergie et accélère les fonctions glandulaires. Elle est aussi un bon tonique du cœur, du foie et de la vésicule biliaire. Elle équilibre la pression artérielle, calme les palpitations et stimule la circulation sanguine. Son action en cas de problèmes digestifs est loin d'être négligeable, car elle est capable de soulager une colite, une indigestion, ainsi que des problèmes de flatulences, de crampes ou de spasmes intestinaux.

• L'huile essentielle de romarin est un stimulant et un tonique puissant du système nerveux. Elle aiguise la mémoire et redonne de l'odorat.

• L'effet tonique du romarin s'exerce aussi sur les poumons. Son essence est donc très indiquée en cas de crise d'asthme, de bronchite, de rhume, de toux et pour lutter contre les symptômes de la coqueluche.

• L'essence de romarin est un analgésique. Produisant des rougeurs et des chaleurs localisées quand on l'applique sur la peau, elle supprime la sensibilité à la douleur. C'est pourquoi elle constituera un bon choix dans une huile de bain ou de massage pour traiter une arthrite, des rhumatismes, une crise de goutte ou une quelconque souffrance d'origine musculaire.

• On prête au romarin la vertu de donner force et puissance à nos pensées. À vous de voir… En tout cas, il vous remettra les idées en place si vous vous sentez un peu cotonneux ou fatigué nerveusement.

Précautions d'emploi

À éviter pendant la grossesse.

À éviter chez les personnes sujettes à des crises d'épilepsie.

À noter

Achetez vos huiles essentielles l'une après l'autre. Attendez de vous être bien familiarisé avec une essence avant de chercher à en découvrir une nouvelle.

ROSE

Rosa centifolia ou *Rosa damascena* ou *Rosa gallica*

Merveilleuse et envoûtante, la rose est appréciée partout pour sa beauté et son parfum enivrant. On a du mal à imaginer que, des siècles durant, cette magnifique fleur était surtout renommée pour ses vertus médicinales : l'eau de rose semble avoir constitué une sorte de remède fourre-tout contre toutes sortes d'indispositions au Moyen Âge ! Mais elle était alors déjà associée à l'image de l'amour et de la pureté, comme en témoigne le long poème du *Roman de la Rose,* écrit au XIIIe siècle par Guillaume de Lorris et Jean de Meung. Cette symbolique perdure aujourd'hui, notamment à travers la coutume d'éparpiller des pétales de rose sur les pas des mariés…

Le rosier est la première plante dont on ait tiré une huile essentielle par distillation. Aujourd'hui, la principale méthode d'extraction est l'enfleurage (voir l'encadré p. 96), seule à même de préserver les fragiles pétales. Cette technique réclame un travail long, délicat, et donc onéreux. Une très grosse quantité de matière première est nécessaire pour obtenir, au bout du compte, une infime quantité d'huile solide dite « absolue ». L'huile essentielle est obtenue à partir de fleurs de rosiers de diverses espèces (rose *centifolia,* aux fleurs roses doubles et globuleuses ; famille des rosiers de Damas et des rosiers galliques). Son parfum à la fois sucré, sensuel et romantique s'accorde bien à la plupart des autres essences aromatiques.

Indications

• L'huile essentielle de rose convient à tous les types de peaux, particulièrement aux peaux sèches et sensibles. On dit qu'elle est la meilleure essence contre les rides ! Anti-inflammatoire, elle contracte les capillaires, ce qui permet de la conseiller aux personnes affectées de varices. Vous pouvez aussi l'utiliser pour traiter l'eczéma et l'herpès.

• Je dirais aussi que c'est une « huile féminine » : pas seulement par son parfum, mais surtout en raison de son rôle bénéfique sur le système génital de la femme. L'essence de rose tonifie l'utérus et possède un étonnant effet régulateur sur les règles, agissant aussi bien en cas d'aménorrhée, de dysménorrhée, que de menstruations trop abondantes. À cette liste, il convient d'ajouter son pouvoir de soulager les crampes et les douleurs de l'intestin ou de l'utérus, ainsi que sa capacité à diminuer la leucorrhée. On aurait tort de croire cependant que l'huile essentielle de rose n'a aucun effet sur ces messieurs, puisqu'elle a aussi la réputation… d'augmenter leur production de sperme !

• L'essence de rose est un tonique du système digestif. Stimulant le foie, favorisant la sécrétion de bile et capable de soulager une congestion hépatique, elle interviendra dans vos remèdes « digestifs » pour soulager nausées et vomissements. Comme son action tonique s'exerce également sur le cœur, elle calmera les palpitations et améliorera la circulation sanguine.

• Sensuelle sans être voluptueuse à proprement parler, l'huile essentielle de rose nous apprend que, si l'on veut être aimé, il faut porter un regard indulgent sur les autres, sur nous-même, et cesser de nous livrer à une introspection stérile. Délicatement relaxante, elle soulage le stress et la tension nerveuse.

À noter

Attention, ne confondez pas l'essence de rose et l'huile essentielle de bois de rose, obtenue quant à elle par distillation à la vapeur et non par enfleurage. De toute façon, la différence de prix est en elle-même on ne peut plus éloquente !

SANTAL (SANTAL BLANC ou *BOIS DE SANTAL)*
Santalum album

Le santal blanc, originaire d'Inde, est un petit arbre qui se nourrit en parasitant les racines de ses voisins. Réputé élever la spiritualité, le bois de santal est brûlé pour favoriser le recueillement et la méditation dans les sanctuaires bouddhiques. On s'en est longtemps servi pour sculpter les portes des temples, car il fait fuir les vers et résiste à la moisissure tout en donnant aux lieux sacrés une odeur envoûtante. L'huile essentielle est obtenue par distillation à la vapeur du bois du cœur du tronc âgé d'au moins vingt-cinq ans, quand l'arbre atteint plus de 10 m de hauteur. Très recherché aujourd'hui, son parfum épicé immédiatement reconnaissable est utilisé comme fixatif et comme fragrance dans l'industrie du parfum, dans le domaine cosmétique et dans les produits de toilette (après-rasage et savons). La meilleure huile essentielle est originaire d'Inde, le bois de santal d'Australie *(Eucarya spicata)* étant de qualité inférieure. Son parfum peut se marier à la plupart des essences, particulièrement avec le benjoin, la rose, le néroli et le petit grain.

Indications

• Quel que soit votre type de peau, vous pourrez ajouter cette agréable essence hydratante dans vos huiles de soins quotidiens. Elle sera encore plus indiquée si vous avez une peau sèche, fine, ridée, sensible aux gerçures et aux crevasses. Comme elle hydrate l'épiderme et prévient les inflammations, il faudra aussi l'ajouter dans les après-rasages : en plus, son parfum est très apprécié de la plupart des hommes ! Dans une application locale ou une crème, elle soignera une poussée d'eczéma sec ou d'acné. Elle réduira également des inflammations cutanées.

• Antiseptique, l'essence de bois de santal permet de fluidifier le mucus bronchique et, par suite, de faciliter son expectoration. En inhalation, dans une huile de massage appliquée sur la poitrine ou sur la gorge, elle soulagera une bronchite chronique, des toux grasses ou sèches, ainsi que des maux de gorge.

• Ce n'est sans doute pas pour rien qu'on en a brûlé, pendant des siècles, lors des cérémonies religieuses ! L'huile essentielle de bois de santal favorise l'introspection et la méditation, tout en apaisant les craintes qu'on peut parfois redouter quand on se penche sur de graves questions métaphysiques… Plus prosaïquement, l'essence de santal passe pour l'un des rares authentiques aphrodisiaques. Elle stimulera la libido de tous ceux et de toutes celles qui souffrent d'impuissance ou de frigidité !

Précautions d'emploi

L'odeur de l'huile essentielle de bois de santal est très forte et extrêmement tenace.

À utiliser en très faibles dosages dans les remèdes.

SAUGE SCLARÉE

Salvia sclarea

Bien connue dans le midi de France, la sauge sclarée est aussi appelée orvale ou toute-bonne. Elle se reconnaît à son feuillage vert et à ses fleurs rouges. Son huile essentielle, obtenue par distillation de l'ensemble de la plante, est l'un des antidépresseurs et des calmants naturels les plus puissants et les plus dénués de toxicité que la nature nous ait donnés. On l'utilisera donc de préférence à toute autre essence en cas de petite déprime. Le parfum de son essence est enivrant : à la fois sucré, fleuri et persistant. Il se mariera bien avec les senteurs de cèdre, de géranium, de genièvre, de lavande et de santal.

Indications

• L'huile essentielle de sauge sclarée est un antiseptique et un régulateur de la sécrétion de sébum. Vous l'utiliserez donc dans vos traitements contre l'acné, les furoncles et les inflammations cutanées. Elle a également la réputation de combattre les pellicules et la chute des cheveux. Utilisez-la enfin pour enrayer le vieillissement de la peau et la déshydratation de l'épiderme, ainsi que dans vos déodorants.

• Remarquablement relaxante, l'huile essentielle de sauge sclarée vous sera précieuse pour soulager les douleurs et les tensions musculaires, mais aussi lors d'une coqueluche ou d'une crise d'asthme. Ses propriétés stimulantes et hormonales favoriseront le travail de l'accouchement (ne l'utilisez pas avant les premières contractions !). L'essence de sauge sclarée soulage enfin les douleurs et les spasmes utérins, ainsi que les symptômes du syndrome prémenstruel. Elle n'est pas non plus sans intérêt en cas de dysménorrhée.

• Pour stimuler le système digestif, faciliter la digestion, expulser les gaz de l'intestin et calmer vos crampes abdominales ou vos flatulences, utilisez l'huile essentielle de sauge sclarée sur des compresses, dans des huiles de massage ou de bain.

• Utilisées en applications locales ou à l'occasion de massage doux, l'huile essentielle de sauge sclarée exercera une action apaisante et échauffante sur le ventre, soulageant ainsi les coliques et les crampes de l'estomac ou des intestins. On pourra aussi s'en servir de la même manière en cas de transpiration excessive.

• Son pouvoir stimulant et sa fonction d'antidépresseur naturel soutiendront les personnes convalescentes qui se sentent faibles et déprimées. L'huile essentielle de sauge sclarée fortifie le système nerveux. Elle réduit le stress en abaissant la pression sanguine. À petites doses, elle est capable d'atténuer les symptômes de l'hystérie et la paranoïa. *Last but not least,* on lui prête également des vertus aphrodisiaques…

Précautions d'emploi

À éviter pendant la grossesse.

À utiliser seulement en petites quantités : des dosages trop élevés peuvent occasionner des maux de tête sévères et empoisonner l'organisme.

Éviter de boire de l'alcool.

TEA-TREE
Melaleuca alternifolia

Elle est obtenue par distillation à la vapeur du mélaleuque à feuilles alternées ou « arbre à thé » cultivé dans les grandes plantations australiennes. Difficile de faire meilleure figure au palmarès que cette huile essentielle : au 2e rang par son rôle antiseptique, juste derrière l'essence de thym, elle est réputée être cent fois plus puissante et bien moins dangereuse que celle-ci ! Quant aux huiles essentielles « parentes » de la famille *Melaleuca,* c'est-à-dire le cajeput et le niaouli, leurs puissances ne soutiennent vraiment pas la comparaison ! On trouve de l'essence de tea-tree dans des produits de toilette, des désodorisants et certains produits naturels. Son arôme de résine, légèrement moisi, se mélange bien aux senteurs de cannelle, de sauge sclarée, de cyprès, d'eucalyptus, de géranium, de gingembre, de lavande, de citron, de lemongrass, de mandarine, de marjolaine, de romarin et de thym.

Indications

• L'huile essentielle de tea-tree est un traitement de premier secours en cas d'abcès, d'acné, de pied d'athlète, d'ampoule, de furoncle, de brûlure superficielle, de plaie infectée, d'érythème fessier ou d'irritation cutanée, mais aussi de gingivite, d'ulcère buccal, de piqûre d'insecte ou quand on a attrapé la teigne.

• L'essence de tea-tree, à la différence de la plupart des autres huiles essentielles, peut être utilisée pure en applications locales sur des zones limitées de l'épiderme. En versant 1 goutte d'huile essentielle de tea-tree directement sur une infection d'origine herpétique, vous préviendrez l'expansion de l'infection. La corne et les verrues seront également éliminées de cette manière (après avoir appliqué l'huile essentielle, recouvrir d'un pansement), même si la guérison complète nécessitera dans ce cas un peu plus de temps. À noter que les boutons et les pustules ne résisteront pas non plus à un tel traitement.

• Entre autres propriétés spectaculaires, l'essence de tea-tree stimule le système immunitaire. Elle est capable d'enrayer la multiplication des virus, de prévenir et de détruire les infections fongiques, et d'éliminer les bactéries. C'est aussi un expectorant qui facilite l'élimination des mucosités bronchiques. En outre, elle fait transpirer et réduit la fièvre ! Rien d'étonnant à ce que l'huile essentielle de tea-tree, utilisée en gargarisme, dans une huile de bain ou de massage, soit sans rivale pour traiter les infections des voies respiratoires : bronchite, catarrhe, rhume, toux, grippe, fièvre sinusite, amygdalite, tuberculose et coqueluche. Si vous avez l'à-propos de l'inclure dans un diffuseur, dans un brûle-parfum ou dans un désodorisant, vous éviterez en outre la propagation des maladies infectieuses.

• C'est l'une des rares huiles essentielles que je recommande volontiers pour les douches vaginales ou les traitements intimes en cas de trichomonas, de candida, de muguet, de prurit (anal ou vaginal) et d'herpès génital.

• Comme elle stimule le système immunitaire, l'essence de tea-tree incluse dans une huile de massage sera d'une aide précieuse pour renforcer l'organisme après une opération chirurgicale.

À noter

Seules les huiles essentielles de lavande et de tea-tree peuvent être utilisées non diluées. Cependant, même avec ces essences dénuées de toxicité, limitez-vous à des applications locales sur des zones très limitées de l'épiderme.

THYM (THYM DOUX LINALOL ou *GÉRANIOL)*
Thymus vulgaris

Familier des garrigues et des maquis méditerranéens, le thym est une plante vivace odoriférante qui a connu de multiples utilisations dans les domaines culinaires, médicinaux et cosmétiques. On l'associe depuis toujours à l'idée de bien-être et de bonne santé. Son huile essentielle, aux propriétés thérapeutiques très puissantes, est distillée deux fois pour éliminer certaines substances toxiques ou irritantes. Elle est obtenue à partir des sommités fleuries. Vous trouverez sur le marché trois principaux types différents d'huiles essentielles de « thym vulgaire ». Je vous recommande surtout les spécificités linalol et géraniol, les plus douces et les mieux adaptées aux soins de peau et aux remèdes destinés à vos enfants. La troisième variante de thym, dite thymol, se révèle d'une utilisation plus délicate, car elle risque d'irriter le foie ou la peau. Le parfum de l'essence linalol est chaleureux et fin, légèrement piquant ; celui de la variante géraniol est encore plus doux et fleuri, rappelant un peu la rose ; le type thymol présente une odeur puissante et une saveur piquante. Vous pourrez associer les fragrances de thym aux senteurs de bergamote, de cèdre, de camomille, de genièvre, de citron, de mandarine, de niaouli, de petit grain et de romarin.

Indications

• Antibactérien puissant, capable de prévenir et de détruire les infections fongiques, l'huile essentielle de thym stimule en outre la production de globules blancs par l'organisme et accélère la cicatrisation. C'est un remède redoutablement efficace pour traiter toutes sortes d'infections de la peau : abcès, furoncles, ecchymoses, brûlures superficielles, herpès, dermatite, eczéma, piqûres d'insectes, etc. Attention, veillez à toujours bien diluer l'essence de thym pour éviter d'éventuelles irritations cutanées.

• Dans un shampooing ou un tonifiant capillaire, l'essence de thym aura une action antipelliculaire sur le cuir chevelu. En outre, elle limitera la chute des cheveux.

• On entend souvent dire que l'huile essentielle de thym est vivifiante. C'est vrai ! Elle exerce une action stimulante sur le système immunitaire et la circulation sanguine, notamment dans le cerveau. Enfin, elle fortifie les glandes et accélère leur fonctionnement.

• Agissant comme un antiseptique intestinal, l'huile essentielle de thym favorise la digestion. Elle soulage les crampes ou les spasmes intestinaux, les flatulences ou les infections gastriques. Comme le thym est aussi un bon diurétique, son essence est parfaitement indiquée sous forme de cataplasme (seulement 3 gouttes dans 20 ml de crème fraîche liquide) que vous appliquerez sur le bas-ventre pour traiter les infections urinaires (cystites ou urétrites). En augmentant la miction, l'huile essentielle de thym facilitera logiquement l'élimination de l'acide urique. Je vous la recommande donc pour soulager l'arthrite, la goutte, les rhumatismes ou la sciatique.

• L'essence de thym agit comme un désinfectant des voies respiratoires aériennes. Elle fluidifie et facilite l'expectoration du mucus bronchique. Dans un gel de poitrine ou dans un diffuseur, elle soulagera les symptômes de l'asthme. Si vous l'ajoutez dans une huile de massage ou dans une inhalation (3 gouttes seulement), vous pourrez traiter efficacement une bronchite, un catarrhe, un refroidissement, un rhume, une toux persistante, un croup (laryngite généralement de nature diphtérique), un emphysème, une sinusite et la coqueluche.

• L'huile de thym favorise et régule les règles.

• Le thym passe pour donner du courage et de la volonté. Agissant sur le système nerveux, son huile essentielle est utile en cas d'insomnie, de maux de tête, d'épuisement et de stress.

Précautions d'emploi

L'huile essentielle de thym étant très puissante, ne jamais dépasser une concentration de 0,5 ou de 1 % dans les remèdes.

À éviter pendant la grossesse.

À éviter en cas d'hypertension artérielle.

VÉTIVER
Vetiveria zizanoïdes

Le vétiver est une graminée sauvage au parfum agréable que l'on cultive à l'île de la Réunion en en Indonésie. L'huile essentielle est obtenue par distillation à la vapeur de l'herbe. Épaisse et de couleur brun sombre, elle dégage un parfum lourd avec une légère petite note de moisi. Le vétiver a donné son nom à de nombreux parfums prestigieux, surtout masculins. On le retrouve souvent aussi dans les savons, dans certains produits cosmétiques, ainsi que dans l'industrie alimentaire où il sert de conservateur. Chez vous, vous pouvez utiliser l'huile essentielle de vétiver pour fixer et souligner la fragrance de vos parfums. Sa senteur si particulière s'accordera bien avec celles du benjoin, de la sauge sclarée, de la lavande, de l'encens, du géranium, du jasmin, du patchouli, de la violette et de l'ylang-ylang.

Indications

• Sans conteste, la propriété la plus importante de l'huile essentielle de vétiver est son pouvoir de renforcer le système immunitaire et d'augmenter les défenses de l'organisme, ce qui réduit d'autant le risque de tomber malade.

• On a parfois dit que le vétiver était une « huile tranquillisante ». C'est d'ailleurs pour son rôle sur le système nerveux qu'on l'a utilisé pendant très longtemps. Apportant relaxation et repos psychologique, l'essence de vétiver réconfortera toutes les personnes qui se sentent déprimées, seules ou déracinées. Si vous êtes angoissé ou simplement abattu, je vous conseille vivement de faire un massage ou de prendre un bain à l'huile essentielle de vétiver. Vous soulagerez en même temps votre nervosité, votre stress et vos éventuels problèmes d'insomnie.

• L'essence de vétiver possède des propriétés antiseptiques. Elle est conseillée pour soigner l'acné, les petites blessures et les plaies infectées.

• Comme l'huile essentielle de vétiver stimule la circulation sanguine, elle sera parfois présente dans des huiles de massage destinées à soigner l'arthrite, les rhumatismes, les douleurs et les tensions musculaires.

VIOLETTE (VIOLETTE ODORANTE)
Viola odorata

Avec ses feuilles en forme de cœur et ses fleurs au parfum enivrant, la violette est familière à tous ceux qui ont marché un jour en forêt. Elle est désormais cultivée dans le monde entier. Les fleurs cristallisées sont utilisées pour réaliser de jolies décorations de gâteaux et de desserts. L'huile essentielle est extraite des feuilles et des fleurs de la plante. Son parfum sucré, puissant et fleuri, se marie bien avec le benjoin, l'encens, la lavande, le santal, la rose, et toutes les huiles à base d'agrumes.

Indications

• L'huile essentielle de violette possède des vertus curatives et antiseptiques parfaitement adaptées au soin de nombreux problèmes de peau : acné, ecchymose, eczéma, inflammations cutanées et plaies de toutes sortes.

• On a découvert que l'essence de violette n'était pas sans effet sur les rhumatismes. Elle améliorerait en outre la circulation sanguine, soulagerait les maux de tête et enrayerait les sécrétions excessives de mucus.

• L'huile essentielle de violette a été testée avec succès comme traitement supplétif aux traitements classiques du cancer et du sida. Comme elle n'est pas bon marché, il sera judicieux de la réserver à ce type d'usage.

YLANG-YLANG
Cananga odorata

Le nom de cet arbre originaire des Moluques signifie « fleur des fleurs » en malais. L'extraordinaire senteur de ses fleurs roses, mauves ou jaunes faisait rêver Mallarmé. C'est à partir de celles-ci, surtout de celles de couleur jaune, qu'est obtenue l'huile essentielle par distillation à la vapeur. L'ylang-ylang a la réputation d'être aphrodisiaque – une croyance liée à une coutume indonésienne selon laquelle on saupoudre de ses fleurs le lit des jeunes mariées lors de la nuit de noces. Sa senteur sensuelle et exotique, très souvent utilisée comme fragrance ou fixatif de parfums, dans les eaux de toilette et les savons, serait-elle le gage d'une union parfaite et durable ? Quoi qu'il en soit, il faut savoir que l'arôme de cette huile est parfois extrêmement sucré, au point de donner la nausée ! Vous y remédierez en la mélangeant avec une essence à base d'agrumes, ou en l'associant à la bergamote, au jasmin, à la rose, au bois de rose ou au santal.

Indications

• L'ylang-ylang est un puissant tranquillisant. C'est sans doute là sa propriété la plus importante, à égalité avec son action de fortifiant du système nerveux. Utilisée rapidement en cas de choc émotionnel, d'angoisse, d'anxiété ou de trac, l'essence d'ylang-ylang fera baisser une pression artérielle trop élevée. Elle ralentira le rythme de la respiration et calmera d'éventuelles palpitations. Évidemment, si les symptômes ne sont pas liés à un traumatisme psychologique, ou si vous n'observez aucune réaction, consultez au plus vite un médecin. L'huile essentielle d'ylang-ylang crée une ambiance calme et apaisante propice à rendre supportable un travail pénible, ou toute autre situation ennuyeuse. Ses propriétés relaxantes seront également précieuses pour enrayer des problèmes de frigidité ou d'impuissance masculine.

• L'ylang-ylang équilibre la sécrétion de sébum. C'est pourquoi son essence convient à tous les types de peaux et qu'on en a ajouté, pendant des années, à des lotions capillaires destinées à favoriser la pousse et la brillance des cheveux.

• Pour son action régulatrice de la production hormonale, je vous conseille l'huile essentielle d'ylang-ylang pour traiter certains problèmes liés au syndrome prémenstruel et à la ménopause.

À noter
L'essence d'ylang-ylang n'est pas onéreuse. Elle peut se substituer à l'huile essentielle de jasmin, dont les propriétés sont sensiblement identiques, mais qui est beaucoup plus chère.

LES HUILES INFUSÉES

Elles sont obtenues en faisant macérer longtemps la plante entière (feuilles, tiges et fleurs) dans de l'huile chaude. Très simple, l'infusion est probablement la plus ancienne méthode d'extraction. Elle a été utilisée pendant des milliers d'années, bien avant l'invention de la distillation à la vapeur et des techniques plus modernes à l'aide de solvants volatils.

Les huiles infusées possèdent la plupart des propriétés des huiles essentielles classiques, et parfois même certains effets supplémentaires. Elles sont généralement moins fortes, ce qui rend leur utilisation à la fois plus facile et plus sûre sans dilution préalable. Mais l'un des principaux avantages de la méthode de l'infusion reste de pouvoir profiter de vertus extrêmement bénéfiques de plantes dont il serait difficile, sinon impossible, d'extraire l'essence.

ARNICA
Arnica montana

C'est une plante herbacée de montagne qui a reçu d'innombrables noms évocateurs : tabac des Vosges, plantain des Alpes, herbe aux chutes, herbe aux pêcheurs ou encore bétoine des montagnes… L'huile essentielle d'arnica contient un fort pourcentage de substances toxiques. Ce n'est pas du tout le cas de l'huile obtenue par infusion ou de la teinture homéopathique d'arnica (arnicine), autant de produits qui doivent absolument figurer dans une trousse de premiers secours. Appliquée localement, l'arnica stimule la circulation sanguine dans les capillaires de la peau. Elle est l'un des meilleurs remèdes connus contre les entorses, les ecchymoses, les contusions, les douleurs musculaires ou le syndrome du canal carpien. Dans des huiles de massage, elle soulagera également les rhumatismes et les inflammations.

Précaution d'emploi

Ne jamais utiliser de l'huile infusée d'arnica sur une coupure ou une blessure.

BOUILLON BLANC (MOLÈNE)
Verbascum thapsus

Pour traiter une otite, je ne connais rien de mieux que de mélanger de l'huile infusée de bouillon blanc à un peu d'huile d'olive ! Attention cependant, si le problème est sévère ou s'il se répète souvent, consultez d'urgence un oto-rhino-laryngologiste. Vous pouvez également utiliser l'huile de bouillon blanc pour soulager une plaie ou une inflammation douloureuse, en particulier des hémorroïdes.

CALENDULA (SOUCI OFFICINAL DES JARDINS)
Calendula officinalis

L'huile de calendula, obtenue par infusion de la jolie fleur du souci officinal des jardins, possède d'extraordinaires propriétés antiseptiques, cicatrisantes, vasodilatatrices et anti-inflammatoires. Ajoutée à une crème ou à une pommade, elle constitue un traitement idéal pour soigner la plupart des problèmes cutanés : peaux crevassées ou gercées, engelures, brûlures, eczéma, irritations, mains rêches et sèches, érythèmes fessiers, écorchures et coupures, etc. Dans une crème, elle est remarquable pour soulager une inflammation du mamelon. L'huile de calendula est aussi capable d'atténuer de vieilles cicatrices ! Vous pouvez enfin vous en servir pour traiter des ulcérations veineuses et des varices.

> **À noter**
>
> Assurez-vous de bien acheter du véritable calendula (souci officinal des jardins). Les huiles de rose d'Inde ou d'œillet d'Inde, aussi appelées « huiles de calendula », possèdent des propriétés différentes mais elles sont inadaptées à un usage thérapeutique.

CONSOUDE
Symphytum officinale

Cette herbe haute doit son nom au grec *symphyton* et au latin *consolida,* qui signifient littéralement « plante qui soude ». C'est dire les pouvoirs cicatrisants et astringents de celle que l'on appelle communément l'« oreille d'âne » ! La liste des pouvoirs thérapeutiques de l'huile infusée de consoude, obtenue à partir de la racine de la plante seulement, est impressionnante : grâce à elle, la guérison des plaies, des brûlures, des escarres, des ulcères, des engelures, des gerçures et des inflammations du mamelon sera considérablement accélérée. Vous pourrez profiter de ses bienfaits en cas d'eczéma, de démangeaisons et de dessèchement de la peau.

CORNARET (HARPAGOPHYTUM)
Harpagophytum procumbens

Appelé tantôt « griffes », « ongles », « cornes du diable » ou par son nom latin, le cornaret pousse dans les savanes d'Afrique du Sud et de Namibie. L'huile infusée possède de remarquables propriétés anti-inflammatoires et analgésiques. Elle soulagera très efficacement les douleurs articulaires (arthrite et entorses), rhumatismales ou musculaires, ainsi que les inflammations des tissus connectifs, les tendinites, le syndrome du canal carpien ou tout autre microtraumatisme répété. Dans certaines boutiques diététiques, vous trouverez aussi (avec un peu de chance !) du cornaret sous forme de gélules. Si vous en prenez en conjonction avec des massages à l'huile infusée, vous maximiserez les effets bénéfiques de la plante.

ÉCHINACÉE
Echinacea purpurea

Commercialisée sous forme de gélules, la racine d'échinacée possède d'étonnantes propriétés antivirales et stimulantes des défenses immunitaires de l'organisme. L'huile infusée, quant à elle, soignera tous les types de peau. Vous pourrez également l'inclure dans vos produits cosmétiques pour gommer des rides, des taches ou des cicatrices.

FLEUR DE SUREAU (SUREAU NOIR)
Sambucus nigra

Vous connaissez bien sûr le bois léger comme une plume de cet arbrisseau et ses baies tantôt rouges, tantôt noires, qui donnent une confiture délicieuse. L'huile infusée est obtenue à partir des fleurs. Pour réaliser des lotions hydratantes ou des crèmes convenant à tous les types de peaux, je vous conseille de la mélanger à de l'huile de calendula. Vous obtiendrez ainsi un véritable produit de beauté, aux vertus à la fois adoucissantes et anti-inflammatoires, qui plus est 100 % naturel !

MILLEPERTUIS
Hypericum perforatum

Plante herbacée ou arbustive, le millepertuis doit son nom à ses feuilles parsemées de glandes qui semblent percées d'une multitude de trous. On l'appelle d'ailleurs familièrement l'« herbe à mille trous » ou l'« herbe de la Saint-Jean ». Après macération, les fleurs jaunes du millepertuis donnent une huile de couleur rubis douée de propriétés analgésiques, astringentes et antiseptiques. Vous utiliserez cet excellent remède pour soulager les douleurs occasionnées par une névralgie, une brûlure légère, une blessure, une inflammation musculaire ou articulaire. L'huile infusée de millepertuis se trouve dans la plupart des bons magasins diététiques. Si vous trouvez cette plante en fleurs au bord des chemins, fabriquez vous-même votre huile infusée, c'est beaucoup plus amusant et bien moins onéreux !

PLANTAIN

Plantain à feuilles étroites ou herbe à cinq côtes : *Plantago lanceolata*

Plantain à feuilles larges : *Plantago major*

Il est répandu au bord de tous les chemins de France. En raison de ses puissantes propriétés astringentes et apaisantes, j'utilise beaucoup cette plante herbacée dans mes crèmes de soin pour soulager les douleurs d'une blessure, d'une piqûre d'insecte, ou les démangeaisons des hémorroïdes. Enfin, l'huile infusée de plantain favorise l'arrêt des saignements.

À noter

Les huiles essentielles de néroli, de rose, de camomille, de jasmin et de mélisse ont un point commun : elles sont toutes aussi chères les unes que les autres ! Avec la méthode de l'infusion, vous pourrez profiter de leurs bienfaits tout en déboursant moins. Alors, si vous avez de la matière première sous la main, n'hésitez pas !

Néroli : infuser les fleurs.
Rose : infuser les pétales des fleurs.
Camomille : infuser les fleurs.
Jasmin : infuser les fleurs.
Mélisse : infuser les feuilles et les fleurs.

Les huiles végétales et les corps gras

Il s'agit d'huiles nutritives et de corps gras présents dans les tissus végétaux de certaines plantes : graines, amandes, fèves, pulpe de fruits, etc. En règle générale, ces lipides simples ne sont libérés qu'à l'issue de procédés mécaniques, chimiques, ou sous l'effet de la chaleur.

Les huiles végétales et les corps gras sélectionnés ici vous serviront de bases pour préparer des huiles infusées, des huiles de massage, des lotions ou des crèmes cosmétiques. Il en existe de nombreuses autres que je n'ai pas citées. Je préfère me limiter à mes huiles préférées : celles que j'ai essayées et utilisées pendant des années. Comme elles m'ont toutes donné, à titre divers, entière satisfaction, je n'hésite pas à vous les recommander.

L'extraction des huiles végétales

Après avoir été lavées et débarrassées de leur poussière, les graines décortiquées et broyées sont pressées pour en extraire l'huile qui sera ensuite raffinée afin d'éliminer les impuretés. De plus en plus souvent, le raffinage est effectué à l'aide d'un solvant qui est ensuite éliminé et recyclé. Méfiez-vous, cette technique est désormais utilisée pour produire l'immense majorité des huiles végétales. Préférez toujours des huiles obtenues par simple pression !

L'huile d'olive est extraite de manière très différente. Les fruits lavés sont broyés avec de l'eau dans une presse, puis le mélange obtenu est centrifugé pour séparer le corps gras. Une filtration permet éventuellement de donner une belle couleur translucide à l'huile d'olive. Celle-ci, obtenue sans aucune intervention chimique, est appelée « huile d'olive vierge » ou « première pression à froid ». Si aucune de ces mentions ne figure sur l'étiquette, ce qui est de plus en plus rare, c'est que l'huile a subi un autre traitement : choisissez-en une autre !

Des huiles pour tous les usages

Les huiles sont classées en trois catégories, selon qu'elles sont non siccatives, semi-siccatives ou siccatives.

Les huiles **non siccatives** restent liquides à la température de la pièce. Elles ne forment pas de film au contact de l'air. Ce sont les mieux adaptées aux peaux normales et sèches. Elles constitueront également vos meilleures huiles de base pour des soins de massage.

Les huiles **semi-siccatives** forment une fine pellicule quand elles restent longtemps au contact de l'air. Elles sont adaptées aux peaux sèches et normales. Vous pouvez aussi les utiliser, mais en petites quantités, dans vos huiles de massage.

Les huiles **siccatives** forment assez rapidement une pellicule au contact de l'air. C'est par exemple le cas de l'huile de ricin ou de lin, que l'on ajoute aux peintures industrielles pour écourter le temps de séchage. Ces huiles ne sont pas recommandées comme huiles de massage, car elles formeraient une pellicule sur la peau. Cependant, vous pourrez les utiliser dans des crèmes ou des lotions, car l'émulsion altérera leur siccativité.

Huile à la vitamine E

C'est un mélange de différentes huiles végétales présentant un dosage important de vitamine E, dont les propriétés antioxydantes sont bien connues. Si vous en ajoutez seulement 2 % dans vos produits, ils se conserveront plus longtemps. La vitamine E est également un agent de rajeunissement de la peau. Elle favorisera l'atténuation des cicatrices.

Huile d'amande douce

De couleur jaune et à la saveur peu prononcée, c'est une huile fine, émolliente et non siccative, extraite des graines d'un arbre cultivé en Provence et en Espagne. Elle est excellente dans des crèmes, des lotions et des huiles de massage destinées au traitement de peaux sèches, grasses et mixtes.

Elle soulagera les démangeaisons, réduira les inflammations cutanées et favorisera la cicatrisation de petites coupures ou d'épidermes crevassés.

HUILE D'AVOCAT

Cette huile de couleur verte contient des vitamines A, D, E et K. Riche et nourrissante, elle est indiquée pour préparer des crèmes hydratantes et des lotions destinées aux peaux sensibles, desséchées ou brûlées par le soleil. Comme elle est riche en vitamine E, elle agira comme conservateur si elle est mélangée à d'autres huiles. Attention, en raison de son importante viscosité, ne l'utilisez qu'à des concentrations de l'ordre de 5 à 10 % dans vos huiles de massage du corps ou de soins du visage.

HUILE DE CARTHAME

Cette huile semi-siccative et poly-insaturée est extraite des graines d'une plante herbacée dont on s'est longtemps servi pour nourrir les volailles et les perroquets (elle est parfois aussi appelée « graine de perroquet »). L'huile de graine de carthame est riche en protéines, en vitamines et en minéraux. Associée à d'autres huiles, elle sera excellente pour préparer des huiles de massage, des savons, des crèmes hydratantes, ou des huiles de bain.

À noter

L'huile de carthame se conserve au réfrigérateur.

HUILE DE COCO ET DE COPRAH

Presque solide, l'huile de coco est une matière grasse saturée extraite de la chair blanche de la noix de coco *(Cocos nucifera).* C'est un fantastique lubrifiant et hydratant naturel des paupières et, de manière générale, de toutes les régions du corps où la peau est particulièrement fine et sensible. À dose homéopathique, elle donnera un peu plus de brillance à votre chevelure.

Le coprah est obtenu quant à lui après solidification du lait de coco. La cire blanche, qui reste à l'état solide à température ambiante, sera avantageusement incluse dans des crèmes, des pommades et des savons.

Huile de germe de blé

C'est une huile fine, riche en acides gras, nourrissante, dotée de très grandes vertus thérapeutiques. Elle est extraite par pression à froid ou par macération des germes de grains de blé (*Tricitum vulgare* ou *sativum*) dans une autre huile végétale. Comme elle est très dosée en vitamine E, elle procurera beaucoup de bienfaits à tous les types de peaux, notamment aux peaux sèches et ridées. Elle est vivement conseillée pour soigner des maladies cutanées comme l'eczéma ou le psoriasis. Toujours du fait de sa teneur en vitamine E, l'huile de germe de blé favorisera la conservation des autres huiles dans vos préparations. Une concentration de l'ordre de 10 % constitue une proportion idéale dans une crème, une lotion, une huile de massage et un savon.

Huile de graine de bourrache

Relativement coûteuse car d'extraction difficile, cette huile de couleur jaune à l'odeur agréable est obtenue par pression des graines mûres de bourrache *(Borago officinalis),* une plante originaire de Syrie. Elle contient des vitamines, des minéraux et de l'acide gamma-linolénique, un acide gras poly-insaturé. Vous ne l'utiliserez jamais pure, mais à une concentration de 10 % dans une autre huile végétale, pour traiter des problèmes cardiaques, les effets du syndrome menstruel ou de la ménopause et, encore mieux, pour régénérer votre peau.

Huile de graine de carotte

C'est en réalité une huile essentielle, même si on la considère volontiers comme une huile dite « de base ». À ce titre, elle ne devra jamais être appliquée sur la peau sans avoir été diluée au préalable. En outre, son odeur deviendrait vite écœurante et sa couleur psychédélique d'un orange brillant ne serait pas forcément du plus bel effet ! L'huile de graine de carotte *(Daucus carota)* est riche en bêta-carotène, en vitamines et en minéraux. Elle est très efficace pour contrer le vieillissement de la peau et elle favorise la régénération cellulaire de l'épiderme. Vous l'utiliserez à des concentrations de l'ordre de 10 % dans vos traitements de soins cutanés.

HUILE DE GRAINE D'ÉGLANTINE

Elle est obtenue à partir des cynorhodons de l'églantier (*Rosa mosqueta* ou *rubiginosa*), les fruits rouges familièrement appelés « gratte-cul ». L'huile de graine d'églantine, riche en vitamine C, possède un grand pouvoir curatif et régénérant. Elle est très efficace pour retarder le vieillissement de la peau, effacer les cicatrices et réparer des tissus cutanés endommagés. Dans vos produits de soin, vous l'utiliserez à une concentration de 10 %.

HUILE DE JOJOBA

Comparée aux huiles précédentes, elle fait figure de relative « petite nouvelle ». En fait, elle n'est pas à proprement parler une huile, mais plutôt une cire obtenue par pression de la graine de jojoba *(Simmondsia sinensis),* une plante qui pousse dans le désert. Son principal intérêt est qu'elle ne rancit pas. L'huile de jojoba possède des propriétés et des effets très proches de ceux du sébum, la substance hydratante naturellement sécrétée par certaines glandes du corps humain. Elle donne à la peau un aspect doux et soyeux. Elle sera précieuse pour traiter l'acné, l'eczéma, le psoriasis et les inflammations cutanées. Vous l'utiliserez à des concentrations de l'ordre de 10 % dans vos crèmes, huiles de massage et autres préparations.

Huile de noyau d'abricot

Cette huile à la belle couleur jaune pâle est obtenue à partir de noyaux d'abricots pressés à froid. De faible viscosité, elle est très légèrement siccative. L'huile de noyau d'abricot convient à tous les types d'épidermes, surtout aux peaux fines, sèches ou ridées. Vous pourrez l'utiliser pure.

Huile de pépins de raisin

Elle est extraite par pression des pépins de raisin. C'est une huile faiblement visqueuse et semi-siccative. Polyinsaturée, elle est conseillée pour traiter la plupart des problèmes de peaux grasses. Je vous la recommande également comme huile de base en raison de sa légèreté, de sa translucidité et de la rapidité avec laquelle elle pénètre dans la peau. Enfin, et cela a son importance, elle est sans odeur !

À noter

L'huile de pépins de raisin rancit facilement. En lui ajoutant 5 à 10 % d'huile de blé, vous la conserverez plus longtemps.

Huile de ricin

Elle est extraite de la graine de ricin *(Ricinus communis),* une plante à grandes feuilles palmées. C'est une huile non siccative, riche et visqueuse, aux vertus adoucissantes bien connues. L'huile de ricin est souveraine pour les soins capillaires et pour soulager les douleurs musculaires. Enfin, elle vous aidera à venir à bout des échardes enfoncées dans les chairs…

Huile de sésame

Utilisée par les Babyloniens selon Hérodote, elle est obtenue par pression des graines du sésame *(Sesamum indicum),* une plante originaire de l'Inde. L'huile de sésame, semi-siccative, est riche en vitamine E, en minéraux, en protéines et en lécithine. À une concentration de l'ordre de 10 % dans une crème ou une lotion hydratante, elle prévient le dessèchement et adoucit la peau. L'huile de graine de sésame possède enfin la propriété d'absorber les rayons ultraviolets et d'avoir ainsi un effet d'écran solaire.

À noter

Préférez des huiles translucides, extraites des graines de sésame non grillées.

HUILE D'OLIVE

Riche et non siccative, elle est obtenue par pression à froid d'olives parvenues à complète maturité. Dois-je vous avouer que c'est l'une de mes huiles préférées ? J'achète exclusivement des produits sur lesquels figure la mention « huile d'olive extra vierge » ou « première pression à froid », car ce sont les plus riches en minéraux et en vitamines. Vous les reconnaîtrez facilement à leur belle couleur verte et à leur arôme bien caractéristique. Si l'huile d'olive est trop riche pour les peaux grasses, elle sera excellente dans vos lotions de massage, vos crèmes ou vos savons si vous avez une peau sèche ou normale. Enfin, je vous la conseille vivement pour soigner la peau dc bébé. Vous l'utiliserez dans vos préparations à une concentration de l'ordre de 40 %.

À noter

Beaucoup de gens n'aiment pas l'odeur de l'huile d'olive. Si c'est votre cas, achetez des produits haut de gamme au goût nettement plus subtil. Généralement, ces huiles sont d'origine italienne et, plus précisément, toscane.

HUILE D'ONAGRE

Relativement onéreuse, elle est extraite par première pression à froid des graines de l'onagre *(Œnothera biennis),* une plante originaire d'Amérique du Nord aux grandes fleurs jaunes. C'est un antioxydant naturel que vous pourrez avantageusement ajouter à d'autres huiles pour éviter qu'elles ne rancissent. L'huile d'onagre, riche en acide gamma-linolénique, possède des vertus adoucissantes et assouplissantes sur la peau. Vous en ajouterez à vos crèmes et à vos remèdes pour accélérer la guérison d'un eczéma, d'un psoriasis ou d'une quelconque inflammation. Décidément peu avare de bienfaits, cette huile pénètre profondément dans l'épiderme pour combattre l'action néfaste des radicaux libres. Elle régénère aussi la peau, c'est pourquoi je vous conseille de l'utiliser souvent, mais en petites quantités, de l'ordre de 5 %.

À noter

Sauf indication contraire, les huiles doivent être conservées généralement dans un endroit sombre, ni trop froid, ni trop chaud. Vous les consommerez rapidement une fois le flacon ouvert. L'huile d'onagre et l'huile de bourrache, particulièrement fragiles, sont toutes deux très sensibles à l'air, à la chaleur et à la lumière.

QUELQUES MISES EN GARDE ET PRÉCAUTIONS

Lisez l'étiquette !

Quand vous achèterez une huile essentielle, assurez-vous que toutes les informations dont vous avez besoin figurent bien sur l'emballage ou sur l'étiquette du flacon. Je sais bien que la place manque sur ces précieux objets, mais il s'agit d'informations essentielles pour le consommateur. L'étiquette doit mentionner les points suivants :

• le nom commun ou usuel de l'huile (par exemple « huile essentielle de marjolaine ») ;

• le nom botanique latin de la plante (par exemple : *Origanum majorana,* dans le cas de la marjolaine) ;

• les indications et les précautions d'emploi, ainsi que les éventuelles mises en garde :

– usage externe seulement ;

– ne pas laisser à la portée des enfants ;

– ne pas utiliser à une concentration supérieure à 3 % (0,5 % en application locale) ;

– ne pas utiliser pendant la grossesse.

De l'importance du nom botanique

Le nom latin d'une plante n'est pas l'expression d'une quelconque vanité de botaniste ! Il permet d'éviter bien des confusions, tout simplement parce que beaucoup d'huiles possèdent le même nom d'usage. N'achetez jamais une essence où le nom botanique ne figure pas sur l'étiquette.

Quatre exemples.

Tagète. Ce terme regroupe trois réalités botaniques bien différentes : l'œillet d'Inde *(Tagetes patula),* le tagète d'Égypte *(Tagetes minuta),* et la rose d'Inde *(Tagetes erecta).* On trouve parfois sur le marché de l'huile de tagète vendue sous le nom d'huile de calendula, alors que celle-ci est extraite par infusion du *Calendula officinalis,* c'est-à-dire du souci officinal des jardins, commercialisé en toutes petites quantités. Ne confondez donc pas les huiles de rose d'Inde, d'œillet d'Inde ou de tagète d'Égypte avec de l'huile de calendula : elles ne possèdent pas du tout les mêmes propriétés thérapeutiques !

Thuya *(Thuja occidentalis).* On la trouve parfois sous le nom d'huile essentielle de cèdre blanc ou d'huile essentielle de feuilles de cèdre, au risque de la confondre avec la véritable huile essentielle de cèdre *(Cedrus atlantica).* Attention, l'essence de thuya est très toxique en raison de sa teneur élevée en thuyone, une substance convulsivante. On a même enregistré plusieurs décès après absorption par voie orale.

Verveine citronnelle *(Aloysia tryphilla).* Derrière le nom de cette huile essentielle, par ailleurs difficile à trouver, se cache souvent un mélange d'huiles de différents agrumes. De toute façon, l'essence de verveine citronnelle présente trop de dangers pour être utilisée par un amateur.

Mélisse *(Melissa officinalis).* D'énormes quantités de matière première sont nécessaires pour fabriquer quelques millilitres d'huile essentielle de mélisse ! Méfiance donc si vous en trouvez à moins de 60 euros le flacon de 10 ml : vous risquez en fait d'acheter une huile essentielle dans laquelle ont été ajoutées différentes essences aux senteurs citronnées…

La vigilance s'impose !

Il existe trop peu de réglementations concernant la qualité et la dénomination des huiles essentielles que l'on trouve dans le commerce. Certes, il y a le label H.E.B.B.D. (« Huile Essentielle Botaniquement et Biochimiquement Définie ») et « Huiles essentielles 100 % pures et naturelles », ainsi que la certification « bio », qui constituent autant de gages de qualité.

Pour éviter un impair, je vous recommande d'acheter de grandes marques dans des pharmacies spécialisées en aromathérapie et en herboristerie ou dans des boutiques diététiques réputées. N'hésitez pas à demander conseil. Enfin, pensez que toute chose a un coût, et que les différences de prix sont énormes entre un flacon d'huile essentielle de néroli, de rose ou de mélisse et son équivalent d'essences d'oranger, de bois de rose ou de lavande !

Suivez les instructions !

Les huiles essentielles ne doivent jamais être absorbées par voie orale, sauf si cela est expressément prescrit par un médecin spécialisé en aromathérapie.

Quand elles sont utilisées par voie externe, de manière adéquate et en observant les dosages appropriés, la plupart des huiles essentielles ne présentent aucun danger. Cependant, quelques essences possèdent des propriétés pouvant causer des problèmes, dans certaines conditions.

Photosensibilité. Quand elles ont été appliquées sur la peau, certaines substances chimiques peuvent causer une réaction excessive de l'épiderme après une exposition aux rayons ultraviolets du soleil. C'est ce que l'on appelle la photosensibilité. Ce phénomène dure au minimum 12 heures après une application locale, et souvent bien plus longtemps. Il peut occasionner des brûlures superficielles à importantes selon que l'huile essentielle en cause a été plus ou moins diluée.

À noter

Même diluées à 0,4 %, certaines huiles essentielles restent photosensibles. Lisez toujours les précautions d'emploi et les mises en garde figurant sur l'étiquette du flacon.

Substances allergènes. Même en quantité infime, une substance peut déclencher une réaction allergique si votre corps ne la tolère pas. À la suite d'une première application, cette sensibilité se remarque généralement à peine. Cependant, si vous êtes allergique à une huile essentielle et que vous l'utilisez souvent, votre organisme va réagir de plus en plus violemment. Encore une fois, lisez toujours les précautions d'emploi et les éventuelles contre-indications figurant sur l'étiquette ou l'emballage du flacon. Mieux encore, avant d'essayer une nouvelle essence, faites un test sur une petite zone de votre épiderme (voir L'aromathérapie pratique, Les méthodes de A à Z, Patch, p. 478).

Irritations cutanées. À la différence d'une allergie qui s'aggrave avec le temps, une irritation ou une inflammation cutanées peuvent apparaître à la suite d'une première application. La gravité de la réaction dépendra de la quantité d'essence utilisée et de la réactivité de chacun. Certaines huiles essentielles peuvent déclencher des irritations légères à sérieuses de l'épiderme. Si vous avez la peau sensible, si vous êtes sujet à de fréquentes réactions allergiques, il serait judicieux de tester au préalable les essences « à risque » avant de les ajouter dans vos produits de soins corporels. Là encore, faites un test (voir L'aromathérapie pratique, Les méthodes de A à Z, Patch, p. 478).

Pour les professionnels seulement

Fortement concentrées en substances toxiques, narcotiques, abortives (susceptibles de favoriser une fausse couche) ou carcinogènes, les huiles essentielles suivantes sont exclusivement réservées aux spécialistes confirmés en aromathérapie. N'essayez pas de vous y frotter ! Éventuellement, vous pouvez utiliser certaines des plantes suivantes sous forme d'huiles infusées, c'est-à-dire moins concentrées en substances actives et donc moins dangereuses. Attention, observez toujours les précautions d'emploi figurant sur l'emballage.

- Acore vrai (roseau odorant), *Acorus calamus.*
- Amande amère, *Prunus amygdalus.*
- Anis vert, *Pimpinella anisum.*
- Ansérine (chénopode), *Chenopodium ambrosiodes.*
- Armoise, *Artemisia herba-alba.*
- Arnica, *Arnica montana.*

- Aunée, *Inula helenium.*
- Bouleau jaune, *Betula lenta.*
- Bucco, *Agosthoma betulina.*
- Camphre, *Cinnamomum camphora.*
- Casse (cannelle de Chine), *Cinnamomum cassia.*
- Costus, *Saussurea costus.*
- Élémi de Manille, *Canarium luzonicum.*
- Estragon, *Artemisia dracunculus.*
- Gaulthérie, *Gaultheria procumbens.*
- Genévrier sabin, *Juniperus sabina.*
- Génépi (armoise absinthe), *Artemisia absinthium.*
- Menthe pouliot, *Mentha pulegium.*
- Moutarde, *Brassica nigra.*
- Musc des chênes, *Evernia prunastri.*
- Origan, *Origanum vulgare.*
- Raifort, *Armoracia rusticana.*
- Sarriette, *Satureia hortensis.*
- Sauge officinale, *Salvia officinalis.*
- Sassafras, *Sassafras albidum.*
- Tanaisie, *Tanacelum vulgare.*
- Thuya, *Thuja occidentalis.*
- Verveine citronnelle, *Aloysia tryphilla.*

Deuxième partie

Les remèdes de A à Z

Dans le jardin de ma ferme de Rivendell, nous faisions pousser d'innombrables plantes. Lentement, patiemment et amoureusement, nous en extrayions l'essence pour fabriquer nos produits de soins de la peau et nos lotions capillaires. Nous ne faisions pas seulement cela pour nous et pour mes chiens que j'adore. On pensait aussi aux autres, à nos amis, aux rencontres d'un soir. Quoi qu'il arrivât, il y avait toujours ce qu'il fallait pour soulager le mal de tête d'un visiteur de passage, le stress d'un ami, une coupure ou le bleu d'un enfant qui avait joué dans le jardin… Dès que ce petit monde voyait ma trousse de secours et humait l'odeur délicieuse qu'elle exhalait, cela allait déjà mieux ! C'est un peu cela, la magie de l'aromathérapie !

Santé et bien-être : l'aromathérapie de A à Z

J'utilise et j'étudie les effets des huiles essentielles depuis plus d'une trentaine d'années maintenant. C'est le fruit de ma longue expérience que je vous livre dans ces pages, à travers cette série de remèdes adaptés aux différents problèmes de santé que vous pouvez rencontrer, vous, votre famille ou vos proches. Je considère qu'il est très important – et aussi rassurant – de pouvoir traiter et soigner soi-même des problèmes simples ou de petites indispositions passagères. Je pense aussi qu'il est souvent vital de pouvoir faire rapidement face à une situation d'urgence quand elle se présente.

C'est à tout cela que va répondre l'aromathérapie. Je suis certaine que vous vous sentirez mieux armé et plus riche quand vous comprendrez à quel point les huiles essentielles, véritables cadeaux de la nature, vont améliorer votre santé et votre bien-être.

Les « recettes de soins » figurant dans ce chapitre ne présentent aucune difficulté. Elles ne vous demanderont pas non plus beaucoup de temps de préparation. En outre, sans que je sois particulièrement près de mes sous, j'ai aussi pensé à votre porte-monnaie : la plupart d'entre elles ne vous coûteront pas grand-chose. Si vous considérez tout ce que vous dépensez en une année en consultations médicales, en produits pharmaceutiques, en cosmétiques, en détergents, en désinfectants et en insecticides divers, vous réaliserez que votre investissement initial pour vous lancer dans l'utilisation des huiles essentielles est bien modeste en comparaison !

Un soutien pour l'organisme

Les remèdes figurant dans ces pages n'entendent pas se substituer à l'avis de votre médecin ni aux soins médicaux. Vous devez toujours garder à l'esprit qu'un problème en apparence bénin peut masquer une maladie grave. Si les symptômes sont sérieux ou persistants, allez consulter au plus vite votre généraliste ou un spécialiste. Les huiles essentielles peuvent seulement – c'est déjà beaucoup ! – aider votre organisme et votre corps à « reprendre le dessus ». L'aromathérapie vous comblera de bienfaits :

- elle permettra de soulager des indispositions quotidiennes ;
- elle renforcera votre système immunitaire, ainsi que vos organes et vos glandes qui seront ainsi mieux à même de combattre les bactéries, les champignons et les virus ;
- elle réduira votre stress et votre nervosité ;
- elle détendra vos muscles et leur donnera plus de vigueur.

Une thérapie complémentaire : les huiles essentielles

Toute personne souffrant d'indispositions plus graves trouvera également profit à utiliser des huiles essentielles. Dans certains cas très précis, l'aromathérapie peut accompagner un traitement médical. Bien sûr, il est important d'en parler à votre médecin traitant et de lui demander conseil.

Quelques précautions

Dans la mesure du possible, mélangez les huiles essentielles figurant dans les traitements sans en oublier une seule. S'il vous en manque une, vous pouvez éventuellement la remplacer par une essence possédant des pouvoirs similaires. Le tableau des propriétés des huiles essentielles, en début de première partie (p. 20), guidera votre choix.

Quand vous utilisez certaines huiles essentielles, il est particulièrement important de lire attentivement les précautions d'emploi et les indications de dosage. Une goutte de trop peut considérablement changer la donne ! Pensez-y, et ne jouez pas avec le feu en bouleversant les concentrations indiquées dans les remèdes ! La proportion totale d'huiles essentielles ne doit jamais excéder 3 ou 4 % dans un mélange. Certaines essences particulièrement puissantes seront présentes à des dosages encore plus faibles.

Enfin, je vous conseille souvent de laisser reposer vos préparations pendant quatre jours. Ce délai est important : il permet aux différentes substances d'interagir et de coordonner leurs effets. Grâce à cette synergie, les propriétés thérapeutiques de vos remèdes seront à la fois plus grandes, plus efficaces et parfois même différentes.

Équivalences
1 verre : 25 cl 1 cuiller à soupe : 20 ml 1 cuiller à café : 5 ml

ABCÈS

Infection d'origine bactérienne, un abcès forme une poche remplie d'un amas de pus dans un tissu ou un organe. Il s'accompagne souvent de rougeur, de chaleur, de gonflement et d'une sensation douloureuse. Attention, l'apparition répétée d'abcès peut être le symptôme d'un affaiblissement du système immunitaire (voir Système immunitaire, p. 336) et d'un mauvais état de santé général. Dans ce cas, je vous conseille vivement de consulter un médecin au plus vite.

Huiles essentielles

Camomille, lavande et tea-tree.

FOMENTATION DE SOIN D'UN ABCÈS

½ verre d'eau chaude • 4 gouttes d'huile essentielle de tea-tree • 3 gouttes d'huile essentielle de lavande • 3 gouttes d'huile essentielle de camomille

Verser l'eau chaude dans un bol et ajouter les huiles essentielles.

Traitement

Appliquer la préparation sur l'abcès (pour tout savoir sur les fomentations, voir L'aromathérapie pratique, Les méthodes de A à Z, p. 468) toutes les 2 heures.

ABCÈS AUX SEINS voir Grossesse et accouchement.

ABCÈS DENTAIRES voir Dent et gencive.

ACCOUCHEMENT voir Grossesse et accouchement.

ACNÉ

Même si quelques adultes sont concernés, cette maladie cutanée bénigne mais infiniment disgracieuse frappe surtout à l'adolescence. Le responsable : la « révolution hormonale » que traverse alors le corps humain.

Comme pour la plupart des problèmes de peau, il convient d'abord de déterminer si l'acné n'est pas liée à de mauvaises habitudes, à une alimentation inadaptée, ou à une hygiène de vie laissant à désirer. Voici quelques règles élémentaires à suivre avant toute chose :

- Avant le petit déjeuner, boire un verre d'eau agrémenté d'un jus de citron, mais sans ajouter de sucre.
- Manger chaque jour beaucoup de légumes crus ou cuits.
- Boire 6 à 8 verres d'eau minérale tous les jours.
- Éviter les plats cuisinés riches en graisse et la fréquentation des fast-foods…
- Réduire le sel.
- Prendre quotidiennement des compléments de multivitamines, de minéraux, de vitamine B 6, de vitamine E, et des gélules de primevère.
- Mettre son visage au soleil pendant 10 minutes chaque jour, de préférence le matin ou en fin de journée.
- Faire de l'exercice chaque jour pour stimuler la circulation sanguine et apporter ainsi à la peau une plus grande quantité d'oxygène et de nutriments essentiels.
- Faire un peu de relaxation. Si besoin est, suivre une thérapie de gestion de stress ou se donner un peu de temps à soi, seul, pour se détendre tranquillement.
- Se laver le visage trois fois par jour en utilisant un savon doux contenant de la glycérine, puis rincer soigneusement à l'eau tiède. Sécher en tamponnant doucement avec un linge doux que l'on changera souvent en présence de boutons purulents.
- Essayer d'abandonner le maquillage et le fond de teint. C'est difficile, je sais, mais les chances de guérison seront plus grandes !

• Pour les soins de la peau, utiliser exclusivement l'huile aromatique de jour et l'huile aromatique de nuit, dont les recettes figurent ci-après.

• Faire la fumigation purifiante ci-après une ou deux fois par semaine.

• Enfin, résister toujours à la tentation – même si elle est grande – de percer un bouton. Le « remède » serait pire que le mal, car il risquerait de laisser une cicatrice et de propager l'infection.

Enfin, si rien n'y fait, consulter médecin pour un traitement approprié.

Huiles essentielles

Camomille, carotte, genièvre, géranium, lavande, myrrhe, palmarosa, santal, tea-tree et thym.

LOTION MAGIQUE CONTRE L'ACNÉ

½ verre d'eau de rose • ¼ de verre d'eau minérale • 1 cuiller à café de vinaigre de cidre • ¼ à ½ cuiller à café de glycérine • 5 gouttes d'huile essentielle de genièvre • 3 gouttes d'huile essentielle de santal • 2 gouttes d'huile essentielle de camomille

Verser tous les ingrédients dans un petit flacon et agiter vigoureusement. Laisser reposer quatre jours avant utilisation, afin que les différentes substances amplifient leurs effets par synergie. Conserver dans un endroit frais et à l'abri de la lumière.

Traitement

Agiter le produit avant chaque utilisation. Verser quelques gouttes sur un coton humide et renouveler souvent le traitement pour rafraîchir la peau.

LOTION « PALMAROSA »

1/3 de verre de vinaigre de cidre • 15 gouttes d'huile essentielle de palmarosa • 15 gouttes d'huile essentielle de tea-tree • 2 cuillers à café de teinture de myrrhe

Verser tous les ingrédients dans un petit flacon et agiter vigoureusement. Laisser reposer quatre jours avant utilisation, afin que les différentes substances amplifient leurs effets par synergie. Conserver dans un endroit frais et à l'abri de la lumière.

Traitement

Verser 1 cuiller à café de produit dans un verre rempli d'eau tiède. Utiliser comme eau de rinçage après le lavage du visage.

HUILE AROMATIQUE DE JOUR

2 cuillers à soupe d'huile d'amande douce • 10 gouttes d'huile essentielle de carotte • 10 gouttes d'huile essentielle de palmarosa • 5 gouttes d'huile essentielle de tea-tree • 5 gouttes d'huile essentielle de géranium

Verser tous les ingrédients dans un petit flacon et agiter vigoureusement. Laisser reposer quatre jours avant utilisation, afin que les différentes substances amplifient leurs effets par synergie. Agiter avant l'emploi.

Traitement

À la fois douce pour la peau et très efficace, cette huile convient parfaitement au traitement quotidien de l'acné, des boutons, ou de toute infection cutanée. Elle doit être utilisée deux fois par jour, le matin et en milieu de journée.

Verser 3 à 4 gouttes de produit dans le creux de la main. Tremper les doigts dans le liquide et appliquer doucement sur le visage (attention à ne pas en mettre dans les yeux !). Laisser agir 5 à 10 minutes, puis essuyer avec un linge propre et doux.

HUILE AROMATIQUE DE NUIT

3 cuillers à soupe d'huile d'amande douce • 20 gouttes d'huile d'onagre • 10 gouttes d'huile essentielle de camomille • 5 gouttes d'huile essentielle de tea-tree • 5 gouttes d'huile essentielle de palmarosa

Verser tous les ingrédients dans un petit flacon et agiter vigoureusement. Laisser reposer quatre jours avant utilisation, afin que les différentes substances amplifient leurs effets par synergie. Agiter avant l'emploi.

Traitement

Cette huile est légèrement plus grasse que son homologue diurne. Ne vous inquiétez pas ! Appliquée de la même manière que cette dernière avant d'aller au lit, elle soignera votre peau et la régénérera pendant votre sommeil.

FUMIGATION PURIFIANTE POUR LE VISAGE

1 cuiller à café d'huile essentielle de palmarosa • 1 cuiller à café d'huile essentielle de lavande • ½ cuiller à café d'huile essentielle de tea-tree • 30 gouttes d'huile essentielle de géranium • 20 gouttes d'huile essentielle de thym

Verser tous les ingrédients dans un petit flacon et agiter vigoureusement. Laisser reposer quatre jours avant utilisation, afin que les différentes substances amplifient leurs effets par synergie. Agiter avant emploi.

Traitement

L'action antibactérienne du produit, combinée à la chaleur de la vapeur, va faire ressortir toutes les impuretés à la surface de votre peau. Ne l'utilisez pas avant un rendez-vous important !

Pour préparer votre fumigation, voir L'aromathérapie au quotidien, Les méthodes de A à Z, p. 468.

MASQUE DE SOIN DE L'ACNÉ ET DE L'ECZÉMA

1 cuiller à soupe d'amande en poudre • 2 cuillers à café de farine de maïs ou de kaolin en poudre • 1 cuiller à café de miel • 1 goutte d'huile essentielle de genièvre • 1 goutte d'huile essentielle de camomille • 1 goutte d'huile essentielle de lavande

Mélanger tous les ingrédients, puis ajouter un peu d'eau pour obtenir la consistance d'une pâte onctueuse.

Traitement

Étaler doucement la crème sur le visage et le cou en prenant bien soin d'éviter le contour des yeux. S'allonger sur le dos et poser des morceaux de coton imbibés d'eau distillée d'hamamélis ou de thé froid à la camomille autour de vos yeux. Laisser agir 10 à 15 minutes avant d'enlever le masque à l'eau tiède. Enfin, s'asperger abondamment le visage d'eau fraîche.

ALLAITEMENT voir Grossesse et accouchement.

ALLERGIE

On sait désormais que des problèmes aussi variés que l'asthme, le rhume des foins, l'épuisement physique, l'hyperexcitabilité, l'otite, les maux de tête ou les migraines peuvent être d'origine allergique. Les huiles essentielles seront d'une aide très précieuse dans chacun de ces cas. Cependant, en raison de leur réactivité potentielle et de leur grande sensibilité, les personnes sujettes aux allergies devront impérativement faire un test préalable ou patch (voir L'aromathérapie pratique, Les méthodes de A à Z, p. 468) avant d'essayer une essence. Les huiles essentielles conseillées ici sont généralement utilisées pour désinfecter l'air. Elles éliminent les éventuelles bactéries en suspension, mais elles possèdent également des vertus relaxantes.

En présence d'asthme, voir aussi Rhume des foins (p. 311) et Voies respiratoires (p. 345).

Huiles essentielles

Bergamote, camomille, citron, genièvre, lavande et menthe poivrée.

À noter

Si vous présentez des symptômes particuliers, par exemple des sécrétions excessives de mucus bronchique, reportez-vous à l'entrée alphabétique correspondant à votre problème au sein de ce chapitre.

HUILE DE SOIN DE L'ALLERGIE

5 cuillers à soupe d'huile de pépins de raisin • 30 gouttes d'huile essentielle de bergamote • 20 gouttes d'huile essentielle de lavande • 20 gouttes d'huile essentielle de genièvre • 10 gouttes d'huile essentielle de menthe poivrée

Verser tous les ingrédients dans un petit flacon et agiter vigoureusement. Laisser reposer quatre jours avant utilisation, afin que les différentes substances amplifient leurs effets par synergie.

Il est également possible d'ajouter toutes ces huiles essentielles dans de l'alcool ou dans de l'eau pour profiter de leurs bienfaits dans un désodorisant ou un diffuseur de type brûle-parfum.

Traitements

Pour un massage corporel, verser 1 cuiller à café de produit à la surface d'un bol rempli d'eau tiède.

Pour un bain ou un bain de pieds, verser 2 cuillers à café de produit, puis rester dans l'eau pendant 30 minutes. Se masser avec les gouttelettes en suspension pour bien faire pénétrer les substances actives dans la peau.

Pour un massage corporel après une douche, mettre un peu de produit dans le creux des mains et masser la peau encore humide.

ALOPÉCIE

Cette forme temporaire de calvitie se déclenche à la suite d'une maladie, d'une insuffisance de la glande thyroïde ou hypophyse, d'un dysfonctionnement des ovaires ou d'un stress. La chute de cheveux est généralement progressive, mais elle peut devenir brutale et importante si le sujet est sous le coup d'un traumatisme d'ordre émotionnel.

Les huiles essentielles peuvent enrayer l'alopécie, mais il faudra tout de même consulter un médecin pour connaître l'origine du problème. Le massage du cuir chevelu s'avérera très utile dans ce cas, car il stimulera la circulation sanguine et la croissance des follicules capillaires. Pour effectuer ce traitement, utiliser la lotion au vinaigre de cidre figurant ci-dessous.

Huiles essentielles
Carotte, lavande, romarin, sauge sclarée et thym.

PRÉSHAMPOOING CONTRE L'ALOPÉCIE
1 cuiller à soupe d'huile de ricin • 1 cuiller à soupe d'huile d'olive • 10 gouttes d'huile de jojoba • 10 gouttes d'huile essentielle de lavande • 5 gouttes d'huile essentielle de carotte • 5 gouttes d'huile essentielle de sauge sclarée

Mélanger les ingrédients et chauffer au bain-marie jusqu'à atteindre une température de 37 °C, pas plus.

Traitement
Masser les cheveux et le cuir chevelu pendant plusieurs minutes. Poser ensuite sur la tête un linge préalablement trempé dans l'eau très chaude et bien essoré, puis coiffer un bonnet de bain. Rester ainsi le plus longtemps possible en changeant la serviette lorsqu'elle refroidit. Faire un shampooing de soin de l'alopécie au minimum 1 heure après ce traitement.

SHAMPOOING DE SOIN DE L'ALOPÉCIE
½ verre de base pour shampooing aromatique (voir L'aromathérapie au quotidien, Soins capillaires, p. 382) • 14 gouttes d'huile de jojoba • 10 gouttes d'huile essentielle de lavande • 4 gouttes d'huile essentielle de romarin

Mélanger soigneusement les ingrédients.

Traitement
Utiliser comme un shampooing classique.

LOTION AU VINAIGRE DE CIDRE
10 cl de vinaigre de cidre • 50 gouttes d'huiles essentielles de votre choix.

Mélanger les ingrédients dans un flacon. Laisser reposer quatre jours, afin que les différentes substances amplifient leurs effets par synergie.

Traitement

Mélanger 1 cuiller à café de lotion dans 1 cuiller à soupe d'eau chaude et masser le cuir chevelu avec ce produit pendant quelques minutes.

AMÉNORRHÉE voir Règles.

AMPOULE

Petit bobo sans importance, une ampoule peut néanmoins s'infecter. Il faudra toujours veiller à la soigner en respectant les règles élémentaires d'asepsie.

Huiles essentielles

Lavande et tea-tree.

Traitement

Sur un linge propre ou une compresse, verser 2 gouttes d'huile essentielle de lavande et 2 gouttes d'huile essentielle de tea-tree. Tamponner doucement l'ampoule et prenant soin de ne pas la faire éclater ni de la percer, sauf si sa taille est trop importante. Dans ce cas, utiliser une aiguille préalablement stérilisée à la flamme, puis presser doucement l'ampoule avec un bout de coton. Ajouter ensuite 1 goutte d'huile essentielle de lavande, puis couvrir d'un pansement lâche.

AMYGDALITE voir Voies respiratoires.

ANÉMIE

Vous êtes pâle ? Vous vous sentez faible et sans tonus ? Vous êtes vite essoufflé, fatigué, et vous souffrez souvent de syncopes ou de vertiges ? Vous présentez alors tous les symptômes de l'anémie, c'est-à-dire d'une diminution de globules rouges et de leur teneur en hémoglobine. L'anémie est généralement liée est une carence en fer. Les enfants de moins de deux ans, les adolescents, les femmes enceintes, les mères allaitantes, les personnes âgées et, parfois, les végétariens, sont les plus exposés à ce problème. Un régime adapté, comprenant un apport de suppléments de vitamines et de minéraux, est essentiel pour traiter l'anémie. Consultez votre médecin si vous avez le moindre soupçon. Il vous prescrira une analyse de sang et vous dira si vous avez besoin de compléments de minéraux ou de vitamines.

Les traitements d'aromathérapie s'adressent aux personnes ayant effectué cette prise de sang. Ils ne doivent pas se substituer à des prescriptions médicales, mais seulement être administrés à titre complémentaire, après avoir bien sûr obtenu l'accord de votre médecin traitant.

Huiles essentielles

Camomille, citron, menthe poivrée, poivre et thym.

HUILE DE BAIN ET DE MASSAGE ANTIANÉMIE

1 cuiller à soupe d'huile de pépins de raisin • 10 gouttes d'huile essentielle de camomille • 3 gouttes d'huile essentielle de citron ou de menthe poivrée • 3 gouttes d'huile essentielle de poivre ou de thym

Verser tous les ingrédients dans un petit flacon et agiter vigoureusement. Laisser reposer quatre jours avant utilisation, afin que les différentes substances amplifient leurs effets par synergie.

Il est également possible d'ajouter toutes ces huiles essentielles dans de l'alcool ou dans de l'eau pour profiter de leurs bienfaits dans un désodorisant ou un brûle-parfum.

Traitements

Pour un massage corporel, verser 1 cuiller à café de produit à la surface d'un bol rempli d'eau tiède.

Pour un bain ou un bain de pieds, verser 2 cuillers à café de produit, puis rester dans l'eau pendant 30 minutes. Se masser avec les gouttelettes en suspension pour bien faire pénétrer les substances actives dans la peau.

Pour un massage corporel après une douche, mettre un peu de produit dans le creux des mains et masser la peau encore humide.

À noter

Les enfants, les personnes à la santé fragile, les personnes âgées ou convalescentes ont besoin de dosages moins élevés en huiles essentielles que les adultes bien portants.

ANGINE

De nombreuses angines sont d'origine virale ou bactérienne. Elles sont parfois tout simplement causées par ce que j'appellerais des « irritations ». J'entends par là le fait d'avoir parlé longtemps et fort, à la suite d'un rhume des foins, ou après avoir respiré par la bouche et avalé de la poussière, de la fumée de cigarette, des vapeurs chimiques, etc. On peut également attraper une angine à cause de la climatisation. Dans tous ces cas, les gargarismes constituent un excellent traitement.

Huiles essentielles

Benjoin, géranium, lavande, sauge sclarée et thym.

Traitements

Dans un verre d'eau chaude, verser ½ cuiller à café de sel et 1 à 2 gouttes d'huile essentielle de sauge sclarée, de géranium ou de lavande. Bien mélanger et utiliser comme gargarisme, en veillant à ne pas avaler de produit.

Faire une inhalation à l'aide l'huile essentielle de benjoin ou de tea-tree.

ANGINE DE POITRINE

Du fait d'artères coronaires obstruées ou présentant des étranglements, un sang insuffisamment oxygéné gagne le muscle cardiaque : c'est l'angine de poitrine. La personne atteinte ressent alors des douleurs aiguës à la poitrine qui peuvent irradier jusqu'aux bras, ainsi qu'une impression d'oppression et d'angoisse. Une telle crise se déclenche à la suite d'un effort physique, d'une indigestion ou d'un stress. Elle peut durer de 1 à 15 minutes, et s'aggraver lorsque le malade est en position couchée. Consultez votre médecin d'urgence si vous avez éprouvé ces symptômes généralement annonciateurs d'un infarctus. En présence d'une angine de poitrine, l'aromathérapie ne devra être utilisée qu'en complément d'un traitement médical approprié.

Huiles essentielles

Bergamote, citron, gingembre, poivre et thym.

HUILE DE SOIN DE L'ANGINE DE POITRINE

1 cuiller à soupe d'huile de pépins de raisin • 10 gouttes d'huile essentielle de bergamote • 4 gouttes d'huile essentielle de gingembre ou de citron • 2 gouttes d'huile essentielle de poivre ou de thym

Verser tous les ingrédients dans un petit flacon et agiter vigoureusement. Laisser reposer quatre jours avant utilisation, afin que les différentes substances amplifient leurs effets par synergie.

Il est également possible d'ajouter toutes ces huiles essentielles dans de l'alcool ou dans de l'eau pour profiter de leurs bienfaits dans un désodorisant ou un brûle-parfum.

Traitements

Pour un massage corporel, verser 1 cuiller à café de produit à la surface d'un bol rempli d'eau tiède.

Pour un bain ou un bain de pieds, verser 2 cuillers à café de produit, puis rester dans l'eau pendant 30 minutes. Se masser avec les gouttelettes en suspension pour bien faire pénétrer les substances actives dans la peau.

Pour un massage corporel après une douche, mettre un peu de produit dans le creux des mains et masser la peau encore humide.

ANOREXIE

Lorsqu'elle est associée au suivi médical qui s'impose, l'aromathérapie est un aspect important du traitement de l'anorexie. Les massages à l'aide d'huiles essentielles peuvent aider le malade. Ils le relaxent, réduisent son stress et l'aident à mieux aimer son corps. L'effet de certaines essences agit comme antidépresseur tout en stimulant l'appétit.

Huiles essentielles

Bergamote, lavande, rose, sauge sclarée et ylang-ylang.

HUILE DE SOIN DE L'ANOREXIE

1 cuiller à soupe d'huile de pépins de raisin • 2 gouttes d'huile essentielle de sauge sclarée • 6 gouttes d'huile essentielle de bergamote • 6 gouttes d'huile essentielle de lavande ou d'ylang-ylang

Verser tous les ingrédients dans un petit flacon et agiter vigoureusement. Laisser reposer quatre jours avant utilisation, afin que les différentes substances amplifient leurs effets par synergie.

Il est également possible d'ajouter toutes ces huiles essentielles dans de l'alcool ou dans de l'eau pour profiter de leurs bienfaits dans un désodorisant ou un brûle-parfum.

Traitements

Rien ne remplacera dans ce cas un massage réalisé par un kinésithérapeute. Cependant, pratiqué par l'anorexique lui-même ou par un proche, il apportera aussi beaucoup de bienfaits.

Pour un massage corporel, verser 1 cuiller à café de produit à la surface d'un bol rempli d'eau tiède.

Pour un bain ou un bain de pieds, verser 2 cuillers à café de produit, puis rester dans l'eau pendant 30 minutes. Se masser avec les gouttelettes en suspension pour bien faire pénétrer les substances actives dans la peau.

Pour un massage corporel après une douche, mettre un peu de produit dans le creux des mains et masser la peau encore humide.

ANTHRAX voir Furoncle et anthrax.

ANXIÉTÉ voir Stress.

ARTÉRIOSCLÉROSE

Cet état pathologique se caractérise par l'épaississement et le durcissement progressif de la paroi des artères. Du fait du rétrécissement des artères coronariennes, le cœur reçoit moins de sang : il est donc privé d'oxygène et de nutriments essentiels en quantités suffisantes. Chacun rencontre ce type de problème en vieillissant, ou presque.

Traitement

Voir Athérosclérose.

ARTHRITE ET ARTHROSE

La polyarthrite rhumatoïde et l'arthrose sont les deux principales formes de rhumatismes évolutifs. D'origine inflammatoire, elles se caractérisent chacune par des douleurs, des raideurs, des ankyloses et des déformations articulaires. En cas de surcharge pondérable, du fait du poids plus grand s'exerçant sur les articulations, les symptômes s'aggravent et la souffrance s'accentue.

– *L'arthrose* est une maladie très fréquente chez les personnes âgées. Elle touche les articulations et les cartilages du genou, des hanches, des vertèbres, du cou et des mains (phalanges des doigts et racines des pouces). Mais cette maladie peut aussi bien affecter l'épaule et même le gros orteil !

– *La polyarthrite rhumatismale,* même si elle présente des symptômes semblables, est très différente de la précédente. Touchant les adultes et surtout les femmes (3 pour 1 homme), elle serait d'origine virale et s'installerait sur des terrains génétiques prédisposés.

Les traitements qui suivent sont valables tant pour l'arthrose que pour la polyarthrite rhumatismale. Cependant, l'aromathérapie ne devra jamais se substituer aux soins médicaux classiques, mais seulement accompagner ces derniers.

Huiles essentielles

Bergamote, benjoin, encens, genièvre, gingembre, poivre et romarin.

HUILE DE SOIN DE LA POLYARTHRITE RHUMATISMALE

1 cuiller à café d'huile essentielle de benjoin • 1 cuiller à café d'huile essentielle de genièvre • ½ cuiller à café d'huile essentielle de poivre • ¼ de cuiller à café d'huile essentielle de gingembre • ¼ de cuiller à café d'huile essentielle de romarin

Verser tous les ingrédients dans un compte-gouttes et agiter vigoureusement. Laisser reposer quatre jours avant utilisation, afin que les différentes substances amplifient leurs effets par synergie.

Traitements

Verser 10 gouttes de produit dans un verre rempli de sel de magnésium, puis saupoudrer le tout dans l'eau du bain. Agiter pour bien mélanger, puis rester immergé pendant 15 à 30 minutes en massant doucement les membres douloureux.

Pour un massage corporel, mélanger 14 gouttes de produit dans 1 cuiller à soupe d'huile de pépins de raisin ou d'huile d'amande douce. Faire pénétrer dans la peau en massant doucement.

Pour une fomentation (voir L'aromathérapie pratique, Les méthodes de A à Z, p. 468), mélanger 10 gouttes de produit dans ½ verre rempli d'eau très chaude.

À noter

Les feuilles de cornaret *(Harpagophytum procumbens),* aussi appelé « griffe du diable », sont utilisées depuis toujours pour leurs remarquables propriétés anti-inflammatoires. Elles passent pour soulager les symptômes d'une polyarthrite rhumatismale, d'une crise de goutte, d'une névralgie, d'un lumbago et d'un rhumatisme.

ARTHROSE voir Arthrite et arthrose.

ASTHÉNIE

Les symptômes de l'asthénie sont un état de dépression, d'épuisement et de faiblesse généralisée. La maladie est souvent liée à des problèmes neuropsychiques, notamment en cas de neurasthénie.

Huiles essentielles

Géranium, menthe poivrée et romarin.

HUILE DE SOIN DE L'ASTHÉNIE

3 cuillers à soupe d'huile d'amande douce • 20 gouttes d'huile essentielle de géranium • 15 gouttes d'huile essentielle de romarin • 10 gouttes d'huile essentielle de menthe poivrée

Verser tous les ingrédients dans un petit flacon et mélanger vigoureusement. Laisser reposer quatre jours avant utilisation, afin que les différentes substances amplifient leurs effets par synergie.

Il est également possible d'ajouter toutes ces huiles essentielles dans de l'alcool ou dans de l'eau pour profiter de leurs bienfaits dans un désodorisant ou un diffuseur.

Traitements

Pour un massage corporel, verser 1 cuiller à café de produit dans un bol rempli d'eau tiède. Si le malade ne le supporte pas, frictionner seulement ses mains ou ses pieds, les substances actives des huiles essentielles pénétreront également dans son organisme et auront les mêmes effets bénéfiques.

Verser 2 cuillers à café de produit dans un bain ou un bain de pieds et agiter pour disperser l'huile. Le malade devra rester 10 à 15 minutes dans l'eau. Avec les gouttelettes en suspension, masser son corps pour bien faire pénétrer les substances actives dans sa peau.

Mettre un peu de produit dans le creux des mains et masser l'ensemble du corps du malade après une douche, lorsque la peau est encore humide.

ASTHME voir Voies respiratoires.

ATHÉROSCLÉROSE

Lésion de la couche interne des artères, l'athérosclérose est une maladie à progression lente qui, pendant des années, accumule une plaque jaunâtre riche en graisse. Celle-ci ralentit peu à peu la circulation sanguine, jusqu'à entraîner une angine de poitrine et un infarctus du myocarde.

Huiles essentielles

Citron, genièvre, gingembre, poivre et romarin.

HUILE DE SOIN DE L'ATHÉROSCLÉROSE

4 cuillers à soupe d'huile de pépins de raisin • 20 gouttes d'huile essentielle de romarin • 15 gouttes d'huile essentielle de genièvre • 15 gouttes d'huile essentielle de citron • 10 gouttes d'huile essentielle de poivre • 5 gouttes d'huile essentielle de gingembre

Verser tous les ingrédients dans un petit flacon et agiter vigoureusement. Laisser reposer quatre jours avant utilisation, afin que les différentes substances amplifient leurs effets par synergie.

Il est également possible d'ajouter toutes ces huiles essentielles dans de l'alcool ou dans de l'eau pour profiter de leurs bienfaits dans un désodorisant ou un brûle-parfum.

Traitements

Pour un massage corporel, verser 1 cuiller à café de produit à la surface d'un bol rempli d'eau tiède.

Pour un bain ou un bain de pieds, verser 2 cuillers à café de produit, puis rester dans l'eau pendant 10 à 15 minutes. Se masser avec les gouttelettes en suspension pour bien faire pénétrer les substances actives dans la peau.

Pour un massage corporel après une douche, mettre un peu de produit dans le creux des mains et masser la peau encore humide.

AUTISME

L'enfant autiste est enfermé dans un monde fantasmagorique de terreur et d'effroi. Replié sur lui-même, il est frappé de crises d'angoisse incontrôlables et d'une rage destructrice qui s'exerce aussi bien sur autrui que sur lui-même. Il est très difficile – sinon impossible – de communiquer avec lui. Même ses propres parents sont confrontés à ce douloureux problème d'incompréhension et d'impénétrabilité. Malgré tout l'amour, les soins et l'affection qu'ils peuvent prodiguer à leur enfant, ils ne reçoivent en retour que froide indifférence. Les thérapies durent parfois des années avant d'amener quelque amélioration de cette forme grave de schizophrénie.

Il existe plusieurs manières d'aider les enfants autistes. Différentes organisations, associations et autres structures médicales proposent une assistance aux parents. À ce jour, l'une des thérapies, en apparence prometteuse, est de tenir fermement le corps de l'enfant et de rester tout près de lui. Évidemment, l'autiste va éviter tout contact visuel et faire des efforts désespérés pour s'enfuir. Certains psychiatres pensent que le fait d'obliger ainsi l'enfant à un contact à la fois physique et visuel serait important pour lui. Le psychanalyste Bruno Bettelheim avait quant à lui une approche diamétralement opposée et bien moins brutale : il pensait qu'il fallait donner à l'enfant autiste un environnement le plus favorable possible, afin de le rassurer et de favoriser ainsi la reconstruction de son « moi » disloqué.

Huiles essentielles

Bergamote, encens, géranium, lavande, mandarine et ylang-ylang.

HUILE RELAXANTE POUR L'ENFANT AUTISTE

3 cuillers à soupe d'huile d'amande douce • 15 gouttes d'huile essentielle de lavande • 10 gouttes d'huile essentielle d'ylang-ylang • 5 gouttes d'huile essentielle d'encens • 5 gouttes d'huile essentielle de bergamote

Verser tous les ingrédients dans un petit flacon et agiter vigoureusement. Laisser reposer quatre jours avant utilisation, afin que les différentes substances amplifient leurs effets par synergie.

Il est également possible d'ajouter toutes ces huiles essentielles dans de l'alcool ou dans de l'eau pour profiter de leurs bienfaits dans un désodorisant ou un diffuseur.

Traitements

Pour un massage corporel, verser 1 cuiller à café de produit à la surface d'un bol rempli d'eau tiède. L'enfant peut refuser le traitement, mais il faut persévérer autant que possible. Essayer le massage du dos ou des pieds, tous deux plus faciles à réaliser si l'enfant est agité.

Pour un bain ou un bain de pieds, verser 2 cuillers à café de produit, puis laisser l'enfant dans l'eau pendant 10 minutes en restant près de lui. Masser doucement son corps avec les gouttelettes en suspension pour bien faire pénétrer les substances actives dans la peau.

Pour un massage corporel après une douche, mettre un peu de produit dans le creux des mains et masser la peau encore humide.

Durant le traitement, il est vivement recommandé de vaporiser un peu de produit dans l'air ambiant ou d'en ajouter dans un brûle-parfum.

Baby blues voir Grossesse et accouchement.

Bébé voir Enfant et bébé.

Blessure voir Coupure et blessure.

Bleu voir Ecchymose.

Bouffée de chaleur voir Ménopause.

Bouton de chaleur

Lors de grosses chaleurs apparaissent parfois sur la peau des petits boutons qui démangent de très désagréable manière… Rien de grave : la peau n'a pas suffisamment respiré et la transpiration n'a pu s'évaporer. Pour y remédier, portez des vêtements en fibres naturelles (coton) et habillez-vous aussi légèrement que possible.

Huiles essentielles

Eucalyptus et lavande.

Spray de soin des boutons de chaleur

2 cuillers à soupe d'eau distillée d'hamamélis • 6 gouttes d'huile essentielle de lavande • 6 gouttes d'huile essentielle d'eucalyptus • 1 verre d'eau

Mélanger l'eau distillée d'hamamélis et les huiles essentielles dans un pulvérisateur et remuer vigoureusement. Ajouter l'eau et secouer de nouveau le flacon. Agiter avant l'emploi.

Traitements

Pulvériser le produit sur la région de l'épiderme affectée et laisser sécher à l'air.

Dans un récipient, mélanger peu à peu 8 gouttes d'huile essentielle de lavande dans l'équivalent de 1 verre de bicarbonate de soude. Verser le produit dans l'eau tiède d'un bain et agiter pour bien dissoudre la poudre. Rester dans la baignoire aussi longtemps que souhaité, en veillant à laisser les régions prurigineuses immergées. Sécher la peau en la tamponnant à l'aide d'une serviette très douce.

À noter

Si votre enfant présente des boutons de chaleur, adaptez les dosages à son âge (voir Enfant et bébé, p. 203). Réduisez aussi la proportion de bicarbonate de soude.

BRONCHITE voir Voies respiratoires.

BRÛLURE

Le traitement proposé ne concerne que les lésions légères, par exemple quand la peau rougit après avoir été accidentellement ébouillantée. L'aromathérapie ne peut rien contre les brûlures au second et au troisième degré, qui nécessitent un traitement médical d'urgence. N'essayez jamais d'enlever les morceaux de tissus éventuellement collés à la région brûlée.

Huiles essentielles

Lavande et niaouli.

Traitement

Avant toute chose, rafraîchir la zone concernée en faisant couler de l'eau froide ou en appliquant des compresses imbibées d'eau glacée. Sur la lésion, verser de l'huile essentielle de lavande, de l'huile essentielle de niaouli ou du miel. Masser très doucement. Si nécessaire, répéter l'opération 10 à 15 minutes plus tard.

BRÛLURE D'ESTOMAC voir Système digestif.

BURSITE (TENNIS ELBOW)

Cette inflammation d'une bourse synoviale déclenche une souffrance articulaire intense aux épaules, aux genoux ou aux coudes. Les symptômes douloureux interviennent surtout à la suite d'un mouvement ou du port d'un objet lourd. Ils s'accompagnent de rougeurs et d'un gonflement de la région affectée. Même si elle ne concerne pas seulement l'humérus, la bursite est souvent assimilée à ce que l'on appelle en anglais le « tennis elbow » (épicondylite), une affection bénigne mais invalidante souvent observée chez les joueurs de tennis de plus de trente ans.

Huiles essentielles

Camomille, cyprès, eucalyptus, genièvre, hysope, romarin et sauge sclarée.

Huile infusée

Millepertuis.

HUILE DE MASSAGE « SOIN DE LA BURSITE »

2 cuillers à soupe d'huile infusée de millepertuis • 1 cuiller à soupe d'huile de pépins de raisin • 20 gouttes d'huile essentielle de romarin • 15 gouttes d'huile essentielle d'eucalyptus • 15 gouttes d'huile essentielle de camomille • 15 gouttes d'huile essentielle de genièvre

Verser tous les ingrédients dans un petit flacon et mélanger vigoureusement. Laisser reposer quatre jours avant utilisation, afin que les différentes substances amplifient leurs effets par synergie.

COMPRESSES « SOIN DE LA BURSITE »
5 cuillers à soupe d'eau glacée • 5 gouttes d'huile essentielle de cyprès • 3 gouttes d'huile essentielle de sauge sclarée • 2 gouttes d'huile essentielle d'hysope

Verser tous les ingrédients dans un petit bol. Imbiber des compresses de produit et appliquer sur la région douloureuse.

Traitement

Le plus tôt possible, c'est-à-dire dès l'apparition des premiers symptômes douloureux, laisser l'articulation au repos. Abandonner le sport en cause, éviter de porter des objets lourds ou de faire le geste responsable de la bursite.

Si l'inflammation affecte les genoux ou les bras, surélever les membres le plus haut possible au-dessus de la tête. Rester quelque temps dans cette position.

Masser doucement l'articulation en cause avec l'huile de massage « soin de la bursite » trois fois par jour.

Après chaque massage, appliquer des compresses « soins de la bursite » sur la région douloureuse trois fois par jour.

CANCER

Bien sûr, je n'ai pas la prétention de donner ici des remèdes miracles pour soigner cette maladie contre laquelle l'aromathérapie ne peut rien. Les traitements médicaux sont essentiels. Ils ont fait des progrès que l'on ne souligne peut-être pas assez. Aujourd'hui, plus du tiers des cancers est guéri. L'espérance de vie des malades frappés par des formes très graves de tumeurs malignes a pu être considérablement augmentée.

Les herbes essentielles peuvent cependant jouer un rôle important, mais il faudra obtenir l'accord d'un médecin avant de les utiliser dans des huiles de massage. Les essences stimuleront le système immunitaire du malade et atténueront certains effets secondaires de traitements médicaux, souvent très difficiles à supporter.

Huiles essentielles
Bergamote, cèdre, eucalyptus et tea-tree.

HUILE DE MASSAGE POUR MALADES ATTEINTS D'UN CANCER
2 cuillers à soupe d'huile de pépins de raisin • 10 gouttes d'huile essentielle de tea-tree ou d'huile essentielle d'eucalyptus • 15 gouttes d'huile essentielle de cèdre • 5 gouttes d'huile essentielle de bergamote

Verser tous les ingrédients dans un petit flacon et mélanger vigoureusement. Laisser reposer quatre jours avant utilisation, afin que les différentes substances amplifient leurs effets par synergie.

Il est également possible d'ajouter toutes les huiles essentielles dans de l'alcool pour s'en servir dans un désodorisant.

Traitements
Dans un petit bol rempli d'eau tiède, verser 1 cuiller à café de produit et masser le corps du patient. Certes, ce sera bien moins efficace que chez un kinésithérapeute, mais un tel message fera tout de même beaucoup de bien au malade. Encore une fois, ne jamais administrer ce traitement avant d'avoir obtenu l'accord préalable d'un médecin.

Pour un bain ou un bain de pieds, utiliser 2 cuillers à café de produit et agiter pour disperser l'huile. Le malade devra rester 30 minutes dans l'eau. Si possible, il se massera avec les gouttelettes en suspension pour bien faire pénétrer les substances actives dans sa peau.

Mettre un peu de produit dans le creux des mains et masser le corps du malade après la douche, quand sa peau est encore humide.

Avertissement

Attention, ce traitement ne doit pas être administré à des sujets atteints d'un cancer des os ou de la maladie de Hodgkins.

CANDIDOSE (MUGUET)

Candida albicans est une levure inoffensive normalement présente en petites quantités dans le corps humain, notamment dans les voies digestives et les muqueuses génitales. Les problèmes de santé surviennent quand le champignon microscopique se multiplie, à la suite d'une rupture d'équilibre liée au diabète, à un bouleversement hormonal et surtout à une prise prolongée d'antibiotiques. La candidose se développe surtout dans les plis inguinaux, à la commissure des lèvres, ainsi que dans les muqueuses buccale et surtout vaginale. Même s'ils ne présentent aucun symptôme, les hommes atteints de *candida albicans* transmettent la levure à leur partenaire, c'est pourquoi il est nécessaire que le couple se soigne en même temps. En plus de suivre le traitement figurant ci-dessous, il est important de manger trois yaourts chaque jour et de prendre des compléments de vitamines B.

Huiles essentielles

Cèdre, lavande et tea-tree.

Traitements

Dans un bol, verser 1 goutte d'huile essentielle de cèdre, de lavande ou de tea-tree et 1 cuiller à soupe de yaourt. Diluer avec 1 cuiller à café d'eau et appliquer sur la région infectée.

Dans une bassine ou un bidet, dissoudre 4 comprimés de bicarbonate de soude dans 4 litres d'eau chaude. Prendre un bain de siège pendant 10 minutes en veillant à ce que le liquide pénètre le plus profondément possible dans la muqueuse vaginale.

CATARRHE voir Voies respiratoires.

CAUCHEMAR voir Enfant et bébé.

CELLULITE

Elle peut avoir toutes sortes d'origines : une mauvaise circulation lymphatique, une allergie, une alimentation inadaptée et déséquilibrée, un dérèglement hormonal, un problème de rétention d'eau, etc. L'aromathérapie est très efficace contre la cellulite. Elle constituera un complément extrêmement précieux dans le cadre de n'importe quel traitement.

Huiles essentielles

Fenouil, genièvre, géranium, pamplemousse et romarin.

HUILE DE LUTTE CONTRE LA CELLULITE

3 cuillers à soupe d'huile de pépins de raisin • 2 cuillers à soupe d'huile d'amande douce • 5 gouttes d'huile essentielle de germe de blé • 20 gouttes d'huile essentielle de romarin • 20 gouttes d'huile essentielle de fenouil • 15 gouttes d'huile essentielle de genièvre • 15 gouttes d'huile essentielle de pamplemousse • 5 gouttes d'huile essentielle de géranium

Verser tous les ingrédients dans un petit flacon et mélanger vigoureusement. Laisser reposer quatre jours avant utilisation, afin que les différentes substances amplifient leurs effets par synergie.

Traitements

Achetez une brosse en poils naturels pour frotter votre peau à sec, avant votre douche ou votre bain. Allez toujours dans le sens du cœur, en faisant de petits mouvements circulaires.

Verser 2 cuillers à café de produit dans l'eau du bain. S'agenouiller et masser le corps avec les gouttelettes d'huile en suspension.

Pour un massage corporel après une douche, mettre un peu de produit dans le creux des mains et masser la peau encore humide.

Le produit pourra également être utilisé pour réaliser des massages en profondeur, en pétrissant bien les chairs.

> **Avertissement**
>
> Si vous soupçonnez que l'apparition de cellulite est liée à un affaiblissement de votre système lymphatique, consultez un médecin sans tarder.

CHOC ÉMOTIONNEL

Pour remettre d'aplomb une personne qui a été choquée, faites-lui respirer le délicat parfum des huiles essentielles. Un bain lui apportera également un délicieux sentiment d'apaisement et de réconfort.

Voir aussi Évanouissement et syncope, p. 217.

Huiles essentielles

Camomille, menthe poivrée et lavande.

Traitement

Verser quelques gouttes d'huile essentielle de menthe poivrée sur un mouchoir, puis mettre le linge sous le nez de la personne en état de choc. Dans un bol, verser 1 cuiller à café d'huile de pépins de raisin, 5 gouttes d'huile essentielle de camomille et 5 gouttes d'huile essentielle de lavande. Verser le mélange dans un grand bain chaud, puis agiter l'eau pour disperser le produit. La personne en état de choc devra rester au moins 30 minutes dans la baignoire.

CHEVEU voir Alopécie, Chute de cheveux, L'aromathérapie au quotidien, Soins capillaires (p. 382) et Pellicules.

Chute de cheveux

Mille et une choses peuvent expliquer une chute de cheveux plus rapide et plus importante que la normale. À moins qu'elle ne soit d'origine génétique, certains traitements peuvent être en cause, notamment si vous prenez plus de deux comprimés d'aspirine par jour, une pilule contraceptive inadaptée, de la cortisone, des anticoagulants, ou si vous êtes en chimiothérapie. Elle peut également provenir de traumatismes majeurs : accident, perte soudaine d'un proche, divorce, longue maladie, grave dysfonctionnement du foie lié à un alcoolisme de longue date, etc. Si vous parvenez à trouver la cause de la chute de vos cheveux et à contrôler votre stress, alors vous pourrez enrayer un processus qui est loin d'être inéluctable. En effet, les follicules se remettront à fonctionner normalement. Ils recommenceront à produire des cheveux au bout de quelques semaines.

Traitement

Voir Alopécie, p. 154.

Les femmes aussi…

Si vous êtes enceinte ou tout juste maman, les besoins nutritionnels de votre organisme sont plus importants qu'à l'accoutumée. Une éventuelle carence en fer, en se combinant au stress lié à la nouveauté de votre situation, peut déboucher sur une chute de cheveux. Des règles très abondantes risquent elles aussi d'occasionner une carence en fer, et d'avoir le même effet sur la chevelure. Une analyse de sang est vivement conseillée dans tous ces cas. L'hypothyroïdie et l'hyperthyroïdie, enfin, engendrent une très importante perte de cheveux. Là encore, une analyse de sang est indispensable.

CICATRICE

Vous avez une vilaine cicatrice que même les années n'ont pas effacée ? Rien n'est perdu, il vous reste à essayer les huiles essentielles !

Huiles essentielles

Encens, lavande, myrrhe et santal.

HUILE « GOMMANTE » POUR CICATRICE

1 cuiller à soupe d'huile de gerbe de blé • 2 gélules de vitamine E (1 000 unités en tout) • 3 gouttes d'huile essentielle d'encens • 3 gouttes d'huile essentielle de lavande • 3 gouttes d'huile essentielle de myrrhe • 3 gouttes d'huile essentielle de santal

Ouvrir les gélules et verser leur contenu dans un petit flacon. Ajouter l'huile de germe de blé, puis les huiles essentielles, et agiter vigoureusement. Laisser reposer quatre jours avant utilisation afin que les différentes substances amplifient leurs effets par synergie.

Traitement

Prendre un peu de produit et masser la cicatrice deux fois par jour aussi longtemps que nécessaire. Il faudra être patient avant d'observer une amélioration, mais elle viendra un jour !

CIRCULATION SANGUINE

Si vous souffrez de problèmes liés à une mauvaise circulation sanguine, je ne saurais trop vous conseiller de faire de la marche, de la natation, ou toute autre forme d'exercice physique. Les remèdes suivants devraient également stimuler votre flux sanguin.

Huiles essentielles

Eucalyptus, genièvre, gingembre, marjolaine, muscade, poivre et romarin.

HUILE DE MASSAGE « CIRCULATION AMÉLIORÉE »
1 cuiller à soupe d'huile de pépins de raisin • 8 gouttes d'huile essentielle de marjolaine • 4 gouttes d'huile essentielle de romarin • 4 gouttes d'huile essentielle de poivre

Verser tous les ingrédients dans un petit flacon et mélanger vigoureusement. Laisser reposer quatre jours avant utilisation, afin que les différentes substances amplifient leurs effets par synergie.

Traitements

Masser énergiquement les mains et les pieds, en pressant sur les doigts et sur les orteils pour stimuler la circulation sanguine. Avec l'huile de massage, pétrir les paumes des mains et les plantes des pieds.

En cas d'engelures, utiliser d'abord de l'huile essentielle de lavande pure avant d'appliquer quotidiennement l'huile de massage.

POUDRE DE BAIN « CIRCULATION AMÉLIORÉE »
2 cuillers à café de bicarbonate de soude • 4 cuillers à soupe de sel de magnésium • 4 cuillers à soupe de sel de mer • 3 gouttes d'huile essentielle de gingembre • 3 gouttes d'huile essentielle de pamplemousse • 2 gouttes d'huile essentielle d'eucalyptus • 2 gouttes d'huile essentielle de muscade

Dans un bol, verser le sel de magnésium et le bicarbonate de soude. Mélanger, ajouter progressivement les huiles essentielles pour éviter la formation de grumeaux.

Traitements

Faire couler un bain un peu plus chaud que d'habitude. Saupoudrer le produit à la surface de l'eau et agiter pour favoriser sa dissolution.

Rester 30 minutes dans la baignoire, en massant énergiquement les membres. Se sécher ensuite avec une serviette qui gratte un peu pour « fouetter » le sang. On pourra aussi verser cette poudre de bain dans une bassine et se masser seulement les mains ou les pieds.

CŒUR

La crise cardiaque est l'une des principales causes de décès dans les pays industrialisés. Les huiles essentielles peuvent agir comme autant de tonifiants qui réduiront le stress et l'hypertension, tout en améliorant la circulation sanguine. Si vous avez déjà eu des problèmes cardiaques, votre médecin vous a probablement déjà prescrit un traitement. Consultez-le une nouvelle fois pour obtenir son accord sur l'éventualité des soins complémentaires d'aromathérapie.

Voir aussi Pression sanguine, p. 297.

Les bonnes questions

Avez-vous des antécédents familiaux de crise cardiaque ?
Souffrez-vous d'hypertension ?
Êtes-vous stressé au travail et à la maison ?
Êtes-vous un grand fumeur ?
Buvez-vous trop d'alcool ?
Êtes-vous en bonne forme physique ?
Manquez-vous d'exercice ?
Êtes-vous trop gros ?
Mangez-vous n'importe quoi, et pas assez de poissons, de céréales, de fruits ou de légumes ?
Si votre réponse est « oui » à toutes ou à la plupart de ces questions, vous avez un comportement « à risque ». Il faut absolument changer d'hygiène de vie pour écarter le risque d'infarctus.
Consultez un médecin ou un cardiologue qui vous fera un bilan de santé. L'aromathérapie peut aussi vous aider. L'huile « soin du cœur » stimulera votre circulation sanguine. Elle réduira votre stress et fera baisser votre pression artérielle.

HUILE DE SOIN POUR LE CŒUR

2 cuillers à soupe d'huile de pépins de raisin • 20 gouttes d'huile de graine de bourrache • 12 gouttes d'huile essentielle de romarin • 10 gouttes d'huile essentielle de bergamote ou d'angélique • 8 gouttes d'huile essentielle de marjolaine • 4 gouttes d'huile essentielle de lavande

Verser tous les ingrédients dans un petit flacon et agiter vigoureusement. Laisser reposer quatre jours avant utilisation, afin que les différentes substances amplifient leurs effets par synergie.

Il est également possible d'ajouter toutes ces huiles essentielles dans de l'alcool ou dans de l'eau pour profiter de leurs bienfaits dans un désodorisant ou un brûle-parfum.

Traitements

Verser 2 cuillers à café de produit dans la baignoire ou dans une bassine pour un bain de pieds, puis agiter la surface de l'eau pour bien disperser le produit. Rester 30 minutes dans le bain. Se masser doucement avec les gouttelettes d'huile en suspension.

Mettre un peu de produit dans le creux des mains et masser l'ensemble du corps après la douche, lorsque la peau est encore humide.

Pour un massage corporel dans la journée, verser 1 cuiller à café de produit dans un bol rempli d'eau tiède.

STIMULANT DU CŒUR ET DE LA CIRCULATION SANGUINE

2 cuillers à soupe d'huile de pépins de raisin • 20 gouttes d'huile de graine de bourrache • 12 gouttes d'huile essentielle de géranium • 10 gouttes d'huile essentielle de lavande • 8 gouttes d'huile essentielle de gingembre • 4 gouttes d'huile essentielle de menthe poivrée

Verser tous les ingrédients dans un petit flacon et agiter vigoureusement. Laisser reposer quatre jours avant utilisation, afin que les différentes substances amplifient leurs effets par synergie.

Il est également possible d'ajouter toutes ces huiles essentielles dans de l'alcool ou dans de l'eau pour profiter de leurs bienfaits dans un désodorisant ou un brûle-parfum.

Traitements

Voir les traitements proposés pour l'huile de soin pour le cœur.

CRISE CARDIAQUE

Un grand nombre de maux qui frappent surtout la gent masculine sont liés à l'hygiène alimentaire, au stress, et à leurs graves conséquences sur la santé. La crise cardiaque guette certains hommes dès l'âge de la cinquantaine. Pourtant, s'ils avaient pris en compte certains signes annonciateurs, ils auraient tout à fait pu l'éviter...

Huiles essentielles

- *Pour stimuler la circulation sanguine.* Eucalyptus, géranium, gingembre, hysope, marjolaine, poivre, rose, romarin et sauge sclarée.
- *Pour réduire le stress.* Basilic, camomille, cyprès, encens, marjolaine, santal et sauge sclarée.

HUILE « SOIN DU CŒUR »

4 cuillers à soupe d'huile de pépins de raisin • 20 gouttes d'huile essentielle de géranium • 20 gouttes d'huile essentielle de sauge sclarée • 10 gouttes d'huile essentielle de bergamote • 10 gouttes d'huile essentielle de romarin • 5 gouttes d'huile essentielle de marjolaine

Mélanger l'eau de rose et les huiles essentielles dans un petit flacon et agiter vigoureusement. Laisser reposer quatre jours avant utilisation, afin que les différentes substances amplifient leurs effets par synergie.

Il est également possible d'ajouter toutes ces huiles essentielles dans de l'eau pour profiter de leurs pouvoirs apaisants dans un brûle-parfum.

Traitements

Pour un massage corporel dans la journée, verser 1 cuiller à café de produit dans un petit bol rempli d'eau chaude.

Pour un bain ou un bain de pieds, utiliser 2 cuillers à café de produit. Remuer l'eau pour bien disperser les substances actives et rester 30 minutes dans le bain, en utilisant les gouttelettes en suspension pour masser la peau.

Après la douche, mettre un peu de produit dans le creux des mains et masser l'ensemble du corps, lorsque la peau est encore humide.

PALPITATIONS

La désagréable impression de sentir son cœur s'emballer et battre plus fort qu'à l'accoutumée est généralement due au stress, mais elle peut également indiquer quelque chose de plus grave. Si vous avez souvent des palpitations ou que celles-ci s'accompagnent de douleurs à la poitrine, d'une respiration courte ou de vertiges, allez immédiatement consulter un médecin.

Voir Stress (p. 324) pour les traitements les mieux appropriés.

COLIQUE voir Système digestif ou Enfant et bébé.

CONJONCTIVITE

Cette inflammation de la conjonctive, ou membrane muqueuse transparente tapissant l'intérieur des paupières, se soigne par l'application d'un collyre que vous trouverez en pharmacie. L'aromathérapie devrait également vous apporter un rapide soulagement.

Huiles essentielles

Camomille et citron.

Traitement

Dans un bol, verser 1 goutte d'huile essentielle de camomille, 1 goutte d'huile essentielle de citron, 1 cuiller à soupe d'eau distillée d'hamamélis et 1 cuiller à soupe d'eau glacée. Tremper une compresse, l'essorer afin qu'elle ne goutte pas et appliquer sur l'œil, en veillant à garder la paupière bien fermée.

Avertissement

Attention, le liquide ne doit en aucun cas entrer en contact avec l'œil !

CONSTIPATION voir Système digestif.

CONVALESCENCE

C'est un état intermédiaire qui intervient à l'issue d'une quelconque affection, d'un accident de la route ou d'une opération chirurgicale. On peut également parler de convalescence à la fin d'une grippe ou même d'un mauvais rhume. Cette période de transition se caractérise par une faiblesse généralisée de l'organisme pouvant durer de quelques jours à plusieurs mois dans le cas d'une longue maladie. L'aromathérapie écourtera la convalescence en stimulant les défenses naturelles du corps, en redonnant un meilleur appétit et en renforçant les différents systèmes de l'organisme. Le remontant ci-dessous est un excellent tonique et un stimulant doux qui améliorera le tonus général des sujets convalescents.

Huiles essentielles

Citron, géranium, gingembre, pamplemousse, lavande, romarin et thym.

REMONTANT « SPÉCIAL CONVALESCENCE »

3 cuillers à soupe d'huile d'amande douce • 20 gouttes d'huile essentielle de pamplemousse • 10 gouttes d'huile essentielle de lavande ou de géranium • 10 gouttes d'huile essentielle de romarin • 5 gouttes d'huile essentielle de citron • 5 gouttes d'huile essentielle de thym ou de gingembre

Verser tous les ingrédients dans un petit flacon et mélanger vigoureusement. Laisser reposer quatre jours avant utilisation, afin que les différentes substances amplifient leurs effets par synergie.

Il est également possible d'ajouter toutes ces huiles essentielles dans de l'alcool ou dans de l'eau pour profiter de leurs bienfaits dans un désodorisant ou un diffuseur.

Traitements

Verser 1 cuiller à café de produit dans un bol rempli d'eau tiède. Si la personne est trop faible pour subir un massage corporel complet, masser seulement ses mains, ses pieds ou son dos.

Pour un bain ou un bain de pieds, verser 2 cuillers à soupe de produit dans l'eau chaude et agiter pour bien disperser. Le malade devra rester 30 minutes dans l'eau, en se massant avec les gouttelettes en suspension pour bien faire pénétrer les substances actives dans sa peau.

Pour un massage corporel après une douche, mettre un peu de produit dans le creux des mains et masser la peau encore humide du sujet.

COQUELUCHE voir Voies respiratoires.

COR voir Pied.

COU voir L'aromathérapie au quotidien, Soins de la peau, p. 356.

COUP DE CHALEUR voir Insolation et coup de chaleur.

COUP DE SOLEIL

Il est inutile d'insister sur les dangers des coups de soleil et des rayons ultraviolets. La peau a seulement besoin d'être exposée 10 minutes chaque jour pour fabriquer la quantité de vitamine D dont le corps humain a besoin.

Huiles essentielles
Camomille et lavande.

HUILE DE SOIN DES COUPS DE SOLEIL
1 cuiller à soupe de gel d'aloès • 1 cuiller à café d'huile de pépins de raisin • 20 gouttes d'huile essentielle de lavande

Mélanger les ingrédients dans un petit flacon. Agiter avant l'emploi.

Traitements
En cas de coup de soleil sur le crâne ou sur le visage, appliquer des compresses fraîches (voir L'aromathérapie pratique, Les méthodes de A à Z, p. 468) imbibées d'huile essentielle de lavande ou de camomille.

Dans un bol, verser 1 cuiller à soupe d'huile végétale et 10 gouttes d'huile essentielle de camomille ou de lavande, puis jeter le mélange dans un bain froid. Agiter l'eau pour bien disperser le produit et rester 15 à 30 minutes dans la baignoire. Tamponner à l'aide d'une serviette pour sécher la peau, puis appliquer très doucement l'huile de soin sur les coups de soleil.

Utiliser de l'huile essentielle de lavande sur les éventuels boutons de soleil.

COUPURE ET BLESSURE

Le remède suivant concerne seulement les coupures et les blessures superficielles. En cas de plaie profonde nécessitant des points de suture, allez sans tarder aux urgences de l'hôpital le plus proche. Au préalable, appliquez un bandage serré humecté avec un peu d'eau distillée d'hamamélis dans laquelle vous aurez ajouté 2 gouttes d'huile essentielle de tea-tree ou de lavande.

Huiles essentielles

Citron, géranium, lavande et tea-tree.

Traitement

Dans ½ verre d'eau bouillie, ajouter 1 goutte d'huile essentielle de géranium, 1 goutte d'huile essentielle de lavande, 1 goutte d'huile essentielle de citron et 1 goutte d'huile essentielle de tea-tree. Tremper la région blessée ou coupée dans le produit. Sur un peu de gaze stérile, verser 2 gouttes d'huile essentielle de tea-tree et appliquer en compresse si l'hémorragie persiste. Mettre un bandage pour éviter que la plaie ne s'infecte.

Pour le traitement du sujet jeune, voir Enfant et bébé, p. 203.

CRAMPE

Comme chacun sait, une crampe est une contraction douloureuse des muscles. Elle intervient dans les pieds, les mollets ou la cuisse, et prend souvent un malin plaisir à frapper la nuit. Pour éviter d'être terrassé par une crampe sans pouvoir aller chercher le remède qui soulagerait votre souffrance, mettez dans votre table nuit un petit flacon d'« huile d'urgence soulagement des crampes » ! Si vous êtes familier de ce genre de désagrément, il serait bon de consulter un médecin, qui vous auscultera et déterminera l'origine du problème.

Huiles essentielles

Lavande, marjolaine, poivre et romarin.

Huile infusée

Millepertuis.

« HUILE D'URGENCE SOULAGEMENT DES CRAMPES »

1 cuiller à soupe d'huile infusée de millepertuis • 2 cuillers à soupe d'huile de pépins de raisin • 15 gouttes d'huile essentielle de lavande • 15 gouttes d'huile essentielle de romarin • 15 gouttes d'huile essentielle de marjolaine • 5 gouttes d'huile essentielle de poivre

Verser tous les ingrédients dans un petit flacon et agiter vigoureusement. Laisser reposer quatre jours avant utilisation, afin que les différentes substances amplifient leurs effets par synergie.

Traitement
À l'aide d'un peu de produit, masser doucement le muscle touché. Essayer de marcher et de faire quelques étirements pour atténuer la douleur.

À noter

Les crampes surviennent souvent la nuit parce que les muscles des jambes ou des pieds sont froids. Même si cela n'est pas franchement élégant, portez des chaussettes en laine ou dormez avec les membres inférieurs emmaillotés dans un duvet ou une couverture en laine.

CRISE CARDIAQUE voir Cœur.

CROÛTE DE LAIT voir Enfant et bébé p. 203.

CYSTITE
Cette inflammation aiguë ou chronique de la vessie est causée par une infection d'origine bactérienne. Ses symptômes sont connus de la plupart des femmes : impression de picotement et de brûlure pendant la miction, envie fréquente d'uriner, douleur persistante au niveau de l'os pubien, urine très odorante, sanglante ou contenant du pus. Une cystite qui s'accompagne d'une poussée de fièvre ou d'un mal de dos peut indiquer une infection plus grave localisée au niveau des reins, de la vessie ou de l'urètre. Dans ce cas, il est nécessaire de consulter un médecin sans attendre.

Huiles essentielles
Bergamote, camomille, eucalyptus et santal.

HUILE DE SOIN DE LA CYSTITE

1 cuiller à soupe d'huile de pépins de raisin • 6 gouttes d'huile essentielle de bergamote • 3 gouttes d'huile essentielle de camomille • 3 gouttes d'huile essentielle d'eucalyptus • 4 gouttes d'huile essentielle de santal ou de persil

Mélanger les ingrédients dans un petit flacon et agiter vigoureusement.

Traitements

Pour un massage, faire chauffer ½ cuiller à café de produit. Masser la région sensible, autour de la vessie.

Pour une fomentation (voir L'aromathérapie pratique, Les méthodes de A à Z, p. 468), utiliser 10 gouttes de produit et appliquer sur la région de la vessie.

Pour un bain, verser 2 cuillers à soupe de produit dans l'eau chaude. Rester 10 minutes dans la baignoire.

DENT ET GENCIVE

Pour avoir les dents et les gencives en bon état, il n'y a pas de secret : rien ne remplacera jamais une visite régulière chez le dentiste ! Une bonne hygiène bucco-dentaire s'impose également : brossez-vous les dents avec une brosse à poils souples après chaque repas, utilisez régulièrement du fil dentaire et mangez beaucoup de fruits et de légumes crus. Les traitements suivants préviendront les infections de bouche et aideront vos gencives à tenir bon.

À noter

Pour prévenir la croissance des bactéries sur votre brosse à dents, plongez-la dans un verre d'eau dans lequel vous aurez ajouté 2 gouttes d'huile essentielle de tea-tree. Rincez soigneusement et gardez votre brosse dans un endroit sec et bien aéré.

DÉSINFECTANT AU CITRON ET À LA MENTHE

½ verre de bicarbonate de soude • ¼ verre de sel de mer fin • 1 cuiller à soupe de poudre de zeste de citron déshydraté • 1 cuiller à soupe de poudre de feuilles de sauge déshydratées • 3 gouttes d'huile essentielle de citron • 2 gouttes d'huile essentielle de menthe poivrée

Mélanger les ingrédients en poudre dans un bol, puis passer au tamis fin. Ajouter les huiles essentielles goutte à goutte, en remuant constamment pour éviter la formation de grumeaux. Conserver dans de petits flacons bien hermétiques ou des sachets sous vide destinés à chacun des membres de la famille.

Traitement

Utiliser en bain de bouche pour prévenir l'infection bucco-dentaire.

ABCÈS DENTAIRE

Très douloureuse, la nécrose du nerf occasionne une formation de pus dans la dent qui se collecte dans la gencive. Si vous soupçonnez un abcès, consultez d'urgence un dentiste avant que le problème ne s'aggrave.

Huiles essentielles

Camomille, girofle et tea-tree.

Traitement

Humecter un bout de coton à l'aide d'1 goutte de chacune des huiles essentielles ci-dessus et appliquer directement sur l'abcès. Cela va piquer un peu au début, mais le nerf sera bientôt engourdi et la douleur s'évanouira.

GINGIVITE

Elle se manifeste par une inflammation et par des saignements de la gencive. Ces symptômes sont liés à la poussée de la plaque dentaire, suite à un manque d'hygiène ou à un mauvais brossage des dents. Allez chez votre dentiste si vous souffrez de ce problème. En attendant, brossez-vous les dents après chaque repas et prenez des bains de bouche plusieurs fois par jour avec le remède suivant.

Huiles essentielles
Menthe poivrée, myrrhe et thym.

BAIN DE BOUCHE ANTI-PLAQUE DENTAIRE
½ verre de xérès ou de vin blanc • 2 cuillers à soupe d'eau-de-vie • 1 cuiller à café de glycérine • 8 gouttes d'huile essentielle de menthe poivrée • 6 gouttes d'huile essentielle de thym • 4 gouttes d'huile essentielle de myrrhe ou 1 cuiller à café de teinture de myrrhe

Mélanger les huiles essentielles dans un pot. Laisser reposer quatre jours avant utilisation, afin que les différentes substances amplifient leurs effets par synergie.

Traitement
Verser 1 cuiller à café de produit dans un verre rempli d'eau tiède. Utiliser comme un bain de bouche, en veillant bien sûr à ne pas avaler de produit ! Renouveler l'opération plusieurs fois par jour.

POUSSÉE DE DENTS voir Enfant et bébé, p. 203.

RAGE DE DENTS
Les vertus de l'huile essentielle de girofle sont stupéfiantes. Moins connue pour soulager une rage de dent, l'essence de camomille n'est pas moins efficace. Essayez, vous verrez !

Huiles essentielles
Camomille et girofle.

Traitement

Verser 1 goutte d'huile essentielle de girofle sur un morceau de coton et appliquer sur la dent douloureuse en massant doucement la gencive.

Dans 1 cuiller à café d'huile végétale légèrement réchauffée, ajouter 5 gouttes d'huile essentielle de camomille. Masser doucement la joue à l'aide de ce produit, en insistant sur la mâchoire autour de la dent douloureuse.

DÉPRESSION voir Stress.

DÉPRESSION POST-NATALE voir Grossesse et accouchement.

DERMATITE

C'est une inflammation de la peau suite au contact d'une substance particulière. Les serveuses et les garçons de café, tout comme les coiffeurs et les coiffeuses, font parfois des dermatites parce qu'ils sont quotidiennement amenés à toucher des produits irritants : bière, détergents ou autres lotions capillaires. Évidemment, vous ne viendrez jamais à bout du problème en restant régulièrement au contact avec la source de vos maux... Cela peut vous conduire, à l'extrême limite, à devoir changer de travail... Le stress peut être un facteur aggravant.

Traitement

Voir Eczéma, p. 199.

DIARRHÉE voir Système digestif.

DIVERTICULITE

Les symptômes de cette maladie du côlon sont des douleurs localisées dans le bas-ventre, des crampes, des flatulences, des problèmes de constipation ou, inversement, des diarrhées. La diverticulite semble liée à un régime alimentaire trop pauvre en fibres, à un manque d'exercice et au stress. Le massage à l'aide d'huiles essentielles permettra de la soulager.

Huiles essentielles
Camomille, marjolaine, menthe poivrée et romarin.

HUILE DE SOIN DE LA DIVERTICULITE
3 cuillers à soupe d'huile de pépins de raisin • 18 gouttes d'huile essentielle de camomille • 12 gouttes d'huile essentielle de menthe poivrée • 12 gouttes d'huile essentielle de romarin • 6 gouttes d'huile essentielle de marjolaine

Verser tous les ingrédients dans un petit flacon et mélanger vigoureusement. Laisser reposer quatre jours avant utilisation, afin que les différentes substances amplifient leurs effets par synergie.

Traitements
Pour un massage, verser 1 cuiller de produit dans un bol rempli d'eau tiède. Masser l'abdomen dans le sens des aiguilles d'une montre. Répéter le traitement deux fois par jour.

Pour une fomentation (voir L'aromathérapie pratique, Les méthodes de A à Z, p. 468), utiliser 10 gouttes de produit sans ajouter d'huile de pépins de raisin.

Pour un bain ou un bain de pieds, verser 2 cuillers à café de produit dans l'eau chaude, puis agiter pour bien disperser. Rester 30 minutes dans la baignoire. Faire pénétrer le produit dans la peau en se massant doucement avec les gouttelettes d'huile en suspension.

Mettre un peu de produit dans le creux des mains et masser l'ensemble du corps après la douche, lorsque la peau est encore humide. Insister particulièrement sur l'abdomen.

DOS

Je veux parler ici du bon vieux mal de dos que vous avez attrapé après une journée de jardinage ou de bricolage dans des positions qui ont mis votre colonne vertébrale à rude épreuve. Soyez zen, et prenez les choses du bon côté ! Dites-vous que, dans tous les sens du terme, vous sentez que vous n'avez pas perdu votre temps… Pensez-y quand vous entrerez dans votre bain. Très vite, vous soupirerez d'aise en sentant les rapides effets de l'aromathérapie !

Huiles essentielles

Cyprès, eucalyptus, géranium, gingembre, lavande, muscade, menthe poivrée, poivre et romarin.

HUILE DE BAIN « SOULAGEMENT DU DOS »

1 cuiller à café d'huile d'amande douce • 4 gouttes d'huile essentielle de lavande • 2 gouttes d'huile essentielle d'eucalyptus ou de cyprès • 2 gouttes d'huile essentielle de menthe poivrée • 4 gouttes d'huile essentielle de muscade ou de gingembre

Verser tous les ingrédients dans un petit flacon et agiter vigoureusement.

Traitement

Verser le mélange dans un bain tiède ou chaud, puis entrer dans l'eau en poussant un grand soupir de soulagement. Masser les muscles et le dos endolori avec les gouttelettes en suspension pour bien faire pénétrer les substances actives dans la peau.

HUILE DE MASSAGE « DOS ENDOLORI »

1 cuiller à café d'huile d'amande douce • 2 gouttes d'huile essentielle de romarin • 1 goutte d'huile essentielle de poivre • 1 goutte d'huile essentielle d'eucalyptus

Verser tous les ingrédients dans un petit flacon et agiter vigoureusement.

Traitement

Utiliser le produit pour masser l'ensemble du corps en s'attardant plus particulièrement sur le haut et le bas du dos.

LUMBAGO

C'est le fameux tour de reins, qui soulève souvent une franche rigolade... Il apparaît sans crier gare, à la suite d'un effort ayant mis à mal un disque intervertébral.

Huiles essentielles

Camomille, eucalyptus, gingembre, lavande, marjolaine et romarin.

HUILE DE BAIN ET DE MASSAGE « SOIN DU LUMBAGO »
2 cuillers à soupe d'huile de pépins de raisin • 10 gouttes d'huile essentielle de lavande • 10 gouttes d'huile essentielle de gingembre • 5 gouttes d'huile essentielle de marjolaine • 5 gouttes d'huile essentielle de romarin

Verser tous les ingrédients dans un petit flacon et mélanger vigoureusement. Laisser reposer quatre jours avant utilisation, afin que les différentes substances amplifient leurs effets par synergie.

Traitements

Imbiber des compresses froides (voir L'aromathérapie pratique, Les méthodes de A à Z, p. 468) à l'aide d'huiles essentielles de lavande et d'huile essentielle de camomille. Appliquer sur la région douloureuse en rafraîchissant avec un sac à glace. Quand l'inflammation s'est résorbée, verser 1 cuiller de produit à la surface d'un bol rempli d'eau tiède et masser doucement le dos endolori.

Pour un bain, verser 2 cuillers à café de produit, puis rester dans l'eau pendant 10 à 15 minutes. Se masser avec les gouttelettes en suspension pour bien faire pénétrer les substances actives dans la peau.

SCIATIQUE

Cette douleur aiguë frappe à n'importe quel endroit du trajet du nerf sciatique. Elle peut toucher les fesses, derrière l'articulation de la hanche, le bas ou le haut du dos, mais aussi la cuisse, la face postérieure du mollet ou l'intérieur du pied. La cause d'une sciatique (mauvaise station assise ou pression sur un disque intervertébral) devra être détectée avant de déterminer un traitement approprié. En ce sens, je vous recommande d'aller consulter un médecin, ou éventuellement un chiropracteur.

Huiles essentielles
Camomille, lavande, marjolaine et romarin.
Huile infusée
Calendula.

HUILE DE MASSAGE « SOIN DE LA SCIATIQUE »
2 cuillers à soupe d'huile de pépins de raisin ou d'huile infusée de calendula • 10 gouttes d'huile essentielle de lavande • 10 gouttes d'huile essentielle de romarin • 10 gouttes d'huile essentielle de marjolaine

Verser tous les ingrédients dans un petit flacon et mélanger vigoureusement. Laisser reposer quatre jours avant utilisation, afin que les différentes substances amplifient leurs effets par synergie.

Traitements
Si la douleur est intense, il peut y avoir inflammation. Dans ce cas, un massage est contre-indiqué. Appliquer plutôt des compresses froides (voir L'aromathérapie pratique, Les méthodes de A à Z, p. 468) humectées d'huile essentielle de camomille et d'essence de lavande. Ce traitement devrait à la fois soulager les douleurs et réduire l'inflammation. Quand celle-ci a disparu, verser 1 cuiller à café de produit à la surface d'un bol rempli d'eau tiède et masser la région sensible.

Dans un bain tiède, verser 2 cuillers à café de produit, puis rester dans l'eau pendant 10 à 15 minutes. Se masser avec les gouttelettes en suspension pour bien faire pénétrer les substances actives dans la peau.

Après la douche, mettre un peu de produit dans le creux des mains et masser la partie sensible du nerf sciatique.

DOULEUR ARTICULAIRE voir Sport.

DOULEUR MUSCULAIRE

Des muscles manquant d'exercice ou irrégulièrement sollicités tirent facilement la sonnette d'alarme… Pensez aux douloureux lendemains de journées de jardinage, de matchs de tennis en 5 sets, de randonnées pédestres ou cyclistes en montagne… Bref, quand on s'amuse à faire des efforts exténuants sans avoir le moindre entraînement, les muscles nous rappellent toujours à l'ordre ! Écoutez votre corps et ne forcez jamais ! Au premier signe de douleur musculaire, cessez l'activité en cours.

Voir aussi Sport, p. 320.

Huiles essentielles

Genièvre, lavande, marjolaine, menthe poivrée, poivre et romarin.

Huile infusée

Arnica.

SELS « RÉCONFORT DES MUSCLES »

1 verre de sels de magnésium • 3 gouttes d'huile essentielle de lavande • 3 gouttes d'huile essentielle de genièvre • 2 gouttes d'huile essentielle de menthe poivrée • 2 gouttes d'huile essentielle de poivre

Goutte à goutte, verser les huiles essentielles dans le verre rempli de sels de magnésium. Remuer constamment pour éviter la formation de grumeaux.

Traitement

Dans un bain tiède, saupoudrer les sels et remuer l'eau pour bien dissoudre le produit. Rester au moins 30 minutes dans la baignoire en massant doucement les muscles endoloris.

HUILE DE SOIN POUR MUSCLES ENDOLORIS

3 cuillers à soupe d'huile de pépins de raisin • 15 gouttes d'huile essentielle de genièvre • 15 gouttes d'huile essentielle de marjolaine • 10 gouttes d'huile essentielle de romarin • 5 gouttes d'huile essentielle de poivre

Verser tous les ingrédients dans un petit flacon et agiter vigoureusement.

Traitement

Si vos muscles vous tirent horriblement, inutile de vous bercer d'espoirs et d'imaginer pouvoir soulager la douleur en un seul traitement. Pendant deux ou trois jours, vous devrez prendre un bain comme indiqué ci-dessus et faire le traitement de massage qui suit, soit tout de suite après, soit quand vos muscles recommencent à vous faire souffrir. Voilà comment vous y prendre :

Ajouter 1 cuiller à café de produit dans un bol rempli d'eau chaude, puis frictionner doucement les endroits douloureux. Utiliser l'huile infusée d'arnica sur des régions limitées où vous avez particulièrement mal (sauf bien sûr si vous avez une blessure ou une quelconque plaie !).

DURILLON voir Pied.

DYSENTERIE

Cette maladie hautement infectieuse est causée par un bacille présent dans de la nourriture ou de l'eau contaminée. Elle se répand par contact avec une personne atteinte et par les insectes. Consultez immédiatement un médecin si vous avez des diarrhées sérieuses accompagnées de douleurs abdominales et de selles sanguinolentes. Les huiles essentielles sont seulement capables de soulager une dysenterie. Elles jouent surtout un rôle préventif et peuvent enrayer la propagation de l'infection.

Huiles essentielles

Bergamote, gingembre, lavande et thym.

Traitements

Pour soigner une personne atteinte de dysenterie, verser dans un bol 1 cuiller à soupe d'huile végétale et un total de 10 gouttes d'huile essentielle de lavande et de thym. Jeter le tout dans un bain tiède, agiter l'eau pour disperser le produit, et demander au malade de rester environ 15 minutes dans la baignoire.

Si le patient ressent des douleurs musculaires et s'il souhaite qu'on lui masse le dos, les mains, les pieds ou l'ensemble du corps, mélanger dans un bol 1 cuiller à soupe d'huile de pépins de raisin et 16 gouttes au total d'huiles essentielles de lavande et de thym.

Pour assainir et désinfecter l'air de la pièce et de la maison, vaporiser un produit contenant des huiles essentielles de lavande et de thym.

Après avoir été en contact avec un malade atteint de dysenterie, se nettoyer soigneusement les mains avec du savon et une brosse pendant au moins 30 secondes, en insistant sur les ongles et les poignets. Appliquer ensuite sur les mains et les avant-bras une lotion d'eau tiède dans laquelle auront été ajoutées 6 gouttes d'huile essentielle de thym et 4 gouttes d'huile essentielle de lavande. Sécher avec une serviette en papier.

DYSMÉNORRHÉE voir Règles.

DYSPLASIE CERVICALE

Cette affection précancéreuse du col de l'utérus est curable quand elle est diagnostiquée à un stade précoce. Le traitement d'aromathérapie suivant convient aux patientes des stades 1 et 2, selon les termes consacrés. À une phase plus avancée de la maladie (stades 3 et 4), il pourra également être effectué avec l'accord du médecin traitant.

Huiles essentielles
Lavande et tea-tree.

Traitement
Dans une poire vaginale, verser 2 verres d'eau tiède et 2 gouttes d'huile essentielle de tea-tree. Bien agiter le mélange avant d'effectuer la toilette intime.

ECCHYMOSE
C'est le trop célèbre « bleu » qui passe par toutes les couleurs de l'arc-en-ciel, virant du noir au brun ou au jaunâtre… Il résulte de l'infiltration du sang des capillaires qui se diffusent dans les tissus sous-cutanés.

Huiles essentielles
Géranium et lavande.

Traitement
Poser une poche à glace sur l'ecchymose pendant quelques minutes. Dans un bol, verser 1 cuiller à café d'huile de pépins de raisin, 4 gouttes d'huile essentielle de géranium et 4 gouttes d'huile essentielle de lavande. Masser doucement le bleu à l'aide de ce produit.

ÉCORCHURE ET ÉGRATIGNURE
S'écorcher n'est pas bien grave, mais ces petites plaies liées à une éraflure ou un frottement peuvent devenir douloureuses si les terminaisons nerveuses sont touchées. En général, la cicatrisation est rapide puisque la plaie est superficielle. Il faut cependant toujours veiller à ce que l'écorchure ne s'infecte pas.

Huiles essentielles
Lavande, manuka et tea-tree.

Traitement

Nettoyer soigneusement la zone écorchée avec un vinaigre ou un désinfectant antiseptique (voir L'aromathérapie au quotidien, Les méthodes de A à Z, p. 468), en lui ajoutant une ou plusieurs huiles essentielles recommandées. Répétez l'opération toutes les 2 heures. Laissez respirer la plaie, en évitant, dans la mesure du possible, de la recouvrir d'un pansement. Si ce dernier est indispensable, imbibez-le d'une goutte d'huile essentielle de lavande, de tea-tree ou de manuka.

Pour le traitement chez le sujet jeune, voir Enfant et bébé, p. 203.

ECZÉMA

Cette maladie inflammatoire de la peau se manifeste de façon variée : démangeaisons, inflammations cutanées, dessèchement, épaississement de la peau, petits boutons qui brûlent, s'infectent et suintent. Le traitement de l'eczéma est très délicat, surtout quand on n'en connaît pas la cause. Il faut tenter d'abord d'en déterminer l'origine, qui peut être due à une allergie, à un manque d'acide gastrique, au stress, à une alimentation insuffisante ou déséquilibrée, à un affaiblissement du système immunitaire ou à l'accumulation des toxines dans le corps.

Le but de l'aromathérapie visera avant tout à abaisser le stress, à soulager les démangeaisons, enfin à favoriser le renouvellement cellulaire de la peau. Vous pourrez essayer plusieurs huiles essentielles avant de trouver celle qui vous convient le mieux. La liste suivante indique celle que vous pourrez adopter, selon l'origine de votre eczéma, pour préparer vos remèdes.

Voir aussi Acné, p. 149.

Huiles essentielles

– *Eczéma lié au stress.* Cèdre, camomille, cyprès, genièvre, géranium et lavande.

– *Eczéma lié aux toxines.* Genièvre.

– *Soins anti-inflammatoires.* Camomille, citron, lavande et myrrhe.

– *Soins curatifs de l'eczéma.* Carotte, églantine et patchouli.

Huile infusée

Calendula.

LOTION DE SOIN DE L'ECZÉMA

1 verre d'eau froide • 2 gouttes d'huile essentielle de géranium ou de lavande • 2 gouttes d'huile essentielle de citron ou de myrrhe • 1 goutte d'huile essentielle de camomille ou de cyprès

Verser tous les ingrédients dans un flacon et agiter vigoureusement.

Traitement

Deux fois par jour, appliquer des compresses (voir L'aromathérapie pratique, Les méthodes de A à Z, p. 468) humectées de produit sur les plaques d'eczéma.

HUILE DE SOIN DE L'ECZÉMA SEC

2 cuillers à soupe d'huile d'amande douce • 10 gouttes d'huile d'onagre • 10 gouttes d'huile essentielle de camomille • 5 gouttes d'huile essentielle de myrrhe • 5 gouttes d'huile essentielle de lavande

Verser tous les ingrédients dans un petit flacon et agiter vigoureusement. Si possible, laisser reposer quatre jours avant utilisation, afin que les différentes substances amplifient leurs effets par synergie.

Traitement

À l'aide d'un coton, appliquer doucement sur les plaques d'eczéma.

CRÈME DE SOIN DE L'ECZÉMA PURULENT

50 g de gel d'aloès • 10 gouttes d'huile essentielle de camomille • 5 gouttes d'huile essentielle de patchouli • 5 gouttes d'huile essentielle de myrrhe

Verser le gel dans un bol et ajouter les huiles essentielles en les mélangeant très soigneusement.

Traitement

À l'aide d'un coton, appliquer le produit doucement sur les régions atteintes d'eczéma. Renouveler l'opération aussi souvent que nécessaire.

EMPHYSÈME PULMONAIRE

Un emphysème chronique, c'est-à-dire une dilatation avancée et permanente des alvéoles pulmonaires, déclenche une insuffisance respiratoire grave. En cas d'infection, les sujets sont rapidement placés sous assistance respiratoire. Le traitement médical de la maladie vise à diminuer les troubles ventilatoires des malades atteints d'emphysème. Pour cela, ils doivent impérativement arrêter de fumer, faire des exercices de respiration et un peu de sport (marche, natation, vélo, etc.). En cas de bleuissement des lèvres ou de respiration très courte, appelez immédiatement les urgences.

Huiles essentielles

Basilic, cèdre, eucalyptus, menthe poivrée et thym.

HUILE DE SOIN DE L'EMPHYSÈME

2 cuillers à soupe d'huile de pépins de raisin • 15 gouttes d'huile essentielle de cèdre • 10 gouttes d'huile essentielle d'eucalyptus • 5 gouttes d'huile essentielle de menthe poivrée

Verser tous les ingrédients dans un petit flacon et agiter vigoureusement. Laisser reposer quatre jours avant utilisation, afin que les différentes substances amplifient leurs effets par synergie.

Il est également possible d'ajouter toutes ces huiles essentielles dans de l'alcool ou dans de l'eau pour profiter de leurs bienfaits dans un désodorisant ou un brûle-parfum.

Traitement

Verser 1 cuiller à café de produit dans un bol rempli d'eau tiède. Masser la poitrine et le dos du malade deux fois par jour.

Pour un bain ou un bain de pieds, verser 2 cuillers à café de produit. Remuer l'eau pour bien mélanger et laisser le malade baigner pendant 10 à 15 minutes. Masser doucement sa peau pour faire pénétrer les substances actives présentes dans les gouttelettes en suspension.

Mettre un peu de produit dans le creux des mains et masser l'ensemble du corps du malade après la douche, lorsque sa peau est encore humide.

ENCÉPHALOMYÉLITE MYALGIQUE voir Myasthénie.

ENDOMÉTRIOSE

Près de 10 % des femmes sont concernées par cette maladie de l'utérus dont les nombreux symptômes sont, entre autres, des règles abondantes ou à caractère hémorragique, accompagnées de problèmes de constipation, de diarrhées et de stérilité. L'endométriose crée une douleur intense au moment de l'ovulation et des règles, lors des relations sexuelles et en allant à la selle. L'aromathérapie offre un soulagement qui mérite d'être essayé. Cependant, il conviendra avant tout de changer d'hygiène de vie : veillez à votre alimentation, faites un peu plus d'exercice physique et prenez des compléments de vitamines ou de minéraux !

Huiles essentielles

Cyprès, muscade et sauge sclarée.

HUILE DE SOIN DE L'ENDOMÉTRIOSE

2 cuillers à soupe d'huile d'amande douce • 20 gouttes d'huile essentielle de cyprès • 5 gouttes d'huile essentielle de sauge sclarée • 5 gouttes d'huile essentielle de muscade

Mélanger les huiles essentielles dans un petit flacon et agiter vigoureusement. Laisser reposer quatre jours avant utilisation, afin que les différentes substances amplifient leurs effets par synergie.

Traitement

Mettre un peu de produit dans le creux des mains et masser le ventre et le bas du dos. Renouveler le traitement deux fois par jour.

Chaud et froid

L'alternance de chaud et de froid, en stimulant la région pelvienne, peut soulager les symptômes de l'endométriose. C'est tout simple : il suffit de se procurer deux grandes bassines, suffisamment grandes pour que le ventre soit immergé, et de les placer l'une à côté de l'autre.

Huiles essentielles

Camomille, cyprès, géranium, lavande et sauge sclarée.

Traitement

Dans la bassine d'eau chaude, ajouter 2 gouttes de chacune des huiles essentielles recommandées préalablement mélangées à 1 cuiller à café d'huile végétale quelconque. Agiter l'eau pour bien disperser le produit, puis rester dans l'eau pendant 10 minutes. Utiliser les gouttelettes en suspension pour un massage de la région pelvienne. S'asseoir ensuite pendant 5 minutes dans la bassine remplie d'eau froide. Répéter l'opération plusieurs fois.

Enfant et bébé

Ne méritent-ils pas vos soins les plus attentifs ? En ajoutant de douces huiles naturelles dans leurs produits de soins corporels, vous allez leur offrir ce qu'il y a de meilleur ! Attention, la plupart des remèdes figurant dans cet ouvrage sont destinés à des personnes adultes. Si vous souhaitez les utiliser pour votre enfant, il vous faudra les adapter et revoir les concentrations largement à la baisse, *a fortiori* pour soigner bébé. Le tableau qui suit vous y aidera.

Avertissements importants

Les huiles essentielles ne doivent jamais être administrées par voie orale. Avant toute utilisation, il faut au préalable impérativement les diluer. Cet avertissement est particulièrement important en ce qui concerne les bébés et les enfants. Au contact des yeux et des muqueuses, une essence pourrait entraîner des lésions graves sinon irréversibles.
Attention, mêmes diluées, la plupart des huiles essentielles sont trop puissantes pour la peau d'un nouveau-né. Quelques-unes d'entre elles seulement ne présentent aucun danger pour les bébés de moins de 2 ou de 3 mois.

L'aromathérapie à l'âge tendre

Âge de l'enfant	Huiles essentielles et dosages
Quelles huiles essentielles puis-je utiliser quand mon enfant a :	
Moins de 2 à 3 mois	Camomille et lavande (jamais avant 2 jours).
De 3 à 12 mois	+ pamplemousse, tea-tree et huile infusée de calendula.
De 1 à 5 ans	+ citron, géranium, menthe verte, palmarosa et rose.
De 5 ans à la puberté	Toutes les huiles considérées comme sans danger pour l'adulte, mais en dosages plus faibles.

L'huile de bain de l'enfant (Huiles indiquées selon l'âge, voir ci-dessus)	Produit à disperser à la surface de l'eau du bain
Moins de 2 à 3 mois	1 goutte d'huile essentielle de camomille ou de lavande mélangée à 1 cuiller à soupe d'huile d'olive.
De 3 à 12 mois	2 gouttes d'huile essentielle mélangées à 1 cuiller à soupe d'huile d'olive.
De 1 à 5 ans	3 à 5 gouttes d'huile essentielle mélangées à 1 cuiller à soupe d'huile d'olive.
De 5 ans à la puberté	5 à 8 gouttes d'huile essentielle indiquée pour cet âge mélangées à 1 cuiller à soupe d'huile d'olive.
L'huile de massage de l'enfant (Huiles indiquées selon l'âge, voir ci-dessus)	Dosage du produit à agiter avant l'emploi
Moins de 2 à 3 mois	10 gouttes au total d'une ou de plusieurs huiles essentielles mélangées à ¼ de verre d'huile d'olive et à ¼ de verre d'huile d'amande douce.
De 3 à 12 mois	10 à 16 gouttes au total d'une ou de plusieurs huiles essentielles mélangées à ¼ de verre d'huile d'olive et à ¼ de verre d'huile d'amande douce.
De 1 à 5 ans	10 à 16 gouttes au total d'une ou de plusieurs huiles essentielles mélangées à ¼ de verre d'huile d'olive et à ¼ de verre d'huile d'amande douce.
De 5 ans à la puberté	16 à 20 gouttes au total d'une ou de plusieurs huiles essentielles mélangées à ¼ de verre d'huile d'olive et à ¼ de verre d'huile d'amande douce.

Le désodorisant pour chambre d'enfant (Huiles indiquées selon l'âge, voir ci-dessus)	
Moins de 2 à 3 mois	Non recommandé.
De 3 à 12 mois	Non recommandé.
De 1 à 5 ans	Opérer graduellement jusqu'à atteindre ¼ de la dose adulte.
De 5 ans à la puberté	Opérer graduellement jusqu'à atteindre la dose adulte.

• **Les 2 premiers jours.** Les meilleurs corps gras pour la peau d'un nouveau-né sont l'huile d'amande douce et l'huile d'olive. Au cours des deux premiers jours après la naissance, vous pouvez les mélanger ensemble ou utiliser seulement celle que vous appréciez le plus.

• **De 3 jours à 2 mois.** Au-delà de deux jours, votre bébé peut faire connaissance avec les huiles essentielles de camomille et de lavande, qui ont toutes deux le pouvoir de calmer le système nerveux et de renforcer le système immunitaire. Elles possèdent également des propriétés bactéricides et légèrement antivirales. Si votre bébé est agité ou enrhumé, vous pouvez mettre 1 goutte de chacune de ces essences dans un diffuseur ou dans un bol rempli d'eau chaude que vous placerez non loin du couffin. Leur parfum favorisera le sommeil de votre enfant.

• **De 2 à 12 mois.** Il est désormais possible d'élargir votre éventail d'huiles essentielles et d'augmenter, avec d'infinies précautions, vos dosages. Cependant, ne dépassez jamais les proportions conseillées dans les remèdes.

HUILE « DOUCEUR » POUR BÉBÉ
4 cuillers à soupe d'huile d'amande douce • 1 cuiller à soupe d'huile d'olive • 5 gouttes d'huile essentielle de camomille • 8 gouttes d'huile essentielle de lavande

Verser tous les ingrédients dans un petit flacon et mélanger vigoureusement. Laisser reposer quatre jours avant utilisation, afin que les différentes substances amplifient leurs effets par synergie.

Traitements
Tous les bébés adorent qu'on les touche… et bien sûr qu'on les masse ! Les caresses et les gestes tendres que vous donnerez à votre enfant seront très importants d'un point de vue relationnel. De plus, ils auront un effet calmant en cas de coliques, de nervosité ou simplement de gros chagrin. L'huile « douceur » pour bébé soulagera tous ces petits bobos de l'âge tendre. Elle sera idéale pour les soins de peau en général et pour assurer, après le bain, une bonne hydratation de l'épiderme de votre enfant.

Verser un peu d'huile « douceur » pour bébé sur un linge en coton très doux. Nettoyer bébé à l'aide de ce dernier après chaque change de couche.

Si l'enfant est un peu agité, un massage doux avec un peu d'huile « douceur » pour bébé est parfaitement indiqué. Éviter d'appliquer le produit sur les parties génitales et tout contact avec ses yeux. S'attarder tout particulièrement sur les pieds de l'enfant.

CAUCHEMAR

Remplir un pulvérisateur de 20 cl d'eau, ajouter 1 goutte d'huile essentielle de lavande et 1 goutte d'huile essentielle de camomille. Agiter vigoureusement et pulvériser le produit autour du lit de l'enfant, en lui racontant que le « cercle magique » ainsi dessiné éloignera les cauchemars. L'huile

« nuit paisible » (voir Insomnie, ci-dessous) soulagera ses frayeurs nocturnes et l'aidera à dormir profondément.

Colique

Masser le ventre de bébé dans le sens des aiguilles d'une montre avec l'huile « douceur » pour bébé. Éviter de toucher les parties génitales.

Croûte de lait

Masser délicatement la tête du nourrisson avec l'huile « douceur » pour bébé. Laisser agir toute la nuit, puis enlever le produit le matin. Renouveler l'opération aussi souvent que nécessaire.

Écorchure, irritation cutanée et coupure

Votre enfant marche à quatre pattes... Il est encore plus drôle et encore plus attachant, mais quel souci nouveau ! Vous avez peur qu'il se blesse à tout moment et qu'il se cogne aux meubles... Effectivement, il se couvre facilement de bleus, de rougeurs, et ses genoux sont tout écorchés !

Nettoyez la région irritée à l'aide d'un désinfectant antiseptique (voir L'aromathérapie pratique, Les méthodes de A à Z, p. 468), vous soulagerez sa douleur tout en éliminant le risque d'infection. Dans la mesure du possible, laissez sécher la plaie ou la contusion sans appliquer de pansement. Appliquez ensuite un peu de pommade de soin (voir L'aromathérapie pratique, Les méthodes de A à Z, p. 468).

Enfant renfrogné et ronchon

Ce produit concerne les enfants de plus de 5 ans qui ont été un tant soit peu éprouvés à la fois physiquement et moralement par une journée de sport, par une « guerre de bac à sable », ou par une « boom » mouvementée avec les copains et les copines.

Huiles essentielles
Géranium, lavande et menthe poivrée.

HUILE « SOURIRE »
1 cuiller à soupe d'huile de pépins de raisin • 5 gouttes d'huile essentielle de lavande • 3 gouttes d'huile essentielle de géranium • 2 gouttes d'huile essentielle de menthe poivrée

Mélanger les ingrédients dans un petit flacon. Agiter vigoureusement.

Traitements
Verser 2 cuillers à café du produit dans un bain ou un bain de pieds. Remuer l'eau pour bien mélanger et laisser l'enfant dans le bain (jamais sans surveillance) pendant 10 à 15 minutes. En utilisant les gouttelettes en suspension, masser son corps pour bien faire pénétrer les substances actives dans la peau.

Après une douche, verser un peu de produit dans le creux des mains et masser l'enfant quand sa peau est encore humide.

Verser 1 à 2 cuillers à café de produit dans un bol rempli d'eau tiède. À l'aide de ce mélange, masser son dos, ses jambes et tous les endroits où il a mal.

ÉRYTHÈME FESSIER
Derrière ce nom un peu barbare se cache un problème que connaissent la plupart des mamans : les rougeurs congestives qui envahissent les fesses de bébé et le font tant pleurer.

Huiles essentielles
Camomille, lavande et tea-tree.

Traitement
Dans un bol, verser l'équivalent de 2 verres d'eau chaude et ajouter 2 gouttes d'huile essentielle de tea-tree. Agiter le mélange et nettoyer soigneusement les fesses du bébé à l'aide

de ce produit. Sécher ensuite la peau et appliquer soit la poudre antirougeurs, soit la crème apaisante pour bébé.

CRÈME APAISANTE POUR BÉBÉ

12 à 14 g de cire d'abeille • 80 g de lanoline déshydratée • 3 cuillers à soupe d'huile de calendula ou d'huile d'amande douce • 3 cuillers à soupe d'huile d'olive • 8 gouttes d'huile essentielle de lavande • 5 gouttes d'huile essentielle de camomille

Faire chauffer la cire d'abeille au bain-marie. Ajouter la lanoline et mélanger. Incorporer peu à peu l'huile d'olive et l'huile de calendula (ou d'amande douce). Laisser chauffer un peu (sans faire bouillir), puis retirer du feu et laisser refroidir.

Quand la température est inférieure à 45 °C, ajouter l'huile essentielle de lavande et incorporer soigneusement au mélange non encore solidifié. Verser la préparation dans un pot stérilisé muni d'un couvercle.

Pour savoir comment préparer une pommade, voir L'aromathérapie pratique, Les méthodes de A à Z, p. 468.

POUDRE ANTIROUGEURS POUR BÉBÉ

2 verres de farine de maïs • 2 cuillers à soupe de poudre d'oxyde de zinc (en vente en pharmacie) • 20 gouttes d'huile essentielle de lavande

Dans un bol, mélanger soigneusement l'oxyde de zinc et la farine de maïs. Incorporer l'huile essentielle de lavande goutte à goutte, en remuant constamment pour éviter la formation de grumeaux. Laisser reposer la pâte pendant quatre jours et mettre à sécher. Avant utilisation, remuer la poudre pour bien mélanger les ingrédients.

Traitement

Le mélange d'oxyde de zinc et d'huile essentielle de lavande est idéal pour soigner et prévenir l'érythème fessier chez le très jeune enfant. Cette poudre soulagera les petites irritations cutanées de bébé et adoucira sa peau. Attention toutefois, ce produit ne doit pas être utilisé trop souvent.

FIÈVRE

Chez l'enfant, la fièvre peut grimper très vite et atteindre un niveau très préoccupant, avant de retomber tout aussi rapidement. Il est très important de faire baisser la fièvre le plus tôt possible, afin de minimiser les risques de complications.

Huiles essentielles

Eucalyptus, lavande et tea-tree.

Traitements

Humecter des compresses froides, mais non glacées, à l'aide d'huile essentielle d'eucalyptus, de lavande ou de tea-tree. Appliquer sur le front de l'enfant, puis faire l'une des opérations suivantes.

• Laisser couler un bain à peine tiède, avec suffisamment d'eau pour que le corps de l'enfant soit bien immergé. Selon l'âge du petit patient, ajouter 1 à 2 gouttes d'huile essentielle d'eucalyptus, de lavande ou de tea-tree préalablement mélangées à 1 cuiller à soupe d'huile de pépins de raisin. Masser le corps de l'enfant avec les gouttelettes en suspension à la surface de l'eau.

• Dans un bol rempli d'eau à peine tiède, ajouter 2 gouttes d'huile essentielle d'eucalyptus, 2 gouttes d'huile essentielle de lavande et 2 gouttes d'huile essentielle de tea-tree. Agiter pour bien mélanger. Tremper un gant propre dans le produit et rincer. Le passer sur tout le corps de l'enfant, en prenant soin d'éviter les parties génitales.

INSOMNIE

Paradoxalement, les enfants ont des problèmes de sommeil quand ils sont très fatigués, contrariés par un événement quelconque, ou pour une raison plus obscure pour nous, les « grands ». Vous pourrez leur apporter un réconfort certain en leur administrant le traitement ci-dessous.

Huiles essentielles
Camomille, géranium, lavande et mandarine.

HUILE « NUIT PAISIBLE »
2 cuillers à café d'huile de pépins de raisin • 2 gouttes d'huile essentielle de lavande • 2 gouttes d'huile essentielle de camomille

Dans un flacon, mélanger les ingrédients et remuer vigoureusement.

Traitement
Verser la moitié du contenu du flacon dans un bain chaud et agiter l'eau pour bien mélanger. Après le bain, coucher l'enfant sur la table à langer sans le sécher. Faire pénétrer l'huile restante dans la peau des pieds de bébé en les massant doucement.

Voir aussi Nervosité, ci-dessous.

NERVOSITÉ
Dans l'eau du bain, ajouter un mélange d'huiles essentielles de mandarine et de lavande en adaptant le dosage à l'âge de votre enfant.

Il est aussi possible de mélanger ces mêmes essences dans 1 cuiller à soupe d'huile de pépins de raisin et de verser ce produit dans l'eau d'un bain chaud. Tout en essayant de le calmer, utiliser alors les gouttelettes en suspension à la surface pour masser les membres de l'enfant.

OTITE
L'otite s'acharne sur nos chères têtes blondes… Si l'on ne s'en préoccupe pas à temps, cette infection peut devenir alarmante et déboucher sur des complications graves ou gravissimes, comme une surdité permanente par exemple. Elle peut même toucher le cerveau. Si les symptômes de l'otite persistent plus de 2 heures, consultez immédiatement un pédiatre. Le remède suivant est un traitement d'urgence. En

cas d'otite légère, causée par un courant d'air ou par un léger refroidissement, il sera extrêmement efficace.

Huiles essentielles
Camomille et tea-tree.

Traitement
Verser de l'huile d'olive dans 1 cuiller à soupe préalablement chauffée à la flamme de la cuisinière (de cette manière, l'huile parviendra immédiatement à bonne température). Ajouter 1 goutte d'huile essentielle de tea-tree et 1 goutte d'huile essentielle de camomille. À l'aide d'un compte-gouttes ou d'une pipette, déposer quelques gouttes de produit dans l'oreille de bébé. Boucher ensuite le conduit auditif à l'aide de gaze.

Piqûres d'insecte
Dans un bol, verser 1 cuiller à soupe de bicarbonate de soude et ajouter 1 goutte d'huile essentielle de lavande. Humecter avec un peu d'eau jusqu'à obtenir la consistance d'une crème. Appliquer souvent le produit sur la piqûre.

Poussée de dents
Dans un bol, mélanger 1 cuiller à soupe d'huile d'amande douce et 1 goutte d'huile essentielle de camomille. À l'aide de ce produit, masser doucement les joues et le bas du visage de bébé, en prenant soin de bien éviter ses yeux.

• Après 12 mois. Si votre enfant a mal aux dents pour une raison ou une autre, adaptez les dosages d'huiles essentielles à son âge. Reportez-vous au tableau L'aromathérapie à l'âge tendre, p. 204.

Rhume et toux
Remplir un bol d'eau chaude et ajouter 3 gouttes d'huile essentielle de lavande. Poser le récipient près du couffin ou du lit de bébé.

Dans un bol, verser 1 cuiller à soupe d'huile d'olive et ajouter 2 gouttes d'huile essentielle de tea-tree et 2 gouttes d'huile essentielle de lavande. Remplir d'eau chaude et utiliser le mélange pour masser la poitrine ou le dos de bébé.

Pour un bain, dans 1 cuiller à café d'huile de pépins de raisin ou de crème fraîche, ajouter 1 à 2 gouttes d'huile essentielle de tea-tree ou de camomille. Verser le produit dans l'eau et agiter pour bien disperser.

ENGELURE voir Circulation sanguine.

ENTORSE voir Sport.

ÉPIDÉMIE

Une maladie contagieuse, qu'elle soit d'origine virale ou infectieuse, se transmet de multiples manières : en manipulant des pièces de monnaie, en ramassant un objet abandonné par terre, ou même en serrant la main de quelqu'un… À chaque fois, il se passe la même chose : les germes ou le virus passent sur votre main, puis à votre nez ou à votre bouche dès que vous touchez votre visage. Bien sûr, on ne s'en rend même pas compte. Et les occasions de côtoyer des personnes infectées, ou de transmettre soi-même une infection, se comptent par dizaines dans une journée. Si vous êtes d'un tempérament inquiet, vous pouvez vous protéger en vous essuyant les mains avec le liquide désinfectant suivant après chaque contact suspect (discrètement quand même !).

Huiles essentielles

Bergamote, citronnelle, lavande, manuka et tea-tree.

LIQUIDE DÉSINFECTANT

3 cuillers à soupe de vodka • 20 gouttes d'huile essentielle de lavande ou de manuka • 10 gouttes d'huile essentielle de bergamote • 20 gouttes d'huile essentielle de tea-tree • 10 gouttes d'huile essentielle de citronnelle

Verser tous les ingrédients dans un pulvérisateur et agiter vigoureusement. Laisser reposer quatre jours avant utilisation, afin que les différentes substances amplifient leurs effets par synergie.

Il est également possible d'ajouter toutes ces huiles essentielles dans de l'alcool ou dans de l'eau pour profiter de leurs bienfaits dans un désodorisant ou un brûle-parfum.

Traitement

Après tout contact considéré comme à risque, frottez-vous les mains avec un mouchoir en papier sur lequel vous aurez pulvérisé un peu de produit.

ÉPUISEMENT

C'est une sensation d'abattement profond bien plus intense qu'une simple fatigue. L'épuisement, qu'il soit physique ou nerveux, est un problème grave qui est souvent le symptôme d'une affection grave. Si le traitement suivant ne donne aucun résultat positif, je ne saurais trop vous conseiller d'aller consulter un médecin.

Huiles essentielles

– *Épuisement physique.* Géranium, lavande et menthe poivrée.

– *Épuisement nerveux.* Encens, menthe poivrée et sauge sclarée.

REMÈDE CONTRE L'ÉPUISEMENT PHYSIQUE

1 cuiller à soupe d'huile de pépins de raisin • 10 gouttes d'huile essentielle de géranium • 3 gouttes d'huile essentielle de lavande • 3 gouttes d'huile essentielle de menthe poivrée

Verser tous les ingrédients dans un petit flacon et agiter vigoureusement. Laisser reposer quatre jours avant utilisation, afin que les différentes substances amplifient leurs effets par synergie.

Il est également possible d'ajouter toutes ces huiles essentielles dans de l'alcool ou dans de l'eau pour profiter de leurs bienfaits dans un désodorisant ou un diffuseur.

REMÈDE CONTRE L'ÉPUISEMENT NERVEUX
1 cuiller à soupe d'huile de pépins de raisin • 10 gouttes d'huile essentielle de sauge sclarée • 3 gouttes d'huile essentielle d'encens • 3 gouttes d'huile essentielle de menthe poivrée

Verser tous les ingrédients dans un petit flacon et agiter vigoureusement. Laisser reposer quatre jours avant utilisation, afin que les différentes substances amplifient leurs effets par synergie.

Il est également possible d'ajouter toutes ces huiles essentielles dans de l'alcool ou dans de l'eau pour profiter de leurs bienfaits dans un désodorisant ou un brûle-parfum.

Traitements

Verser 1 cuiller à soupe de l'un des produits choisis dans un bol rempli d'eau tiède. Si le malade est trop faible pour supporter un massage corporel complet, frictionner seulement ses mains ou ses pieds. Les substances actives des huiles essentielles pénétreront également dans son organisme et auront les mêmes effets bénéfiques.

Pour un bain ou un bain de pieds, verser 2 cuillers à soupe de produit dans l'eau chaude. Agiter pour bien mélanger et laisser le malade pendant 30 minutes. Utiliser les gouttelettes en suspension pour un massage doux qui fera pénétrer les substances actives dans sa peau.

Mettre un peu de produit dans le creux des mains et masser l'ensemble du corps du sujet après la douche, lorsque sa peau est encore humide.

ÉRYTHÈME FESSIER voir Enfant et bébé.

ÉVANOUISSEMENT ET SYNCOPE

Les termes de syncope ou d'évanouissement ont peu ou prou le même sens et le même effet : ils entraînent une perte complète de la conscience et s'accompagnent d'un ralentissement de la respiration et des battements du cœur.

Huiles essentielles

Lavande, marjolaine et menthe poivrée.

Traitement

Verser quelques gouttes de l'une des huiles essentielles recommandées sur un mouchoir. Placer le linge sous le nez de la personne évanouie ou en proie à une syncope, puis l'encourager à respirer l'essence.

Faire couler 2 gouttes d'huile essentielle de lavande sur ses tempes (attention à ne pas toucher les yeux !), puis masser doucement son visage.

SELS « RETOUR À LA VIE »

20 gouttes d'huile essentielle de marjolaine • 10 gouttes d'huile essentielle de menthe poivrée • 20 gouttes d'huile essentielle de lavande • 4 cuillers à soupe de gros sel

Mélanger les huiles essentielles et ajouter ensuite le gros sel. Conserver le produit dans un petit flacon parfaitement hermétique.

Traitement

Respirer le produit dès les premiers signes de vertiges.

À noter

En humant le délicat fumet de ce mélange d'huiles essentielles, vous soulagerez aussi vos maux de tête.

Fatigue

Une petite fatigue passagère ? Rien de tel que l'aromathérapie pour vous remettre les idées en place et vous tirer de votre léthargie ! En cas de fatigue sévère, voir Épuisement, p. 215.

Huiles essentielles

– *Fatigue physique.* Citron, lavande, pamplemousse et sauge sclarée.

– *Fatigue intellectuelle.* Géranium, lavande, menthe poivrée et romarin.

Huile « soulagement de la fatigue physique »

1 cuiller à soupe d'huile de pépins de raisin • 10 gouttes d'huile essentielle de lavande • 3 gouttes d'huile essentielle de citron • 5 gouttes d'huile essentielle de sauge sclarée

Mélanger toutes les huiles essentielles dans un petit flacon et agiter vigoureusement. Si possible, laisser reposer quatre jours, afin que les différentes substances amplifient leurs effets par synergie. Sinon, le produit est utilisable immédiatement.

Il est également possible d'ajouter toutes ces huiles essentielles dans de l'alcool ou dans de l'eau pour profiter de leurs bienfaits dans un désodorisant ou un brûle-parfum.

Huile « soulagement de la fatigue nerveuse »

1 cuiller à soupe d'huile de pépins de raisin • 5 gouttes d'huile essentielle de géranium • 5 gouttes d'huile essentielle de lavande • 3 gouttes d'huile essentielle de romarin • 5 gouttes d'huile essentielle de menthe poivrée

Mélanger toutes les huiles essentielles dans un petit flacon et agiter vigoureusement. Si possible, laisser reposer quatre jours, afin que les différentes substances amplifient leurs effets par synergie.

Il est également possible d'ajouter toutes ces huiles essentielles dans de l'alcool ou dans de l'eau pour profiter de leurs bienfaits dans un désodorisant ou un brûle-parfum.

Traitements

Avant toute chose, et quelle que soit l'origine de la fatigue, verser dans un bol 1 cuiller à soupe de sel de magnésium, 5 gouttes d'huile essentielle de lavande, 3 gouttes d'huile essentielle de citron et 2 gouttes d'huile essentielle de pamplemousse. Bien remuer pour éviter la formation de grumeaux et verser le contenu du récipient dans un bain chaud. Agiter pour que le mélange se dissolve parfaitement. Rester dans le bain aussi longtemps que souhaité.

Prendre ensuite 1 cuiller à café de l'un des deux remèdes que vous mélangerez dans un bol avec un peu d'eau tiède pour faire un massage corporel. En cas de faiblesse extrême, masser seulement les pieds, les jambes, les mains et les bras du sujet. Les substances actives des huiles essentielles pénétreront également dans son organisme et auront les mêmes effets bénéfiques.

Après une douche, mettre un peu de produit dans le creux des mains et effectuer un massage corporel, lorsque la peau est encore humide.

Un bain de pieds est enfin un autre excellent moyen de soulager la fatigue. Verser dans une bassine 8 gouttes de l'un des produits, selon l'origine de la fatigue.

FIBROSITÉ (FIBROMYALGIE)

Il s'agit d'une atteinte rhumatismale touchant l'aponévrose, c'est-à-dire la membrane fibreuse entourant le muscle. Cette maladie est plus ou moins douloureuse et invalidante. Ses symptômes seront soulagés par l'application de compresses humectées d'huiles essentielles et au moyen de massages.

Huiles essentielles

Cyprès, genièvre, lavande, marjolaine, menthe poivrée, poivre et romarin.

COMPRESSES « SOIN DE LA FIBROSITÉ »

1 cuiller à café d'huile essentielle de romarin • 50 gouttes d'huile essentielle de lavande • 50 gouttes d'huile essentielle de marjolaine

Verser tous les ingrédients dans un petit flacon et agiter vigoureusement. Laisser reposer quatre jours avant utilisation, afin que les différentes substances amplifient leurs effets par synergie.

Traitement

Repasser des feuilles de chou jusqu'à ce qu'elles soient très douces. Les mettre au frais et les appliquer sur la région concernée.

Préparer une fomentation (voir L'aromathérapie pratique, Les méthodes de A à Z, p. 468) à l'aide de 5 à 8 gouttes des huiles essentielles recommandées ci-dessus.

Il sera utile d'essayer l'un et l'autre des deux traitements – le froid et le chaud – pour déterminer celui qui est le plus efficace. Chacun pourra être répété aussi souvent que nécessaire.

Voir aussi Rhumatismes musculaire, p. 310.

HUILE DE BAIN « SOIN DE LA FIBROSITÉ »

1 cuiller à café d'huile essentielle de pépins de raisin • 2 gouttes d'huile essentielle de genièvre • 2 gouttes d'huile essentielle de cyprès • 2 gouttes d'huile essentielle de poivre

Mélanger tous les ingrédients dans un flacon et agiter vigoureusement.

Traitement

Verser le produit dans un bain chaud et agiter pour bien mélanger. En utilisant les gouttelettes en suspension, masser les muscles endoloris, de manière à faire pénétrer les substances actives dans la peau.

HUILE DE MASSAGE « SOIN DE LA FIBROSITÉ »
1 cuiller à café d'huile essentielle de pépins de raisin • 2 gouttes d'huile essentielle de lavande • 1 goutte d'huile essentielle de genièvre • 1 goutte d'huile essentielle de menthe poivrée

Mélanger tous les ingrédients dans un flacon et agiter vigoureusement.

Traitement
Verser le produit dans un bol rempli d'eau tiède. Masser doucement le corps du malade deux fois par jour pour soulager la douleur et favoriser l'élimination des toxines.

FIÈVRE

Quand il est frappé par une infection, l'organisme se défend en augmentant la température du corps jusqu'à 39 ou 40 °C. C'est ce que l'on appelle communément la fièvre, qui permet d'écourter et de guérir la maladie. En revanche, si la poussée fébrile persiste plus de deux jours, il faudra faire baisser la température en favorisant la transpiration du malade, en lui donnant un bain tiède ou en réalisant un traitement à l'aide d'herbes essentielles.

Pour le traitement de la fièvre chez le sujet jeune, voir Enfant et bébé, p. 203.

Huiles essentielles
Eucalyptus, lavande, menthe poivrée et tea-tree.

Traitements
– *Favoriser la transpiration.* Dans un bain tiède, verser 5 à 10 gouttes d'huiles essentielles de tea-tree et de lavande (selon l'âge du sujet). Dans le cas d'une toilette rapide, ajouter 3 à 4 gouttes d'huiles essentielles de lavande et de tea-tree dans une bassine remplie d'eau tiède. Passer l'éponge imbibée de produit sur l'ensemble du corps du malade.

– *Calmer une fièvre ou un mal de tête.* Humecter une compresse fraîche à l'aide de 3 ou 4 gouttes d'huiles essentielles de tea-tree et de lavande. Appliquer sur le front du malade.

– *Réduire la température.* Dans un petit bol rempli d'eau fraîche, mais pas trop froide, verser 2 gouttes d'huile essentielle de lavande, 1 goutte d'huile essentielle de menthe poivrée et 1 goutte d'huile essentielle d'eucalyptus. Toutes les heures, passer un gant imbibé de ce produit sur le corps et sur le visage du malade.

Laisser les pieds du patient tremper pendant 10 à 15 minutes dans une bassine d'eau chaude dans laquelle auront été ajoutées 6 gouttes d'huile essentielle d'eucalyptus.

Fistule anale

Apparaissant généralement à la suite d'un abcès de la région anale, une fistule est un canal anormal qui donne passage aux matières fécales. Une consultation médicale s'impose d'urgence, suivie sans doute d'une délicate opération chirurgicale. L'aromathérapie soulagera cependant quelque peu ce problème.

Huiles essentielles

Géranium, lavande et tea-tree.

CRÈME DE SOIN DE LA FISTULE ANALE

1 cuiller à soupe de gel neutre ou d'huile de pépins de raisin • 5 gouttes d'huile essentielle de lavande • 3 gouttes d'huile essentielle de tea-tree • 4 gouttes d'huile essentielle de géranium

Mélanger tous les ingrédients dans le gel ou dans l'huile de pépins de raisin.

Traitement

Humecter la région anale avec de l'eau chaude dans laquelle vous aurez ajouté 3 gouttes d'huile essentielle de tea-tree. Masser la fistule avec cette crème deux fois par jour.

FLATULENCE voir Système digestif.

FOIE

Le plus grand organe du corps humain métabolise les nutriments que nous ingérons. Son rôle dans l'organisme est vital. D'une étonnante polyvalence, le foie règle en particulier la glycémie (le taux de glucose dans le sang). Il assure également l'élimination des toxines et synthétise les protéines ou les graisses. De son bon fonctionnement dépend l'état de santé et le tonus de chacun. En cas de simple ralentissement de son activité, les symptômes sont impossibles à énumérer : citons en particulier la multiplication des réactions allergiques, d'innombrables problèmes digestifs et cette sensation générale de ne pas être « dans son assiette ». L'huile de massage que je vous suggère améliorera vos fonctions hépatiques. Cependant, pour être tout à fait franche, l'aromathérapie sera sans effet si vous ne changez rien à votre hygiène de vie…

Huiles essentielles

Camomille, cyprès, citron, menthe poivrée, romarin et thym.

HUILE DE SANTÉ DU FOIE

½ verre d'huile de pépins de raisin • 40 gouttes d'huile essentielle de romarin • 20 gouttes d'huile essentielle de camomille • 20 gouttes d'huile essentielle de menthe poivrée • 5 gouttes d'huile essentielle de cyprès

Verser tous les ingrédients dans un petit flacon et agiter vigoureusement. Laisser reposer quatre jours avant utilisation, afin que les différentes substances amplifient leurs effets par synergie.

Traitement

Après le bain ou la douche, faire un ou deux massages corporels en utilisant 1 cuiller à café de produit. Réalisé par un professionnel, le soin sera encore plus efficace.

HÉPATITE

Le terme désigne une affection inflammatoire du foie. Comme vous le savez sans doute, il existe différents types d'hépatites, plus ou moins graves, toutes contagieuses et d'origines virales. Les plus fréquentes sont l'hépatite A, B et C. Si vous craignez avoir attrapé cette maladie, consultez sans tarder un médecin, qui vous prescrira un traitement et une alimentation adaptés. Les symptômes de l'hépatite sont les suivants : épuisement, fièvre, jaunissement du teint et du blanc des yeux, perte de l'appétit, nausées, gonflement du ventre et urines de couleur sombre. En vous frottant le corps deux fois par jour à l'aide d'une brosse à poils souples, vous devriez stimuler la circulation du sang et favoriser l'élimination des toxines par la peau, ce qui soulagera déjà certaines fonctions du foie.

HUILE DE SOIN POUR LES MALADES ATTEINTS D'UNE HÉPATITE

½ verre d'huile d'olive et d'huile d'amande douce • 40 gouttes d'huile essentielle de camomille • 20 gouttes d'huile essentielle de tea-tree • 20 gouttes d'huile essentielle d'eucalyptus • 10 gouttes d'huile essentielle de cyprès

Verser tous les ingrédients dans un petit flacon et agiter vigoureusement. Laisser reposer quatre jours avant utilisation, afin que les différentes substances amplifient leurs effets par synergie.

Traitement

Après le bain ou la douche, effectuer un massage corporel à l'aide d'1 cuiller à café de produit. Réalisé par un professionnel, le soin sera encore plus efficace.

FOULURE voir Sport.

FURONCLE ET ANTHRAX

On entend par furoncle une infection de la peau causée par un staphylocoque. Le but du traitement est de favoriser la formation d'une tête, ce qui permettra au pus de s'évacuer, et par suite au furoncle de guérir et de disparaître. Si l'infection se développe ou se diffuse en lignes rouges à partir du furoncle, il faudra consulter un médecin sans tarder. Attention, les furoncles sont très contagieux. L'anthrax, quant à lui, est un amas de plusieurs furoncles, la partie centrale étant nécrosée.

• Une personne atteinte d'un furoncle ou d'un anthrax ne doit ni toucher, ni préparer de la nourriture tant que son infection n'a pas été soignée.

• Tout vêtement mis en contact avec un furoncle devra être lavé à part. Ajouter quelques gouttes d'huile essentielle de tea-tree ou d'huile essentielle de lavande dans l'eau de lavage et de rinçage.

Huiles essentielles
Bergamote, lavande et tea-tree.

Traitement
Dans un bol, verser 3 cuillers à soupe d'eau très chaude (ou même bouillante), 2 gouttes d'huile essentielle de bergamote et 3 gouttes d'huile essentielle de lavande. Tremper un morceau de coton et nettoyer la région infectée, en renouvelant cette opération trois fois par jour. Appliquer également ce produit en fomentation (voir L'aromathérapie pratique, Les méthodes de A à Z, p. 468) deux fois par jour. À l'issue du traitement, recouvrir de gaze préalablement humectée de 2 gouttes d'huile essentielle de tea-tree, puis mettre un pansement.

GALE

Elle est produite par un minuscule insecte parasite, l'acarus, qui creuse dans la peau des sillons où il pond des œufs. Cette maladie, à l'origine d'effroyables démangeaisons, est très difficile à soigner sans traitement médical approprié. Pour en venir à bout, il vous faudra impérativement nettoyer à haute température tous les vêtements et les draps ayant été en contact avec le parasite. Un conseil, ajoutez de l'huile essentielle d'eucalyptus à l'eau de lavage et à l'eau de rinçage, puis laissez sécher au soleil. Vous désinfecterez le matelas et les oreillers à l'aide d'un mélange d'huile essentielle de tea-tree et d'huile essentielle de lavande, avant de les exposer également au soleil.

Huiles essentielles
Bergamote, girofle, lavande, lemon-grass et menthe poivrée.
Huile infusée
Calendula.

POMMADE DE SOIN DE LA GALE
12 à 14 g de cire d'abeille • 40 g de lanoline déshydratée • 2 cuillers à soupe d'huile d'olive ou (encore mieux) d'huile infusée de calendula • ½ cuiller à café de teinture de calendula • 20 gouttes d'huile essentielle de bergamote • 40 gouttes d'huile essentielle de lavande • 20 gouttes d'huile essentielle de menthe poivrée • 10 gouttes d'huile essentielle de romarin • 10 gouttes d'huile essentielle de girofle

Chauffer la cire d'abeille au bain-marie, puis verser la lanoline et mélanger pour obtenir une pâte lisse. Ajouter ensuite lentement l'huile d'olive ou l'huile de calendula, avant d'enlever du feu et de laisser le produit refroidir lentement.

Dans un petit bol, mélanger la teinture de calendula et les huiles essentielles, puis incorporer cette préparation à la précédente en remuant soigneusement jusqu'à ce que le mélange se soit solidifié. Transvaser dans un bocal ou dans des pots.

Traitement
Vous avez peut-être remarqué que cette pommade présente une concentration d'huiles essentielles bien plus importante qu'à l'accoutumée. Utilisez-la souvent, en prenant soin seulement de ne pas en mettre ailleurs que sur les régions atteintes de la gale.

GENCIVE voir Dent et gencive.

GINGIVITE voir Dent et gencive.

GOUTTE

Appelée ainsi autrefois parce qu'on l'attribuait à des « gouttes d'humeur viciée », la diathèse arthritique se manifeste par un taux excessif d'acide urique dans le sang. Celui-ci se dépose sous forme de cristaux autour des articulations, généralement à la base du gros orteil. Les crises de goutte s'accompagnent d'inflammations extrêmement douloureuses.

Huiles essentielles

Bois de rose, camomille, cyprès, fenouil, genièvre et menthe poivrée.

HUILE DE SOIN DE LA GOUTTE

2 cuillers à soupe d'huile de pépins de raisin • 15 gouttes d'huile essentielle de camomille • 12 gouttes d'huile essentielle de bois de rose • 5 gouttes d'huile essentielle de menthe poivrée

Verser tous les ingrédients dans un petit flacon et agiter vigoureusement. Laisser reposer quatre jours avant utilisation, afin que les différentes substances amplifient leurs effets par synergie.

Traitement

Verser 1 cuiller à café de produit dans un petit bol rempli d'eau tiède. Masser très doucement la région enflammée trois fois par jour.

Si le massage n'est pas supporté, baigner au préalable le pied dans de l'eau chaude, puis dans de l'eau froide dans laquelle auront été ajoutées 2 gouttes d'huile essentielle de fenouil, 2 gouttes d'huile essentielle de genièvre et 2 gouttes d'huile essentielle de cyprès.

GRIPPE voir Rhume et grippe.

GROSSESSE ET ACCOUCHEMENT

Dans la vie d'une femme, les neuf mois de grossesse sont un moment à la fois intense et gratifiant. Pourtant, bon nombre d'entre elles connaissent de nombreux problèmes et vivent leur état avec anxiété.

Une femme enceinte doit faire très attention à son hygiène de vie afin que son bébé se développe normalement et qu'il soit en parfaite santé. Durant ces neuf mois, mais aussi pendant et après l'accouchement, les huiles essentielles lui apporteront un réconfort incommensurable, tant physiquement que moralement. Mais attention ! En pénétrant dans la peau et le sang de la mère, les substances actives atteignent aussi l'enfant, c'est pourquoi il est important de ne jamais augmenter les doses indiquées ni substituer une huile essentielle à une autre. Certaines essences ne doivent jamais être utilisées pendant la grossesse, d'autres pendant seulement les quatre premiers mois. Les remèdes suivants sont exclusivement à usage externe.

Huiles essentielles

– *Pendant la grossesse.* Benjoin, camomille (sauf pendant les quatre premiers mois), citron, cyprès, géranium (sauf pendant les quatre premiers mois), gingembre, pamplemousse, lavande (sauf pendant les quatre premiers mois), mandarine, palmarosa, patchouli, rose (sauf pendant les quatre premiers mois) et ylang-ylang.

– *Pendant et après l'accouchement.* Géranium, jasmin, lavande, néroli et sauge sclarée.

Avertissements importants

– *Huiles essentielles à éviter pendant la grossesse.* Basilic, cannelle, cèdre, céleri, fenouil, genièvre, hysope, jasmin, marjolaine, mélisse, menthe poivrée, menthe pouliot, muscade, myrrhe, persil, romarin, sauge sclarée et thym.

– *Huiles essentielles à éviter pendant les 4 premiers mois de grossesse.* Camomille, géranium, lavande, rose.

La grossesse

Vous souhaitez vivre une grossesse heureuse, sans être marquée à vie par des stigmates qui se nomment varices ou vergetures ? C'est tout à fait normal : les huiles essentielles vont vous y aider !

Anxiété et dépression

Il est tout à fait normal d'éprouver des émotions contradictoires lors de la grossesse. Votre corps subit des transformations radicales, ce qui, ajouté à la fatigue, peut engendrer une anxiété et des états dépressifs. Si vous avez un coup de blues, rien de tel qu'un bon bain : il vous remettra les idées en place et vous relaxera ! J'ai moi-même suivi cette excellente méthode au cours de mes cinq grossesses quand je n'avais pas trop le moral. Et ça a marché à tous les coups ! Le phénomène s'explique aisément : dans un bain, le bébé ne pèse plus sur votre ventre et vous vous sentirez plus légère… Quant aux huiles essentielles, je n'insisterai jamais assez sur leurs vertus en cas de petite déprime : grâce à elles, la mélancolie s'évanouit comme par enchantement !

Huiles essentielles

Géranium, mandarine, pamplemousse, santal et ylang-ylang.

Huile « grossesse heureuse »

1 cuiller à café d'huile de pépins de raisin • 2 gouttes d'huile essentielle de mandarine ou de lavande • 2 gouttes d'huile essentielle de pamplemousse ou de géranium • 1 goutte d'huile essentielle de santal ou d'ylang-ylang

Mélanger tous les ingrédients dans un petit flacon.

Traitement

Choisir un moment pendant lequel vous êtes seule, avec environ 30 minutes de tranquillité parfaite devant vous.

Prendre d'abord une bouillotte, la remplir d'eau chaude puis la placer sous votre cou, sa chaleur favorisera la relaxation.

Faire ensuite couler un bain tiède, et ajouter le produit en agitant l'eau pour bien mélanger les substances actives. Utiliser les gouttelettes en suspension pour masser le ventre et la poitrine. Se détendre, parler à son bébé et oublier ses idées noires !

Avertissement

Le bain à l'aide de l'huile « grossesse heureuse » est contre-indiqué pendant les quatre premiers mois de grossesse.

Nausée matinale

Les suggestions suivantes soulagent rapidement et efficacement ce problème que connaissent de très nombreuses femmes pendant leur grossesse. Le parfum de la menthe ou du gingembre calmera votre ventre pendant la nuit. Vous vous réveillerez au matin sans ressentir la moindre impression de nausée.

Huiles essentielles

Gingembre, lavande et menthe verte.

Traitement

Essayer une ou plusieurs des méthodes suivantes.

Juste avant d'allumer et de se mettre au lit, mettre 1 goutte d'huile essentielle de menthe verte ou de gingembre sur l'abat-jour de la lampe de chevet.

Verser 2 gouttes d'huile essentielle de menthe verte ou de gingembre sur l'envers de la taie de traversin ou d'oreiller.

Dans un bol rempli d'eau tiède, ajouter 1 goutte d'huile essentielle de menthe verte et 2 gouttes d'huile essentielle de lavande. Poser le récipient dans la chambre à coucher juste avant d'aller au lit.

Soin du dos

En fin de la grossesse, la colonne vertébrale doit supporter un poids corporel bien plus important qu'à l'état normal. C'est pourquoi les femmes enceintes ont souvent des problèmes de dos. Utilisable à partir du 4e mois de grossesse, le remède suivant soulagera vos douleurs dorsales. En massages réguliers, il pourra même prévenir leur apparition.

Huiles essentielles

Camomille et lavande.

HUILE POUR DOS DOULOUREUX

2 cuillers à soupe d'huile de pépins de raisin • 1 cuiller à soupe d'huile d'amande douce • 20 gouttes d'huile essentielle de camomille • 20 gouttes d'huile essentielle de lavande

Mélanger les ingrédients dans un petit flacon et agiter vigoureusement. Laisser reposer quatre jours avant utilisation, afin que les différentes substances amplifient leurs effets par synergie.

Traitement

Demandez à un proche – par exemple au père de l'enfant – de vous masser le bas du dos très doucement avec un peu de produit quand vous sortirez du bain ou de la douche.

Soin du mamelon

Quelle bonne idée de commencer à masser ses mamelons environ deux mois avant la naissance de l'enfant ! Vous diminuerez ainsi le risque d'apparition de crevasses, qui rendent l'allaitement maternel très douloureux, sinon impossible. Préparez l'huile ou la pommade ci-dessous et commencez le traitement plusieurs semaines avant l'accouchement. Vous pouvez aussi acheter, en pharmacie ou dans une boutique diététique, une pommade au calendula ou de l'huile infusée de calendula. Après l'accouchement, lorsque vous allaiterez, vérifiez bien que votre mamelon est parfaitement propre et dépourvu de toute trace de crème.

Huiles essentielles
Camomille et carotte.
Huile infusée
Calendula.

HUILE DE SOIN DU MAMELON
2 cuillers à soupe d'huile infusée de calendula ou d'huile d'amande douce • 1 cuiller à café d'huile de germe de blé • 10 gouttes d'huile essentielle de carotte • 15 gouttes d'huile essentielle de camomille

Mélanger les ingrédients dans un petit flacon et agiter vigoureusement. Laisser reposer quatre jours avant utilisation, afin que les différentes substances amplifient leurs effets par synergie.

Traitement
À l'aide de ce produit, masser doucement le mamelon et sa périphérie en malaxant l'aréole du bout des doigts.

POMMADE DE SOIN DU MAMELON
2 cuillers à soupe d'huile de coco (ou d'huile végétale solide quelconque) • 1 cuiller à soupe de beurre de cacao • 2 cuillers à café de miel • 2 cuillers à soupe d'huile infusée de calendula • 2 cuillers à soupe d'eau distillée • 10 gouttes d'huile de bourrache ou d'huile d'onagre • 2 gélules de vitamine E (1 000 unités en tout)

Dans une petite casserole, mélanger l'huile de coco ou l'huile végétale solide, le beurre de cacao, le miel et l'huile infusée de calendula. Mettre à feu doux ou, mieux, au bain-marie.

Réchauffer légèrement l'eau distillée, ajouter au mélange précédent et remuer jusqu'à ce que la consistance soit parfaitement homogène.

Ajouter enfin les 10 gouttes d'huile de bourrache et le contenu des gélules de vitamine E. Bien mélanger et transvaser dans un pot.

Traitement

Mettre un peu de pommade sur le pouce, l'index et le majeur. Avec ces trois doigts, masser les mamelons et l'aréole en dessinant des cercles et en pressant légèrement. Suivre ce traitement aussi souvent que possible avant l'accouchement, puis entre chaque tétée.

Soin du périnée

Des études ont démontré que le massage du périnée, la zone située entre les lèvres et l'anus, diminuait le risque de déchirure au moment de l'accouchement. Deux mois avant la naissance de l'enfant, massez-vous à l'aide d'un mélange d'huile d'olive et d'huile de germe de blé.

Varice

La dilatation permanente des veines, ou varice, est largement héréditaire. Si des membres de votre famille présentent ce problème, prenez des mesures préventives le plus tôt possible en vous massant les jambes deux fois par jour à l'aide du produit indiqué.

Huiles essentielles

Citron, cyprès et géranium.

HUILE « PRÉVENTION DES VARICES »

1 cuiller à soupe d'huile de pépins de raisin • 1 cuiller à soupe d'huile d'amande douce • 10 gouttes d'huile essentielle de géranium • 10 gouttes d'huile essentielle de citron • 5 gouttes d'huile essentielle de cyprès

Mélanger les ingrédients dans un petit flacon et agiter vigoureusement. Laisser reposer quatre jours avant utilisation, afin que les différentes substances amplifient leurs effets par synergie.

Traitement

Commencer par masser les chevilles, puis augmenter la pression au niveau des mollets et des cuisses. Renouveler le traitement matin et soir.

En fin de grossesse, il deviendra périlleux sinon impossible de pratiquer soi-même ce soin : demander alors au futur papa de prendre le relais !

Avertissement

Ne suivez pas ce traitement si vous avez déjà des varices.

Vergeture

Le test est positif : vous êtes enceinte ! Dès maintenant, c'est le moment de faire des soins corporels complémentaires destinés à prévenir l'apparition de vergetures sur le ventre, les cuisses, les fesses et les seins. Sachez que ces petites rayures inesthétiques, liées à une distension de l'épiderme, ne sont pas une fatalité : vous pouvez largement les prévenir à l'aide de traitements appropriés. En revanche, quand elles sont apparues, il est très difficile de s'en débarrasser ! En utilisant des huiles essentielles matin et soir, votre peau gardera toute sa souplesse et son élasticité, laissant ainsi moins de prise aux vergetures.

Huiles essentielles

Lavande, mandarine et palmarosa.

HUILE « PRÉVENTION DES VERGETURES »
4 gélules de vitamine E (1 000 unités en tout) • 7 cuillers à soupe d'huile d'amande douce • 3 cuillers à café d'huile d'olive • 2 cuillers à café d'huile d'avocat • 1 cuiller à café d'huile de germe de blé • 10 gouttes d'huile essentielle de mandarine • 10 gouttes d'huile essentielle de palmarosa • 20 gouttes d'huile essentielle de lavande

Ouvrir les gélules de vitamine E et verser leur contenu dans un flacon de 20 cl. Ajouter l'huile d'amande douce, puis tous les autres ingrédients. Agiter vigoureusement. Si possible, laisser le produit reposer pendant quatre jours afin que les substances amplifient leurs effets par synergie. Agiter le flacon avant toute utilisation.

Traitement
Masser soigneusement la poitrine, puis les hanches et descendant vers les cuisses et les genoux. Si possible, renouveler l'opération deux fois par jour.

L'ACCOUCHEMENT

Ça y est ! L'enfant va naître bientôt ! Celui ou celle qui fut l'objet de votre attention constante, neuf mois durant, va voir le jour…

Mais il faut d'abord vivre l'ultime épreuve : l'accouchement. Et ressentir les premières contractions avant de vous décider à vous rendre à la maternité. Ces premières étapes peuvent vraiment traîner en longueur si vous ne faites rien et que vous attendiez la contraction suivante. Marchez un peu, sans vous éloigner bien sûr de votre chambre et en restant accompagnée de quelqu'un, cela accélérera les choses.

Quand les contractions deviennent plus fortes et moins espacées, prenez un bain tiède dans lequel vous aurez ajouté 6 gouttes d'huile essentielle de lavande. Pour mieux vous relaxer encore, mettez un peu de musique douce, placez une bouillotte d'eau chaude dans le bas de votre dos et passez un peu de baume sur vos lèvres desséchées. Sur la table de nuit, posez un verre de jus de fruit bien frappé ou quelques glaçons pour vous rafraîchir, ainsi qu'un peu de jus de pomme dilué en cas d'hypoglycémie. L'huile de massage conseillée ici soulagera les douleurs des contractions utérines tout en accélérant doucement leur rythme. Son parfum créera une ambiance apaisante tout en désinfectant l'air ambiant.

Huiles essentielles

Géranium, jasmin, lavande, rose et sauge sclarée.

HUILE « SOULAGEMENT DES CONTRACTIONS UTÉRINES »
2 cuillers à café d'huile de pépins de raisin • 2 cuillers à café d'huile d'amande douce • 5 gouttes d'huile essentielle de sauge sclarée • 5 gouttes d'huile essentielle de lavande • 3 gouttes d'huile essentielle de géranium • 3 gouttes d'huile essentielle de jasmin ou de rose

Au diable l'avarice, c'est une belle occasion d'investir dans l'achat d'un flacon d'huile essentielle de jasmin ou de rose !

Mélanger les huiles essentielles dans un petit flacon et agiter vigoureusement. Laisser reposer quatre jours avant utilisation, afin que les différentes substances amplifient leurs effets par synergie.

Traitement

Aussi souvent que vous le souhaitez, demandez à ce que l'on vous masse assez fermement le bas du dos lors du travail d'accouchement. Si vous le supportez, réclamez aussi que l'on vous masse très doucement le ventre pendant les premières contractions. N'hésitez pas à dire à la personne effectuant ces traitements quelles sont les régions où le massage vous fait le plus de bien. Dites-lui d'insister sur ces zones.

APRÈS LA NAISSANCE

Votre bébé est né ! Vous êtes heureuse et vous avez hâte d'apprendre à le connaître. Votre bonheur serait complet s'il ne fallait pas passer par les fameuses suites de couches et autres problèmes liés à l'allaitement dont on vous a tant parlé… Là encore, l'aromathérapie peut vous aider à passer ce cap difficile et vous éviter des souffrances inutiles. Le choix d'huiles essentielles est forcément limité : il est dicté par le fait que votre bébé, si vous allaitez, absorberait certaines substances nocives passées dans le lait maternel.

Allaitement

Ce n'est certes pas le propos de cet ouvrage, mais je vous rappelle qu'il est important, dans les premiers jours, que votre bébé reçoive du colostrum. Il s'agit du premier lait maternel, un liquide de couleur crème contenant des substances importantes pour le système immunitaire du nouveau-né.

Huiles essentielles

Fenouil et sauge sclarée.

HUILE STIMULANTE DE LA LACTATION

2 cuillers à soupe d'huile de pépins de raisin • 20 gouttes d'huile essentielle de fenouil • 10 gouttes d'huile essentielle de sauge sclarée

Mélanger les huiles essentielles dans un petit flacon et agiter vigoureusement. Laisser reposer quatre jours avant utilisation, afin que les différentes substances amplifient leurs effets par synergie.

Traitement

Masser doucement la poitrine en faisant des gestes circulaires. Laver soigneusement les mamelons avant chaque tétée.

Abcès aux seins

À ce stade, un abcès aux seins serait extrêmement douloureux et lourd de conséquences. Consultez très vite votre médecin.

Huiles essentielles
Camomille et géranium.

FOMENTATION DE SOIN DE L'ABCÈS AUX SEINS
5 gouttes d'huile essentielle de géranium • 5 gouttes d'huile essentielle de camomille

Verser les huiles essentielles dans un petit bol d'eau chaude.

Traitement
Plier un mouchoir en quatre, le tremper dans le produit et appliquer sur la poitrine. Couvrir avec un bandage ou avec votre soutien-gorge. Renouveler l'opération toutes les 4 heures.

Chauffer une feuille de chou à l'aide d'un fer à repasser jusqu'à ce qu'elle devienne très douce. Après qu'elle a refroidi, l'appliquer sur la poitrine. Alterner ce traitement avec le remède à base d'huiles essentielles.

HUILE DE MASSAGE « SOIN DE L'ABCÈS AUX SEINS »
2 cuillers à soupe d'huile de pépins de raisin • 1 goutte d'huile essentielle de géranium • 15 gouttes d'huile essentielle de camomille

Mélanger les huiles essentielles dans un petit flacon et agiter vigoureusement. Laisser reposer quatre jours avant utilisation, afin que les différentes substances amplifient leurs effets par synergie.

Traitement
Masser la poitrine très doucement quatre fois par jour.

Périnée
Même si on ne vous a fait ni épisiotomie, ni points de suture, le périnée présente souvent de petites déchirures douloureuses après l'accouchement.

Huiles essentielles
Lavande et tea-tree.

HUILE DE MASSAGE DU PÉRINÉE
1 cuiller à soupe d'huile d'olive • 1 cuiller à soupe d'huile de germe de blé • 16 gouttes d'huile essentielle de lavande

Mélanger tous les ingrédients dans un petit flacon. Agiter vigoureusement.

Traitement
À l'aide d'un peu de produit, masser le périnée deux fois par jour pendant 2 minutes.
Si le massage est intolérable, appliquer une compresse imbibée d'eau froide et de 5 gouttes d'huile essentielle de lavande.

SELS DE BAIN POUR PÉRINÉE DOULOUREUX
1 cuiller à café d'huile végétale quelconque • 2 gouttes d'huile essentielle de lavande • 2 gouttes d'huile essentielle de tea-tree • 2 cuillers à soupe de sel fin

Verser les ingrédients dans un petit bol, bien mélanger, puis ajouter le sel.

Traitement
Verser les sels dans le bain et agiter l'eau pour bien dissoudre le produit. Rester environ 10 minutes dans l'eau, le bas des hanches complètement immergé.

« Baby blues » (dépression post-natale)
Il est difficile de comprendre le « baby blues » si l'on ne l'a pas soi-même vécu. Chez la plupart des femmes, la dépression postnatale intervient au 2e ou au 3e jour après la naissance. Elle est généralement modérée et passagère, mais elle peut aussi être grave et s'éterniser. Pour vous calmer et vous relaxer, prenez soin de vous et reposez-vous. Ainsi,

vous aurez plus d'énergie et d'enthousiasme pour faire face à vos obligations nouvelles !

Huiles essentielles

Bergamote, citron, encens, géranium, jasmin, lavande, mandarine et pamplemousse.

« COUP DE FOUET ANTI-BABY BLUES »
60 gouttes d'huile essentielle de bergamote • 60 gouttes d'huile essentielle de lavande • 40 gouttes d'huile essentielle de géranium ou d'encens • 40 gouttes d'huile essentielle de pamplemousse ou de mandarine

Mélanger les huiles essentielles dans un petit flacon et agiter vigoureusement.

Il est également possible d'ajouter toutes ces huiles essentielles dans de l'alcool ou dans de l'eau pour profiter de leurs bienfaits dans un désodorisant ou un brûle-parfum.

Traitement

Dans un bol, verser 1 cuiller à café d'huile de pépins de raisin et 10 gouttes de produit. Mélanger, jeter le liquide dans le bain en agitant l'eau tiède pour bien disperser les substances actives.

Après une douche, humidifier un gant humide avec 2 ou 3 gouttes de produit. Frotter légèrement le corps.

Pour un massage corporel, mélanger 15 gouttes de produit dans 1 cuiller à soupe d'huile de pépins de raisin.

GUEULE DE BOIS

J'ai bien peur qu'il ne soit pas vraiment utile de présenter la gueule de bois ou le lendemain de cuite, selon le nom qu'on veut bien lui donner. Je pense que chacun d'entre vous a vécu un jour ou l'autre cette expérience désagréable. Pour ma part, j'avais douze ans… Cela m'a servi de leçon et je n'ai jamais plus voulu revivre ce genre de chose ! Mes parents étaient sortis dîner et j'avais invité ma meilleure amie. Dans le salon de la maison, il y avait un bar rempli d'un grand nombre de bouteilles qui m'avaient toujours fascinée. C'était le moment ou jamais ! Ma copine et moi avons pensé qu'il serait mieux de prendre un petit verre de chacun de ces alcools : ainsi, nous ne serions pas saoules et les parents n'y verraient que du feu ! Mais comme il y avait plus d'une vingtaine de liqueurs différentes, je vous laisse imaginer le résultat ! Dans la soirée, déjà complètement ivres, nous nous sommes habillées en grandes dames en fouillant dans les affaires de ma mère. Et c'est endormies sur le lit, habillées en robe de soirée, maquillées et portant des boucles d'oreille que mes parents nous ont retrouvées… Le lendemain matin, inutile de dire que nous étions toutes deux malades à en mourir ! Après nous avoir sévèrement réprimandées, ma mère nous donna un peu d'huile de ricin, nous embrassa, et nous dit de filer à l'école ! Les effets de l'alcool avaient disparu !

Au-delà de cette anecdote, la gueule de bois est une chose à prendre au sérieux. Elle est le symptôme d'un empoisonnement du corps, qui a besoin de se débarrasser le plus vite possible des substances toxiques qu'on lui a données en excès.

Huiles essentielles

Genièvre, pamplemousse et romarin.

Traitements

Contre la gueule de bois, rien ne vaut un traitement préventif ! Quand vous êtes invité à une soirée que vous prévoyez bien arrosée, buvez au préalable beaucoup d'eau et mangez un morceau de pain avant de partir. De retour chez vous, avalez un comprimé de vitamine C ou de multivitamines, et encore beaucoup d'eau pour contrecarrer l'effet déshydratant de l'alcool.

Si le lendemain est quand même difficile, reprenez une nouvelle fois des vitamines puis un bain dans lequel vous aurez ajouté 4 gouttes d'huile essentielle de genièvre, 4 gouttes d'huile essentielle de pamplemousse et 2 gouttes d'huile essentielle de romarin.

Mais une douche vous remettra sans doute plus vite les idées en place ! Dans ce cas, frottez votre peau à l'aide d'un linge humide imbibé d'1 goutte de chacune des huiles essentielles indiquées.

HÉMATOME voir Ecchymose.

HÉMORROÏDES

On en rit trop souvent, bien qu'elles soient extrêmement douloureuses. Les femmes connaissent bien ce problème pendant leur grossesse et leur accouchement. Un conseil, évitez les aliments trop épicés et l'alcool, notamment le vin blanc. L'aromathérapie devrait soulager votre souffrance au moins aussi bien que les crèmes vendues sans ordonnance en pharmacie, chères et pas toujours d'une redoutable efficacité.

Huiles essentielles

Cyprès, genièvre et géranium.

GEL ANTI-HÉMORROÏDAIRE

2 cuillers à soupe de gel neutre • 1 cuiller à café d'eau distillée d'hamamélis • 2 gouttes d'huile essentielle de cyprès • 2 gouttes d'huile essentielle de genièvre • 2 gouttes d'huile essentielle de géranium

Dans un bol, verser le gel et mélanger très soigneusement les huiles essentielles et l'eau distillée d'hamamélis. Transvaser dans un pot hermétique et agiter avant toute utilisation.

Traitement

Dans un premier temps, verser dans un bol 1 cuiller à café de crème ou de lait en poudre, ajouter 2 gouttes de chacune des huiles essentielles recommandées, puis remplir à moitié d'eau tiède. Remuer le mélange et le verser dans une bassine suffisamment grande pour permettre de s'asseoir confortablement. Remplir le bain de siège d'eau tiède et laisser baigner les hémorroïdes 10 à 15 minutes.

Sécher soigneusement la région anale en tamponnant avec un linge doux, puis utiliser le gel anti-hémorroïdaire pour masser très doucement l'anus. Si le produit pique un peu, il sera dilué avec un peu plus de gel.

À noter

Après être allé à la selle, abandonnez le papier hygiénique, généralement trop abrasif ! Utilisez plutôt un bout de coton imprégné pour moitié d'eau distillée d'hamamélis et pour moitié d'eau minérale.

HÉPATITE voir Foie.

HERPÈS

La famille des *Herpesviridae* comprend une cinquantaine de virus, dont l'*Herpesvirus simplex* 1 et 2 (HVS). HVS 1 est responsable des cloques purulentes qui se forment autour des lèvres et du nez (herpès labial et nasal), tandis que les souches d'HVS 2 infectent essentiellement l'anus et la vulve (herpès anal et génital). Après une crise d'herpès, le virus « s'endort » et demeure à l'état de veille dans le corps. Il redevient actif à la suite d'un stress, d'une exposition prolongée au soleil, d'une carence vitaminique ou d'un affaiblissement quelconque du système immunitaire.

Pour diminuer les risques d'apparition d'herpès, voir Système immunitaire, p. 336 et Stress, p. 324.

Huiles essentielles

Lavande, manuka, mélisse, myrrhe et tea-tree.

Traitements

Dans le cas d'herpès labial ou nasal, tamponner les cloques ou les plaies à l'aide d'un bout de coton imbibé d'1 goutte de l'une des huiles essentielles indiquées ci-dessus.

S'il s'agit d'un herpès anal ou génital, ajouter 3 gouttes d'huile essentielle de tea-tree dans 1 cuiller à café de gel neutre. Bien mélanger et appliquer sur la région infectée avec du coton hydrophile.

HOQUET

Tout le monde a « son truc » – pas toujours très efficace – pour faire passer un hoquet. Les conseils simples que je vous donne ont un avantage : ils ont fait leurs preuves sur plusieurs personnes !

Huiles essentielles

Camomille et lavande.

Traitement

Verser 1 goutte d'huile essentielle de camomille sur un morceau de sucre et laisser fondre doucement dans la bouche.

Dans un petit sachet en papier, verser 1 goutte d'huile essentielle de lavande ou de camomille. Porter le sachet près du visage et respirer les vapeurs par le nez ou par la bouche.

Un truc infaillible contre le hoquet

Remplissez un verre d'eau à ras bord. Levez-le le plus haut possible et buvez d'un trait, « à la régalade », sans reprendre votre respiration.

HYPERTENSION voir Pression sanguine.

HYPOTENSION voir Pression sanguine.

IMPATIENCES voir Maladie des jambes remuantes.

IMPÉTIGO

Dû à un staphylocoque doré, il s'agit là d'une infection cutanée extrêmement contagieuse. L'impétigo forme des pustules purulentes qui, en éclatant, se transforment en croûtes jaunâtres. Un traitement rapide est absolument indispensable pour éviter sa propagation et sa transmission à d'autres personnes, notamment dans le cas d'enfants. Les traitements classiques viennent souvent difficilement à bout des pustules, c'est pourquoi l'apport des thérapies naturelles ne doit pas être négligé.

Huile essentielle
Myrrhe.
Huile infusée
Échinacée.

Traitement
Ajouter de l'huile essentielle de myrrhe et de l'huile infusée d'échinacée à la recette de la pommade de soin (voir L'aromathérapie pratique, Les méthodes de A à Z, p. 468). Appliquer régulièrement sur la zone infectée.

IMPUISSANCE

Les attentes sexuelles des femmes sont plus volontiers affirmées qu'autrefois. Elles n'hésitent plus à exprimer, d'une manière ou d'une autre, leur désir. Cela n'est pas sans intimider parfois les hommes, que la remise en question de leur statut dominant conduit à douter de leur virilité. L'anxiété de la performance sexuelle, obsession typiquement masculine, peut être à l'origine d'une impuissance momentanée ou d'une éjaculation précoce, surtout quand sa partenaire vient de lui confier qu'elle aime les longs préliminaires et les orgasmes à répétition ! Un stress éventuel lié aux problèmes de travail ou d'argent peut venir se surajouter à l'angoisse de

« ne pas être à la hauteur ». C'est alors qu'arrive la chose tant redoutée : un pénis mou et paresseux, ou au contraire surexcité et incapable de tenir la distance… Un peu plus de tendresse, un peu moins d'appréhension et beaucoup de calme devraient suffire. Mais pour mettre toutes les chances de votre côté, essayez aussi l'aromathérapie !

Huiles essentielles

Cèdre, jasmin, néroli, poivre, rose, santal, sauge sclarée, vétiver et ylang-ylang.

« PHILTRE D'AMOUR »

4 cuillers à soupe d'huile de pépins de raisin • 20 gouttes d'huile essentielle de santal • 20 gouttes d'huile essentielle de cèdre • 15 gouttes d'huile essentielle de sauge sclarée (ne pas boire d'alcool) • 10 gouttes d'huile essentielle de bois de rose

Mélanger l'eau de rose et les huiles essentielles dans un petit flacon et agiter vigoureusement. Laisser reposer quatre jours avant utilisation, afin que les différentes substances amplifient leurs effets par synergie.

Il est également possible d'ajouter toutes ces huiles essentielles dans de l'eau pour profiter de leurs pouvoirs apaisants dans un diffuseur.

Traitements

Vous et votre partenaire signerez une sorte de pacte virtuel qui vous engage, l'un comme l'autre et aussi longtemps que durera votre relation, à vous prodiguer de tendres caresses et beaucoup d'affection. Par ces termes, j'entends d'agréables massages qui constitueront autant de moments sensuels vécus à deux, sans être obsédés le moins du monde par l'idée de « performance sexuelle ».

Pour un massage, versez 1 cuiller à café de produit dans un petit bol rempli d'eau chaude. Évidemment, il faut prévoir deux récipients puisque vous vous masserez mutuellement…

Pour un bain, versez 2 cuillers à café de produit et agitez l'eau pour bien disperser les substances actives. Entrez tous les deux dans la baignoire (en espérant qu'elle soit assez grande !), et massez-vous l'un l'autre avec les gouttelettes en suspension. Restez au moins 30 minutes.

Vous préférez une douche ? Vous avez raison, c'est à la fois plus érotique et plus confortable ! En sortant de la cabine, mettez un peu de produit dans le creux de vos mains et massez-vous mutuellement, lorsque vos peaux sont encore humides.

INDIGESTION voir Système digestif.

INFECTION FONGIQUE voir Prurit inguinal et Pied.

INFECTION VIRALE

Les virus sont à l'origine de la plupart des maladies épidémiques. Les huiles essentielles possédant les plus grandes vertus antivirales sont la bergamote, l'eucalyptus, le manuka, le ravensare, le tea-tree et le thym.

Traitement

Voir Épidémie, p. 214 ; Rhume et grippe, p. 313 ; Rougeole, p. 314 ; Rubéole, p. 315 ; et Voies respiratoires, p. 345.

INFLAMMATION

En réponse à une agression, le corps réagit en augmentant l'irrigation sanguine et la température dans la région affectée. C'est ce que l'on appelle une inflammation. Elle nécessitera une intervention si elle s'accompagne de sensations douloureuses.

Huiles essentielles

Camomille, lavande et thym.

Traitement

Sur l'inflammation, appliquer des compresses très froides préalablement humectées à l'aide de plusieurs ou de toutes les huiles essentielles indiquées ci-dessus. La camomille est plus particulièrement efficace.

INSOLATION ET COUP DE CHALEUR

L'exposition au soleil peut provoquer un problème bénin (voir Coup de soleil, p. 183), mais également une forme très grave appelée « coup de chaleur ». Dans ce cas, la déshydratation s'accompagne d'une forte fièvre, de troubles digestifs et neurologiques pouvant entraîner un coma et même le décès en l'absence d'un traitement rapide. En cas d'insolation, il faudra rafraîchir et réhydrater le malade le plus tôt possible.

Huiles essentielles

Citron, eucalyptus et lavande.

Traitement

Réduire la fièvre du patient en lui faisant couler un bain à peine tiède (pas froid) dans lequel auront été ajoutées 2 gouttes d'huile essentielle d'eucalyptus et 2 gouttes d'huile essentielle de citron mélangées à 1 cuiller à café d'huile végétale. Appliquer un linge imbibé d'eau fraîche sur la tête du malade, et le changer très souvent.

Pendant les 48 heures suivantes, faire prendre plusieurs douches froides chaque jour et humidifier régulièrement le corps du patient avec une éponge. Frotter ses jambes et ses bras pour faire circuler le sang. L'encourager à boire plus de 3 litres d'eau fraîche, jamais glacée. Ajouter ½ cuiller à café de sel dans chaque litre d'eau.

INSOMNIE

Souffrir d'insomnie, ce n'est pas passer une nuit blanche de temps en temps, c'est perdre le sommeil régulièrement et pendant de longues périodes. Si vous avez du mal à vous endormir, ne restez pas couché à vous tourner et à vous retourner dans votre lit. Prenez les choses calmement, lisez un livre, buvez un lait chaud ou une tisane de camomille. Qu'elles soient présentes dans une huile de massage ou dans un bain, dans un diffuseur ou un désodorisant, les huiles essentielles vous aideront aussi à passer une bonne nuit.

Pour le traitement de l'insomnie chez le sujet jeune, voir Enfant et bébé, p. 203.

Huiles essentielles

Camomille lavande, marjolaine et sauge sclarée.

HUILE « BRAS DE MORPHÉE »

1 cuiller à soupe d'huile de pépins de raisin • 6 gouttes d'huile essentielle de lavande • 6 gouttes d'huile essentielle de sauge sclarée • 4 gouttes d'huile essentielle de marjolaine ou de camomille

Verser tous les ingrédients dans un petit flacon et agiter vigoureusement. Laisser reposer quatre jours avant utilisation, afin que les différentes substances amplifient leurs effets par synergie.

Il est également possible d'ajouter toutes ces huiles essentielles dans de l'alcool ou dans de l'eau pour profiter de leurs bienfaits dans un désodorisant ou un brûle-parfum.

Traitement

Avec quelques gouttes de produit, masser les tempes et la base du cou.

Boire à petites gorgées une infusion de camomille tout en prenant un bain chaud (pas trop !), dans lequel auront été ajoutées 2 cuillers à café de produit. Remuer l'eau pour bien disperser et rester 30 minutes dans la baignoire, en se massant le corps à l'aide des gouttelettes en suspension dans la peau.

Après une douche, mettre un peu de produit dans le creux des mains et effectuer un massage corporel, lorsque la peau est encore humide.

INTERTRIGO

Ce terme médical barbare n'a rien à voir avec les mathématiques ! Il désigne une infection d'origine bactérienne qui se développe dans l'aine et au niveau des plis des seins, autant d'endroits où la peau est en frottement permanent. Pour soigner l'inflammation à l'aide d'huiles essentielles, il vous faudra acheter au préalable un peu de talc. Demandez conseil à votre pharmacien.

Huiles essentielles

Lavande, romarin et tea-tree.

POUDRE DE SOIN DE L'INTERTRIGO

½ verre de talc • ½ verre de farine de maïs • 20 gouttes d'huile essentielle de tea-tree • 20 gouttes d'huile essentielle de lavande • 20 gouttes d'huile essentielle de romarin

Dans un récipient, verser le talc et la farine de maïs, puis ajouter les huiles essentielles goutte après goutte, en remuant constamment pour éviter la formation de grumeaux. Conserver dans un sachet sous vide.

Traitement

Verser 4 gouttes d'huile essentielle de tea-tree dans un bol d'eau chaude. Tremper un morceau de coton et nettoyer soigneusement la région infectée deux à trois fois par jour. Sécher en tamponnant légèrement avec un linge très doux. Après chaque lavage, talquer avec un peu de poudre.

IRRITATIONS CUTANÉES voir Urticaire.

LARYNGITE voir Voies respiratoires.

LEUCORRHÉE

Il s'agit du nom savant désignant les fameuses pertes blanches, dont souffrent un grand nombre de femmes.

Huiles essentielles

Lavande et myrrhe.

DOUCHE VAGINALE « SOIN DE LA LEUCORRHÉE »

1 cuiller à café de vinaigre de cidre • 1 goutte d'huile essentielle de lavande • 1 goutte d'huile essentielle de myrrhe • 2 verres d'eau chaude

Mélanger les huiles dans le vinaigre de cidre. Laisser reposer quelques minutes pour laisser aux produits le temps de se dissoudre.

Traitement

Juste avant d'effectuer la toilette intime, verser le produit dans une poire vaginale remplie d'eau tiède. Agiter avant utilisation.

À noter

La poire contenant le remède devra toujours être bien agitée avant utilisation. À défaut, les huiles essentielles risqueraient d'irriter la muqueuse vaginale.

LÈVRES voir L'aromathérapie au quotidien, Les lèvres, p. 377.

LUMBAGO voir Dos.

MALADIE DE RAYNAUD

Affectant surtout les femmes jeunes, elle touche principalement les doigts et les orteils. Lors des crises particulièrement graves, le bleuissement et le fourmillement s'étendent parfois aux mains et aux pieds. De causes mal connues, la maladie de Raynaud affecte le système circulatoire dans les petits vaisseaux sanguins. Elle est déclenchée par le froid et favorisée par les chocs affectifs. Avec le port de moufles ou de gants, la prévention constitue le meilleur traitement. Les bains ou les massages à l'aide d'huiles essentielles soulageront les symptômes de la maladie, en particulier les fourmillements ou la sensation de brûlure.

Voir aussi Circulation sanguine, p. 176.

Huiles essentielles

Géranium, muscade, poivre et romarin.

HUILE DE BAIN « SOIN DE LA MALADIE DE RAYNAUD »

1 cuiller à café d'huile végétale • 5 gouttes d'huile essentielle de poivre • 3 gouttes d'huile essentielle de romarin • 2 gouttes d'huile essentielle de géranium

Mélanger tous les ingrédients dans un petit flacon et agiter vigoureusement.

Traitement

Faire couler un bain tiède ou chaud. Une fois dans la baignoire, ajouter le produit en agitant l'eau pour bien disperser les substances actives. Effectuer un massage corporel à l'aide des gouttelettes en suspension, en insistant particulièrement sur les mains et sur les pieds.

Il est également possible de soigner la maladie de Raynaud en prenant des bains de mains ou de pieds. Pour la description de ce soin, voir L'aromathérapie pratique, Les méthodes de A à Z, p. 468.

À noter

Les personnes atteintes de la maladie de Raynaud perdent la perception des températures. Elles utiliseront donc un thermomètre lorsqu'elles prendront un bain ou un bain de pieds.

Huile de massage « soin de la maladie de Raynaud »
2 cuillers à soupe d'huile d'amande douce • 1 cuiller à soupe d'huile infusée de millepertuis • 20 gouttes d'huile essentielle de romarin • 10 gouttes d'huile essentielle de poivre • 10 gouttes d'huile essentielle de muscade • 5 gouttes d'huile essentielle de géranium

Mélanger les huiles essentielles dans un petit flacon et agiter vigoureusement. Laisser reposer quatre jours avant utilisation, afin que les différentes substances amplifient leurs effets par synergie.

Traitements

Pour un massage, verser 1 cuiller à café de produit dans un petit bol rempli d'eau tiède.

Pour un bain ou un bain de pieds, verser 2 cuillers à café de produit dans l'eau chaude. Agiter pour bien disperser les huiles essentielles, puis rester 30 minutes dans la baignoire, en utilisant les gouttelettes en suspension pour masser le corps.

Mettre ½ cuiller à café de produit dans le creux des mains et effectuer un massage corporel après la douche, lorsque la peau est encore humide.

Maladie des jambes remuantes

Les symptômes ce que l'on appelle communément les « impatiences » apparaissent généralement une heure avant de se mettre au lit. Les muscles de la jambe sont subitement pris de secousses involontaires. En se contractant, ils déclenchent des mouvements irrépressibles de la jambe qui s'accompagnent de douleurs désagréables, de picotements et de fourmillements. Un peu d'exercice physique quotidien stimulera votre circulation sanguine, ce qui devrait suffire à calmer vos impatiences. Les massages à l'aide d'huiles essentielles vous procureront un réel soulagement. Dans certains cas, ils peuvent même suffire à venir à bout du problème.

Huiles essentielles

Gingembre, lavande, marjolaine, muscade, poivre et romarin.

HUILE DE SOIN DES IMPATIENCES

4 cuillers à soupe d'huile de pépins de raisin • 30 gouttes d'huile essentielle de romarin • 20 gouttes d'huile essentielle de marjolaine • 10 gouttes d'huile essentielle de lavande • 10 gouttes d'huile essentielle de poivre ou de gingembre

Mélanger les huiles essentielles dans un petit flacon et agiter vigoureusement. Laisser reposer quatre jours avant utilisation, afin que les différentes substances amplifient leurs effets par synergie.

Traitements

Après la douche ou le bain du soir, juste avant de se mettre au lit, chauffer légèrement 1 cuiller à café de produit, puis masser les jambes en allant des chevilles jusqu'au sommet des cuisses. Les gestes devront être bien appuyés.

MALADIE KYSTIQUE DES SEINS

Ses symptômes sont des nodules ou des kystes de taille et de localisation variables qui apparaissent sur les seins. Parfois enflés, douloureux et lisses au toucher, les nodules s'observent généralement lors du syndrome prémenstruel, sans doute à cause du changement de l'équilibre hormonal dans le corps. Ils disparaissent souvent à la ménopause, sauf en cas de traitement spécifique. Consultez votre médecin pour un examen. Si vous avez plus de 35 ans et que vous souffriez déjà de ce problème, faites une mammographie.

Huiles essentielles

Camomille, cyprès, géranium et lavande.

À noter

L'huile essentielle de primevère possède un puissant effet sur les nodules des seins.

CRÈME DE MASSAGE DES SEINS

3 cuiller à soupe d'huile de coco ou de coprah (ou d'huile végétale solide quelconque) • 2 cuillers à café d'huile de pépins de raisin • 30 gouttes d'huile essentielle de camomille • 10 gouttes d'huile essentielle de lavande • 10 gouttes d'huile essentielle de géranium

Chauffer l'huile de coco et l'huile de pépins de raisin au bain-marie. Quand le mélange a refroidi mais qu'il est encore liquide, ajouter les huiles essentielles. Verser dans un petit pot. Secouer de temps en temps jusqu'à solidification complète.

Traitements

Masser les seins deux fois par jour à l'aide d'un peu de crème.

Appliquer des fomentations (voir L'aromathérapie pratique, Les méthodes de A à Z, p. 468) en utilisant 6 à 8 gouttes d'huiles essentielles de camomille et de lavande.

MAL DE GORGE voir Voies respiratoires.

MAL DE L'AIR voir L'aromathérapie au quotidien, p. 353.

MAL DE TÊTE

Même si les deux termes sont souvent confondus, un simple mal de tête n'a rien à voir avec une migraine (voir p. 263), laquelle entraîne une sensation douloureuse aiguë affectant la moitié du crâne. Si vous avez sans raison des maux de tête fréquents et persistants, allez consulter un médecin pour un check-up. L'origine de votre mal peut aller d'une simple indigestion à une affection grave du cerveau, en passant par un simple problème de vue.

Huiles essentielles

– *Mal de tête d'origine nerveuse.* Lavande, marjolaine et menthe poivrée.

– *Mal de tête lié à un problème digestif.* Menthe poivrée.

HUILE DE SOIN DES MAUX DE TÊTE

1 cuiller à soupe d'huile de pépins de raisin • 8 gouttes d'huile essentielle de lavande • 5 gouttes d'huile essentielle de marjolaine • 3 gouttes d'huile essentielle de menthe poivrée

Verser tous les ingrédients dans un petit flacon et agiter vigoureusement. Laisser reposer quatre jours avant utilisation, afin que les différentes substances amplifient leurs effets par synergie.

Il est également possible d'ajouter toutes ces huiles essentielles dans de l'alcool ou dans de l'eau pour profiter de leurs bienfaits dans un désodorisant ou un diffuseur.

Traitements

Masser les tempes et la nuque avec un peu d'huile. Veiller à ce que le produit n'entre jamais en contact dans les yeux.

Dans un bain tiède, verser 2 cuillers à café d'huile et agiter l'eau pour bien disperser le produit. Rester 30 minutes dans la baignoire, en inhalant les vapeurs d'huiles essentielles. Se masser la nuque et le front avec les gouttelettes en suspension.

SELS DE SOIN DES MAUX DE TÊTE NERVEUX

3 cuillers à soupe de vinaigre de cidre • 30 gouttes d'huile essentielle de lavande • 20 gouttes d'huile essentielle de romarin • 15 gouttes d'huile essentielle de menthe poivrée • 15 gouttes d'huile essentielle de marjolaine

Mélanger tous les ingrédients dans un flacon opaque en verre, et agiter vigoureusement. Laisser reposer une semaine, en remuant tous les jours. Passer ensuite le produit dans un filtre à café en papier et ajouter 2 cuillers à soupe d'eau distillée. Conserver au frais et dans un endroit sombre.

Traitement

Pour soulager une migraine ou faire baisser la tension nerveuse, porter tout simplement le flacon de sels sous les narines et respirer profondément l'odeur des huiles essentielles.

À noter

L'alternance de bains de pieds froids et chauds soulage souvent les maux de tête. L'inhalation est également très efficace. Dans ce cas, mélanger 2 gouttes d'huile essentielle de lavande ou de marjolaine à 2 cuillers à soupe de vinaigre bien chaud.

MAL DE TÊTE LIÉ À UN PROBLÈME DIGESTIF

Résultant d'une intolérance alimentaire ou d'une indigestion, c'est la forme la plus bénigne de céphalée.

Traitements

Dans un bol, verser 1 cuiller à café d'huile de pépins de raisin et 2 gouttes d'huile essentielle de menthe poivrée. Utiliser ce produit pour masser le ventre et l'abdomen.

Faire une inhalation d'huile essentielle de menthe poivrée.

Dans un récipient, mélanger 1 cuiller à café d'huile végétale et 8 gouttes d'huile essentielle de menthe poivrée. Verser le produit dans la baignoire et agiter la surface de l'eau tiède pour bien disperser le produit. Rester 30 minutes dans le bain, en massant le bas du dos, l'estomac et l'abdomen avec les gouttelettes d'huile en suspension.

MAMELON voir Grossesse et accouchement.

MAUVAISE HALEINE

En général, ce problème à la fois gênant et désagréable est dû à une ou plusieurs dents en mauvais état. La meilleure façon d'y remédier consiste tout simplement à prendre rendez-vous chez le dentiste… Mais une haleine chargée peut aussi provenir d'un estomac barbouillé ou d'une sécrétion insuffisante de sucs gastriques. Les recettes suivantes de bains de bouche amélioreront considérablement la situation. Non contents de rafraîchir votre haleine, ils élimineront les bactéries, les éventuelles infections fongiques, et amélioreront l'état de santé général de vos gencives. Je vous conseille aussi de mettre un peu de dentifrice sur votre langue et de la gratter doucement après chaque brossage de dents.

Huiles essentielles

Citron, girofle, menthe poivrée, lavande, myrrhe, tea-tree et thym.

Bain de bouche express

Voilà un bain de bouche qui rafraîchira instantanément votre haleine : dans un verre d'eau, versez 1 cuiller à soupe de vinaigre de cidre et ajoutez 1 goutte d'huile essentielle de menthe poivrée ou d'huile essentielle de girofle.

BAIN DE BOUCHE « GOÛT MYRRHE »

1/3 de verre d'eau-de-vie • 2 cuillers à soupe de vinaigre de cidre • 1 cuiller à café de miel • 10 gouttes d'huile essentielle de menthe poivrée • 3 gouttes d'huile essentielle de girofle • 1 cuiller à café de teinture de myrrhe ou 5 gouttes d'huile essentielle de myrrhe • 1 cuiller à café de glycérine

Verser tous les ingrédients dans un flacon et laisser reposer une semaine, en remuant fréquemment. Avant utilisation, passer le produit dans un filtre à café.

Traitement

La myrrhe a la vertu de soigner les ulcères buccaux. Ajouter 1 cuiller à café de bain de bouche dans ½ verre d'eau chaude, se rincer plusieurs fois la bouche et recracher.

BAIN DE BOUCHE « GOÛT CITRON-MENTHE »

6 cuillers à soupe de vodka ou d'eau-de-vie • 1 goutte d'huile essentielle de thym • 5 gouttes d'huile essentielle de citron • 5 gouttes d'huile essentielle de menthe poivrée • 2 gouttes d'huile essentielle de lavande • 2 gouttes d'huile essentielle de tea-tree • 1 cuiller à café de glycérine

Verser tous les ingrédients dans un flacon et laisser reposer une semaine, en l'agitant fréquemment. Avant utilisation, passer le produit dans un filtre à café.

Traitement

Ce bain de bouche va purifier votre bouche et rafraîchir votre haleine. Il favorisera également la résorption des petites ulcérations buccales.

Verser 1 cuiller à café de produit dans ½ verre rempli d'eau chaude. Se rincer la bouche plusieurs fois et recracher.

MÉNOPAUSE

Les premiers symptômes apparaissent un à trois ans avant l'interruption des règles et de l'ovulation. Ils peuvent perdurer au-delà pendant la même durée. La ménopause constitue l'un des changements biologiques les plus importants dans la vie d'une femme. Ses symptômes sont bien connus : sautes d'humeur, bouffées de chaleur, transpiration, déshydratation de la peau et dessèchement de la muqueuse vaginale. Ils peuvent s'accompagner d'insomnie, d'anxiété, de diminution de la libido et de prise de poids.

La ménopause est d'autant plus stressante et difficile à vivre qu'elle vient parfois se surajouter à d'autres changements majeurs, comme le départ de la maison des enfants, par exemple. Mais il semble qu'elle ne soit pas une malédiction… De nombreuses femmes asiatiques, qui connaissent moins ces symptômes que les femmes occidentales, sont là pour en témoigner. Leur alimentation riche en soja seraitelle responsable ? Quoi qu'il en soit, l'aromathérapie vous apportera déjà un grand soulagement.

Huiles essentielles

Bergamote, géranium et sauge sclarée.

HUILE RÉGULATRICE DE BAIN ET DE MASSAGE

4 cuillers à soupe d'huile d'amande douce • 20 gouttes d'huile de graine de bourrache • 20 gouttes d'huile essentielle de sauge sclarée • 20 gouttes d'huile essentielle de géranium • 15 gouttes d'huile essentielle de bergamote

Mélanger les huiles essentielles dans un petit flacon et agiter vigoureusement. Laisser reposer quatre jours avant utilisation, afin que les différentes substances amplifient leurs effets par synergie.

Traitements

Pour un massage du ventre et du bas du dos, verser 1 cuiller à café de produit dans un petit bol d'eau chaude.

Pour un bain ou un bain de pieds, utiliser 2 cuillers à café de produit. Agiter l'eau pour bien disperser les substances actives, puis rester 30 minutes dans la baignoire, en utilisant les gouttelettes en suspension pour effectuer un massage corporel.

Après la douche, verser un peu de produit dans le creux des mains et masser le corps encore humide.

BOUFFÉES DE CHALEUR

C'est l'un des symptômes les plus désagréables de la ménopause. Répétées, les bouffées de chaleur peuvent devenir très gênantes.

Huiles essentielles

Cyprès, géranium, lime et sauge sclarée.

HUILE DE BAIN ET DE MASSAGE
« SOIN DES BOUFFÉES DE CHALEUR »

4 cuillers à soupe d'huile d'amande douce • 20 gouttes d'huile de graine de bourrache • 20 gouttes d'huile essentielle de sauge sclarée • 20 gouttes d'huile essentielle de géranium • 15 gouttes d'huile essentielle de cyprès

Mélanger les huiles essentielles dans un petit flacon et agiter vigoureusement. Laisser reposer quatre jours avant l'emploi, afin que les différentes substances amplifient leurs effets par synergie.

Traitements

Mêmes traitements qu'avec l'huile régulatrice de bain et de massage.

DÉPRESSION

Autre symptôme fréquent de la ménopause, le syndrome dépressif trouvera un soulagement certain si vous pratiquez régulièrement des massages aux huiles essentielles.

Huiles essentielles

Bergamote, sauge sclarée et ylang-ylang.

HUILE DE SOIN DU SYNDROME DÉPRESSIF

4 cuillers à soupe d'huile d'amande douce • 20 gouttes d'huile de graine de bourrache • 20 gouttes d'huile essentielle de sauge sclarée • 20 gouttes d'huile essentielle d'ylang-ylang • 15 gouttes d'huile essentielle de bergamote

Mélanger les huiles essentielles dans un petit flacon et agiter vigoureusement. Laisser reposer quatre jours avant utilisation, afin que les différentes substances amplifient leurs effets par synergie.

Traitements

Mêmes traitements qu'avec l'huile régulatrice de bain et de massage.

NERVOSITÉ ET SAUTES D'HUMEUR

Votre entourage ne cesse de vous dire que vous êtes facilement irritable, mais c'est plus fort que vous : impossible de vous contrôler ! Pas de panique, relaxez-vous dans un bon bain aromatique !

Huiles essentielles

Camomille, géranium et marjolaine.

HUILE RELAXANTE « HUMEUR APAISÉE »

4 cuillers à soupe d'huile d'amande douce • 20 gouttes d'huile de graine de bourrache • 20 gouttes d'huile essentielle de camomille • 20 gouttes d'huile essentielle de géranium • 15 gouttes d'huile essentielle de marjolaine

Mélanger les huiles essentielles dans un petit flacon et agiter vigoureusement. Laisser reposer quatre jours avant utilisation, afin que les différentes substances amplifient leurs effets par synergie.

Traitements

Mêmes traitements qu'avec l'huile régulatrice de bain et de massage.

MÉNORRAGIE voir Règles.

MICROTRAUMATISME RÉPÉTÉ

Vous tapez sur un clavier d'ordinateur toute la journée ? Vous êtes violoniste professionnel ou, plus généralement, vous êtes amené à répéter le même geste plusieurs dizaines de fois par jour ? Vous souffrez alors d'un mal proche de celui que connaissent les personnes atteintes de bursite, de tendinite ou du syndrome du canal carpien. Les régions du corps les plus fréquemment touchées par ces microtraumatismes répétés sont les poignets et les coudes. Après avoir identifié l'origine du problème, des massages fréquents des muscles les plus souvent sollicités permettront de prévenir l'apparition du problème.

Traitement

Voir Syndrome du canal carpien, p. 329.

MIGRAINE

Elle n'a rien à voir avec les maux de tête (voir p. 255) : la douleur est insupportable ; elle s'accompagne de battements ressentis essentiellement au niveau de la tempe et de la nuque. Certaines personnes souffrant de migraines ne peuvent plus supporter ni bruit, ni lumière. Elles sont prises de nausées et leur calvaire dure plusieurs jours.

L'origine de cette étrange maladie qui frappe 10 % de la population (et une femme sur quatre entre 30 et 40 ans) demeure mal connue. On pense que la migraine pourrait être liée à une allergie ou au stress.

Huiles essentielles

Lavande, marjolaine et menthe poivrée.

Traitement

Dans ce cas, l'aromathérapie est surtout utile à titre préventif, et ce pour une simple raison : un sujet migraineux ne supporte ni qu'on le touche, ni même l'odeur des huiles essentielles.

Des fomentations (voir L'aromathérapie pratique, Les méthodes de A à Z, p. 468) sur la nuque et la base du cou à l'aide d'huile essentielle de marjolaine peuvent apporter un soulagement au tout début d'une migraine, quand les vaisseaux sanguins commencent à se contracter, à condition bien sûr que le sujet supporte un tel traitement. Des compresses froides (voir L'aromathérapie pratique, Les méthodes de A à Z, p. 468) humectées d'huile essentielle de lavande et/ou de menthe poivrée apporteront un certain réconfort lorsque ces mêmes vaisseaux se dilateront.

Pour un bain de pieds, ajouter dans l'eau froide 5 gouttes d'huile essentielle de lavande et 5 gouttes d'huile essentielle de menthe poivrée. Agiter l'eau pour bien disperser le produit et laisser les pieds immergés pendant 15 minutes. Respirer profondément les vapeurs d'huiles essentielles pour évacuer le stress.

Deux conseils contre la migraine

Consultez un médecin spécialiste des intolérances alimentaires.
Suivez un stage de gestion du stress.

MONONUCLÉOSE

Il s'agit d'une infection des glandes qui affecte souvent les adolescents et les jeunes adultes à la suite de leurs premiers émois amoureux. La mononucléose infectieuse est causée par le virus d'Epstein-Barr, appartenant à la grande famille des virus de l'herpès. Après la phase aiguë, les symptômes de cette maladie bénigne sont une fatigue extrême et une léthargie qui peuvent durer plusieurs mois. Pour le traitement de la mononucléose infectieuse, voir Myasthénie, p. 270.

MORSURE ET PIQÛRE

En été, soyez prévoyant quand vous allez vous balader dans la campagne ou lorsque vous allez vous baigner ! Voici une « trousse de secours » contre les piqûres d'insectes et les morsures d'animaux : un petit flacon d'huile essentielle de lavande, un autre d'essence de tea-tree, un pulvérisateur rempli de vinaigre, éventuellement un peu de bicarbonate de soude. Elle ne prendra guère de place dans votre sac, mais vous serez bien paré pour affronter toutes les bestioles indésirables qui peuvent passer en travers de votre chemin !

MORSURE DE CHIEN

Huiles essentielles

Lavande et tea-tree.

Même s'il n'y a pas de plaie ou de saignement, nettoyez immédiatement et soigneusement la morsure avec de l'eau à laquelle vous aurez ajouté 4 gouttes d'huile essentielle de tea-tree ou d'huile essentielle de lavande. Tamponnez ensuite la morsure avec un linge propre humecté d'huile essentielle de tea-tree. Faites un pansement si nécessaire.

Si les dents de l'animal ont pénétré dans la chair, allez immédiatement à l'hôpital pour recevoir les soins d'urgence qui s'imposent.

MORSURE DE SERPENT

Traitement

- Essayer de savoir de quelle espèce il s'agit.
- Appeler immédiatement des secours.
- Asperger la morsure d'huile essentielle de lavande.
- Faire un garrot ferme, mais pas trop serré quand même, sur le membre touché avec ce qui vous tombe sous la main.
- Rester calme et immobile.

PIQÛRE D'ABEILLE

Huiles essentielles

Camomille et lavande.

Traitement

Retirer soigneusement le dard en grattant latéralement, jamais en tirant dessus avec une pince à épiler par exemple. Si vous craignez une réaction allergique, rendez-vous immédiatement à l'hôpital ou à la pharmacie la plus proche.

Dans 1 cuiller à café de bicarbonate de soude, verser 1 goutte d'huile essentielle de camomille et 1 goutte d'huile essentielle de lavande. Cela devrait suffire à réaliser une pâte qui sera appliquée sur la piqûre. Renouveler l'opération toutes les heures.

PIQÛRE D'ARAIGNÉE

Huile essentielle

Lavande.

Traitement

Dans 1 cuiller à café de vinaigre, ajouter 5 gouttes d'huile essentielle de lavande.

Dans un pays tropical, l'araignée peut appartenir à une espèce venimeuse. Dans ce cas, tentez d'identifier l'animal, demandez du secours et allez à l'hôpital le plus proche. En attendant, tamponnez la piqûre avant de l'huile essentielle de lavande.

PIQÛRE DE GUÊPE

Huile essentielle

Lavande.

Traitement

Dans 1 cuiller à café de vinaigre, ajouter 8 gouttes d'huile essentielle de lavande. Tamponner la région douloureuse de manière à contrarier l'alcalinité du venin. Le bouton dégonflera et l'inflammation disparaîtra progressivement.

PIQÛRE DE MÉDUSE

Les méduses ne sont jamais très dangereuses en Europe, sauf si vous êtes allergique à leur venin et, bien sûr, quand elles infestent les rivages en très grand nombre. En revanche, leur piqûre peut se révéler mortelle des certaines eaux chaudes de l'hémisphère Sud. Demandez conseil aux autochtones et, si vous ne voyez personne dans l'eau, méfiance !

Huile essentielle
Lavande.

Traitement
Faire couler un mince filet de vinaigre sur la piqûre pendant au moins 30 secondes, puis appliquer l'huile essentielle de lavande. L'idéal est de mettre de la glace sur l'inflammation pour soulager la sensation douloureuse.

Si vous suspectez une allergie, ou si vous avez été sévèrement piqué en traversant un banc de méduses, rendez-vous d'urgence à l'hôpital le plus proche.

PIQÛRE DE MOUSTIQUE ET DE PUCE

Dans certains pays tropicaux, les moustiques peuvent être porteurs de différentes maladies infectieuses, d'origine virale ou parasitaire, comme la dengue, le paludisme et certaines formes d'encéphalite.

- Quand vous traversez des zones à risque, comme des régions marécageuses ou des forêts, protégez-vous en restant toujours bien couvert (bras, jambes et pieds). Évitez parfums et vêtements sombres qui attirent les moustiques.
- Évitez de sortir au crépuscule et la nuit.
- Quand vous sortez, appliquez toujours sur votre peau un répulsif contre les insectes.
- Dormez toujours sous une moustiquaire ; n'allumez pas la lumière avant d'avoir baissé les filtres antimoustiques des fenêtres.

Huile essentielle
Lavande.

Traitement
Appliquer de l'huile essentielle de lavande aussi souvent que nécessaire, c'est-à-dire jusqu'à disparition complète de la sensation douloureuse et des démangeaisons.

Prévenir plutôt que guérir

RÉPULSIF ANTIMOUSTIQUE

40 gouttes d'huile essentielle de lavande • 40 gouttes d'huile essentielle de citronnelle • 30 gouttes d'huile essentielle de menthe poivrée • ¼ verre de vinaigre de cidre ou d'eau distillée d'hamamélis • ¼ verre d'huile de paraffine

Verser tous les ingrédients dans un petit flacon et agiter vigoureusement. Laisser reposer quatre jours avant utilisation, afin que les différentes substances amplifient leurs effets par synergie.

Traitement

Enduire les membres ainsi que le visage, en faisant attention de ne pas s'en mettre dans les yeux.

C'est la seule fois que je vous suggère d'appliquer de l'huile de paraffine sur la peau. Mais j'ai une bonne raison pour cela : absorbée lentement par la peau, bien moins vite que l'huile de pépins de raisin par exemple, elle prolongera d'autant le pouvoir répulsif antimoustiques des huiles essentielles de lavande, de citronnelle et de menthe poivrée.

MUCOVISCIDOSE

Les premiers symptômes de cette maladie congénitale tristement célèbre apparaissent dans l'enfance ou au début de l'adolescence. Ils touchent à la fois les systèmes digestif (incapacité d'assimiler les graisses) et respiratoire (sécrétions bronchiques en quantités excessives). Les traitements médicaux actuels, lourds et intensifs, permettent seulement de minimiser les terribles effets de la maladie.

Plusieurs parents d'enfants atteints de mucoviscidose se sont aperçus que certaines méthodes de physiothérapie ou de phytothérapie, quand elles sont entreprises très tôt, pouvaient faciliter l'expectoration des sécrétions bronchiques. Les huiles essentielles, par ailleurs capables de protéger des infections pulmonaires, seront ici d'un apport précieux. Les essences figurant ci-dessous agiront tantôt sur le système respiratoire, tantôt sur le système immunitaire, le tractus digestif, le foie ou la vésicule biliaire.

Huiles essentielles

Camomille, encens, eucalyptus, lavande, ravensare, romarin et tea-tree.

Traitement

Dans les remèdes conseillés, les concentrations en huiles essentielles sont inférieures à 1 %, c'est-à-dire qu'ils sont adaptés à de jeunes enfants. Pour augmenter les dosages de produits actifs en fonction de l'âge du malade, voir Enfant et bébé (p. 203). Je vous recommande aussi de varier les huiles essentielles, afin de minimiser les risques éventuels d'une utilisation sur une période prolongée : après 3 semaines d'utilisation de l'huile « A », passez à l'huile « B » durant la même période, et ainsi de suite.

HUILE « A » POUR L'ENFANT ATTEINT DE MUCOVISCIDOSE

2 cuillers à soupe d'huile d'olive • 3 cuillers à soupe d'huile d'amande douce • 6 gouttes d'huile essentielle de lavande • 6 gouttes d'huile essentielle de camomille ou de ravensare • 4 gouttes d'huile essentielle de tea-tree • 2 gouttes d'huile essentielle de romarin

Verser tous les ingrédients dans un petit flacon et agiter vigoureusement. Laisser reposer quatre jours avant utilisation, afin que les différentes substances amplifient leurs effets par synergie.

HUILE « B » POUR L'ENFANT ATTEINT DE MUCOVISCIDOSE

2 cuillers à soupe d'huile d'olive • 3 cuillers à soupe d'huile d'amande douce • 6 gouttes d'huile essentielle d'encens • 6 gouttes d'huile essentielle de lavande • 3 gouttes d'huile essentielle d'eucalyptus • 3 gouttes d'huile essentielle de romarin

Verser tous les ingrédients dans un petit flacon et agiter vigoureusement. Laisser reposer quatre jours avant utilisation, afin que les différentes substances amplifient leurs effets par synergie.

Traitements

Pour un massage du dos ou de la poitrine, verser 1 cuiller à café de produit dans un bol rempli d'eau tiède. Si l'enfant ne le supporte pas, masser seulement ses pieds ou ses mains. Les substances actives des huiles essentielles pénétreront également dans son sang et agiront de façon identique.

Il est également possible d'ajouter toutes ces huiles essentielles dans de l'alcool ou dans de l'eau pour profiter de leurs bienfaits dans un désodorisant ou un brûle-parfum.

MUGUET voir Candidose.

MYASTHÉNIE

On l'appelle aussi parfois encéphalite myalgique. Mais, quel que soit le nom qu'on lui donne, le résultat est le même : fatigue chronique, déclin de la contraction musculaire des membres et du visage, avec chute fréquente des paupières. La myasthénie est profondément démoralisante. Elle affaiblit le sujet et crée un profond sentiment d'accablement. Jusqu'aux années 1980, cette maladie n'était même pas considérée comme telle par le corps médical ! Si ce n'est heureusement plus le cas aujourd'hui, les causes du syndrome restent incertaines : on pense que la myasthénie pourrait être d'origine virale. Par ailleurs, l'observation clinique a montré que les symptômes s'atténuaient avec les années. Les traitements médicaux actuels visent essentiellement à améliorer l'état de santé général du malade et à renforcer son système immunitaire.

L'aromathérapie a sa carte à jouer dans le traitement de la myasthénie. Les massages soulageront les douleurs musculaires.

Ils calmeront également les états dépressifs et stimuleront le système immunitaire. Les trois préparations ci-dessous devront être essayées.

Huiles essentielles

– *États dépressifs.* Lavande, pamplemousse, santal et ylang-ylang.

– *Douleurs musculaires.* Bergamote, gingembre, marjolaine et poivre.

– *Action antivirale et immunostimulante.* Bois de rose, cannelle, thym et tea-tree.

HUILE « REVIGORANTE »

3 cuillers à soupe d'huile de pépins de raisin • 20 gouttes d'huile essentielle de bergamote ou de lavande • 15 gouttes d'huile essentielle de pamplemousse • 15 gouttes d'huile essentielle d'ylang-ylang ou de santal

Verser tous les ingrédients dans un petit flacon et agiter vigoureusement. Laisser reposer quatre jours avant utilisation, afin que les différentes substances amplifient leurs effets par synergie.

Il est également possible d'ajouter toutes ces huiles essentielles dans de l'alcool ou dans de l'eau pour profiter de leurs bienfaits dans un désodorisant ou un brûle-parfum.

Traitements

Pour un massage corporel, verser 1 cuiller à café de produit à la surface d'un bol rempli d'eau tiède.

Pour un bain ou un bain de pieds, verser 2 cuillers à café de produit, puis laisser le malade 30 minutes dans l'eau en le massant avec les gouttelettes en suspension pour bien faire pénétrer les substances actives dans sa peau.

Mettre un peu de produit dans le creux de vos mains et masser l'ensemble du corps après la douche, lorsque la peau du malade est encore humide.

HUILE « RÉCONFORT DES MUSCLES »
3 cuillers à soupe d'huile de pépins de raisin • 20 gouttes d'huile de graine de bourrache • 20 gouttes d'huile essentielle de bergamote • 15 gouttes d'huile essentielle de marjolaine • 10 gouttes d'huile essentielle de gingembre • 5 gouttes d'huile essentielle de poivre

Verser tous les ingrédients dans un petit flacon et agiter vigoureusement. Laisser reposer quatre jours avant utilisation, afin que les différentes substances amplifient leurs effets par synergie.

Il est également possible d'ajouter toutes ces huiles essentielles dans de l'alcool ou dans de l'eau pour profiter de leurs bienfaits dans un désodorisant ou un brûle-parfum.

Traitements

Pour un massage corporel, verser 1 cuiller à café de produit à la surface d'un bol rempli d'eau tiède.

Pour un bain ou un bain de pieds, verser 2 cuillers à café de produit, puis laisser le malade 10 à 15 minutes dans l'eau en le massant avec les gouttelettes en suspension pour bien faire pénétrer les substances actives dans sa peau.

Mettre un peu de produit dans le creux de vos mains et masser l'ensemble du corps après la douche, lorsque la peau du malade est encore humide.

À noter

Une douche ou un bain chauds, ainsi que l'application d'un bandage chaud, soulagent souvent la douleur musculaire des malades atteints de myasthénie.

COUP DE POUCE IMMUNOSTIMULANT ET ANTIVIRAL
3 cuillers à soupe d'huile de pépins de raisin • 20 gouttes d'huile de graine de bourrache • 20 gouttes d'huile essentielle de bois de rose • 10 gouttes d'huile essentielle de thym •

10 gouttes d'huile essentielle de tea-tree • 10 gouttes d'huile essentielle de cannelle

Verser tous les ingrédients dans un petit flacon et agiter vigoureusement. Laisser reposer quatre jours avant utilisation, afin que les différentes substances amplifient leurs effets par synergie.

Il est également possible d'ajouter toutes ces huiles essentielles dans de l'alcool ou dans de l'eau pour profiter de leurs bienfaits dans un désodorisant ou un brûle-parfum.

Traitements

Pour un massage corporel, verser 1 cuiller à café de produit à la surface d'un bol rempli d'eau tiède.

Pour un bain ou un bain de pieds, verser 2 cuillers à café de produit, puis laisser le malade 10 à 15 minutes dans l'eau en le massant avec les gouttelettes en suspension pour bien faire pénétrer les substances actives dans sa peau.

Mettre un peu de produit dans le creux de vos mains et masser l'ensemble du corps après la douche, lorsque la peau du malade est encore humide.

NAUSÉE

La nausée est cette horrible envie de vomir qui nous saisit à la vue d'un spectacle insoutenable ou lorsqu'une odeur putride parvient aux narines. L'estomac se soulève également après un repas trop copieux ou trop arrosé, en cas de migraine (voir p. 263) ou de fièvre (voir p. 221), lors d'un trajet en avion ou en voiture (voir L'aromathérapie au quotidien, En voyage, p. 438), ainsi qu'en début de grossesse (voir p. 228).

Huiles essentielles

Menthe poivrée et lavande.

Traitements

Versez 2 gouttes d'huile essentielle de menthe poivrée ou de lavande dans un sachet en papier, puis mettez-le sous vos narines en inhalant profondément. À défaut, versez 1 goutte d'huile essentielle dans le creux de vos mains, frottez-les l'une contre l'autre, puis portez-les en coupe à votre visage en respirant profondément l'odeur de l'huile essentielle.

Dans un verre, versez 1 cuiller à café de miel et ajoutez 1 goutte d'huile essentielle de menthe poivrée. Remplissez d'eau chaude, mélangez avec une cuiller et buvez à petites gorgées.

Voir aussi Vomissement, p. 351.

NÉVRALGIE

C'est la douleur ressentie lorsqu'un nerf est atteint. La souffrance est très intense. Elle est particulièrement intolérable dans le cas d'une névralgie faciale, laquelle, comme son nom l'indique, touche le visage.

Huiles essentielles
Camomille, girofle, lavande et marjolaine.
Huile infusée
Millepertuis.

HUILE DE SOIN DE LA NÉVRALGIE
1 cuiller à soupe d'huile infusée de millepertuis ou d'huile de pépins de raisin • 6 gouttes d'huile essentielle de lavande • 6 gouttes d'huile essentielle de camomille • 4 gouttes d'huile essentielle de girofle ou de marjolaine

Mélanger les ingrédients dans un petit flacon et agiter vigoureusement.

Traitements
Masser la région douloureuse à l'aide de quelques gouttes de produit. Appliquer une compresse froide (voir L'aromathérapie pratique, Les méthodes de A à Z, p. 468) ou une fomentation (voir L'aromathérapie pratique, Les méthodes de A à Z, p. 468) en utilisant 1 goutte de chacune des huiles essentielles citées ou 4 gouttes de celle que vous estimez la plus efficace.

NEZ BOUCHÉ

C'est là un problème gênant, mais sans importance. Les huiles essentielles, avec leurs odeurs pénétrantes et leurs vertus expectorantes, viendront facilement à bout des nez les plus désespérément bouchés !

Huiles essentielles

Cajeput, eucalyptus, girofle, menthe poivrée, romarin, tea-tree et thym.

« DÉBOUCHEUR DE NEZ »

50 gouttes d'huile essentielle de cajeput • 50 gouttes d'huile essentielle d'eucalyptus • 25 gouttes d'huile essentielle de menthe poivrée • 15 gouttes d'huile essentielle de girofle • 10 gouttes d'huile essentielle de thym

Verser tous les ingrédients dans un petit flacon et agiter vigoureusement. Laisser reposer quatre jours avant utilisation, afin que les différentes substances amplifient leurs effets par synergie.

Il est également possible d'ajouter toutes ces huiles essentielles dans de l'alcool ou dans de l'eau pour profiter de leurs bienfaits dans un désodorisant ou un brûle-parfum.

Traitement

Asperger quelques gouttes sur un mouchoir et respirer l'arôme des huiles essentielles.

Pour une inhalation, utiliser 10 gouttes de produit.

À noter

Pour vous déboucher le nez, vous préférez utiliser d'autres huiles essentielles ? Pas de problème, à condition de respecter les proportions indiquées.

Obésité

Les personnes souffrant d'obésité sont unanimes : l'aromathérapie les a aidées à perdre du poids. Bien sûr, cette thérapie naturelle était secondaire par rapport à ce qui s'imposait à l'évidence : changer d'habitudes alimentaires et faire un peu plus d'exercice physique chaque jour.

Les huiles essentielles jouent également un rôle psychologique indéniable. Les utiliser, c'est prouver qu'on aime son corps et qu'on a envie d'avoir une bonne image de soi. C'est très important pour les personnes obèses, qui vivent mal leur état et le regard des autres. Elles doivent savoir qu'un phyto-aromathérapeute n'est pas là pour les juger, mais pour les aider. Si elles préfèrent pourtant s'abstenir de consulter un tel spécialiste, elles pourront toujours demander à un proche de leur faire un massage thérapeutique à l'aide d'herbes essentielles. Je leur conseille aussi de prendre des bains, car les substances actives présentes dans les huiles essentielles pénétreront de la même manière dans leur circulation sanguine. Les propriétés des essences recommandées ici se complètent les unes les autres : les unes sont diurétiques ou stimulantes, les autres réguleront les sécrétions hormonales.

Huiles essentielles

Citron, fenouil, genièvre, géranium, lavande, pamplemousse et romarin.

À noter

N'encombrez pas votre placard ou votre armoire à pharmacie ! Achetez vos huiles essentielles une à une. Prenez le temps de bien les connaître et de savoir les utiliser.
Et pourquoi ne pas sécher des herbes aromatiques, me direz-vous ? Ce serait une bonne idée… si les huiles essentielles qu'elles contiennent ne s'évaporaient dans la nature ! À défaut de saveur, il vous resterait seulement la couleur !

HUILE DE MASSAGE « SOIN DE L'OBÉSITÉ »
3 cuillers à soupe d'huile de pépins de raisin • 15 gouttes d'huile essentielle de lavande • 10 gouttes d'huile essentielle de citron • 10 gouttes d'huile essentielle de fenouil • 5 gouttes d'huile essentielle de romarin • 5 gouttes d'huile essentielle de géranium

Verser tous les ingrédients dans un petit flacon et agiter vigoureusement. Laisser reposer quatre jours avant utilisation, afin que les différentes substances amplifient leurs effets par synergie.

Traitement
Verser 1 ou 2 cuillers à café de produit dans un bol rempli d'eau tiède. Utiliser ce produit quotidiennement pour un massage ferme, en pétrissant les chairs.

HUILE DE BAIN ET DE MASSAGE CONTRE L'OBÉSITÉ
1 cuiller à café d'huile de pépins de raisin • 4 gouttes d'huile essentielle de genièvre • 3 gouttes d'huile essentielle de pamplemousse • 3 gouttes d'huile essentielle de cyprès

Mélanger tous les ingrédients dans un bol.

Traitements
Verser le produit dans une baignoire remplie d'eau tiède et agiter pour bien disperser les substances actives. S'enfoncer le plus possible dans l'eau. En utilisant les gouttelettes en suspension, masser fermement les bourrelets et pétrir les zones du corps où la cellulite s'est accumulée. Rester environ 30 minutes dans le bain. Pour un simple massage corporel, verser 1 goutte de chacune des huiles essentielles conseillées sur une serviette humide. Frictionner plusieurs minutes l'ensemble du corps, en évitant les gestes trop brusques susceptibles d'irriter la peau.

ŒDÈME

Le terme désigne une inflammation des tissus souscutanés ou sous-muqueux se traduisant par un gonflement diffus causé par la rétention de fluides. Lorsqu'il est généralisé, l'état de santé alarmant du malade indique un problème sérieux des reins ou du cœur nécessitant une hospitalisation immédiate. Les origines des œdèmes sont innombrables. Les formes les plus bénignes peuvent provenir pêle-mêle d'une entorse, du syndrome prémenstruel, plus souvent encore d'une station assise ou debout prolongée, d'une piqûre d'insecte, d'une chaleur excessive ou d'une réaction allergique. Si vous connaissez ce problème de temps en temps seulement et que vos œdèmes sont sans gravité, tournez-vous sans hésiter vers l'aromathérapie. En favorisant l'élimination des liquides accumulés dans vos cellules, les huiles essentielles vous apporteront un soulagement certain.

Traitements

– *Œdème lié au syndrome menstruel.* Prendre des bains ou faire des massages pendant huit à dix jours.

Huiles essentielles recommandées : fenouil, genièvre, géranium et romarin.

– *Œdème aux pieds ou aux chevilles.* Prendre des bains de pieds et garder juste après les jambes en position surélevée.

Huiles essentielles recommandées : citron, cyprès et pin.

– *Œdème consécutif à une entorse ou à une piqûre d'insecte.* Faire des applications de compresses glacées (voir L'aromathérapie pratique, Les méthodes de A à Z, p. 468).

Huiles essentielles recommandées : camomille et lavande.

– *Œdème lié à une réaction allergique.* Appliquer des compresses froides (voir L'aromathérapie pratique, Les méthodes de A à Z, p. 468).

Huiles essentielles recommandées : camomille, lavande et mélisse.

À noter

En cas d'urgence, rappelez-vous que l'huile essentielle de lavande est un remède passe-partout !

ŒIL AU BEURRE NOIR

Il y a bien sûr la fameuse escalope, mais son efficacité est par trop aléatoire ! Essayez plutôt l'aromathérapie !

Huiles essentielles

Camomille et lavande.

Traitement

Dans un bol, verser 1 goutte d'huile essentielle de camomille, 1 goutte d'huile essentielle de lavande et 2 cuillers à café d'eau distillée d'hamamélis. Ajouter un glaçon. Remuer jusqu'à ce que la glace ait complètement fondu. Couper un morceau de coton hydrophile d'une taille suffisante pour recouvrir l'œil. Tremper le coton dans le liquide obtenu, essorer afin qu'il ne goutte pas, puis l'appliquer doucement sur la paupière fermée. Renouveler l'opération dès que le produit a perdu sa fraîcheur.

Avertissement

Il est extrêmement important de garder l'œil fermé : le liquide ne doit jamais être en contact avec le globe oculaire.

OIGNON voir Pied.

OREILLONS

Cette maladie infantile bien connue est d'origine virale. L'une ou les deux parotides, glandes situées de chaque côté de la mâchoire, enflent et déclenchent d'intenses douleurs aux oreilles, ainsi qu'une légère fièvre accompagnée de maux de tête. L'inflammation peut être très pénible à supporter, surtout lorsque l'enfant doit manger et déglutir. Heureusement, les oreillons durent au plus une dizaine de jours. Pendant tout ce temps, le malade devra rester alité pour éviter d'éventuelles complications.

Huiles essentielles
Citron, lavande, niaouli et tea-tree.

HUILE « RÉCONFORT DES PAROTIDES »
1 cuiller à soupe d'huile d'olive • 2 gouttes d'huile essentielle de lavande • 2 gouttes d'huile essentielle de citron ou de niaouli • 1 goutte d'huile essentielle de tea-tree

Verser les ingrédients dans un petit flacon et agiter vigoureusement. Laisser reposer quatre jours avant utilisation, afin que les différentes substances amplifient leurs effets par synergie. Il est également possible d'ajouter toutes les huiles essentielles dans de l'alcool ou dans de l'eau pour profiter de leurs bienfaits dans un désodorisant ou un brûle-parfum.

Traitement
À l'aide d'un peu de produit, masser doucement les parotides et le cou de l'enfant. Pulvériser aussi le mélange d'huiles essentielles dans la chambre du malade. Pour réduire l'inflammation, appliquer des compresses froides (voir L'aromathérapie pratique, Les méthodes de A à Z, p. 468) sur les parotides enflées.

OTITE
Il convient de soigner sans tarder les otites, car l'inflammation peut devenir aiguë et s'étendre à l'oreille moyenne ou à l'oreille interne. Le remède conseillé convient parfaitement pour soigner une otite sans gravité causée par un courant d'air ou par une infection bénigne. Si les symptômes persistent, ou si vous souffrez d'inflammations chroniques, consultez un médecin. Pour soigner l'otite chez le sujet jeune, voir Enfant et bébé, p. 203.

Huiles essentielles
Ail et tea-tree.

Traitement

Faire chauffer (pas trop !) sous une flamme 1 cuiller à soupe d'huile d'olive dans laquelle auront été ajoutées 3 gouttes d'huile essentielle de tea-tree. À l'aide d'un compte-gouttes ou d'une pipette, déposer un peu de produit dans l'oreille, puis boucher le conduit auditif avec un peu de gaze. Répéter l'opération si nécessaire.

PALPITATIONS voir Cœur.

PANARIS

Cette infection très douloureuse se développe généralement autour ou sous l'ongle d'un doigt ou d'un orteil. La formation et la pression du pus réclament quelquefois une petite intervention chirurgicale afin d'ôter l'ongle. Cependant, un traitement précoce peut faire disparaître un panaris, rendant inutile une opération aussi radicale.

Huiles essentielles

Lavande, thym et tea-tree.

Traitement

Faire bouillir le contenu d'un verre d'eau pour détruire les germes éventuels. Quand la température de l'eau redevient supportable, ajouter 2 gouttes d'huile essentielle de tea-tree et 2 gouttes d'huile essentielle de thym. Agiter et tremper le doigt pendant quelques minutes. Sécher doucement et verser 1 goutte d'huile essentielle de lavande directement sur le panaris. Couvrir avec un pansement aéré ou une bande de gaze pas trop serrée. Renouveler le traitement trois fois par jour.

PARALYSIE

Selon les parties du corps atteintes de paralysie, on parle de paraplégie, de tétraplégie ou d'hémiplégie. La paraplégie concerne les deux membres inférieurs, la tétraplégie les quatre membres, l'hémiplégie frappant quant à elle la moitié du corps. Un massage aux huiles essentielles sera très bénéfique pour stimuler et tonifier des muscles gravement endommagés, mais il faudra le pratiquer régulièrement. C'est pourquoi je vous propose deux remèdes différents (huiles « A » et « B »), afin de pallier les risques éventuels de l'utilisation exclusive d'une seule huile essentielle sur une période prolongée. Vous pouvez, par exemple, alterner l'un et l'autre traitement chaque semaine.

Huiles essentielles

Basilic, benjoin, camomille, citron, lavande, marjolaine, menthe poivrée, orange, pamplemousse, poivre, romarin et sauge sclarée.

HUILE « A » DE MASSAGE DES MEMBRES

2 cuillers à soupe d'huile d'amande douce • 1 cuiller à soupe d'huile de jojoba • 20 gouttes d'huile essentielle de lavande • 20 gouttes d'huile essentielle de pamplemousse • 5 gouttes d'huile essentielle de romarin • 5 gouttes d'huile essentielle de poivre ou de benjoin

Verser les ingrédients dans un petit flacon et agiter vigoureusement. Laisser reposer quatre jours avant utilisation, afin que les différentes substances amplifient leurs effets par synergie.

HUILE « B » DE MASSAGE DES MEMBRES

2 cuillers à soupe d'huile d'amande douce • 1 cuiller à soupe d'huile de jojoba • 20 gouttes d'huile essentielle de marjolaine • 20 gouttes d'huile essentielle de citron • 5 gouttes d'huile essentielle de camomille • 5 gouttes d'huile essentielle de benjoin

Verser les ingrédients dans un petit flacon et agiter vigoureusement. Laisser reposer quatre jours avant utilisation, afin que les différentes substances amplifient leurs effets par synergie.

Traitement

Verser 1 cuiller à café de produit dans un petit bol rempli d'eau tiède. Masser les membres paralysés en faisant des gestes amples, toujours en direction du cœur. Si possible, effectuer le massage une à deux fois par jour.

PARALYSIE CÉRÉBRALE

C'est le nom donné à une paralysie spasmodique qui peut être due à une atteinte de la moelle épinière. Les symptômes de la maladie sont des désordres de la coordination et des spasmes musculaires. Il y a bien longtemps, quand je travaillais dans un service spécialisé en neurologie, je soignais de nombreux patients atteints de paralysie cérébrale. Les enfants frappés par cette terrible maladie étaient mes malades les plus agréables. Toujours gais et de bonne humeur, ils ne se plaignaient jamais et surmontaient l'adversité avec une force étonnante ! C'est là une chose que doivent méditer les personnes hypocondriaques et tous ceux qui passent leur vie à geindre au moindre petit bobo !

L'aromathérapie va permettre de donner un peu de vigueur aux muscles affaiblis des sujets atteints de paralysie cérébrale. Les massages devront être réalisés très régulièrement. Après un certain temps, les malades pourront se masser eux-mêmes et trouver ainsi un soulagement.

Huiles essentielles

– *Spasmes musculaires.* Citron, cyprès, eucalyptus, géranium, gingembre, lavande, marjolaine et muscade.

– *Faiblesse musculaire.* Basilic, citron, eucalyptus, poivre et romarin.

Huile infusée

– *Faiblesse musculaire.* Millepertuis.

HUILE DE SOIN DU SPASME MUSCULAIRE

5 cuillers à soupe d'huile d'amande douce • 20 gouttes d'huile essentielle de cyprès • 20 gouttes d'huile essentielle de marjolaine • 15 gouttes d'huile essentielle de gingembre • 15 gouttes d'huile essentielle de lavande • 10 gouttes d'huile essentielle d'eucalyptus

Verser tous les ingrédients dans un petit flacon et mélanger vigoureusement. Laisser reposer quatre jours avant utilisation, afin que les différentes substances amplifient leurs effets par synergie.

HUILE DE SOIN DE LA FAIBLESSE MUSCULAIRE
3 cuillers à soupe d'huile d'amande douce • 2 cuillers à soupe d'huile infusée de millepertuis • 20 gouttes d'huile essentielle de basilic • 25 gouttes d'huile essentielle de citron • 15 gouttes d'huile essentielle de gingembre • 15 gouttes d'huile essentielle de romarin

Verser tous les ingrédients dans un petit flacon et mélanger vigoureusement. Laisser reposer quatre jours avant utilisation, afin que les différentes substances amplifient leurs effets par synergie.

Traitement
Utiliser l'un et l'autre produit en alternance une ou deux fois par jour pour masser les membres et le dos du malade.

Avertissement

Pensez toujours à adapter les concentrations d'huiles essentielles à l'âge de l'enfant (voir Enfant et bébé, p. 203).

PEAU voir aux différentes maladies cutanées et L'aromathérapie au quotidien, Soins de la peau, p. 356

PELLICULES
C'est là un problème très gênant qui affecte beaucoup de gens. Ces flocons blancs qui tombent sur les épaules et

saupoudrent le noir des costumes ne sont pas, il faut l'avouer, ni très élégants, ni du meilleur effet… Comme si cela ne suffisait pas, ils s'accompagnent souvent de démangeaisons qui obligent à se gratter le cuir chevelu, si bien que les pellicules tombent de plus belle… Les spécialistes s'interrogent encore sur leur origine. Selon certains, elles seraient causées par un excès de sébum qui boucherait les pores du cuir chevelu. Une autre théorie avance l'idée selon laquelle elles seraient liées à une infection de type fongique. Enfin, de nombreux spécialistes dans le domaine capillaire mettent plutôt en cause l'hygiène alimentaire et une carence en certains nutriments.

N'accordez pas une confiance aveugle aux shampooings antipelliculaires que l'on trouve dans le commerce. S'il est vrai qu'ils apportent un indéniable mieux, ils n'ont à ma connaissance jamais permis la disparition complète et durable des pellicules… Personnellement, je leur préfère les remèdes à base d'herbes aromatiques et d'huiles essentielles, qui traitent à la fois l'excès de sécrétion séborrhée et l'éventuelle infection fongique.

Voici quelques trucs simples pour prévenir l'apparition des pellicules :

• au réveil, boire un verre d'eau chaude agrémentée de jus de citron ;

• manger tous les jours beaucoup de fruits et de légumes ;

• prendre quotidiennement des compléments de vitamines B ;

• éviter les chapeaux et les casquettes qui favorisent l'apparition des pellicules. Garder la tête nue, sauf s'il y a risque d'insolation, bien sûr ;

• faire un shampooing deux fois par semaine en ajoutant dans le produit quelques gouttes d'huiles essentielles de lavande et de tea-tree. Rincer ensuite les cheveux avec une lotion vinaigrée adaptée (voir L'aromathérapie au quotidien, Soins capillaires, p. 382) ;

• masser le cuir chevelu et les cheveux tous les soirs avec la lotion antipelliculaire ci-dessous ;

• tous les quinze jours, effectuer un soin à l'huile chaude (voir L'aromathérapie au quotidien, Soins capillaires, p. 382).

Huiles essentielles

Lavande et tea-tree.

LOTION ANTIPELLICULAIRE

1 verre d'eau distillée • 1 cuiller à café de borax • 2 cuiller à café d'huile de noisette (en option) • 2 cuillers à soupe de vinaigre de cidre • 20 gouttes d'huile essentielle de lavande • 20 gouttes d'huile essentielle de tea-tree

Chauffer l'eau, faire dissoudre le borax et laisser refroidir. Ajouter ensuite les autres ingrédients, puis verser dans un flacon. Agiter avant l'emploi.

Traitement

Cet excellent tonifiant capillaire va s'attaquer à la fois à l'infection fongique et à l'excès de sébum. Faites-vous une belle raie au milieu à l'aide d'un peigne, puis appliquez le produit avec un bout de coton. Assurez-vous que l'ensemble de votre cuir chevelu a été traité. Massez doucement la tête, puis allez vous coucher.

PÉRINÉE voir Grossesse et accouchement.

PERTE DE MÉMOIRE

Avoir la mémoire qui flanche de temps en temps n'a en soi rien de bien dramatique. C'est une chose qui peut arriver à tout le monde, aux très jeunes comme aux personnes âgées. Pourtant, en vieillissant, on commence à s'inquiéter de ces trous de mémoire qu'on craint d'être les premiers symptômes de la maladie d'Alzheimer ou d'un quelconque début de démence sénile. Cette peur elle-même peut se révéler paralysante et aggraver le phénomène. Rappelez-vous cette règle d'or : pour avoir une bonne mémoire, il faut l'exercer, autrement elle « rouille » ! Essayez de retenir des choses et de vous les remémorer de temps en temps. Vous pouvez aussi prendre, tous les jours, des gélules de ginkgo *(ginkgo biloba)*, que vous trouverez dans les pharmacies et les magasins diététiques. Les scientifiques s'accordent à dire que les vertus vasodilatatrices de cette plante améliorent sensiblement l'irrigation sanguine du cerveau et accélèrent la vitesse des neurotransmissions sensorielles.

Huiles essentielles

Basilic, gingembre, pamplemousse, poivre et romarin.

ÉLIXIR DE MÉMOIRE

2 cuillers à soupe d'huile de pépins de raisin • 10 gouttes d'huile essentielle de basilic • 10 gouttes d'huile essentielle de romarin • 6 gouttes d'huile essentielle de pamplemousse • 6 gouttes d'huile essentielle de poivre

Mélanger l'eau de rose et les huiles essentielles dans un petit flacon et agiter vigoureusement. Laisser reposer quatre jours avant utilisation, afin que les différentes substances amplifient leurs effets par synergie. Il est également possible d'ajouter toutes ces huiles essentielles dans de l'eau pour profiter de leurs pouvoirs apaisants dans un diffuseur.

Traitement

Pour un massage corporel dans la journée, verser 1 cuiller à café de produit dans un petit bol rempli d'eau tiède.

Pour un bain ou un bain de pieds, verser 2 cuillers à café de produit et agiter l'eau pour bien le répartir. Rester 30 minutes dans le bain, en se massant avec les gouttelettes en suspension.

Après la douche, mettre un peu de produit dans le creux des mains et faire un massage corporel sur la peau encore humide.

PIED

Héros méconnus de notre vie quotidienne, les pieds soutiennent notre corps sans mot dire et sans se plaindre, tous les jours et pendant des années. On ne leur accorde pas beaucoup d'attention jusqu'au moment où ils se rappellent à notre bon souvenir, c'est-à-dire quand un cor, un durillon ou un champignon nous fait mal aux orteils. Généralement, on récolte ce que l'on a semé… Ne les a-t-on pas malmenés – et même torturés – en achetant des chaussures trop serrées, en gardant des ongles trop longs, ou en portant des chaussettes et des bas qui les empêchent de respirer ? Ne l'a-t-on pas cherché en restant debout trop longtemps, en portant des objets trop lourds, en piétinant des journées entières dans les magasins ? Allez, ne serait-ce que pour les remercier de tous les services qu'ils nous rendent, il est temps de penser à eux et de les chouchouter !

COR AU PIED ET DURILLON

Encore une fois, les chaussures étroites ou trop petites sont les grandes responsables des cors et des durillons. Mettez les coupables directement à la poubelle !

Huile infusée

Calendula.

Traitement

Dans le commerce, on trouve diverses sortes de grattoirs permettant d'éliminer cors et durillons (suivre les instructions figurant sur l'emballage). Après ce traitement, masser avec un peu d'huile infusée de calendula, puis appliquer un pansement. S'il est trop douloureux pour être gratté, masser le cor avec un peu d'huile infusée de calendula matin et soir, puis couvrir avec un pansement. Quand il sera ramolli, l'enlever au grattoir.

OIGNON

C'est une inflammation de l'articulation qui déforme le gros orteil. Un oignon peut devenir gênant ou même douloureux à cause de l'échauffement du pied enfermé dans la chaussure.

Huiles essentielles
Carotte et camomille.
Huile infusée
Calendula.

HUILE DE SOIN DE L'OIGNON
2 cuillers à soupe d'huile infusée de calendula • 15 gouttes d'huile essentielle de camomille • 15 gouttes d'huile essentielle de carotte

Verser tous les ingrédients dans un petit flacon et agiter vigoureusement. Laisser reposer quatre jours avant utilisation, afin que les différentes substances amplifient leurs effets par synergie.

Traitement
À l'aide d'un peu de produit, masser doucement le pied en insistant tout particulièrement sur l'oignon. Répéter le traitement deux fois par jour.

À noter

L'oignon est généralement lié au port de chaussures trop étroites. Portez des souliers adaptés à votre pied, des sandales ouvertes dès que possible ou, mieux encore, marchez pieds nus. Un podologue ou un pédicure vous prescriront une protection spécialement adaptée à votre cas.

PIED D'ATHLÈTE

Cette infection fongique n'est sans doute pas à présenter à celles et ceux qui fréquentent souvent les gymnases et les piscines, deux endroits où ce champignon prolifère. Les symptômes du pied d'athlète sont des démangeaisons et des tiraillements de la peau causés par la présence, entre les orteils, de zones blanchâtres et spongieuses. Pour limiter d'ores et déjà l'aggravation du problème, portez toujours des chaussettes en coton et des chaussures en cuir.

Huiles essentielles

Cyprès, lavande, manuka, romarin et tea-tree.

Traitements

Dans un bol, ajouter 1 cuiller à café d'huile végétale quelconque, 4 gouttes d'huile essentielle de tea-tree (ou de manuka) et 4 gouttes d'huile essentielle de lavande. Verser le contenu de ce récipient dans une bassine remplie d'eau chaude et agiter pour bien répartir le produit. Plonger les pieds pendant 5 minutes, puis essuyer délicatement et soigneusement, en insistant entre les orteils. Appliquer ensuite la poudre « soin des pieds » sur la région infectée : elle asséchera le champignon tout en exerçant une action déodorante.

Avertissement

Après chaque douche ou chaque bain, veillez toujours à ce que vos pieds soient parfaitement secs, l'humidité étant le terrain de prédilection des infections fongiques. Pensez aussi à vos proches et à la contagiosité du pied d'athlète : lavez vos chaussettes et vos serviettes de toilette à part, en ajoutant quelques gouttes d'huile essentielle de tea-tree dans l'eau de rinçage.

POUDRE « SOIN DES PIEDS »

1 verre de farine de maïs • 6 gouttes d'huile essentielle de tea-tree • 6 gouttes d'huile essentielle de lavande • 6 gouttes d'huile essentielle de cyprès • 6 gouttes d'huile essentielle de romarin

Verser la farine de maïs dans un bol, puis ajouter les huiles essentielles goutte à goutte en remuant constamment pour éviter la formation de grumeaux. Conserver la poudre dans un pot fermé par un couvercle étanche.

Traitement

Utiliser à chaque fois un linge en coton parfaitement propre qui sera lavé après utilisation. En sortant de la douche et avant d'aller au lit, verser de la poudre sur ce linge et appliquer sur les pieds en insistant particulièrement entre les orteils. Saupoudrer également l'intérieur des chaussures pour les désinfecter et éliminer les éventuelles odeurs de transpiration.

PIEDS ENDOLORIS

Je ne vous l'apprendrai pas : un bain et un petit massage calment presque instantanément ce type de problème. Relaxez-vous le plus possible et prenez tout votre temps : lisez un livre ou écoutez de la musique…

Huiles essentielles

Benjoin, cyprès, lavande, lemon-grass, menthe poivrée et romarin.

Traitement

Remplir deux bassines, l'une d'eau froide, l'autre d'eau chaude, suffisamment grandes pour pouvoir immerger vos deux pieds à la fois. Dans le récipient rempli d'eau froide, ajouter 4 à 6 gouttes d'huile essentielle de cyprès, de romarin ou de lavande (ou 2 gouttes de chacune de ces essences), puis agiter pour bien disperser le produit. Tremper d'abord quelques minutes les pieds dans l'eau chaude, puis dans l'eau froide. Répéter cette opération environ 15 minutes. Masser ensuite les pieds avec l'huile « réconfort des pieds ».

Si votre travail vous contraint à rester très longtemps debout, vos pieds sont sans doute endoloris et enflés en fin de journée. Dans ce cas, préparez l'adoucissant au vinaigre blanc ci-dessous, que vous utiliserez très frais.

ADOUCISSANT AU VINAIGRE BLANC

1 verre de vinaigre d'alcool • 20 gouttes d'huile essentielle de pamplemousse • 20 gouttes d'huile essentielle de lavande • 20 gouttes d'huile essentielle de poivre • 10 gouttes d'huile essentielle de thym • 20 gouttes d'huile essentielle de romarin

Dans un flacon ou une bouteille, verser le vinaigre et les huiles essentielles, puis agiter vigoureusement. Laisser reposer quatre jours avant utilisation, afin que les différentes substances amplifient leurs effets par synergie. Agiter avant l'emploi. Conserver au réfrigérateur.

Traitement

Verser le produit sur les pieds et laisser sécher à l'air libre.

SOIN « RÉCONFORT DES PIEDS »

1 cuiller à soupe de vodka • 1 cuiller à soupe d'huile d'amande douce • 2 cuillers à café d'huile d'avocat • 1 cuiller à café d'huile de germe de blé • 2 cuillers à café d'huile de jojoba • 10 gouttes d'huile essentielle de romarin • 10 gouttes d'huile essentielle de lavande • 5 gouttes d'huile essentielle de benjoin

Verser tous les ingrédients dans un petit flacon et agiter vigoureusement. Laisser reposer quatre jours avant utilisation, afin que les différentes substances amplifient leurs effets par synergie. Conserver le produit dans un endroit sec et à l'abri de la lumière. Agiter avant l'emploi.

Traitement

À coup sûr, ce soin des pieds vous étonnera par son efficacité et par son pouvoir relaxant. Il sera utilisé en massage à n'importe quel moment de la journée ou après un bain Attardez-vous plus particulièrement sur les plantes des pieds, les chevilles et les mollets.

GEL « JAMBES ET PIEDS ENDOLORIS »
1 cuiller à soupe de gel neutre • 5 gouttes d'huile essentielle de menthe poivrée

Dans un bol, mélanger les ingrédients et agiter vigoureusement. Conserver dans un pot.

Traitement
Ce gel n'étant pas gras, il est utilisable à tout moment. Très efficace pour soulager l'échauffement des pieds et des jambes enflées, il est idéal quand on n'a pas la possibilité de prendre un bain ou de faire un massage. Alors, ayez toujours un pot de cet onguent miracle dans votre poche ou votre sac à main !

PIEDS ET CHEVILLES ENFLÉS
Les pieds et les chevilles enflent pour diverses raisons, qui sont généralement bénignes, notamment après une sollicitation intense ou quand il fait chaud. Vous calmerez cette gêne en faisant des massages, tandis que des compresses froides imbibées d'huiles essentielles soulageront l'inflammation. Si vous avez souvent ce problème, consultez un médecin : il pourrait signaler une affection rénale ou cardiaque.

Huiles essentielles
Cyprès, eucalyptus et lavande.

HUILE DE SOIN POUR PIEDS ET CHEVILLES ENFLÉS
1 cuiller à soupe d'huile de pépins de raisin • 2 gouttes d'huile essentielle de cyprès • 1 goutte d'huile essentielle d'eucalyptus • 1 goutte d'huile essentielle de lavande

Mélanger tous les ingrédients dans un petit flacon et agiter vigoureusement.

Traitements
Pour calmer la sensation désagréable, verser le produit dans une bassine remplie d'eau tiède. Masser fermement les

pieds, les chevilles et les mollets, en faisant des gestes longs et amples. Appuyer sur les articulations des doigts et sur la voûte plantaire, en allant du gros orteil au talon. Répéter ce geste plusieurs fois.

Pour réduire l'inflammation, appliquer sur les chevilles et les pieds des compresses glacées (voir L'aromathérapie pratique, Les méthodes de A à Z, p. 468) humectées d'huile essentielle de lavande, de cyprès et d'eucalyptus.

À noter

Pour éviter que les chevilles ou les pieds enflent, surélevez les jambes quand vous êtes au repos, et évitez de rester assis ou debout sans bouger pendant de longues périodes. Enfin, il conviendra également de traiter vos éventuels problèmes de constipation.

PIEDS MALODORANTS

C'est un problème gênant qui apparaît souvent à la puberté, pour disparaître ensuite ou durer toute la vie ! Il peut résulter de mauvaises habitudes alimentaires... mais c'est plus généralement l'hygiène qui est en cause !

Huiles essentielles

Cyprès, lavande, manuka, romarin et tea-tree.

Traitement

Voir Pied d'athlète.

PIQÛRE D'INSECTE voir Morsure et piqûre.

POINTS NOIRS

Ils apparaissent quand les glandes sébacées sécrètent du sébum en quantité excessive. Ne parvenant pas à sortir des pores de la peau, ce dernier se solidifie avant de noircir au contact des impuretés de l'air. Les points noirs, outre leur côté disgracieux, s'avèrent un réel problème s'ils ne sont pas traités correctement, car ils peuvent déboucher sur des infections plus sérieuses. Les gommages du visage sont très efficaces pour prévenir leur apparition. Pour les éliminer, la meilleure méthode est la fumigation à l'aide de vapeur d'eau et d'huiles essentielles. La chaleur liquéfiera le sébum durci et détendra les pores de la peau, tandis que les vertus antiseptiques des essences de plantes préviendront tout risque infectieux… Voici comment vous y prendre.

• Remplir un bol d'eau bouillante aux 3/4.

• Ajouter 1 goutte d'huile essentielle de tea-tree et 2 gouttes d'huile essentielle de géranium, puis se couvrir la tête d'une grande serviette de manière à concentrer les vapeurs.

• Incliner le visage à environ 30 cm du bol et rester dans cette position pendant environ 10 minutes.

• Relever la tête et tamponner doucement le visage avec une serviette propre.

• Avec deux doigts et des petits morceaux de coton, presser doucement la peau de chaque côté du point noir pour faire sortir le pus.

• L'opération terminée, s'asperger le visage avec la lotion ci-dessous, qui désinfectera et refermera les pores de la peau.

Huiles essentielles

Cyprès et palmarosa.

LOTION ASTRINGENTE CONTRE LES POINTS NOIRS

2 cuillers à soupe d'eau minérale • 2 cuillers à café d'eau distillée d'hamamélis • 2 gouttes d'huile essentielle de cyprès • 1 goutte d'huile essentielle de palmarosa

Verser tous les ingrédients dans un petit flacon et agiter vigoureusement. Si possible, laisser reposer quatre jours avant utilisation, afin que les différentes substances amplifient leurs effets par synergie.

Traitement
Verser quelques gouttes de lotion sur un coton. Tamponner doucement la peau du visage.

POUSSÉE DE DENT voir Enfant et bébé.

POUX
Sporadiquement, les poux envahissent les préaux des écoles et les salles de classe. Les enfants se refilent ces bestioles quand ils se confient leurs petits secrets à l'oreille, en échangeant une casquette, un bonnet ou un pull. Si votre progéniture revient un beau jour couverte de poux, faites les choses en grand et surtout pas à moitié ! Le traitement sera « total » : il s'agira bien sûr de détruire les poux présents sur le cuir chevelu de votre enfant, mais également de nettoyer tous ses vêtements, draps et oreillers. À défaut, vous auriez à faire face à une seconde vague d'invasion de parasites nés des lentes qui attendaient leur heure, à l'abri dans leur coquille…

Vous trouverez difficilement mieux que l'aromathérapie pour venir à bout des poux et de leurs lentes. Notez que les dosages sont plus élevés que ceux auxquels vous êtes habitué, surtout s'agissant de soins destinés à des enfants. En présence de la moindre inflammation ou d'un quelconque problème de peau, augmentez la dilution en utilisant 6 cuillers à soupe d'huile de pépins de raisin au lieu de 5.

Huiles essentielles
Bergamote, eucalyptus, géranium, lavande et romarin.

Traitements
Avant toute chose, laver les draps, les taies d'oreiller et les vêtements de l'enfant à une température la plus élevée possible en ajoutant 2 cuillers à café d'huile essentielle d'eucalyptus

dans l'eau de rinçage. Laisser sécher le linge en plein soleil pendant une journée entière, en le retournant de temps en temps pour qu'il prenne bien l'air et la lumière. Les lentes éclosent au bout de 48 heures, c'est pourquoi le traitement des vêtements et du linge de lit devra être renouvelé tous les deux jours jusqu'à disparition complète des parasites.

HUILE ANTIPOUX

5 cuillers à soupe d'huile de pépins de raisin • 30 gouttes d'huile essentielle d'eucalyptus • 30 gouttes d'huile essentielle de géranium • 20 gouttes d'huile essentielle de lavande

Verser tous les ingrédients dans un petit flacon et agiter vigoureusement. Laisser reposer quatre jours avant utilisation, afin que les différentes substances amplifient leurs effets par synergie.

Traitement

Mettre un peu de produit dans le creux des mains et masser soigneusement le cuir chevelu, en insistant sur la racine des oreilles où se logent de préférence les poux. Couvrir la tête de l'enfant avec un bonnet, qu'il gardera pendant toute la nuit. Le matin, faire un shampooing et passer soigneusement un peigne antipoux afin d'éliminer le maximum de lentes. Ajouter 2 gouttes d'huile essentielle de romarin dans l'eau de rinçage. Quand les cheveux sont secs, passer le peigne antipoux une seconde fois.

Répéter cette opération tous les deux jours pendant une semaine. Pour prévenir une nouvelle vague d'invasion, utiliser l'un des shampooings conseillés (voir L'aromathérapie au quotidien, Soins capillaires, p. 382) en lui ajoutant une ou plusieurs des huiles essentielles recommandées plus haut.

PRESSION SANGUINE

Vous êtes tendu, sans cesse sur le qui-vive, ou au contraire fatigué et la proie de vertiges ? Votre pression sanguine est peut-être supérieure ou inférieure à la normale. Consultez sans tarder un médecin pour qu'il vous prenne la tension.

Hypertension artérielle

C'est un problème grave nécessitant une consultation chez un médecin, lequel prescrira un traitement approprié. L'aromathérapie n'est cependant pas sans utilité en cas d'hypertension artérielle. Un massage apportera une relaxation qui réduira au moins le stress, l'une des causes parmi d'autres de ce que l'on appelle aussi l'hypertonie.

Huiles essentielles

Hysope, géranium, mandarine et marjolaine.

Huile relaxante de l'hypertendu

4 cuillers à soupe d'huile de pépins de raisin • 20 gouttes d'huile essentielle de marjolaine • 10 gouttes d'huile essentielle de géranium • 10 gouttes d'huile essentielle de mandarine • 5 gouttes d'huile essentielle d'hysope

Verser tous les ingrédients dans un petit flacon et mélanger vigoureusement. Laisser reposer quatre jours avant utilisation, afin que les différentes substances amplifient leurs effets par synergie.

Traitements

Attention, ces traitements doivent être effectués deux fois par semaine seulement.

Dans un bain tiède, verser 2 cuillers à café de produit, puis rester dans l'eau 10 à 15 minutes en se massant avec les gouttelettes en suspension pour bien faire pénétrer les substances actives dans la peau.

Pour un massage corporel après une douche, mettre un peu de produit dans le creux des mains et masser la peau encore humide.

Hypotension artérielle

En cas de pression sanguine trop faible, des vertiges et une impression générale de fatigue sont à craindre. Pour augmenter votre tension, faites de l'exercice. Les huiles essentielles, dans un massage ou un bain, vous feront également beaucoup de bien.

Huiles essentielles

Menthe poivrée, poivre, romarin et sauge sclarée.

Huile stimulante pour l'hypotendu

4 cuillers à soupe d'huile de pépins de raisin • 25 gouttes d'huile essentielle de sauge sclarée • 20 gouttes d'huile essentielle de romarin • 10 gouttes d'huile essentielle de poivre • 10 gouttes d'huile essentielle de menthe poivrée

Verser tous les ingrédients dans un petit flacon et mélanger vigoureusement. Laisser reposer quatre jours avant utilisation, afin que les différentes substances amplifient leurs effets par synergie.

Traitements

Dans un bol, verser le contenu d'1 cuiller à café de produit dans un peu d'eau tiède. Utiliser pour un massage.

Dans un bain tiède, verser 2 cuillers à café de produit, puis rester dans l'eau 10 à 15 minutes en se massant avec les gouttelettes en suspension pour bien faire pénétrer les substances actives dans la peau.

Pour un massage corporel après une douche, mettre un peu de produit dans le creux des mains et masser la peau encore humide.

Prostatite

Comme son nom l'indique, la prostatite est une infection de la prostate. Les symptômes sont une sensation de brûlure au moment de la miction et des douleurs au niveau de la prostate, du pubis et du bas du dos. Ces derniers s'accompagnent aussi de fièvre et d'une impression générale de fatigue. Avant toute chose, consultez un médecin pour un diagnostic. Avec son accord, vous pourrez ensuite suivre un traitement d'aromathérapie.

Huiles essentielles
Camomille, cyprès, eucalyptus, lavande et myrrhe.

HUILE DE SOIN DE LA PROSTATE
3 cuillers à soupe d'huile de pépins de raisin • 15 gouttes d'huile essentielle de cyprès • 15 gouttes d'huile essentielle d'eucalyptus • 10 gouttes d'huile essentielle de lavande • 10 gouttes d'huile essentielle de myrrhe

Mélanger l'eau de rose et les huiles essentielles dans un petit flacon et agiter vigoureusement. Laisser reposer quatre jours avant utilisation, afin que les différentes substances amplifient leurs effets par synergie.

Traitement
Pour un simple massage du bas du dos et de l'abdomen, verser 1 cuiller à café de produit dans un petit bol rempli d'eau tiède.

Pour un bain ou un bain de pieds, utiliser 2 cuillers à café de produit. Remuer l'eau pour bien disperser les substances actives et rester 30 minutes dans le bain, en massant la peau à l'aide des gouttelettes en suspension.

Après la douche, mettre un peu de produit dans le creux des mains et faire un massage corporel entier, lorsque la peau est encore humide. Insister sur le sacrum et le bas du dos.

PRURIT ANAL ET PRURIT VAGINAL

L'une des démangeaisons les plus gênantes est sans conteste le prurit anal ou vaginal, surtout quand il survient en pleine réunion de travail ou dans les transports en commun ! Les causes sont diverses : hygiène laissant à désirer, rinçage insuffisant après la douche, réaction allergique au parfum du papier hygiénique ou à certains détergents, sous-vêtements en matière synthétique, etc.

Huiles essentielles

Bergamote, camomille, lavande, myrrhe et tea-tree.

DÉSINFECTANT ANAL

1 verre d'eau • 1 goutte d'huile essentielle de lavande • 1 goutte d'huile essentielle de tea-tree

Mélanger tous les ingrédients. Agiter avant toute utilisation.

HUILE DE SOIN DU PRURIT

1 cuiller à soupe d'huile de pépins de raisin ou de gel neutre • 6 gouttes d'huile essentielle de lavande • 6 gouttes d'huile essentielle de camomille ou de bergamote

Mélanger tous les ingrédients dans un petit flacon et secouer vigoureusement. Agiter avant l'emploi.

Traitements

Imbiber un bout de coton de désinfectant anal et nettoyer la région après chaque passage aux toilettes.

Appliquer l'huile de soin du prurit après chaque bain et après chaque douche.

PRURIT INGUINAL

Il est généralement causé par le port de sous-vêtements ou de shorts trop serrés en matière synthétique. La transpiration ne pouvant s'évaporer naturellement, l'aine devient un milieu privilégié pour la prolifération des champignons. Les symptômes sont des plaques rouges, des démangeaisons, et des boutons pouvant prendre un aspect purulent.

Huiles essentielles

Lavande et tea-tree.

Traitement

Dans un petit bol rempli d'eau tiède, verser 2 gouttes d'huile essentielle de lavande. Nettoyer l'aine à l'aide de ce produit deux fois par jour. Sécher doucement et très soigneusement.

Ajouter 5 gouttes d'huile essentielle de tea-tree et 5 gouttes d'huile essentielle de lavande dans 1 cuiller à soupe d'huile d'olive. Avec ce produit, masser deux à trois fois par jour la zone prurigineuse.

À noter

Portez des shorts amples en coton, et évitez si possible tous les vêtements collants en Nylon et autres matières synthétiques.

PSORIASIS

Il se caractérise par des taches rouges recouvertes de squames blanchâtres et sèches qui apparaissent essentiellement sur les coudes, les genoux et le cuir chevelu, plus rarement au niveau des poignets et des chevilles. De cause inconnue, cette maladie est difficile à traiter : il vous faudra beaucoup de patience ! Le stress ou un foie ne fonctionnant pas au mieux de ses capacités sont parfois en cause. Dans le doute, allez consulter un médecin. Sans son aide, vous risqueriez de traîner très longtemps votre psoriasis.

Huiles essentielles

Bergamote, lavande, romarin et tea-tree.

HUILE DE SOIN DU PSORIASIS

6 cuillers à soupe d'huile d'amande douce • 30 gouttes d'huile de graine de bourrache • 30 gouttes d'huile d'onagre • 15 gouttes d'huile essentielle de lavande • 10 gouttes d'huile essentielle de bergamote • 10 gouttes d'huile essentielle de romarin • 10 gouttes d'huile essentielle de tea-tree

Verser ces ingrédients dans un petit flacon et agiter vigoureusement. Si possible, laisser reposer quatre jours avant utilisation, afin que les différentes substances amplifient leurs effets par synergie.

Traitements

Pour un massage, verser 1 cuiller à café de produit dans un bol rempli d'eau chaude.

Dans un bain ou un bain de pieds, verser 2 cuillers à café de produit, puis agiter pour bien disperser les substances actives. Rester 30 minutes dans l'eau en utilisant les gouttelettes en suspension pour le massage.

Après la douche, verser un peu de produit dans le creux des mains et effectuer un massage corporel sur la peau encore humide.

Je vous recommande d'utiliser ce produit plusieurs fois par jour. Si vous supportez mal le produit, il vous suffira simplement d'augmenter la quantité d'huile d'amande douce.

RAGE DE DENT voir Dent et gencive.

RÈGLES

En dehors de la grossesse bien sûr, les femmes ont leur cycle menstruel de vingt-huit jours de l'âge de douze ans environ jusqu'à la cinquantaine. Celui-ci s'accompagne d'un grand nombre de bouleversements hormonaux qui atteignent leur paroxysme lorsque la paroi utérine est prête à recevoir l'œuf issu de l'ovulation. Si l'ovule n'est pas fécondé, la partie superficielle de la muqueuse se détache, créant un écoulement sanguin appelé menstruation ou règles.

Les femmes vivent très différemment leurs cycles menstruels. Pendant ou peu avant les règles, bon nombre d'entre elles se plaignent de problèmes tels que ventre gonflé, douleurs utérines ou pelviennes, problèmes de constipation, maux de dos ou de tête, impression de fatigue, etc. D'autres éprouvent ces symptômes pendant l'intégralité des vingt-huit jours d'un cycle qu'elles vivent comme une véritable malédiction.

Si tel est votre cas, les huiles essentielles vous seront d'une aide précieuse. Au même titre que la pratique de la relaxation, l'aromathérapie constituera un traitement complémentaire aux prescriptions de votre médecin homéopathe ou de votre gynécologue.

AMÉNORRHÉE

Il s'agit de règles irrégulières ou d'absence de règles. L'aménorrhée intervient bien sûr lors de la grossesse ou de la ménopause, mais elle peut également survenir à la suite d'un régime amaigrissant draconien, d'exercices physiques intensifs, de stress et de maladies qu'il serait trop long d'énumérer ici. Avant d'utiliser une huile essentielle favorisant la menstruation, vérifiez toujours que vous n'êtes pas enceinte. Consultez un médecin en cas d'aménorrhée subite.

Huiles essentielles

Basilic, camomille, cannelle, jasmin, lavande, marjolaine et sauge sclarée.

HUILE STIMULANTE DES RÈGLES

2 cuillers à soupe d'huile d'amande douce • 15 gouttes d'huile essentielle de basilic • 10 gouttes d'huile essentielle de marjolaine • 10 gouttes d'huile essentielle de sauge sclarée

Mélanger les huiles essentielles dans un petit flacon et agiter vigoureusement. Laisser reposer quatre jours avant utilisation, afin que les différentes substances amplifient leurs effets par synergie.

Traitements

Avec un peu de produit, masser le ventre et le bas du dos deux fois par jour. Les gestes seront plus appuyés au niveau des pieds et des chevilles.

Ajouter 2 cuillers à café de produit dans un bain tiède. Agiter l'eau et utiliser les gouttelettes en suspension pour le massage corporel.

Après la douche, verser un peu de produit dans le creux des mains et effectuer le massage corporel sur la peau encore humide. Insister tout particulièrement sur le ventre et le bas du dos.

Pour une fomentation (voir L'aromathérapie pratique, Les méthodes de A à Z, p. 468), utiliser la quantité recommandée d'huiles essentielles en application locale sur la région pelvienne.

DYSMÉNORRHÉE

La médecine désigne par ce terme les règles difficiles et douloureuses. Le premier traitement concerne les femmes souffrant peu avant la venue de leurs règles ; le second soulagera quant à lui les douleurs menstruelles.

Huiles essentielles

Cyprès, géranium, lavande, marjolaine et sauge sclarée.

HUILE APAISANTE POUR RÈGLES DIFFICILES

2 cuillers à soupe d'huile d'amande douce • 15 gouttes d'huile essentielle de marjolaine • 5 gouttes d'huile essentielle de sauge sclarée • 10 gouttes d'huile essentielle de lavande

Mélanger les huiles essentielles dans un petit flacon et agiter vigoureusement. Laisser reposer quatre jours avant utilisation, afin que les différentes substances amplifient leurs effets par synergie.

Traitements

Mêmes traitements qu'avec l'huile stimulante des règles.

HUILE APAISANTE POUR RÈGLES DOULOUREUSES

2 cuillers à soupe d'huile d'amande douce • 15 gouttes d'huile essentielle de lavande • 10 gouttes d'huile essentielle de cyprès • 5 gouttes d'huile essentielle de géranium

Mélanger les huiles essentielles dans un petit flacon et agiter vigoureusement. Laisser reposer quatre jours avant utilisation, afin que les différentes substances amplifient leurs effets par synergie.

Traitements

Mêmes traitements qu'avec l'huile stimulante des règles.

MÉNORRAGIE

Elle désigne tous les problèmes anormaux de la menstruation, comme par exemple un écoulement important ou irrégulier de sang lors du cycle. La ménorragie intervient parfois sans raison apparente, mais elle peut aussi provenir d'une infection pelvienne, de polypes de l'endomètre, de fibromes utérins ou d'une anomalie de la glande thyroïde. Dans le doute, consultez votre gynécologue.

Huiles essentielles

Utiliser seulement les huiles essentielles de citron, de cyprès ou de géranium.

Avertissement

Évitez les huiles essentielles aux vertus antispasmodiques : aneth, basilic, camomille, fenouil, gingembre, genièvre, lavande, marjolaine, mélisse, myrrhe, orange, origan, menthe poivrée, menthe verte, romarin et sauge sclarée.

HUILE DE SOIN DES RÈGLES ABONDANTES

2 cuillers à soupe d'huile d'amande douce • 15 gouttes d'huile essentielle de cyprès • 10 gouttes d'huile essentielle de géranium • 8 gouttes d'huile essentielle de citron

Mélanger les huiles essentielles dans un petit flacon et agiter vigoureusement. Laisser reposer quatre jours avant utilisation, afin que les différentes substances amplifient leurs effets par synergie.

Traitements

Pour un massage, utiliser le produit une à deux fois par jour en insistant sur le ventre et le bas du dos.

Dans un bol, mélanger 1 cuiller à café d'huile d'amande douce, 5 gouttes d'huile essentielle de cyprès et 5 gouttes d'huile essentielle de citron. Verser le produit dans un bain chaud, puis agiter l'eau pour bien disperser les substances actives. Rester 10 minutes dans la baignoire, en utilisant les gouttelettes en suspension pour masser le bas-ventre.

REINS

Ces organes précieux jouent un rôle vital dans l'organisme. Entre autres fonctions, les reins éliminent les excès de fluides, les toxines présentes dans le sang et certaines substances toxiques qui empoisonnent le corps humain. En cas de dysfonctionnement ou de simple affaiblissement, de sérieux problèmes ne manquent pas d'apparaître. Si vous avez des antécédents de problèmes rénaux ou si vous avez le moindre doute quant à l'état de vos reins, consultez au plus vite un médecin.

Huiles essentielles

Cèdre, fenouil, géranium, genièvre, romarin et santal.

HUILE DIURÉTIQUE

1 cuiller à soupe d'huile de pépins de raisin • 6 gouttes d'huile essentielle de géranium • 4 gouttes d'huile essentielle de fenouil • 4 gouttes d'huile essentielle de cèdre • 2 gouttes d'huile essentielle de romarin

Verser tous les ingrédients dans un petit flacon et agiter vigoureusement. Laisser reposer quatre jours avant utilisation, afin que les différentes substances amplifient leurs effets par synergie.

Traitement

Dans un bain ou un bain de pieds, verser 2 cuillers à soupe de produit et agiter l'eau pour bien le disperser. Rester 30 minutes dans le bain, en utilisant les gouttelettes en suspension pour un massage corporel.

Mettre un peu de produit dans le creux des mains et masser l'ensemble du corps après la douche, lorsque la peau est encore humide.

Pour un massage corporel dans la journée, verser 1 cuiller à café de produit dans un bol rempli d'eau tiède.

RELAXATION voir Stress.

RETRAITE ET TROISIÈME ÂGE

Aujourd'hui, quand survient l'âge de la retraite, il reste encore de longues années de vie devant soi. Pas question de baisser les bras, mais de vivre sereinement et activement, en considérant le troisième âge comme une période de liberté qui laisse enfin la possibilité d'être soi-même et de s'offrir des petits plaisirs… sans regarder tout le temps sa montre ! C'est le moment ou jamais de concrétiser les rêves et les projets que vous aviez faits quand vous étiez accaparé par votre travail, par les études de vos enfants ou par le souci de joindre les deux bouts et de payer vos crédits. Le moment est désormais venu de récolter ce que vous avez semé et de profiter d'un repos bien mérité. Vous allez voyager, découvrir des pays lointains, et trouver enfin le temps de visiter ce fichu musée pourtant situé à deux pas de chez vous. Vous allez lire plein de livres, et même en écrire ! La retraite va vous donner enfin la possibilité de vous jeter à corps perdu dans votre passion ou d'en trouver de nouvelles, de pratiquer votre sport préféré, de suivre des cours de yoga, de participer à une association de quartier, d'écouter du Bach toute la journée, et bien d'autres choses encore !

Il n'y a pas de secret. Si vous voulez rester jeune, il vous faut utiliser toutes vos facultés, c'est-à-dire faire fonctionner votre cerveau et aussi votre corps. Lancez-vous des défis ! Faites des paris ambitieux, vous vous apercevrez bien vite qu'ils étaient tout à fait à votre portée ! Aujourd'hui, il n'est pas rare de rencontrer des septuagénaires et même des octogénaires faisant du parachutisme ou pilotant des avions, tandis que d'autres sont devenus des skieurs, des véliplanchistes, des romanciers ou des historiens accomplis. Tous ont en commun d'être dévorés par des passions ou par des occupations qu'ils auraient jugées impensables quelques années auparavant… Du temps où ils étaient actifs, ils imaginaient plutôt passer leurs vieux jours au coin du feu ou devant la télévision. Pour leur plus grand bien, il leur est arrivé exactement l'inverse !

Vous avez envie de vivre le plus longtemps possible en gardant toutes vos facultés ? Prenez tout bêtement soin de vous en suivant ces conseils…

• Nagez et marchez tous les jours. Pas besoin de le faire pendant des heures, 30 minutes quotidiennes suffiront amplement.

• Mangez sainement. Pas question de passer la journée dans votre cuisine, ni d'avoir une alimentation complexe, mais il faut donner à votre corps la quantité suffisante de nutriments essentiels pour qu'il reste en bonne santé.

• Dormez bien, mais pas trop.

• Riez souvent et ne soyez pas avare de gestes tendres à l'égard de votre compagne ou de votre compagnon.

• Du fait de leurs merveilleuses vertus thérapeutiques, les huiles essentielles feront partie de votre quotidien. Vous les utiliserez pour rester en bonne santé, pour garder une belle peau et une chevelure saine (voir L'aromathérapie au quotidien, p. 353).

• Pour améliorer encore votre bien-être, utilisez régulièrement le désodorisant d'ambiance dont je vous donne la recette ci-dessous. Il créera une atmosphère tranquille et accueillante dans votre maison.

Huiles essentielles
Géranium, lavande, orange et santal.

DÉSODORISANT D'AMBIANCE POUR LA MAISON
3 cuillers à soupe d'eau de rose • 20 gouttes d'huile essentielle de lavande • 20 gouttes d'huile essentielle de géranium • 20 gouttes d'huile essentielle d'orange • 20 gouttes d'huile essentielle de santal

Mélanger l'eau de rose et les huiles essentielles dans un petit flacon et agiter vigoureusement. Laisser reposer quatre jours avant utilisation, afin que les différentes substances amplifient leurs effets par synergie.

Il est également possible d'ajouter toutes ces huiles essentielles dans de l'eau pour profiter de leurs pouvoirs apaisants dans un brûle-parfum.

RHUMATISME MUSCULAIRE

Le mot *rhumatisme* est un terme générique désignant les affections aiguës ou chroniques des muscles, des articulations ou d'autres tissus. Au sujet des rhumatismes frappant les articulations, voir Arthrite et arthrose (p. 161), ainsi que Goutte (p. 227).

Huiles essentielles
Cyprès, genièvre, lavande, marjolaine et romarin.

APPLICATION LOCALE DE SOIN DU RHUMATISME MUSCULAIRE
100 gouttes d'huile essentielle de romarin • 50 gouttes d'huile essentielle de lavande • 50 gouttes d'huile essentielle de marjolaine

Mélanger les huiles essentielles dans un petit flacon et agiter vigoureusement. Laisser reposer quatre jours avant utilisation, afin que les différentes substances amplifient leurs effets par synergie.

Traitement

Ajouter 5 à 8 gouttes de produit sur une compresse froide ou une fomentation (voir L'aromathérapie pratique, Les méthodes de A à Z, p. 468). Tester l'un et l'autre de ces deux traitements pour savoir lequel vous apporte le plus grand soulagement. Renouveler l'opération aussi souvent que nécessaire.

HUILE DE SOIN DU RHUMATISME MUSCULAIRE

4 cuillers à soupe d'huile de pépins de raisin • 12 gouttes d'huile essentielle de genièvre • 12 gouttes d'huile essentielle de camomille • 24 gouttes d'huile essentielle de cyprès • 16 gouttes d'huile essentielle de romarin

Mélanger les huiles essentielles dans un petit flacon et agiter vigoureusement. Laisser reposer quatre jours avant utilisation, afin que les différentes substances amplifient leurs effets par synergie.

Traitements

Verser 2 cuillers à café de produit dans un bain chaud, puis agiter l'eau pour bien disperser les substances actives. Utiliser les gouttelettes en suspension pour masser la ou les régions douloureuses.

Utiliser le produit pour masser les zones atteintes de rhumatisme aussi souvent que nécessaire.

RHUME DES FOINS

Dans la plupart des cas, le rhume des foins est lié à une allergie à l'herbe et aux pollens des fleurs des champs ou des arbres. Pendant plusieurs mois, généralement au printemps, les personnes souffrant d'une telle affection vivent un véritable calvaire : éternuements à répétition, nez qui coule, maux de gorge, yeux qui piquent, etc. D'autres présentent des symptômes semblables parce qu'elles sont allergiques à la poussière, aux acariens, aux poils de chat, à certaines moisissures ou champignons.

Huiles essentielles

Camomille, citron, eucalyptus, géranium, lavande et tea-tree.

INHALATION « A » CONTRE LE RHUME DES FOINS

20 gouttes d'huile essentielle de camomille • 20 gouttes d'huile essentielle d'eucalyptus • 20 gouttes d'huile essentielle de citron • Gros sel

INHALATION « B » CONTRE LE RHUME DES FOINS

20 gouttes d'huile essentielle de lavande • 10 gouttes d'huile essentielle de géranium • 20 gouttes d'huile essentielle de tea-tree • 10 gouttes d'huile essentielle de citron • Gros sel

Verser les différentes huiles essentielles sur un peu de gros sel. Transvaser dans un pot muni d'un couvercle ou répandre la poudre sur des lingettes qui seront conservées dans une boîte bien hermétique. Garder toujours le produit sous la main.

HUILE DE MASSAGE « SOIN DE L'ALLERGIE »

1 cuiller à soupe d'huile de pépins de raisin • 10 gouttes d'huile essentielle de camomille • 4 gouttes d'huile essentielle de citron • 2 gouttes d'huile essentielle de tea-tree

Verser les ingrédients dans un petit flacon et agiter vigoureusement. Laisser reposer quatre jours avant utilisation, afin que les différentes substances amplifient leurs effets par synergie.

Traitement

Pour soigner un rhume des foins avec le maximum d'efficacité, il faudra faire en alternance des inhalations et des massages à l'aide de l'huile de massage. Les vapeurs d'huiles essentielles soulageront les symptômes de l'allergie, tandis que le massage de la poitrine et du haut du dos traitera le mal en profondeur.

RHUME ET GRIPPE

Quand le mal est pris à la racine, à savoir dès l'apparition des premiers symptômes, il est possible de rendre un rhume ou une grippe plus supportables et de passer moins de jours cloué au lit... À bon entendeur, salut ! Pensez aussi à garder vos distances avec les autres : il n'est pas nécessaire que l'épidémie se propage à l'ensemble de la famille ou à vos collègues de travail !

Pour le traitement d'un rhume ou d'une grippe chez le sujet jeune, voir Enfant et bébé, p. 203.

Huiles essentielles

Eucalyptus, cannelle, tea-tree et thym.

REMÈDE ANTIGRIPPAL

80 gouttes d'huile essentielle d'eucalyptus • 60 gouttes d'huile essentielle de tea-tree • 40 gouttes d'huile essentielle de cannelle • 20 gouttes d'huile essentielle de thym

Verser les huiles essentielles dans un petit flacon et agiter vigoureusement. Laisser reposer quatre jours avant utilisation, afin que les différentes substances amplifient leurs effets par synergie.

Il est également possible d'ajouter toutes ces huiles essentielles dans de l'alcool ou dans de l'eau pour profiter de leurs bienfaits dans un désodorisant ou un brûle-parfum.

Traitements

Dans un bol, mélanger 1 cuiller à café d'huile de pépins de raisin et 10 gouttes de produit. Verser le contenu dans un bain chaud, remuer l'eau pour bien disperser le produit. Rester 30 minutes dans la baignoire en inhalant profondément les vapeurs d'huiles essentielles. Faire pénétrer le produit dans la peau en se massant avec les gouttelettes d'huile en suspension.

Après la douche, verser 2 à 3 gouttes de produit sur une serviette-éponge chaude et s'en servir pour se frotter vigoureusement l'ensemble du corps. Tout de suite après, boire un verre de gingembre au miel (voir L'aromathérapie pratique, Les méthodes de A à Z, p. 468).

Dans 1 cuiller à café d'huile de pépins de raisin, ajouter 5 gouttes de produit et verser le tout dans un bol rempli d'un peu d'eau tiède. Avec ce produit, se masser l'ensemble du corps en insistant plus particulièrement sur la poitrine.

Respirer souvent le goulot du flacon pour décongestionner les bronches.

Afin d'éliminer les germes en suspension, désinfecter l'air de la maison en pulvérisant régulièrement du produit.

ROUGEOLE

Même si elle est la maladie contagieuse la plus répandue, la rougeole ne doit pas être prise à la légère, car elle est potentiellement dangereuse et peut avoir des complications graves au niveau des yeux, des oreilles et de la poitrine. C'est pourquoi le médecin vous imposera de garder l'enfant alité pendant toute la durée de sa rougeole. Humidifiez régulièrement le corps du petit malade avec un gant de toilette humide pour faire baisser sa fièvre. Pour éviter la propagation de l'épidémie, désinfectez l'air de la chambre et des autres pièces de la maison à l'aide du produit indiqué cidessous. Les huiles essentielles sont précieuses : elles soulageront certains symptômes de la maladie, notamment les démangeaisons.

Huiles essentielles

Cyprès, eucalyptus, lavande, romarin et tea-tree.

Traitements

Dans un récipient, verser 1 verre de bicarbonate de soude et incorporer délicatement 20 gouttes d'huile essentielle de lavande. Diluer 1 à 2 cuillers à café de ce mélange dans de l'eau froide jusqu'à l'obtention d'une lotion de consistance crémeuse. Tremper un bout de coton dans ce produit et tamponner sur les boutons à chaque fois que l'enfant se plaint de démangeaisons.

Pour un bain, verser ½ verre de bicarbonate de soude et 4 gouttes d'huile essentielle de lavande dans un bol. Jeter le tout dans l'eau chaude en agitant avec la main pour bien dissoudre le produit. Ce traitement offre un double avantage : il va soulager les démangeaisons de l'enfant et le calmer.

SPRAY DÉSINFECTANT

1 cuiller à café d'huile essentielle de lavande • ½ cuiller à café d'huile essentielle de cyprès • ½ cuiller à café d'huile essentielle de romarin • ½ cuiller à café d'huile essentielle d'eucalyptus ou de tea-tree

Verser les ingrédients dans un petit flacon et agiter vigoureusement. Laisser reposer quatre jours avant utilisation, afin que les différentes substances amplifient leurs effets par synergie.

Utilisation

Pour assainir l'air ambiant, verser 50 gouttes de produit dans un pulvérisateur.

RUBÉOLE

Maladie virale bénigne frappant souvent les enfants, la rubéole se manifeste par une fièvre légère n'excédant pas quelques jours. Les symptômes sont une inflammation des glandes et des lésions cutanées d'aspect variable, généralement à l'origine de démangeaisons. La rubéole prend une tout autre gravité chez la femme enceinte, car elle peut causer des déformations du fœtus.

Huiles essentielles

Camomille, lavande et tea-tree.

Traitements

Pour une application locale, incorporer très lentement 5 gouttes d'huile essentielle de lavande et 5 gouttes d'huile essentielle de camomille dans un verre de bicarbonate de soude, en remuant constamment pour éviter la formation de grumeaux. Mélanger ensuite 1 à 2 cuillers à café de ce produit à de l'eau froide de manière à obtenir une lotion de consistance crémeuse. Tremper un morceau de coton dans la préparation et appliquer sur les lésions cutanées. Renouveler l'opération aussi souvent que nécessaire.

Pour un grand bain, mélanger 4 gouttes d'huile essentielle de lavande dans ¼ de verre de bicarbonate de soude. Saupoudrer le produit à la surface de l'eau tiède et agiter pour bien mélanger. Laisser l'enfant assis dans la baignoire pendant 30 minutes ou plus (surveillez-le s'il est très jeune). Ce bain devrait calmer à la fois les démangeaisons et la nervosité du petit malade.

Dans un pulvérisateur, verser 4 gouttes d'huile essentielle de lavande, 4 gouttes d'huile essentielle de camomille et 2 verres d'eau. Vaporiser sur les boutons pour calmer les démangeaisons.

Pour désinfecter l'air de la chambre, mettre de l'huile essentielle de tea-tree et de camomille dans un brûle-parfum ou dans un désodorisant.

SAIGNEMENT

Si les saignements persistent malgré le traitement aux huiles essentielles, conduisez le patient à l'hôpital le plus proche.

Huiles essentielles

Citron, cyprès et géranium.

Traitement

Plier un linge de manière à ce qu'il recouvre entièrement la plaie. Humecter à l'aide des huiles essentielles ci-dessus et appliquer comme une compresse. Laisser le pansement en place en recouvrant d'une bande ni trop lâche, ni trop serrée.

SANGSUE voir Tique et sangsue.

SCIATIQUE voir Dos ou Névralgie.

SCLÉROSE EN PLAQUES

Cette maladie neurologique à évolution discontinue frappe deux fois plus de femmes que d'hommes. Elle se déclenche généralement entre l'âge de 20 et 40 ans, plus rarement après 50 ans. Ses symptômes sont très variés. Affectant surtout les muscles, ils vont d'une simple fatigabilité d'un membre à l'hémiplégie. La vision et l'élocution, la mémoire et l'attention subissent généralement un lent déclin avec l'évolution de la maladie. Grâce à un exercice physique régulier et à des traitements d'aromathérapie appropriés, il est possible d'atténuer les symptômes de la sclérose en plaques, et ainsi de garder le plus longtemps possible une bonne flexibilité articulaire.

Traitement

Pour les soins, se reporter aux chapitres consacrés à la Myasthénie (p. 270), à la Douleur musculaire (p. 195), au Stress (p. 324) ou à tout autre symptôme en rapport avec cette maladie.

SEIN voir Maladie kystique des seins.

SIDA

Aujourd'hui, la découverte de la tri-thérapie permet d'allonger considérablement l'espérance de vie des malades atteints du sida. Cependant, il n'existe pas à ce jour de moyen de guérir du syndrome immunodéficitaire acquis, ni encore de vaccin pour s'en prémunir. L'unique moyen de se protéger de cette redoutable maladie, comme vous le savez, est de mettre un préservatif à chaque relation sexuelle.

Certaines plantes et certaines huiles essentielles sont connues pour leurs propriétés antivirales et leurs pouvoirs de renforcer le système immunitaire. C'est pourquoi l'aromathérapie, entre autres thérapies alternatives, peut contribuer à affaiblir le virus et à renforcer l'organisme des malades qui seront mieux à même de lutter contre les infections opportunistes. Qu'il soit réalisé par un phyto-aromathérapeute ou par un proche, un massage quotidien à l'aide d'huiles essentielles n'est donc pas à négliger.

Les soins d'aromathérapie ne doivent en aucun cas se substituer au traitement médical que réclame tout malade du sida. De tels massages interviendront seulement en complémentarité de la médication de rigueur, après avoir consulté le médecin et obtenu au préalable son accord.

Huiles essentielles

Bergamote, bois de rose, bouleau, lavande, manuka, orange, santal, tea-tree et thym.

HUILE STIMULANTE DU SYSTÈME IMMUNITAIRE

5 cuillers à soupe d'huile essentielle de pépins de raisin • 30 gouttes d'huile essentielle de bergamote ou de bouleau • 20 gouttes d'huile essentielle de bois de rose • 20 gouttes d'huile essentielle de manuka ou de tea-tree • 10 gouttes d'huile essentielle de thym

Verser les ingrédients dans un petit flacon et agiter vigoureusement. Laisser reposer quatre jours avant utilisation, afin que les différentes substances amplifient leurs effets par synergie.

Il est également possible d'ajouter toutes ces huiles essentielles dans de l'alcool ou dans de l'eau pour profiter de leurs bienfaits dans un désodorisant ou un diffuseur.

Traitements

Dans un bol, verser le contenu d'1 cuiller à café de produit dans un peu d'eau tiède. Utiliser pour un massage corporel du malade.

Pour un bain ou un bain de pieds, utiliser 2 cuillers à café et agiter pour disperser l'huile. Le malade devra rester 30 minutes dans l'eau, en se massant avec les gouttelettes en suspension pour bien faire pénétrer les substances actives dans sa peau.

Pour un massage corporel après une douche, mettre un peu de produit dans le creux des mains et masser la peau encore humide.

HUILE « ANTIDÉPRIME »

5 cuillers à soupe d'huile de pépins de raisin • 30 gouttes d'huile essentielle de bergamote • 20 gouttes d'huile essentielle d'orange • 20 gouttes d'huile essentielle de santal • 10 gouttes d'huile essentielle de lavande

Verser les ingrédients dans un petit flacon et mélanger vigoureusement. Laisser reposer quatre jours avant utilisation, afin que les différentes substances amplifient leurs effets par synergie.

Traitements

Cette huile stimulante aide à redonner le moral à un malade atteint du sida. Elle offre en outre l'avantage d'avoir des propriétés antivirales.

Verser le contenu d'1 cuiller à café de produit dans un bol rempli d'eau tiède. Utiliser pour un massage corporel du malade.

Verser 2 cuillers à café de produit dans un bain ou un bain de pieds et agiter pour disperser l'huile. Le malade devra rester 30 minutes dans l'eau, en se massant avec les gouttelettes en suspension pour bien faire pénétrer les substances actives dans sa peau.

Pour un massage corporel après une douche, mettre un peu de produit dans le creux des mains et masser la peau encore humide.

SINUSITE voir Voies respiratoires.

SPORT

Eh oui, c'est bien de faire du sport pour garder un corps en parfaite santé, même si vous courez le risque de quelques petits bobos nommés tendinites, entorses, inflammations des cartilages ou stress !

S'épargner des mésaventures…

Si vous les aviez préparés à un tel effort, vos muscles et vos tendons ne vous auraient pas joué un si vilain tour… Cette huile de massage tonifiante vous permettra de pratiquer votre sport favori sans risquer de mésaventure. En outre, elle aura aussi un effet positif sur votre mental.

HUILE « PRÊT, PARTEZ ! »

4 cuillers à soupe d'huile d'amande douce • 20 gouttes d'huile essentielle de romarin • 20 gouttes d'huile essentielle de cyprès • 15 gouttes d'huile essentielle de lavande • 10 gouttes d'huile essentielle de genièvre

Mélanger les huiles essentielles dans un petit flacon et agiter vigoureusement. Laisser reposer pendant quatre jours avant utilisation, afin que les différentes substances amplifient leurs effets par synergie.

Traitement

Avant une compétition sportive ou une épreuve d'endurance, masser vos muscles en effectuant des gestes appuyés.

Douleur articulaire

Vos articulations vous font souffrir après une épreuve sportive ou une longue randonnée à vélo ? Le chaud et le froid, le port d'un bandage pour bien tenir l'articulation en place, puis un bon massage pour terminer devraient soulager très vite votre douleur.

Huiles essentielles
Gingembre, girofle et poivre.

Huile de soin des cartilages
2 cuillers à soupe d'huile de pépins de raisin • 16 gouttes d'huile essentielle de gingembre • 10 gouttes d'huile essentielle de poivre • 8 gouttes d'huile essentielle de girofle

Mélanger les huiles essentielles dans un petit flacon et agiter vigoureusement. Laisser reposer pendant quatre jours avant utilisation, afin que les différentes substances amplifient leurs effets par synergie.

Traitements
Surélever la jambe endolorie et appliquer, en alternance, des bouillottes remplies d'eau glacée et des serviettes trempées dans de l'eau très chaude. Porter un protège-genou ou bander le genou jusqu'à ce que les choses rentrent dans l'ordre.
À l'aide du produit, effectuer un massage deux à trois fois par jour.

Entorse et foulure

Une entorse est une lésion douloureuse liée à une distension ou à un arrachement des ligaments articulaires, une foulure étant quant à elle une forme d'entorse plus légère. Attention, ne faites jamais de massage avant résorption complète de l'inflammation.

Huiles essentielles
Camomille, gingembre, girofle, lavande, marjolaine et poivre.

Traitement

Pour réduire l'inflammation, mettre d'abord une bouillotte remplie d'eau glacée ou un sac à glace sur la région douloureuse. Dans un second temps, appliquer des compresses froides (voir L'aromathérapie pratique, Les méthodes de A à Z, p. 468) imbibées d'huile essentielle de lavande, de camomille et de marjolaine toutes les 2 ou 3 heures jusqu'au soulagement complet de la douleur. Quand le traitement « à froid » aura fait son effet, effectuer deux massages quotidiens en utilisant de la pommade à l'arnica (à éviter en cas de blessure) ou de l'huile de soin des cartilages (voir ci-dessous).

STRESS DU SPORTIF

Il ne faut pas sous-estimer le stress créé par le sport, particulièrement s'il s'agit d'une compétition. Il y a d'abord l'angoisse de l'attente, avec l'appréhension de ne pas être à la hauteur, puis le stress de l'après, quand on déroule dans sa tête le film de l'épreuve, avec les erreurs commises et l'idée qu'on aurait pu être bien meilleur… Et on ose encore dire que le sport est un amusement !

Traitement

Voir Stress, p. 324.

TENDINITE D'ACHILLE

L'inflammation du tendon d'Achille, situé derrière la cheville, survient quand un muscle a été trop sollicité ou à la suite d'un claquage. La zone affectée est chaude et douloureuse. Tout mouvement devient pratiquement impossible.

Huiles essentielles

Camomille, gingembre et lavande.

Traitements

Pour éviter toute aggravation du problème, surélever la jambe de manière à ce qu'elle soit plus haute que le cœur.

Sur l'arrière de la cheville, appliquer des compresses froides (voir L'aromathérapie pratique, Les méthodes de A à Z, p. 468) imbibées d'huiles essentielles de camomille et de lavande. Répéter l'opération toutes les 30 minutes pendant 3 heures, puis passer à 4 compresses par jour pendant deux jours.

HUILE DE SOIN DE LA TENDINITE
3 cuillers à soupe d'huile d'olive • 20 gouttes d'huile essentielle de camomille • 15 gouttes d'huile essentielle de lavande • 15 gouttes d'huile essentielle de gingembre

Mélanger les huiles essentielles dans un petit flacon et agiter vigoureusement. Laisser reposer quatre jours avant utilisation, afin que les différentes substances amplifient leurs effets par synergie.

Traitement
À l'aide d'un peu de produit, masser la région douloureuse plusieurs fois par jour. Les soins réclament une certaine patience, mais en cas d'abandon prématuré, la guérison sera beaucoup plus lente !

S'épargner des lendemains douloureux
Le soin que je vous suggère ici possède une kyrielle de vertus. Capable de prévenir d'éventuelles douleurs musculaires, il va aussi vous relaxer et vous permettre d'évacuer votre stress. Alors, faites-le dès que possible une fois rentré chez vous !

« HUILE DE SOIN DES HÉROS »
5 cuillers à soupe d'huile d'amande douce • 25 gouttes d'huile essentielle de romarin • 25 gouttes d'huile essentielle de citron • 20 gouttes d'huile essentielle de sauge sclarée • 10 gouttes d'huile essentielle d'orange

Mélanger les huiles essentielles dans un petit flacon et agiter vigoureusement. Laisser reposer quatre jours avant utilisation, afin que les différentes substances amplifient leurs effets par synergie.

Traitement
Verser 2 cuillers à café de produit dans un bain chaud. Rester 30 minutes dans la baignoire en utilisant les gouttelettes en suspension pour masser le corps.
Pour un simple massage corporel en sortant du bain ou de la douche, prendre un peu de produit et frotter les muscles.

Stress

Qu'on le veuille ou non, le stress fait partie de la vie. C'est comme ça, il faut faire contre mauvaise fortune bon cœur en se réconfortant à l'idée que, sans lui, nous ne serions pas tout à fait des êtres humains pensants : on serait peut-être tout juste bon à planter des choux !

Il existe deux types de stress. Je qualifierais le premier de « bon stress », car il nous permet de réagir et de nous adapter rapidement, de manière réflexe, notamment en cas de danger. On en a besoin pour vivre et pour rester en vie. Il a un début et, ce qui est le plus important, une fin. Le « mauvais stress », quant à lui, se déclenche sans raison vitale, devant une situation angoissante ou une personne qui nous met mal à l'aise. Les substances chimiques émises alors dans notre corps, comme l'adrénaline, ne sont plus utilisées pour faire un geste réflexe de protection comme c'était le cas avec le « bon stress ». Elles agissent au contraire de manière négative, tant sur notre organisme que sur notre cerveau. Elles peuvent favoriser l'hypertension, le cancer ou des problèmes cardiaques et digestifs plus ou moins graves. Le stress est enfin souvent en cause en cas de migraines, de problèmes de dos, de nervosité, d'anxiété ou d'état dépressif sérieux.

Qu'elles soient utilisées dans un bain, dans une huile de massage ou dans un brûle-parfum, les huiles essentielles vous apprendront à vous relaxer et ainsi à mieux gérer votre stress. S'il vous manque l'une d'elles, vous pourrez la

Êtes-vous stressé ?

Si vous présentez les symptômes suivants, il est nécessaire d'apprendre à gérer votre stress avant qu'il ne vous consume :
- Vous n'avez pas d'enthousiasme au travail, ni en famille ni avec vos amis.
- Vous êtes triste, irritable, et vous riez rarement.
- Vous pensez que vous allez bientôt mourir.
- Vous avez souvent mal au dos, à la tête ou au ventre.
- Vous avez des problèmes de sommeil et vous vous levez le matin aussi anxieux et fatigué que la veille.

remplacer par une autre qui vous paraît appropriée. De toute façon, il vous faudra inventer votre propre « élixir antistress » : le tableau de la page 327 vous y aidera. Un détail : il n'est pas très conseillé d'utiliser toutes les huiles essentielles recommandées pour traiter tel ou tel état lié au stress. Commencez plutôt par en choisir une ou deux pour soulager le cœur du problème, puis ajoutez une ou deux nouvelles essences afin d'améliorer l'efficacité de votre remède. Pour vous aider en ce sens, reportez-vous au tableau des propriétés des huiles essentielles (voir p. 20) figurant au début de la première partie de cet ouvrage.

Les huiles essentielles vous permettront de tenir le coup et de garder le moral. Cependant, si vous faites une dépression, n'hésitez pas à consulter un spécialiste expérimenté, par exemple un psychiatre, pour éviter qu'elle ne s'installe et qu'elle ne s'aggrave.

Des bains et un peu d'introspection

Les bains aromatiques sont vraiment un moyen idéal de lutte contre le stress. Ils soulageront vos problèmes d'insomnie et votre nervosité en vous relaxant complètement. En fait, il est vraiment difficile de rester tendu et déprimé quand on s'allonge dans un bain chaud parfumé de senteurs délicieuses ! Prenez tout votre temps, en respirant lentement et profondément. Quand vous inspirez, imaginez que les vapeurs odorantes qui pénètrent dans chacune des cellules de votre corps captent vos sentiments négatifs, votre tension et votre fatigue. Quand vous expirez, pensez que l'air rejeté est chargé de toute votre tristesse…

Faites aussi un peu d'introspection ! Restez dans votre bain pendant au moins 30 minutes. Ajoutez de l'eau chaude de temps en temps jusqu'à remplir la baignoire à ras bord si vous le souhaitez ! En sortant du bain, imaginez que vous avez laissé tous vos problèmes dans l'eau, et qu'ils s'en vont à tout jamais dans la tuyauterie !

HUILE DE BASE CONTRE LE STRESS

3 cuillers à soupe d'huile d'amande douce • 50 gouttes d'huiles essentielles à choisir dans le tableau des huiles relaxantes contre les effets du stress

Mélanger les huiles essentielles dans un petit flacon et agiter vigoureusement. Laisser reposer quatre jours avant utilisation afin que les différentes substances amplifient leurs effets par synergie.

Traitements

À l'aide quelques gouttes de produit, masser quelques points « stratégiques » comme le cou ou les poignets. Garder le flacon à portée de main pour respirer l'odeur des huiles essentielles de temps en temps.

Verser 2 cuillers à café de produit dans un bain tiède juste avant de pénétrer dans l'eau. Agiter pour bien disperser les huiles essentielles.

Prendre souvent des douches, car l'eau transforme les ions positifs déprimants en ions négatifs énergisants. Mettre 1 goutte de produit sur un gant humide et frotter l'ensemble du corps en sortant de la douche.

Utiliser les huiles essentielles dans un brûle-parfum ou dans un pulvérisateur.

Les huiles essentielles contre le stress	
État	Huiles essentielles
Agitation	Marjolaine et ylang-ylang.
Anxiété	Bergamote, camomille, encens, géranium, lavande, mandarine, marjolaine, santal et sauge sclarée.
Apathie	Citron, jasmin, lavande, pamplemousse et romarin.
Calme	Bergamote, cèdre, encens, jasmin, lavande, mandarine, marjolaine, santal, sauge sclarée et ylang-ylang.
Chagrin	Cyprès, marjolaine et santal.
Choc	Lavande et menthe poivrée.
Colère	Bergamote, camomille, cyprès, menthe poivrée et ylang-ylang.
Crises de panique	Sauge sclarée et ylang-ylang.
Culpabilité	Camomille, santal et sauge sclarée.
Dépression	Bergamote, camomille et orange.
Ennui	Citron, menthe poivrée et romarin.
Épuisement	Citron, jasmin, lavande, pamplemousse et santal.
Épuisement nerveux	Lavande, pamplemousse, romarin et ylang-ylang.
État maniaco-dépressif	Géranium, lavande et pamplemousse.
Évanouissement et syncope	Lavande, marjolaine et menthe poivrée.
Excitabilité	Cèdre, camomille, lavande, mandarine, marjolaine et ylang-ylang.

Fatigue mentale	Basilic, citron et pamplemousse.
Frigidité	Sauge sclarée et ylang-ylang.
Frustration	Bergamote et lavande.
Hystérie	Menthe poivrée et sauge sclarée.
Insomnie	Cèdre, camomille, lavande, mandarine, marjolaine et santal.
Irritabilité	Cyprès.
Langueur	Géranium, jasmin et lavande.
Méditation	Cèdre, encens et santal.
Migraine	Lavande, marjolaine et pamplemousse.
Nervosité	Bergamote, encens, géranium et lavande.
Paranoïa	Sauge sclarée.
Pensées négatives	Orange et menthe poivrée.
Perte d'intérêt dans la vie	Orange, romarin et ylang-ylang.
Phobie	Encens et santal.
Saute d'humeur	Lavande, géranium et jasmin.
Sexualité (manque de confiance)	Jasmin, sauge sclarée, santal et ylang-ylang.
Stress avant un examen ou un entretien	Bergamote, citron, lavande, pamplemousse et romarin.
Stress émotionnel	Ylang-ylang.
Stress mental	Cèdre, camomille et romarin.
Stress préopératoire	Lavande, camomille, sauge sclarée et ylang-ylang.
Stress postopératoire	Lavande, mandarine, menthe poivrée et pamplemousse.
Traumatisme	Lavande et marjolaine.
Vertige	Lavande et menthe poivrée.

Syncope voir Évanouissement et syncope.

Syndrome du canal carpien

On a dit beaucoup de choses au sujet de cette compression qui affecte le nerf médian du canal carpien, localisé entre la main et le poignet. Le syndrome douloureux semble plus particulièrement affecter les femmes d'âge mûr, les femmes enceintes, les sujets atteints d'arthrite et surtout les personnes qui travaillent quotidiennement sur un clavier. J'ai moi-même connu ce problème en écrivant ce livre sur mon ordinateur !

Huile essentielle
Camomille.
Huile infusée
Arnica.

Traitement

Avant toute chose, acheter en pharmacie un bracelet spécial qui maintiendra le pouce et le poignet.

Dans un premier temps, verser dans un récipient 1 cuiller à café d'huile de pépins de raisin et 3 gouttes d'huile infusée d'arnica. Avec ce produit, masser le poignet, le pouce et l'avant-bras quatre à six fois par jour en remontant vers le bras (à éviter en cas de plaie).

Dans un second temps, verser dans un récipient 1 cuiller à café d'huile de pépins de raisin – ou, mieux, 1 cuiller à café d'huile infusée de millepertuis – et 4 gouttes d'huile essentielle de camomille. Masser comme indiqué précédemment. Renouveler les deux opérations aussi souvent que nécessaire.

Syndrome du côlon irritable

Aussi nombreux que variés, les symptômes de cette maladie ont un point commun : ils sont extrêmement désagréables (coliques douloureuses localisées dans le bas-ventre, ballonnements, crampes, constipation, diarrhée, flatulences parfois accompagnées de brûlures d'estomac). Le stress ou une alimentation trop pauvre en fibres sont deux causes possibles de ce syndrome. Avant de recourir à l'aromathérapie, consultez un médecin pour traiter le problème à la racine.

Huiles essentielles

Camomille, marjolaine et menthe poivrée.

HUILE DE SOIN DU SYNDROME DU CÔLON IRRITABLE

3 cuillers à soupe d'huile de pépins de raisin • 18 gouttes d'huile essentielle de camomille • 18 gouttes d'huile essentielle de marjolaine • 12 gouttes d'huile essentielle de menthe poivrée

Verser tous les ingrédients dans un petit flacon et agiter vigoureusement. Laisser reposer quatre jours avant utilisation, afin que les différentes substances amplifient leurs effets par synergie.

Traitement

Avec un peu de produit, masser l'abdomen deux à trois fois par jour dans le sens des aiguilles d'une montre.

SYNDROME POST-VIRAL voir Myasthénie.

SYNDROME PRÉMENSTRUEL

Vous serez agréablement surprise des pouvoirs de certaines combinaisons d'huiles essentielles, surtout si vous conjuguez l'aromathérapie à la pratique des techniques de gestion du stress.

Huiles essentielles

Bergamote, camomille, géranium, pamplemousse, petit grain, romarin et sauge sclarée.

Cocktail d'huiles essentielles « soulagement du syndrome prémenstruel »

2 cuillers à café d'huile essentielle de bergamote • ½ cuiller à café d'huile essentielle de camomille • ½ cuiller à café d'huile essentielle de sauge sclarée • ½ cuiller à café d'huile essentielle de géranium • ½ cuiller à café d'huile essentielle de pamplemousse

Mélanger les huiles essentielles dans un petit flacon et agiter vigoureusement. Laisser reposer quatre jours avant utilisation, afin que les différentes substances amplifient leurs effets par synergie.

Traitements

Avant toute chose, stimulez votre système immunitaire en vous frottant la peau avec une brosse à poils souple avant de prendre une douche.

En utilisant le cocktail d'huiles essentielles, commencez par masser les pieds puis, toujours au moyen de gestes circulaires, attardez-vous sur vos jambes, votre tronc et vos bras. N'attendez pas de vous sentir vraiment mal : pratiquez ce soin tous les jours.

Vous pouvez également verser un peu de cocktail d'huiles essentielles dans le bain, l'utiliser en massage après la douche, ou en mettre dans un brûle-parfum et dans un désodorisant. Enfin, dilué dans de l'alcool, vous pouvez aussi vous en servir comme eau de toilette.

Huile de soin anti-rétention d'eau

2 cuillers à soupe d'huile d'amande douce • 15 gouttes d'huile essentielle de fenouil • 10 gouttes d'huile essentielle de genièvre • 8 gouttes d'huile essentielle de romarin

Mélanger les huiles essentielles dans un petit flacon et agiter vigoureusement. Laisser reposer quatre jours avant utilisation, afin que les différentes substances amplifient leurs effets par synergie.

Traitements

En favorisant l'élimination des fluides accumulés dans votre corps, cette huile vous donnera l'agréable sensation de « désenfler ». Commencer le traitement au 21e jour du cycle. Essayer d'utiliser ce produit au moins deux fois par jour, dans un bain, un bain de pieds ou après la douche, à votre gré.

Pour un bain, verser 1 cuiller à café de produit dans l'eau chaude. Utiliser les gouttelettes en suspension pour le massage corporel.

Après la douche, verser un peu de produit dans le creux de vos mains et masser votre corps lorsque votre peau est encore humide.

Pour un massage des pieds chaque matin, utiliser ¼ de cuiller à café de produit.

HUILE RELAXANTE CONTRE LA DÉPRESSION ET L'IRRITABILITÉ

2 cuiller à soupe d'huile de pépins de raisin • 15 gouttes d'huile essentielle de camomille • 10 gouttes d'huile essentielle de bergamote • 10 gouttes d'huile essentielle de petit grain

Mélanger les huiles essentielles dans un petit flacon et agiter vigoureusement. Laisser reposer quatre jours avant utilisation, afin que les différentes substances amplifient leurs effets par synergie.

Traitements

Mêmes traitements qu'avec l'huile de soin anti-rétention d'eau.

SYSTÈME DIGESTIF

Des coliques à la constipation en passant par la diarrhée ou les brûlures d'estomac, chacun a connu un jour ou l'autre ce genre de petits problèmes digestifs. L'alimentation étant très souvent en cause, on ne répétera jamais assez qu'il faut toujours manger équilibré. Avec une bonne hygiène alimentaire et un apport quotidien de fibres sous forme de légumes ou de fruits frais, la plupart de ces petits bobos appartiendront au passé !

COLIQUE

Douloureuses et ressenties au niveau des viscères abdominaux, les coliques sont généralement causées par la présence de gaz enfermés dans l'intestin. Évitez les aliments trop gras et trop riches, donc indigestes.

Huiles essentielles

Camomille, gingembre et menthe poivrée.

HUILE DE MASSAGE « SOULAGEMENT DES COLIQUES »

1 cuiller à café d'huile de pépins de raisin • 3 gouttes d'huile essentielle de camomille • 1 goutte d'huile essentielle de menthe poivrée ou de gingembre

Verser tous les ingrédients dans un petit flacon et agiter vigoureusement.

Traitements

À l'aide d'un peu de produit, masser l'abdomen en faisant des gestes dans le sens des aiguilles d'une montre.

Boire un verre de thé à la menthe ou au gingembre trois fois par jour.

Pour les coliques chez le nouveau-né, voir Enfant et bébé, p. 203.

CONSTIPATION

Le remède proposé soulagera une constipation passagère. Si le problème persiste, il sera nécessaire d'aller consulter un médecin.

Huiles essentielles

Menthe poivrée et poivre.

Traitement

Dans un petit récipient, verser 1 cuiller à café d'huile de pépins de raisin, 2 gouttes d'huile essentielle de poivre et 2 gouttes d'huile essentielle de menthe poivrée. À l'aide de ce produit, masser l'abdomen en faisant des gestes dans le sens des aiguilles d'une montre. Répéter le traitement deux à trois fois par jour.

À noter

Si vous souffrez de constipation, mangez quotidiennement un yaourt dans lequel vous aurez ajouté 2 cuillers à soupe de graines de lin. Essayez surtout d'avoir une alimentation plus riche en fruits et en légumes frais !

DIARRHÉE

Les remèdes suivants s'adressent aux personnes atteintes d'une diarrhée éventuellement aiguë, mais toujours de courte durée. Si les symptômes persistent, consultez un médecin.

Huiles essentielles

Camomille, citron, eucalyptus, géranium, gingembre, lavande et tea-tree.

À noter

L'un des dangers majeurs de la diarrhée est le risque de déshydratation. C'est pourquoi il faut toujours veiller à donner à votre corps beaucoup de liquides pendant tout le temps que dure l'indisposition. Ne pensez jamais que vous soulagerez le problème en vous assoiffant ! Buvez de l'eau minérale, du thé à la menthe (c'est excellent !) ou des jus de fruits dilués avec de l'eau.

HUILES DE SOIN DE LA DIARRHÉE D'ORIGINE ALIMENTAIRE
1 cuiller à café d'huile de pépins de raisin • 2 gouttes d'huile essentielle de camomille • 1 goutte d'huile essentielle d'eucalyptus • 1 goutte d'huile essentielle de gingembre

HUILES DE SOIN DE LA DIARRHÉE D'ORIGINE VIRALE
1 cuiller à café d'huile de pépins de raisin • 2 gouttes d'huile essentielle de tea-tree • 1 goutte d'huile essentielle de lavande • 1 goutte d'huile essentielle de citron

HUILES DE SOIN DE LA DIARRHÉE D'ORIGINE NERVEUSE
1 cuiller à café d'huile de pépins de raisin • 2 gouttes d'huile essentielle de camomille • 1 goutte d'huile essentielle de géranium • 1 goutte d'huile essentielle de lavande

Mélanger les ingrédients dans une cuiller à soupe préalablement chauffée à la flamme.

Traitement
Selon l'origine de la diarrhée, utiliser le produit indiqué pour masser l'abdomen en faisant des gestes dans le sens des aiguilles d'une montre. Répéter le traitement deux à trois fois par jour.

BRÛLURE D'ESTOMAC

Si vous souffrez de brûlures d'estomac, ne vous précipitez pas sur votre boîte de bicarbonate de soude. Ce remède est pire que le mal, puisqu'il va amener votre estomac à sécréter toujours plus de sucs gastriques. Évitez aussi les produits lactés, qui peuvent créer des acidités d'estomac.

Huile essentielle
Menthe poivrée.

Traitement
Dans un verre, verser 1 goutte d'huile essentielle de menthe poivrée et 1 cuiller à café de miel. Remplir d'eau chaude, remuer avec une cuiller, et boire à petites gorgées.

INDIGESTION ET FLATULENCE

Là encore, une alimentation trop riche ou déséquilibrée est souvent en cause. Mais l'aromathérapie vous remettra vite d'aplomb. Elle devrait aussi rapidement venir à bout de vos flatulences et de vos problèmes de ballonnements liés à l'accumulation de gaz dans l'intestin.

Huiles essentielles

Camomille, gingembre, lavande et menthe poivrée.

Traitement

Dans un verre, verser 1 cuiller à soupe de miel puis, au choix, 1 goutte d'huile essentielle de menthe poivrée ou de gingembre. Remplir d'eau chaude et siroter à petites gorgées.

HUILE DE MASSAGE « DIGESTIVE »

1 cuiller à café d'huile de pépins de raisin • 2 gouttes d'huile essentielle de camomille • 1 goutte d'huile essentielle de genièvre • 1 goutte d'huile essentielle de menthe poivrée

Mélanger les ingrédients dans un récipient qu'il sera possible de chauffer avant l'emploi.

Traitement

Masser l'estomac et le ventre à l'aide d'un peu de produit.

SYSTÈME IMMUNITAIRE

En fabriquant des anticorps, le système immunitaire protège l'organisme du rhume, de la grippe, de la candidose, et de toutes sortes d'antigènes porteurs de maladies susceptibles de pénétrer dans le corps humain. Pour garder un système immunitaire en bon état, il est impératif d'avoir une hygiène alimentaire correcte, de prendre de temps en temps du repos et de ne pas manquer de sommeil. Je ne saurais trop vous conseiller aussi de « positiver » : riez et donnez de la tendresse ; bref, prenez la vie du bon côté ! En pharmacie et dans les boutiques de santé, vous trouverez des gélules qui, prises en parallèle avec un traitement d'aromathérapie, amélioreront et renforceront très vite votre système immunitaire.

Huiles essentielles
Bois de rose, eucalyptus, lavande, manuka et tea-tree.

STIMULANT DU SYSTÈME IMMUNITAIRE
1 cuiller à soupe d'huile essentielle de lavande • 60 gouttes d'huile essentielle d'eucalyptus • 20 gouttes d'huile essentielle de bois de rose • 20 gouttes d'huile essentielle de manuka ou de tea-tree

Verser les ingrédients dans un petit flacon et agiter vigoureusement. Laisser reposer quatre jours avant utilisation, afin que les différentes substances amplifient leurs effets par synergie.

Il est également possible d'ajouter toutes ces huiles essentielles dans de l'alcool ou dans de l'eau pour profiter de leurs bienfaits dans un désodorisant ou un diffuseur.

Traitements
Dans un bol, mélanger 10 gouttes de produit dans 1 cuiller à café d'huile de pépins de raisin. Verser dans la baignoire ou dans une bassine pour un bain de pieds, puis agiter la surface de l'eau pour bien disperser le produit. Rester au moins 30 minutes dans le bain, en utilisant les gouttelettes en suspension pour un massage corporel.

Mettre un peu de produit dans le creux des mains et effectuer un massage corporel après la douche, lorsque la peau est encore humide.

Pour un massage corporel dans la journée, verser dans un bol 4 gouttes de produit et 1 cuiller à café d'huile de pépins de raisin. Remplir d'eau tiède.

SYSTÈME LYMPHATIQUE

Il est considéré comme le second système circulatoire de l'organisme, après le système circulatoire sanguin. Les muscles exercent une pression qui permet au liquide lymphatique de se mouvoir très lentement à l'intérieur du corps. Quand ces derniers se relâchent faute d'exercice suffisant, le flux se ralentit avec toutes les conséquences que cela peut avoir : accumulation de fluides dans les espaces interstitiels, excès de toxines dans l'organisme, faiblesse du système immunitaire et mauvaise absorption des graisses par l'intestin grêle. Les personnes sujettes à des problèmes de rétention d'eau, de catarrhe, de maux de tête ou de migraines à répétition auraient intérêt à consulter leur médecin traitant, qui leur prescrira un massage lymphatique.

Huiles essentielles
Fenouil, genièvre, géranium, poivre et romarin.

À noter

Le massage lymphatique est contre-indiqué chez les malades atteints de cancer.

HUILE DE MASSAGE LYMPHATIQUE
2 cuillers à soupe d'huile de pépins de raisin • 15 gouttes d'huile essentielle de genièvre • 10 gouttes d'huile essentielle de romarin • 8 gouttes d'huile essentielle de géranium ou de poivre

Verser tous les ingrédients dans un petit flacon et agiter vigoureusement. Laisser reposer quatre jours avant utilisation, afin que les différentes substances amplifient leurs effets par synergie.

Traitement
Pour un massage corporel dans la journée, verser 1 cuiller à café de produit dans un bol d'eau tiède. Commencer par

masser les poignets, puis remonter jusqu'aux épaules. Masser ensuite les chevilles, les jambes, le torse et la base du cou. Insister particulièrement sur l'aine, les aisselles et sous les clavicules, c'est-à-dire aux endroits où se trouvent les glandes lymphatiques.

Pour un bain ou un bain de pieds, verser 2 cuillers à café de produit, puis agiter l'eau pour bien le disperser. Rester 30 minutes dans l'eau en massant le corps à l'aide des gouttelettes en suspension.

Mettre un peu de produit dans le creux des mains et faire un massage corporel après la douche, lorsque la peau est encore humide.

TACHYCARDIE voir Cœur.

TEIGNE

On désigne sous ce nom diverses affections du cuir chevelu causées par des champignons microscopiques qui peuvent entraîner la chute des cheveux. Très contagieuse, la teigne cause de terribles démangeaisons. Elle signale sa présence par un anneau rouge sur la peau. Si vous êtes infecté, observez une hygiène rigoureuse pour éviter qu'elle se propage à vos proches.

Huiles essentielles

Myrrhe, lavande et tea-tree.

Traitement

Tamponner plusieurs fois par jour la région atteinte avec un bout de coton humecté d'huile essentielle de tea-tree, de lavande ou de myrrhe. Quand la zone est bien asséchée, masser avec un mélange constitué d'1/3 d'huile essentielle de tea-tree, 1/3 d'huile essentielle de lavande et 1/3 d'huile d'olive. Cette dernière permettra de réhydrater la peau.

TENDINITE voir Sport.

TENNIS ELBOW voir Bursite.

TIQUE ET SANGSUE

Ces bestioles sont d'autant plus répugnantes qu'elles ont la manie de considérer notre corps comme un garde-manger et de s'y accrocher ! Sous les Tropiques, j'avoue avoir hébergé ces créatures malfaisantes plus d'une fois, et mon mari aussi ! Il est très difficile de repousser les tiques et les sangsues à l'aide des répulsifs classiques. Pour éviter qu'elles s'en prennent à vous, rien ne vaut les bonnes vieilles méthodes : rentrer les bas de pantalons dans les chaussettes et porter des chemises à manches longues serrées aux poignets (pas trop, le sang doit pouvoir circuler !) avec un élastique.

Huiles essentielles

Citronnelle, lavande, marjolaine, menthe poivrée et tea-tree.

Traitement

Malgré toutes vos précautions, une tique vous suce le sang… Pas de panique, restez calme ! Ne tirez pas dessus, la tête du parasite resterait plantée dans la chair, éternisant l'irritation et créant de plus un risque d'infection. Il y a différentes manières d'enlever une tique ou une sangsue. Voici la mienne, que j'ai testée et qui a fait ses preuves.

Commencez par saupoudrer beaucoup de sel sur la bestiole, laissez agir une minute, puis faites couler de l'huile essentielle de tea-tree. Attrapez délicatement le corps de la bestiole avec une pince à épiler et tirez lentement jusqu'à ce qu'elle lâche prise. Appliquez encore un peu d'huile essentielle de tea-tree ou de lavande pour prévenir le risque d'infection. Utilisez enfin le répulsif contre les tiques jusqu'à la complète guérison.

RÉPULSIF CONTRE LES TIQUES

¼ de verre de vinaigre de cidre ou d'huile de millepertuis • ¼ de verre d'huile de paraffine • 40 gouttes d'huile essentielle de lavande • 40 gouttes d'huile essentielle de citronnelle • 20 gouttes d'huile essentielle de menthe poivrée • 10 gouttes d'huile essentielle de marjolaine

Mélanger tous les ingrédients dans un flacon. Remuer avant utilisation. Appliquer sur les régions les plus exposées du corps, en renouvelant l'opération toutes les 2 ou 3 heures.

TOUX voir Voies respiratoires.

ULCÈRE BUCCAL

Vous avez souvent des ulcères dans la bouche ? Pour en finir avec ce problème, il vous faut absolument en déterminer la cause. Le mieux est d'en parler à votre dentiste, mais voici déjà quelques pistes : une carence en vitamines B et C, une dentition en mauvais état, une dent cassée avec laquelle vous vous mordez parfois la langue et l'intérieur de la joue, le stress, une possible allergie alimentaire.

Huile essentielle

Myrrhe.

Traitement

Dans un bol, verser ½ verre de sels de magnésium, ajouter 1 goutte d'huile essentielle de myrrhe (ou ¼ de cuiller à café de teinture de myrrhe), puis remplir le tout d'eau chaude et bien mélanger. Utiliser comme un bain de bouche (surtout ne pas avaler !) en bougeant les joues le plus énergiquement possible, puis recracher. Répéter l'opération jusqu'à avoir épuisé le contenu du bol.

URÉTRITE

Quand l'urètre s'infecte, les bactéries remontent très vite jusqu'à la vessie, ce qui déclenche une cystite. Les symptômes de l'urétrite sont des douleurs lors de la miction, une sensation de brûlure et de picotement, ainsi qu'une impression de fatigue. Un traitement médical doit être effectué sans tarder pour éviter l'aggravation de l'infection. Si vous constatez une aggravation de votre état ou si le problème dure plus de deux jours, consultez un médecin.

Traitement

Voir Cystite, p. 186.

URTICAIRE

Semblable à des piqûres d'ortie, l'urticaire se caractérise par des zébrures blanchâtres ou rosées sur la peau accompagnées de démangeaisons et de sensations de brûlure. Cette maladie cutanée est déclenchée par une réaction allergique qui libère des histamines. La peau étant très sensible, il faudra utiliser de faibles concentrations d'huiles essentielles : un dosage trop important risquerait de déclencher une irritation.

Huiles essentielles

Bergamote, camomille et lavande.

Traitements

Pour un bain, mélanger 2 gouttes de chacune des huiles essentielles recommandées dans 1 cuiller à café d'huile de pépins de raisin. Verser le produit dans l'eau et agiter pour bien le disperser. À l'aide des gouttelettes en suspension, masser doucement les plaques d'urticaire.

Pour une application locale, mélanger 1 goutte de chacune des huiles essentielles recommandées dans 1 cuiller à café d'huile de pépins de raisin. On pourra également soulager la démangeaison en versant 4 gouttes d'huile essentielle de lavande dans le contenu de 2 cuillers à café de vinaigre de cidre.

Imprégner une compresse froide (voir L'aromathérapie pratique, Les méthodes de A à Z, p. 468), d'huile essentielle de camomille. Renouveler l'application plusieurs fois par jour.

Si les plaques d'urticaire sont très étendues, il est préférable de prendre un bain tiède dans lequel auront été ajoutées 6 gouttes d'huile essentielle de camomille mélangées à ½ verre de bicarbonate de soude.

VARICE voir Grossesse et accouchement.

VARICELLE

D'origine virale, la varicelle est une maladie infectieuse extrêmement contagieuse frappant surtout les jeunes enfants. Elle débute par un léger état fébrile avant que n'apparaissent, le lendemain, des vésicules rouges irrégulièrement disposées sur l'ensemble du corps qui ressemblent un peu à des piqûres d'insecte. L'éruption, en séchant, forme des croûtes qui tombent au bout de quelques jours. C'est à ce moment que l'enfant a du mal à s'empêcher de se gratter. Les huiles essentielles seront alors précieuses : elles soulageront les démangeaisons, limitant ainsi le risque de cicatrices disgracieuses.

Huiles essentielles

Lavande et tea-tree.

Traitements

Dans un récipient, verser 2 verres de bicarbonate de soude et ajouter peu à peu 20 gouttes d'huile essentielle de lavande en remuant constamment pour éviter la formation de grumeaux. Humecter ensuite avec 1 ou 2 cuiller à café d'eau de façon à obtenir la consistance d'une pâte. Tremper un morceau de coton dans cette crème et appliquer sur les vésicules. Il est également possible de diluer un peu plus le produit de manière à préparer une lotion pulvérisable. Dans ce cas, bien agiter avant emploi et vaporiser sur les boutons aussi souvent que nécessaire.

Dans un bol, verser ½ verre de bicarbonate de soude, 2 gouttes d'huile essentielle de lavande et 2 gouttes d'huile essentielle de tea-tree. Mélanger soigneusement et jeter le produit dans la baignoire. Faire couler de l'eau chaude et agiter avec la main pour bien dissoudre la poudre. Ce bain relaxant devrait instantanément calmer l'enfant et soulager ses démangeaisons. Je vous le conseille également pour traiter la rubéole.

VERGETURE voir Grossesse et accouchement.

VERRUE

Les verrues sont causées par un virus, et donc contagieuses. Si vous avez des verrues en grand nombre ou si elles reviennent périodiquement, votre système immunitaire est peut-être affaibli. Consultez un médecin.

Huiles essentielles
Citron et tea-tree.
Huile infusée
Calendula.

Traitement

Directement sur la verrue, verser 1 goutte d'huile essentielle de tea-tree ou de citron, puis couvrir avec un pansement. Renouveler le traitement deux fois par jour jusqu'à disparition complète de la verrue.

Si la peau s'assèche en fin du traitement, hydrater l'épiderme à l'aide d'huile infusée de calendula.

VISAGE voir L'aromathérapie au quotidien, Soins de la peau, p. 356.

VOIES RESPIRATOIRES

L'appareil respiratoire est en première ligne face aux agressions extérieures qui se nomment poussières, pollens, ou bactéries. C'est pourquoi les muqueuses, le larynx ou les amygdales sont si prompts à s'enflammer !

AMYGDALITE ET MAL DE GORGE

Comme son nom l'indique, l'amygdalite est une inflammation des amygdales. Même si elle n'épargne pas les adultes, elle frappe plus souvent les enfants et les adolescents.

Huiles essentielles

Bergamote, eucalyptus, hysope, myrrhe, tea-tree et thym.

HUILE DE SOIN DE L'AMYGDALITE

1 cuiller à soupe d'huile de pépins de raisin • 6 gouttes d'huile essentielle de bergamote • 6 gouttes d'huile essentielle de tea-tree • 4 gouttes d'huile essentielle d'hysope ou de myrrhe

Mélanger les huiles essentielles dans un petit flacon et agiter vigoureusement. Laisser reposer quatre jours avant utilisation, afin que les différentes substances amplifient leurs effets par synergie.

Traitement

Masser la gorge avec le contenu d'1 cuiller à café de produit préalablement chauffée sous une flamme, puis couvrir avec une écharpe ou avec quelque chose de chaud. Faire ensuite un gargarisme en ajoutant 1 goutte d'huile essentielle de tea-tree dans un verre d'eau chaude.

ASTHME

Il est souvent causé par une réaction allergique à la poussière, à la fumée de cigarette, à des parfums, aux poils d'animaux ou à certains aliments. Avant d'utiliser une huile essentielle, les personnes atteintes d'asthme devront l'essayer au préalable sous forme de patch (voir L'aromathérapie pratique, Les méthodes de A à Z, p. 468), car elles risquent d'y être plus sensibles que les autres. Attention, l'asthme est un problème potentiellement sérieux. L'aromathérapie ne sera utilisée qu'en accompagnement du traitement médical de rigueur.

Huiles essentielles

Camomille et lavande.

HUILE DE SOIN DE L'ASTHME

3 cuillers à soupe d'huile de pépins de raisin • 20 gouttes d'huile essentielle de lavande • 20 gouttes d'huile essentielle de camomille

Mélanger les huiles essentielles dans un petit flacon et agiter vigoureusement. Laisser reposer quatre jours avant utilisation, afin que les différentes substances amplifient leurs effets par synergie.

Traitement

Faire respirer le parfum du flacon à la personne atteinte d'une crise d'asthme.

Entre deux crises, effectuer un massage de poitrine deux fois par jour à l'aide de ce produit.

BRONCHITE

C'est une inflammation aiguë et chronique de la muqueuse des bronches. Elle nécessite un traitement médical spécifique. L'aromathérapie peut seulement calmer certains symptômes.

Huiles essentielles

Benjoin, cèdre, citron, encens, eucalyptus, marjolaine et menthe poivrée.

Traitement

Inhaler le parfum de plusieurs ou de chacune des huiles essentielles recommandées ci-dessus, puis effectuer un massage de la poitrine à l'aide de l'huile de massage « soin de la bronchite ».

Pour un bain, verser 10 gouttes d'huiles essentielles (en tout) dans l'eau tiède, puis agiter pour bien disperser le produit. Rester 30 minutes dans la baignoire, en utilisant les gouttelettes en suspension pour masser le corps.

Mélanger les huiles essentielles pour les utiliser dans un désodorisant ou un diffuseur.

HUILE DE MASSAGE « SOIN DE LA BRONCHITE »
2 cuillers à soupe d'huile d'olive • 15 gouttes d'huile essentielle d'eucalyptus • 10 gouttes d'huile essentielle de cèdre • 8 gouttes d'huile essentielle de menthe poivrée

Mélanger les huiles essentielles dans un petit flacon et agiter vigoureusement. Laisser reposer quatre jours avant utilisation, afin que les différentes substances amplifient leurs effets par synergie.

Il est également possible de diluer toutes les huiles essentielles dans de l'alcool ou dans de l'eau pour profiter de leurs bienfaits dans un désodorisant ou un brûle-parfum.

CATARRHE

Il s'agit d'une inflammation des muqueuses pouvant s'accompagner d'hypersécrétions bronchiques. Le catarrhe est parfois d'origine infectieuse, mais il est plus souvent lié à une réaction allergique (rhume des foins, pollens, poils de chat, fumée de cigarette, vapeurs chimiques, aliments, etc.).

Huiles essentielles

Eucalyptus, menthe poivrée, pin, poivre, romarin et tea-tree.

Traitement

Effectuer un massage de la poitrine et du haut du dos deux fois par jour avec la crème de soin ci-dessous.

En inhalation, utiliser 2 gouttes de chacune des huiles essentielles recommandées.

Mélanger plusieurs ou chacune des huiles essentielles recommandées dans un brûle-parfum ou dans un pulvérisateur.

CRÈME DE SOIN DU CATARRHE

2 cuillers à soupe d'huile de coco ou de coprah (ou d'huile végétale solide quelconque) • 2 cuillers à café d'huile de pépins de raisin • 10 gouttes d'huile essentielle de tea-tree ou d'eucalyptus • 15 gouttes d'huile essentielle de romarin ou de pin • 5 gouttes d'huile essentielle de menthe poivrée

Verser l'huile de coco et l'huile de pépins de raisin dans un petit pot, puis mettre au bain-marie en veillant à ne pas trop chauffer. Ajouter ensuite les huiles essentielles, bien remuer le mélange, et fermer immédiatement avec un couvercle. Agiter de temps en temps jusqu'au refroidissement complet du produit.

COQUELUCHE

Due à une bactérie extrêmement contagieuse, la coqueluche se manifeste par de violentes quintes de toux convulsives. Les soins proposés ici ne sont destinés qu'à accompagner un traitement médical approprié. Ils vous aideront à atténuer la gravité de la maladie et à soulager certains de ses symptômes.

Huiles essentielles

Cyprès, lavande, tea-tree et thym.

INHALATION DE SOIN DE LA COQUELUCHE

1 goutte d'huile essentielle de tea-tree • 1 goutte d'huile essentielle de lavande • 1 goutte d'huile essentielle de thym

Mélanger les ingrédients. Utiliser en inhalation seulement pour des enfants à partir de 3 ans.

À noter

Une coqueluche guérira plus vite si l'air de la chambre du malade est légèrement humide. Pensez à placer dans la pièce un bol rempli d'eau et à remplir les saturateurs !

HUILE DE SOIN DE LA COQUELUCHE
1 cuiller à soupe d'huile de pépins de raisin • 8 gouttes d'huile essentielle de cyprès • 4 gouttes d'huile essentielle de tea-tree • 4 gouttes d'huile essentielle de lavande

Mélanger les huiles essentielles dans un petit flacon et agiter vigoureusement. Laisser reposer quatre jours avant utilisation, afin que les différentes substances amplifient leurs effets par synergie.

Traitement
Faire tiédir 1 cuiller à café (enfant de plus de 12 ans) ou ½ cuiller à café (enfant de moins de 12 ans) de produit, puis masser le dos et la poitrine du malade.

Dans un bain tiède, verser 2 cuillers à café (enfant de plus de 12 ans) ou 1 cuiller à café (enfant de moins de 12 ans). Utiliser les gouttelettes en suspension pour masser la poitrine, le dos et la gorge du malade.

À noter

L'huile de soin de la coqueluche ne doit pas être administrée aux enfants de moins de 2 ans.

LARYNGITE
On donne ce nom à toutes sortes d'inflammations plus ou moins graves du larynx. La laryngite est généralement responsable des voix enrouées ou aphones.

Huiles essentielles
Benjoin, camomille, citron, cyprès, lavande, thym et santal.

INHALATION DE SOIN DE LA LARYNGITE
3 gouttes d'huile essentielle de lavande • 2 gouttes d'huile essentielle de benjoin • 1 goutte d'huile essentielle de thym

Mélanger tous les ingrédients dans un petit bol et utiliser en inhalation.

SINUSITE

Qu'elle soit chronique ou aiguë, une sinusite réclame un traitement d'urgence en raison du risque d'infection pouvant déboucher sur une forme de méningite. Il faudra faire preuve d'un peu de patience quand vous utiliserez l'aromathérapie, mais croyez-moi, votre persévérance sera récompensée par un soulagement complet !

Huiles essentielles
Eucalyptus, lavande, menthe poivrée, pin et tea-tree.

Traitement
Si la douleur n'est pas trop intense, 10 gouttes d'huiles essentielles recommandées ci-dessus utilisées en fomentation (voir L'aromathérapie pratique, Les méthodes de A à Z, p. 468) devraient soulager très rapidement une sinusite. Attention à ne pas en mettre dans les yeux !

Lors d'une crise, faire cinq inhalations chaque jour en utilisant 1 goutte de chacune des huiles essentielles ci-dessus.

TOUX

Traiter la toux, c'est avant tout fluidifier les sécrétions bronchiques qui vont pouvoir ainsi être expectorées et décongestionner les poumons. En cas de toux persistante ou chronique, consultez un médecin.

Huiles essentielles
Benjoin, cèdre, eucalyptus, lavande, marjolaine, pin et thym.

INHALATION CONTRE LA TOUX

3 gouttes d'huile essentielle de marjolaine • 2 gouttes d'huile essentielle de benjoin • 1 goutte d'huile essentielle de thym

Mélanger les huiles dans un petit bol.

Traitement

Utiliser le produit en inhalation. Il est possible également d'en ajouter dans un brûle-parfum ou dans un pulvérisateur.

HUILE DE SOIN DE LA TOUX

2 cuillers à soupe d'huile de pépins de raisin • 15 gouttes d'huile essentielle d'eucalyptus • 10 gouttes d'huile essentielle de cèdre • 5 gouttes d'huile essentielle de pin • 3 gouttes d'huile essentielle de thym

Mélanger les huiles essentielles dans un petit flacon et agiter vigoureusement. Laisser reposer quatre jours avant utilisation, afin que les différentes substances amplifient leurs effets par synergie.

Traitements

Effectuer un massage de la poitrine, de la gorge et du dos avec ce produit.

Pour un bain, verser 2 cuillers à café de produit dans l'eau tiède. Agiter pour bien disperser, puis rester 30 minutes dans la baignoire, en utilisant les gouttelettes pour effectuer un massage corporel.

VOMISSEMENT

Les causes sont très diverses : simple indigestion, nervosité ou grippe. Restez tranquille et inhalez souvent l'odeur des huiles essentielles.

Voir aussi Enfant et bébé, p. 203, et Nausée, p. 273.

Huiles essentielles

– *Vomissement d'origine nerveuse.* Camomille et lavande.
– *Indigestion.* Gingembre et menthe poivrée.
– *Grippe.* Marjolaine et poivre.

Traitement

Dans 1 cuiller à café d'huile végétale, ajouter 2 gouttes de chaque huile essentielle selon la cause du vomissement. Verser un peu de produit dans le creux des mains, respirer le parfum, puis masser doucement l'estomac et le bas-ventre.

YEUX voir L'aromathérapie au quotidien, Soins de la peau, p. 356.

ZONA

Cette affection d'origine virale se manifeste par l'apparition de petits boutons à peine plus gros que ceux de la varicelle. C'est d'ailleurs le virus responsable de cette maladie qui, en se réveillant subitement après être demeuré inactif pendant des années, déclenche le zona. Comme celui-ci affecte le trajet des nerfs sensitifs, il est souvent extrêmement douloureux. Si des boutons se forment sur les paupières ou très près des yeux, consultez immédiatement un médecin.

Huiles essentielles

Bergamote, camomille, eucalyptus, lavande et tea-tree.

Traitements

Préparer un mélange formé de 50 % d'huile essentielle de tea-tree et de 50 % d'huile essentielle de lavande. Ce produit sera directement appliqué sur les vésicules.

Soulager la douleur du zona en préparant une compresse (voir L'aromathérapie pratique, Les méthodes de A à Z, p. 468) imbibée d'huiles essentielles de bergamote, de camomille et d'eucalyptus.

Pour atténuer la souffrance du malade après disparition des vésicules, voir Névralgie, p. 274.

TROISIÈME PARTIE

L'AROMATHÉRAPIE AU QUOTIDIEN

Après avoir longtemps utilisé des huiles essentielles pour soigner votre peau et vos cheveux, il vous sera difficile de revenir aux produits du commerce : leur parfum vous paraîtra par trop synthétique et chimique ! Personnellement, j'ai les narines qui me chatouillent désagréablement quand je passe dans le rayon parfumerie de mon supermarché. L'odeur des shampooings ou des savons me donne envie d'éternuer !

Des huiles essentielles au jour le jour

Dans cette partie, il sera question de votre vie de tous les jours et des soins dont votre visage, vos mains ou votre corps tout entier ont besoin pour rester en bonne santé. Dans cette perspective d'une utilisation quotidienne de l'aromathérapie, les essences de plantes parfumeront et assainiront également l'air de votre maison. Elles vous accompagneront à votre travail, dans vos déplacements et pendant vos vacances. Elles iront même à l'école avec vos enfants !

Les huiles essentielles sont bien utiles partout et dans toutes les situations, y compris les plus banales. Comme vous le verrez en lisant ces pages, elles sont toujours très simples à utiliser. Au début, cet éventail d'essences aux vertus si différentes vous déconcertera peut-être un peu. Très vite cependant, l'aromathérapie deviendra un plaisir quotidien. Vous vous amuserez à réaliser vous-même des produits de soin à l'aide de ces ingrédients que la nature nous a donnés. Vous aurez envie d'essayer de nouvelles huiles essentielles, des alliances inédites de parfum ou des élixirs dont vous aurez le secret… Croyez-moi, l'aromathérapie est un véritable art, une source perpétuelle d'enrichissement et de plaisirs !

Jour après jour, les bienfaits des huiles essentielles sur votre peau, votre corps, votre santé ou votre esprit vous apparaîtront toujours plus évidents. Comme pour moi, elles vous deviendront indispensables. Elles nourriront chaque instant de votre vie !

Dosages

Dans tous les cas, les dosages seront effectués avec beaucoup de précision, car les huiles essentielles sont extrêmement riches en substances actives. Lorsqu'une recette dit d'utiliser 2 gouttes, ne vous amusez pas à en mettre 4 en pensant que le remède sera plus efficace ! Achetez un compte-gouttes, une seringue ou des pipettes graduées chez votre pharmacien. Le tableau figurant ci-dessous est une sorte de pense-bête pour savoir quelle huile utiliser face à toutes sortes de problèmes cutanés. Pensez toujours à choisir l'alliance d'huiles essentielles qui convient le mieux à votre type de peau.

Vos huiles essentielles de soins de beauté

Soins et fonctions	Huiles essentielles
Acné et dermatite	Bois de rose, bouleau, camomille, férule, genièvre, géranium, hélichryse, lavande, litsea cubeba, palmarosa, patchouli et santal.
Allergie	Camomille.
Antiseptique	Toutes les huiles essentielles, mais surtout benjoin, genièvre, géranium et lavande.

Astringence	Benjoin, carotte, genièvre, géranium, citron, patchouli, rose, santal.
Bouffissure	Camomille, géranium et rose.
Cellulite	Citron, genièvre et pamplemousse.
Cicatrice	Bois de rose, camomille, carotte, citron, encens, genièvre, géranium, lavande et patchouli.
Conservation	Benjoin
Craquelure et dessèchement	Benjoin et santal.
Croissance cellulaire	Baume du Pérou, encens, géranium, hélichryse, lavande, néroli, palmarosa et rose.
Déshydratation	Carotte et santal.
Déodorant	Benjoin, bergamote, bois de rose, cyprès, géranium, lavande, litsea cubeba, néroli et patchouli.
Équilibrant	Encens et géranium.
Eczéma	Baume du Pérou, bergamote, bouleau, camomille, genièvre, géranium, hélichryse et palmarosa.
Élasticité	Benjoin, camomille, carotte et néroli.
Émollient	Camomille, géranium, jasmin, lavande, rose et santal.
Fixatif de parfum	Benjoin et patchouli.
Infection fongique	Benjoin, lavande, myrrhe, patchouli et tea-tree.
Inflammation	Benjoin, camomille, rose et santal.
Peau (tous types)	Bois de rose, géranium, jasmin, lavande, néroli, palmarosa et rose.
Peau grasse	Bois de rose, citron, cyprès, litsea cubeba, patchouli et ylang-ylang.
Peau normale	Bois de rose, géranium, jasmin, lavande, néroli, palmarosa et ylang-ylang.

Peau sèche et sensible	Camomille, jasmin, néroli et rose.
Régulation du sébum	Cyprès et palmarosa.
Rides	Bois de rose, carotte, encens, lavande, palmarosa, patchouli et rose.
Ulcérations variqueuses	Bois de rose, camomille, citron, cyprès, lavande, néroli et rose.
Vieillissement (peau et cheveu)	Carotte, encens, férule, géranium, lavande, rose, néroli, palmarosa et ylang-ylang.

Soins de la peau

Les bébés ont une peau parfaite : douce, dense et élastique, bien hydratée et sécrétant suffisamment de sébum pour se protéger des agressions extérieures. Sa texture change insensiblement avec l'âge, les changements hormonaux, les facteurs d'ordre héréditaire et, plus généralement, suite aux effets du vieillissement. Pour qu'elle garde son bel aspect aussi longtemps que possible, il est donc très important de savoir en prendre soin, en fonction de son propre type de peau.

Les traitements conseillés ici conviennent à toutes les sortes de peaux, qu'elles soient sèches, mixtes ou grasses. Si telle ou telle huile essentielle requise venait à vous manquer, aucune importance ! Vous en choisirez une autre en vous aidant du tableau figurant au début de cette partie.

Un détail enfin : les produits que je vous recommande concernent non seulement les femmes, mais aussi les hommes, qui ont trop souvent le tort de mépriser les soins de la peau. J'ai pensé à eux : lorsque des huiles essentielles au parfum puissant sont recommandées, j'en suggère d'autres à l'odeur plus spécifiquement masculine. Ainsi, ces messieurs n'auront pas l'excuse de craindre, comme ils disent, de « sentir la cocotte » !

Le visage

Quand on parle de soins de la peau, c'est à lui que l'on pense immédiatement. Même s'il n'est pas le seul à devoir profiter de vos soins attentifs, il est vrai qu'il mérite des égards de tous les instants.

Peaux normales

Une peau normale possède un grain fin. Elle est douce et lisse au toucher, avec des pores ni trop grands ni trop petits. Enfin, elle est dépourvue de points noirs, de boutons ou de petits vaisseaux éclatés. Si vous appliquez au réveil un mouchoir en papier sur votre visage, l'épiderme ne laissera qu'une très légère trace grasse.

Vous avez beaucoup de chance d'avoir une peau normale ! Prodiguez-lui des soins attentifs. Protégez-la du vent, du soleil, de la sécheresse ou de l'humidité, en utilisant des hydratants doux et des lotions nettoyantes et tonifiantes.

Peaux grasses

Ce type de peau présente un grain rugueux. De taille plus importante que la normale, les pores ont tendance à présenter des points noirs et des boutons du fait d'une sécrétion excessive de sébum. L'application d'un mouchoir sur le visage au réveil laissera une marque grasse bien visible.

Ne vous lamentez pas si vous êtes dans ce cas. Dites-vous que vous aurez moins tendance à avoir des rides que les autres, et que votre peau deviendra moins grasse en vieillissant !

C'est une grave erreur d'utiliser des savons abrasifs ou des astringents à base l'alcool dans l'espoir de limiter les sécrétions sébacées. Ces produits ont exactement l'effet inverse : ils ont tendance à stimuler la production de sébum, si bien qu'ils font empirer, à terme, le problème !

Les peaux grasses nécessitent l'application d'hydratants non gras, en évitant le contour des yeux, le cou et les lèvres, qui réclament un produit plus riche. Si vous possédez ce type de peau, je vous recommande de faire régulièrement des masques et des fumigations. Ainsi, en favorisant régulièrement l'ouverture des pores de votre épiderme, vous préviendrez la formation de points noirs.

Peaux sèches

Une peau sèche présente un grain fin et délicat, avec des pores de petite taille. Elle offre l'avantage de présenter rarement des points noirs, mais elle a tendance à peler facilement. C'est mon cas : je suis donc bien placée pour en parler ! Personnellement, j'évite de me laver le visage à l'eau et au savon. Quand il m'arrive de le faire, ma peau me tire tellement que j'ai l'impression qu'elle va éclater !

Les personnes ayant une peau sèche utiliseront les masques et les fumigations avec beaucoup de précaution. En effet, ces soins risquent de provoquer l'éclatement des petits vaisseaux sanguins du visage, phénomène auquel ce type d'épiderme est prédisposé.

Peaux mixtes

C'est le type le plus fréquent, où certaines parties du visage sont plus grasses (nez, front et menton) que d'autres (joues et pommettes). Si vous appliquez le matin un mouchoir en papier, vous verrez se dessiner une forme grisâtre en forme de T indiquant les régions grasses et sèches. Les personnes ayant une peau mixte ont souvent des points noirs autour du nez, ainsi que des boutons sur le front ou sur le menton. Elles présentent parfois aussi de petites zones plus grasses au niveau du bas du visage.

Si vous avez une peau mixte, vous devrez suivre à la fois des soins pour peaux grasses et pour peaux sèches.

FUMIGATIONS

Les bains de vapeur du visage favorisent l'ouverture des pores et font transpirer la peau, ce qui permet d'éliminer les impuretés, les cellules mortes et le sébum qui a pu durcir. La chaleur stimule la circulation sanguine à la surface de l'épiderme. Elle hydrate la peau, la rajeunit et l'adoucit. Si vous pratiquez régulièrement ce soin, votre teint deviendra plus clair et plus lumineux.

Les personnes ayant une peau normale, grasse ou mixte peuvent faire des fumigations faciales sans problème jusqu'à deux fois par semaine. En revanche, comme je l'ai déjà écrit plus haut, vous devrez prendre certaines précautions si vous avez la peau sèche ou si votre épiderme laisse entrevoir de petits vaisseaux sanguins. Sur ces derniers, appliquez une mince couche d'hydratant ou de crème de nuit et tenez votre visage à 40 cm minimum de la surface de l'eau chaude, jamais moins ! En outre, ne faites pas plus d'une fumigation tous les 15 jours.

Attention à la qualité de l'eau !

Si l'eau du robinet est chlorée, utilisez plutôt de l'eau de pluie ou de l'eau distillée pour vos fumigations, les vapeurs dégagées pouvant se révéler dangereuses pour votre santé. Éventuellement, laissez un bol rempli d'eau du robinet pendant 24 heures, afin que le chlore s'évapore.

Comment faire ?

Dans un petit flacon, verser tous les ingrédients recommandés dans les fumigations ci-dessous, puis agiter vigoureusement. Si possible, laisser reposer quatre jours, afin que les huiles essentielles amplifient leurs effets par synergie. Conserver à l'abri de la lumière et dans un endroit frais. Agiter toujours avant l'emploi.

Utilisation

Préparer un bonnet de bain, une grande serviette-éponge et un dessous-de-plat résistant à la chaleur.

Laver soigneusement le visage, puis coiffer le bonnet de bain. Dans une grande casserole, faire bouillir 2 litres d'eau, puis poser le récipient sur le dessous-de-plat.

À la surface de l'eau, verser 2 gouttes d'huile essentielle de votre choix ou 1 cuiller à café de l'un des soins proposés ci-dessous. Mettre immédiatement la grande serviette autour de la tête, les pans devant retomber autour de la casserole pour former une sorte de « tente ».

Fermer les yeux et garder le visage penché à 20 cm environ de la surface de l'eau. Rester 5 à 10 minutes dans cette position.

Une fois le soin terminé, asperger le visage d'eau fraîche (pas froide), puis appliquer une lotion tonifiante ou une crème hydratante.

FUMIGATION « PEAU NORMALE OU MIXTE »

3 cuillers à soupe d'huile d'amande douce • 8 gouttes d'huile essentielle de géranium • 6 gouttes d'huile essentielle de palmarosa • 6 gouttes d'huile essentielle d'ylang-ylang ou de lavande

FUMIGATION « PEAU SÈCHE »

3 cuillers à soupe d'huile d'amande douce • 8 gouttes d'huile essentielle de bois de rose • 8 gouttes d'huile essentielle de palmarosa • 4 gouttes d'huile essentielle de rose ou de lavande

FUMIGATION « PEAU GRASSE »

3 cuillers à soupe d'huile d'amande douce • 12 gouttes d'huile essentielle de citron • 4 gouttes d'huile essentielle de patchouli • 4 gouttes d'huile essentielle de santal

FUMIGATION « PEAU RIDÉE OU DISTENDUE »

3 cuillers à soupe d'huile d'amande douce • 12 gouttes d'huile essentielle de camomille • 6 gouttes d'huile essentielle d'encens • 2 gouttes d'huile essentielle de lavande ou de rose

À noter

Rappelez-vous que seules les huiles essentielles de tea-tree et de lavande peuvent être utilisées non diluées, mais seulement sur de petites régions de peau.

EXFOLIANTS

Utilisables à tout âge, tant chez les sujets jeunes que chez les personnes âgées, ils desquament l'épiderme, c'est-à-dire qu'ils éliminent les cellules mortes de la peau. Les exfoliants réduisent aussi l'excès de sébum. Ils referment les pores, augmentent la circulation sanguine et, plus généralement, nourrissent la peau. Grâce à eux, vous aurez le teint frais et rose !

De votre type de peau dépendra la fréquence de vos exfoliations. Si vous avez la peau grasse, vous pourrez effectuer ce traitement deux fois par semaine. Si vous avez la peau fine et sèche, limitez-vous à un gommage tous les quinze jours.

Avertissement

N'utilisez jamais un exfoliant sur des régions de la peau présentant des petits vaisseaux sanguins éclatés : son action stimulante risquerait d'aggraver encore le problème.

EXFOLIANT « TOUS TYPES DE PEAUX »

2 cuillers à soupe d'huile d'amande douce • 1 cuiller à soupe de poudre d'amande • 1 cuiller à café de vinaigre de cidre • 2 gouttes d'huile essentielle de romarin • 6 gouttes d'huile essentielle d'encens • 2 gouttes d'huile essentielle de lavande ou de rose • Eau stérilisée

Mélanger tous les ingrédients en ajoutant de l'eau préalablement bouillie jusqu'à obtenir la consistance d'une pâte.

Si vous avez la peau sèche, vous devrez légèrement adapter cet exfoliant : utilisez du jus d'orange au lieu du vinaigre de cidre, et ajoutez 1 cuiller à café de miel.

Utilisation

Cet exfoliant convient à toutes les sortes de peaux. Comme il est suffisamment doux, vous l'utiliserez tous les jours si vous le souhaitez.

Mettre un peu d'exfoliant sur les doigts, puis masser doucement la peau du visage et du cou. Rincer à l'eau tiède et sécher en tamponnant doucement avec une serviette. Pour finir, appliquer une crème ou une lotion hydratantes.

EXFOLIANT AU YAOURT « PEAUX GRASSES, NORMALES OU MIXTES »

1 cuiller à soupe de yaourt • 2 cuillers à café de poudre d'amande • 1 cuiller à café de levure de bière • 1 cuiller à café de miel liquide • 2 gouttes d'huile essentielle de lavande

Mélanger les ingrédients pour obtenir une pâte lisse.

Utilisation

La levure de bière stimule la circulation, attirant le sang à la surface de la peau. Le yaourt, quant à lui, purifie l'épiderme et équilibre son pH. La poudre d'amande est un exfoliant et un adoucissant, tandis que le miel joue à la fois un rôle de purifiant, d'hydratant et d'antiseptique naturels.

Mettre un peu d'exfoliant sur les doigts, puis masser doucement la peau du visage et du cou. Rincer à l'eau tiède et sécher en tamponnant doucement avec une serviette. Pour finir, appliquer une crème ou une lotion hydratantes.

En utilisant cet exfoliant, veiller à ne pas trop frotter les joues, irriguées de capillaires très délicats et situés à fleur de peau.

Avertissement

Évitez d'utiliser l'exfoliant au yaourt si vous avez des plaques ou des veinules éclatées sur le visage.

MASQUES

Quel que soit votre type de peau, c'est un soin toujours extrêmement bénéfique. Les masques donnent une plus belle couleur et une meilleure texture à l'épiderme. Ils permettent de le nettoyer en profondeur, en éliminant les cellules mortes présentes à la surface. Ils vous donneront un teint frais et une mine resplendissante.

MASQUE DE BASE

100 g de kaolin • 2 cuillers à soupe de farine de maïs • 1 cuiller à soupe de poudre d'avoine • 1 cuiller à soupe d'amande en poudre • 20 gouttes d'huiles essentielles convenant à votre type de peau

Mélanger d'abord soigneusement les ingrédients en poudre. Ajouter ensuite les huiles essentielles au goutte à goutte, en remuant pour éviter la formation de grumeaux. Conserver dans un petit pot hermétique.

Ce masque pourra être préparé à l'avance s'il est conservé dans un pot parfaitement hermétique. Avant de l'utiliser, verser 1 cuiller à soupe d'eau pour lui donner une consistance plus crémeuse ; il est également possible de le diluer avec du jus ou de la pulpe de fruits, du vinaigre, de l'œuf ou de l'huile végétale.

Utilisation

Étaler le masque sur le visage et le cou. S'allonger sur un lit ou dans la baignoire et poser des morceaux de coton imbibé d'eau distillée d'hamamélis ou des rondelles de concombre sur les paupières. Se détendre le plus complètement possible et laisser agir 15 à 20 minutes. Enlever ensuite le masque à l'eau tiède, puis asperger le visage d'eau froide.

> **Avertissement**
>
> Si vous avez la peau sèche ou des plaques sur le visage, le masque risque d'irriter votre épiderme. Ne le gardez pas trop longtemps !

MASQUE À L'ORANGE « PEAU NORMALE »

1 œuf battu • 1 cuiller à café d'huile d'olive • 2 cuillers à café de jus d'orange • 1 cuiller à café de miel • 1 goutte d'huile essentielle de rose ou de géranium • 1 goutte d'huile essentielle de bois de rose ou de jasmin • Lait en poudre

Mélanger les ingrédients, puis ajouter le lait en poudre jusqu'à l'obtention d'une pâte lisse.

Utilisation

Étaler le masque sur le visage et le cou. S'allonger sur un lit ou dans la baignoire en posant sur les paupières des morceaux de coton imbibé d'eau distillée d'hamamélis ou des rondelles de concombre. Se détendre le plus complètement possible et laisser agir pendant 10 à 15 minutes. Enlever ensuite le masque à l'eau tiède, puis asperger le visage d'eau froide

MASQUE « TEINT DORÉ » POUR PEAU SÈCHE

1 œuf battu • 1 cuiller à café d'huile d'olive • 2 cuillers à café de jus d'orange • 1 cuiller à café de miel • 1 goutte d'huile essentielle de carotte (en option) • 2 gouttes d'huile essentielle de néroli ou de géranium • Lait en poudre

Mélanger les ingrédients, puis ajouter le lait en poudre jusqu'à l'obtention d'une pâte lisse.

Utilisation

Même type d'utilisation que le masque à l'orange pour peau normale.

MASQUE AU YAOURT « PEAU GRASSE OU MIXTE »

1 cuiller à soupe de levure de bière • 1 cuiller à café et demie de yaourt • 1 cuiller à café d'eau distillée d'hamamélis • 1 cuiller à café d'huile d'olive • 1 cuiller à café d'huile de germe de blé • 1 cuiller à café de miel • 1 goutte d'huile essentielle de palmarosa • 1 goutte d'huile essentielle de citron • Poudre d'avoine ou de kaolin

Mélanger les ingrédients, puis ajouter la poudre d'avoine ou de kaolin jusqu'à l'obtention d'une pâte lisse.

Utilisation

Même type d'utilisation que le masque à l'orange pour peau normale.

MASQUE AUX ŒUFS « PEAU SENSIBLE »

1 jaune d'œuf battu • 1 cuiller à café d'huile de jojoba • ½ cuiller à café de miel • 1 goutte d'huile essentielle de camomille • 1 goutte d'huile essentielle de carotte • 1 cuiller à café de lait en poudre ou de farine de maïs • Eau ou eau de rose

Verser l'œuf, l'huile de jojoba, le miel et les huiles essentielles dans un petit bol, puis ajouter le lait en poudre ou la farine de maïs. Humidifier enfin avec de l'eau ou de l'eau de rose jusqu'à l'obtention d'une pâte lisse.

Utilisation

Même type d'utilisation que le masque à l'orange pour peau normale.

DÉMAQUILLANTS

Le nettoyage quotidien constitue le soin le plus important que vous donnez à votre visage. Il est indispensable pour lutter contre les effets de la pollution, de la poussière, des produits de maquillage et de toutes les agressions extérieures qui bouchent les pores de la peau et brouillent le teint. Les soins que vous trouverez ci-dessous comprennent une lotion pour peau sensible, une crème pour peau sèche, sensible ou ridée, enfin un savon pour peau normale ou grasse.

DÉMAQUILLANT « PEAU SENSIBLE »

2 cuillers à soupe d'eau de rose • 3 cuillers à soupe d'eau stérilisée • ¼ à ½ cuiller à café de glycérine (¼ pour commencer, puis passer progressivement à ½ cuiller à café) • 6 gouttes d'huile essentielle convenant à votre type de peau

Mélanger les ingrédients dans un petit flacon d'une contenance d'environ 10 cl, puis agiter vigoureusement. Laisser reposer quatre jours, afin que les substances amplifient leurs effets par synergie. Remuer de temps en temps. Après ce délai, passer le produit dans un filtre à café et conserver dans un flacon opaque. Agiter toujours avant l'emploi.

Utilisation

Cette lotion de toilette vous sera très utile si vous avez la peau très sensible, de l'acné, des boutons, ou tout autre problème cutané. Elle fera également office d'hydratant si vous lui ajoutez 1 cuiller à café d'huile d'amande douce ou une autre huile aussi fine.

Tremper dans l'eau chaude un bout de coton de la taille de la main. L'essorrer et l'aplatir, verser un peu de lotion, puis nettoyer le visage et le cou. Renouveler l'opération si nécessaire. Après cette toilette faciale, il est inutile d'appliquer un astringent.

CRÈME PURIFIANTE « PEAU SÈCHE, SENSIBLE OU RIDÉE »

1 cuiller à soupe d'huile d'olive • 60 g d'huile de coco, de coprah ou d'huile végétale solide quelconque • 1 goutte d'huile essentielle de benjoin (en option) • 10 gouttes d'huile essentielle de bois de rose • 10 gouttes d'huile essentielle de palmarosa (santal pour les hommes)

Verser l'huile d'olive et l'huile solide dans un récipient et mettre au bain-marie. Retirer du feu et remuer pour faire revenir le mélange à une température proche de 37 °C. Ajouter alors les huiles essentielles et mélanger jusqu'à ce qu'elles soient parfaitement incorporées. Transvaser dans un flacon bien propre. Conserver au réfrigérateur l'été seulement, ou lors de grosses chaleurs. Attention, ce produit ne se conserve pas plus de quinze jours !

Utilisation

Les peaux sèches, grasses ou ridées supportent très mal qu'on les nettoie à l'eau et au savon : elles ont besoin d'un démaquillant beaucoup plus doux.

Appliquer la crème sur le visage et sur le cou. Il est possible de faire varier la consistance de cette crème en ajoutant plus ou moins d'huile d'olive.

Savon glycériné au miel

2 à 3 cuillers à soupe d'eau • 4,5 verres de paillettes ou de poudre de savon sans adjuvant • 2 cuillers à café de glycérine • 2 cuillers à café de miel • 30 gouttes d'huile essentielle de romarin • 10 gouttes d'huile essentielle de lavande

Dans un récipient en plastique, verser un peu d'eau et les paillettes de savon, puis mettre au micro-ondes à la puissance maximale pendant 2 à 3 minutes. Retirer du four quand le mélange est fondu, et remuer avec une cuiller. Si la consistance n'est pas assez liquide, ajouter encore de l'eau et remettre à chauffer.

Verser ensuite la glycérine et le miel, en continuant à remuer pour bien incorporer ces ingrédients. Ajouter les huiles essentielles quand le mélange aura légèrement refroidi. Rouler enfin le savon en boule ou le couler dans un moule de fortune (par exemple un porte-savon ou une boîte en carton coupée en deux). Laisser sécher dans une pièce bien aérée pendant deux à six semaines. Quand le savon aura bien durci, le polir à l'aide d'un linge légèrement humecté d'1 ou 2 gouttes d'huile essentielle de romarin ou de lavande.

À noter

Quand vous fabriquerez votre savon, utilisez le moins d'eau possible. Autrement, il rétrécira en séchant !

Utilisation

Si vous avez une peau normale, mixte ou grasse, je vous conseille vivement d'utiliser ce savon pour votre toilette du visage et du cou. Ce produit n'est pas difficile à préparer, et même amusant à faire. Il apportera à votre visage les bienfaits conjugués de ses huiles essentielles, de la glycérine et du miel. Ces deux derniers sont des humectants : ils garderont votre peau parfaitement hydratée.

TONIFIANTS ET ASTRINGENTS

Ils éliminent le surplus de graisses sur la peau, stimulent doucement la circulation sanguine, et restaurent le manteau acide de l'épiderme. Ils laissent la peau fraîche et propre. Les produits contenant de l'alcool ou un dosage important d'eau distillée d'hamamélis sont appelés astringents. Ils ne seront jamais utilisés sur des peaux sèches, sensibles, ou présentant des rides. Les personnes à la peau très grasse éviteront également d'y recourir trop souvent : l'usage fréquent et répété d'un astringent fortement alcoolisé risque en effet de stimuler la sécrétion de leurs glandes sébacées.

Vous pouvez également utiliser les astringents pour vous démaquiller, ou simplement pour vous rafraîchir au cours de la journée.

Il existe deux méthodes pour appliquer un tel produit.

• Humecter un bout de coton à l'aide d'un peu d'eau, puis verser quelques gouttes de la précieuse lotion. Passer doucement ce coton sur le visage et le cou.

• Humecter un bout de coton à l'aide d'un peu d'eau, le plier en deux, puis verser quelques gouttes de lotion. Prendre le coton par l'un des coins et tamponner vivement le visage en évitant les joues, où les vaisseaux sanguins superficiels risquent d'éclater facilement. Cette méthode offre l'avantage de donner un « coup de fouet » à l'épiderme en stimulant l'apport de sang, qui va nourrir la peau et l'aider à se purifier. En outre, elle éliminera les traces de fatigue et éclaircira le teint.

ASTRINGENT ET APRÈS-RASAGE TONIFIANTS
« PEAU GRASSE OU MIXTE »

½ verre d'eau distillée d'hamamélis • ¼ de verre d'eau stérilisée • 1 cuiller à soupe de vinaigre de cidre • 5 gouttes d'huile essentielle de santal • 3 gouttes d'huile essentielle de benjoin • 2 gouttes d'huile essentielle de menthe verte • ¼ à ½ cuiller à café de glycérine

Verser les ingrédients dans un flacon et agiter vigoureusement. Si possible, laisser reposer quatre jours, afin que les différentes substances amplifient leurs effets par synergie. Conserver dans un endroit frais et à l'abri de la lumière. Agiter avant l'emploi.

ASTRINGENT DOUX À LA ROSE « PEAU FINE OU RIDÉE »

¾ de verre d'eau de rose • ¼ de verre d'eau stérilisée • 3 gouttes d'huile essentielle de bois de rose ou de rose • 3 gouttes d'huile essentielle de palmarosa • ½ cuiller à café de glycérine

Verser les ingrédients dans un flacon et agiter vigoureusement. Si possible, laisser reposer quatre jours, afin que les différentes substances amplifient leurs effets par synergie. Conserver dans un endroit frais et à l'abri de la lumière. Agiter avant l'emploi.

Les personnes dotées d'une peau normale ou mixte peuvent aussi se servir de cet astringent doux. Elles remplaceront seulement l'eau de rose par de l'eau distillée d'hamamélis.

Utilisation

Cet astringent est très facile à préparer. Il est à base d'eau de rose, un tonifiant de la peau dont l'efficacité n'est plus à démontrer.

ASTRINGENT À LA LAVANDE « PEAU NORMALE OU MIXTE »

¾ de verre d'eau de rose • ½ verre d'eau distillée d'hamamélis • ¼ de verre d'eau stérilisée • 10 gouttes d'huile essentielle de lavande • ½ cuiller à café de glycérine

Verser les ingrédients dans un flacon et agiter vigoureusement. Si possible, laisser reposer quatre jours, afin que les différentes substances amplifient leurs effets par synergie. Conserver dans un endroit frais et à l'abri de la lumière. Agiter avant l'emploi.

APRÈS-RASAGE « SOLEIL LEVANT » POUR PEAU NORMALE ET MIXTE

¾ de verre d'eau distillée d'hamamélis • ¼ de verre d'eau stérilisée • 5 gouttes d'huile essentielle de santal • 3 gouttes d'huile essentielle de benjoin • 2 gouttes d'huile essentielle de romarin • ¼ de cuiller à café de glycérine

Verser les ingrédients dans un flacon et agiter vigoureusement. Si possible, laisser reposer quatre jours afin que les différentes substances amplifient leurs effets par synergie. Conserver dans un endroit frais et à l'abri de la lumière. Agiter avant l'emploi.

Utilisation

Cette lotion douce mais efficace favorise la contraction des pores de l'épiderme sans assécher la peau : un vrai miracle !

Après-rasage « fraîcheur mentholée »

¾ de verre d'eau stérilisée • ¼ de verre d'eau distillée d'hamamélis • 3 gouttes d'huile essentielle de menthe poivrée • 2 gouttes d'huile essentielle de menthe verte • 2 gouttes d'huile essentielle de citron • 2 gouttes d'huile essentielle de lavande • 2 gouttes d'huile essentielle de girofle • 1 cuiller à café de glycérine • ¼ de cuiller à café de teinture de benjoin

Mettre les ingrédients dans un pot et mélanger. Laisser reposer une semaine, en agitant souvent le récipient. Passer ensuite le produit dans un filtre à café, puis conserver dans un flacon opaque. Agiter avant l'emploi.

Utilisation

Encore un produit pour homme qui peut être aussi bien utilisé comme astringent qu'en après-rasage ! Il vous laissera la peau fraîche et nette.

Hydratants

Pour hydrater parfaitement la peau du visage, il faut utiliser à la fois de l'huile et de l'eau. Si l'on omet l'une ou l'autre, rien ne va plus ! L'eau seule va inévitablement s'évaporer, sauf si elle est employée en combinaison avec de l'huile en massage, qui va emprisonner ses molécules à l'intérieur de l'épiderme. Les recettes d'hydratants qui suivent s'adressent aux différents types de peaux.

Hydratant « peau sèche » à l'huile d'onagre

2 cuillers à soupe d'huile d'amande douce • 2 cuillers à soupe d'huile d'olive • 1 cuiller à café d'huile d'avocat • 1 cuiller à café d'huile de germe de blé • 60 gouttes d'huile essentielle d'onagre • 20 gouttes d'huile essentielle de graine de bourrache • 10 gouttes d'huile de jojoba • 10 gouttes d'huile essentielle de palmarosa (ou de santal pour hommes) • 5 gouttes d'huile essentielle de carotte • 5 gouttes d'huile essentielle de bois de rose • 5 gouttes d'huile essentielle de lavande

• 2 gouttes d'huile essentielle de santal (ou de benjoin pour les hommes) • 2 gouttes d'huile essentielle de patchouli (ou de néroli ou d'encens pour les hommes)

Verser les ingrédients dans un flacon et agiter vigoureusement. Si possible, laisser reposer quatre jours, afin que les différentes substances amplifient leurs effets par synergie. Conserver dans un endroit frais et à l'abri de la lumière. Agiter avant l'emploi.

HYDRATANT « ROSÉE DU MATIN » POUR PEAU NORMALE OU MIXTE

4 cuillers à soupe d'huile d'amande douce • 1 cuiller à café d'huile d'avocat • 1 cuiller à café d'huile de germe de blé • 30 gouttes d'huile d'onagre • 10 gouttes d'huile de jojoba • 10 gouttes d'huile essentielle de palmarosa (ou de santal pour les hommes) • 5 gouttes d'huile essentielle de carotte • 5 gouttes d'huile essentielle de bois de rose • 5 gouttes d'huile essentielle de géranium (ou de benjoin pour les hommes) • 5 gouttes d'huile essentielle d'ylang-ylang (ou de néroli ou d'encens pour les hommes)

Verser les ingrédients dans un flacon et agiter vigoureusement. Si possible, laisser reposer quatre jours, afin que les différentes substances amplifient leurs effets par synergie. Conserver dans un endroit frais et à l'abri de la lumière. Agiter avant l'emploi.

GEL « PEAU SATINÉE » POUR PEAU MIXTE OU GRASSE

100 g de gel d'aloès • 25 gouttes d'un mélange d'huiles essentielles variées (carotte, citron, lavande ou genièvre)

Incorporer soigneusement les huiles essentielles dans le gel. Attention, la préparation de ce produit ne prend guère de temps, mais elle réclame un peu de minutie. Mais le jeu en vaut la chandelle, car il constitue un soin non gras très bénéfique sur une peau grasse !

HUILE « PEAU SOYEUSE » POUR PEAU GRASSE
4 cuillers à soupe d'huile de pépins de raisin • 30 gouttes d'huile d'onagre • 10 gouttes d'huile essentielle de carotte • 10 gouttes d'huile essentielle de citron • 10 gouttes d'huile essentielle de lavande • 5 gouttes d'huile essentielle de genièvre

Verser tous les ingrédients dans un flacon et agiter vigoureusement. Si possible, laisser reposer quatre jours, afin que les différentes substances amplifient leurs effets par synergie. Conserver dans un endroit frais et à l'abri de la lumière. Agiter avant l'emploi.

Utilisation
Utiliser cette huile pour les soins du cou, du contour des yeux et des lèvres. Appliquer également une mince couche de ce produit sur l'ensemble de votre visage en crème de nuit.

HYDRATANT À L'HUILE D'ABRICOT
ET D'AVOCAT « PEAU SENSIBLE »
4 cuillers à soupe d'huile de noyau d'abricot • 1 cuiller à soupe d'huile de graine de bourrache • 60 gouttes d'huile essentielle d'onagre • 40 gouttes d'huile de germe de blé • 5 gouttes d'huile essentielle de camomille • 5 gouttes d'huile essentielle de rose ou de bois de rose • 2 gouttes d'huile essentielle de lavande ou de néroli

Verser les ingrédients dans un flacon et agiter vigoureusement. Si possible, laisser reposer quatre jours, afin que les différentes substances amplifient leurs effets par synergie. Conserver dans un endroit frais et à l'abri de la lumière. Agiter avant l'emploi.

Utilisation
Même s'il ne contient que des huiles essentielles très douces pour la peau, faire toujours un essai préalable avant d'appliquer cet hydratant sur le visage.

Le contour des yeux

La peau située autour des yeux est particulièrement délicate : c'est elle, avec celle du cou, qui se ride le plus facilement. Les pattes d'oie, les poches sous les yeux et les cernes sont autant de choses inesthétiques dont on aimerait tous et toutes se passer ! Les rides liées au rire sont un autre problème… Lors de vos soins du contour des yeux, prenez le maximum de précautions : pour éviter tout risque d'inflammation ou d'irritation, vos gestes seront toujours très doux. Voici une méthode très simple pour prendre soin de cette zone éminemment sensible et délicate de votre visage : hydrater la peau située au-dessus et en dessous des yeux avec un peu d'eau. Avec le majeur (médius droit si vous êtes droitière ou droitier, médius gauche si vous êtes gauchère ou gaucher), appliquer ensuite un peu d'huile. Masser très doucement jusqu'à ce que le produit soit complètement absorbé par la peau. Laisser agir 20 minutes, puis enlever les éventuels surplus d'huile. Bien sûr, faire attention à ne pas se mettre de produit dans l'œil : il risquerait de piquer.

HUILE « CONTOUR » DES YEUX

2 gélules (500 unités en tout) d'huile de vitamine E • 2 cuillers à soupe d'huile d'amande douce • 15 gouttes d'huile d'onagre • 5 gouttes d'huile essentielle de carotte • 5 gouttes d'huile essentielle de graine de bourrache • 10 gouttes d'huile essentielle de lavande

Ouvrir les gélules de vitamine E et ajouter leur contenu aux autres ingrédients. Bien mélanger, puis transvaser dans un flacon d'une contenance de 5 cl. Agiter vigoureusement.

Utilisation

Une goutte de produit de chaque côté sera amplement suffisante. Faire le traitement en soirée, laisser agir 10 minutes, puis ôter soigneusement l'éventuel surplus graisseux avec un linge très doux. Éviter de se mettre de l'huile dans les yeux : elle pique et n'est pas sans danger.

HUILE « PRÉCIEUSE » DE NUIT
2 cuillers à café d'huile d'amande douce • 1 cuiller à café et demie d'huile de noyau d'abricot • 1 cuiller à café d'huile de noisette ou de pépins de raisin • 1 cuiller à café d'huile de graine de bourrache • 1 cuiller à café et demie d'huile d'olive • 1 cuiller à café d'huile de jojoba • 1 cuiller à café d'huile d'avocat • 1 cuiller à café d'huile de germe de blé • 5 gouttes d'huile d'onagre • 5 gouttes d'huile essentielle de carotte • 5 gouttes d'huile essentielle de palmarosa • 5 gouttes d'huile essentielle de rose ou de bois de rose • 5 gouttes d'huile essentielle de géranium • 5 gouttes d'huile essentielle d'ylang-ylang ou de jasmin

Verser les ingrédients dans un flacon et agiter vigoureusement. Si possible, laisser reposer quatre jours, afin que les différentes substances amplifient leurs effets par synergie. Conserver dans un endroit frais et à l'abri de la lumière. Ne pas conserver au réfrigérateur.

Utilisation

À la fois très riche et très nourrissante, cette huile conviendra à tous les types d'épidermes. Les huiles essentielles qu'elle contient équilibreront et réguleront la sécrétion de sébum. Elles auront un effet adoucissant et antirides sur la peau. Avant d'appliquer quelques gouttes de ce produit, penser à humecter toujours le contour des yeux avec un peu d'eau.

La bouche et les dents

Trop de gens, surtout les jeunes, ne prennent pas assez soin de leurs dents. Comme ils n'ont aucun problème particulier, ils pensent qu'elles ne leur joueront jamais de mauvais tours. Alors ils croquent des noisettes, décapsulent des bouteilles (j'ai mal en écrivant cela !), s'en servent pour couper du fil à coudre, ou mangent des tas de sucreries entre les repas : autant de choses terribles pour les dents !

Par pitié, abandonnez ce genre de mauvaises habitudes, brossez-vous les dents après chaque repas et utilisez régulièrement du fil dentaire ! Les produits conseillés ici vous aideront à garder une dentition et des gencives en excellente santé, à commencer par cette poudre qui constitue la base d'une bonne hygiène bucco-dentaire :

POUDRE DENTAIRE

½ verre de sel fin • ½ verre de bicarbonate de soude • 8 gouttes d'huile essentielle de menthe • 5 gouttes d'huile essentielle de citron • 2 gouttes d'huile essentielle de myrrhe

Mélanger le sel fin et le bicarbonate de soude et, dans un récipient à part, les huiles essentielles. Incorporer celles-ci très lentement dans la poudre, goutte après goutte, en remuant constamment pour éviter la formation de grumeaux. Conserver dans plusieurs petits pots destinés à chaque membre de la famille.

BAIN DE BOUCHE À LA MENTHE ET À LA MYRRHE

4 cuillers à soupe de vinaigre de cidre • 1 cuiller à soupe d'eau-de-vie • 1 cuiller à café de glycérine • 10 gouttes d'huile essentielle de menthe • 10 gouttes d'huile essentielle de citron • 5 gouttes d'huile essentielle de myrrhe

Verser les ingrédients dans un verre d'une contenance de 10 cl au moins. Laisser reposer pendant quatre jours, en remuant de temps en temps le mélange. Filtrer à l'aide d'une passoire, et conserver dans un flacon opaque.

Utilisation

Ce bain de bouche contenant de l'huile essentielle de myrrhe est capable de soigner d'éventuels aphtes, ulcérations buccales et autres problèmes de gencive. En outre, il donne bonne haleine !

Verser une cuiller à café dans un verre rempli d'un quart d'eau chaude. Se rincer soigneusement la bouche avec le produit, en évitant bien sûr d'en avaler.

Rafraîchir l'haleine

Si votre mauvaise haleine persiste en dépit d'une utilisation régulière du bain de bouche à la menthe et à la myrrhe, il serait judicieux de prendre le mal à la racine… À l'évidence, une visite chez un dentiste s'impose !
Si celui-ci ne détecte rien, c'est que votre problème est d'ordre digestif : mangez chaque jour un ou deux yaourts contenant de l'acidofidus ou du bifidus actif. Ces deux substances feront beaucoup de bien à votre estomac. Votre haleine s'en ressentira : elle deviendra moins chargée.
Pour vous rafraîchir, faites aussi un bain de bouche express. Vous en trouverez la recette dans Les remèdes de A à Z, Mauvaise haleine, p. 258.

Les lèvres

Une mince pellicule de peau recouvre les lèvres. Très fine, celle-ci a tendance à sécher très facilement sous l'effet du froid, de l'air ou des agressions extérieures. Il n'est pas nécessaire de rappeler à quel point des lèvres desséchées ou craquelées sont inesthétiques, et combien elles enlaidissent non seulement la bouche, mais aussi le visage. Pour garder des lèvres douces et lisses, il vous suffira d'appliquer régulièrement le baume ci-dessous. Si vous ne mettez pas de rouge à lèvres, ayez toujours dans votre poche ou dans votre sac à main un petit pot rempli de ce produit. Vous pouvez en faire usage quand cela vous chante, aussi souvent que vous le souhaitez.

BAUME À LÈVRES « SAVEUR COCO CITRONNÉE »
25 g de cire d'abeille • 4 cuillers à soupe d'huile de coco, de coprah (ou d'huile végétale solide quelconque) • 20 gouttes d'huile d'amande douce • 4 gélules de vitamine E (1 000 unités en tout) • 30 gouttes d'huile essentielle de citron • ½ verre de glycérine

Faire chauffer la cire d'abeille au bain-marie. Ajouter l'huile végétale solide et l'huile d'amande douce en évitant de porter à ébullition. Ouvrir les gélules de vitamine E et verser leur contenu dans la préparation. Incorporer ensuite très soigneusement l'huile essentielle de citron, puis la glycérine. Transvaser dans un pot avant que le baume se solidifie.

Le cou

Généralement, la peau du coup est plus sèche que celle du visage. C'est pourquoi elle est trop souvent négligée. Pourtant, faute de soins appropriés, elle peut prendre un aspect granuleux et parcheminé du plus mauvais effet. L'huile pour le cou indiquée ci-dessous est douce et nourrissante. Utilisée très régulièrement, elle contribuera à retarder l'apparition des rides, et atténuera celles que vous avez peut-être déjà.

HUILE « SOIN DU COU »
2 gélules de vitamine E (500 unités en tout) • 2 cuillers à café d'huile de jojoba • 1 cuiller à café d'huile d'avocat • 1 cuiller à café d'huile de germe de blé • ½ cuiller à café d'huile d'onagre • 5 gouttes d'huile essentielle de carotte • 5 gouttes d'huile essentielle de lavande • 5 gouttes d'huile essentielle de palmarosa • 5 gouttes d'huile essentielle de bois de rose

Ouvrir les gélules de vitamine E, verser leur contenu dans un flacon et ajouter les autres ingrédients. Agiter vigoureusement. Si possible, laisser reposer quatre jours, afin que les différentes substances amplifient leurs effets par synergie. Conserver dans un endroit frais (jamais au réfrigérateur !) et à l'abri de la lumière. Agiter avant l'emploi.

Utilisation

Humidifier le cou à l'aide d'un brumisateur ou en l'aspergeant d'eau froide. Verser ensuite quelques gouttes de produit dans le creux de la main et masser doucement le cou en remontant vers le menton. Répéter ce geste jusqu'à ce que l'huile soit complètement absorbée par la peau.

Les mains

De nombreuses femmes dépensent des sommes folles en produits cosmétiques de soin du visage et des cheveux, mais elles consacrent très peu d'argent au soin de leurs mains. Pourtant, celles-ci sont sollicitées toute la journée dans le travail, le jardinage, le bricolage ou toute autre activité. De plus, elles sont constamment au contact d'agents extérieurs qui se nomment rayons du soleil, liquides de vaisselle, produits ménagers, lessives, etc. En bref, les mains sont mises à rude épreuve et pourtant délaissées, alors qu'elles devraient au contraire profiter d'une attention de tous les instants !

Les soins à base d'huiles essentielles sont particulièrement bénéfiques aux mains. Ils agissent très rapidement. Riches et nourrissants, ils seront vite absorbés par la peau et ne laisseront aucune trace de graisse.

ADOUCISSANT DES MAINS À LA LAVANDE ET AU CITRON

35 g de cire d'abeille • 4 cuillers à soupe d'huile d'amande douce • ½ verre d'huile d'olive • 2 cuillers à soupe de glycérine • 2 gouttes d'huile essentielle de citron • 2 gouttes d'huile essentielle de lavande

Faire chauffer doucement au bain-marie la cire d'abeille, l'huile d'amande douce et l'huile d'olive. Incorporer ensuite la glycérine, puis verser les huiles essentielles lorsque le mélange aura un peu refroidi. Remuer encore la crème avant de la transvaser dans un pot.

Utilisation

Cette crème est parfaitement adaptée aux soins des mains sèches, calleuses et très sollicitées par un travail manuel quelconque. N'oubliez pas d'en appliquer un peu avant de vous adonner aux joies du jardinage ou du bricolage ! Si vous avez les mains très rêches, mettez un peu de crème le soir, quand vous regardez la télévision par exemple. Une bonne idée aussi : avant d'aller vous coucher, mettre une généreuse quantité de crème sur les mains, bien masser pour faire pénétrer, puis enfiler des gants en coton afin de ne pas tacher les draps.

CRÈME PROTECTRICE « SENTEUR LAVANDE »

1 cuiller à soupe d'eau minérale • 2 cuillers à soupe d'huile d'olive • 2 cuillers à café de kaolin • 10 gouttes d'huile essentielle de lavande

Mélanger soigneusement les ingrédients. Transvaser dans un pot ou dans un flacon en verre.

Utilisation

Avant toute tâche qui risque de mettre les mains à rude épreuve, appliquer une bonne couche de cette crème protectrice.

CRÈME DE SOIN CICATRISANTE POUR LES MAINS

50 g de gel d'aloès • ½ cuiller à café de teinture de benjoin ou 5 gouttes d'huile essentielle de benjoin • 10 gouttes d'huile essentielle de santal • 10 gouttes d'huile essentielle de palmarosa (ou de lavande pour les hommes) • 10 gouttes d'huile essentielle de lavande

Verser le gel d'aloès dans un petit bol. Dans un récipient à part, mélanger la teinture et les huiles essentielles, puis ajouter goutte après goutte au gel d'aloès tout en remuant constamment. Quand la pâte est bien homogène, transvaser dans un pot avec une cuiller.

Utilisation

Si vous n'avez pas envie d'avoir les mains écorchées ou égratignées, cette crème de soin cicatrisante est pour vous ! Attention, achetez du gel d'aloès, et non de la pommade à l'aloès. Vous trouverez ce produit dans les boutiques diététiques et en pharmacie. Assurez-vous qu'il est fortement dosé en aloès.

La combinaison de l'aloès et des huiles essentielles va favoriser et accélérer la cicatrisation des mains sèches, crevassées ou craquelées. Utiliser cette crème après s'être lavé les mains et avant de se coucher. Le lendemain, elles seront toutes douces !

À noter

La peau des mains sécrète très peu de sébum, c'est pourquoi elle est particulièrement fragile. Mettez des gants lorsque vous faites du jardinage, du ménage ou du bricolage. Appliquez une crème riche le plus souvent possible, et toujours avant de vous coucher.

HUILE DE SOIN DES MAINS ET DES ONGLES

5 gélules de vitamine E (1 250 unités en tout) • 1 cuiller à soupe d'huile d'amande douce • 2 cuillers à café d'huile d'avocat • 2 cuillers à café d'huile d'olive • 1 cuiller à café d'huile de jojoba • 20 gouttes d'huile d'onagre • 5 gouttes d'huile essentielle de benjoin • 10 gouttes d'huile essentielle de santal • 10 gouttes d'huile essentielle de citron

Ouvrir les gélules de vitamine E et verser leur contenu dans un flacon d'une contenance de 60 ml. Ajouter les huiles et agiter vigoureusement. Si possible, laisser reposer quatre jours afin que les différentes substances amplifient leurs effets par synergie.

Utilisation

Verser 4 à 6 gouttes dans le creux des mains. Masser la peau et les ongles jusqu'à absorption complète du produit.

SOINS CAPILLAIRES

Le type de cheveu de chacun est, pour une large part, déterminé par l'hérédité génétique. Si vous avez des cheveux fins, gras, souples, épais, ou des problèmes de chute précoce, c'est à vos parents que vous le devez : regardez-les, vous trouverez tout de suite l'explication !

Quand vous serez au milieu d'une foule de gens ou que vous prendrez les transports en commun, observez les chevelures de vos voisins. Vous vous apercevrez que les cheveux de la plupart d'entre eux sont on ne peut plus ordinaires : plus ou moins fins ou épais, plus ou moins ternes, plus ou moins secs ou gras… Bien qu'ils utilisent certainement les shampooings et les après-shampooings dont on ne cesse de vanter les mérites miraculeux à la télévision, seul un nombre infime d'entre eux a la chevelure gonflée et brillante des mannequins qui sourient béatement dans les publicités… Regardez maintenant de vieilles photos ou allez au musée voir des tableaux anciens. Nos ancêtres avaient-ils des cheveux en moins bon état que les nôtres ? À mon avis non, et c'est même sûrement tout le contraire : vraisemblablement, leur chevelure était en meilleure santé et leurs cheveux étaient bien plus vigoureux !

En fait, l'apparition dans le commerce des shampooings et des après-shampooings ne remonte pas à plus d'une dizaine d'années. Quand j'étais enfant, je me lavais tout simplement les cheveux avec du savon et de l'eau de pluie. Ma mère ajoutait un filet de vinaigre au dernier rinçage. Quand je regarde des photographies de ma mère et moi, je m'aperçois que nous avions toutes les deux une belle chevelure d'un noir brillant. Et je vous garantis que cela ne devait absolument rien au shampooing du commerce ! À l'époque, les gens n'avaient pas besoin de tous ces détergents chimiques pour avoir de beaux cheveux, sauf bien sûr quand ils tombaient malades ou s'ils n'étaient pas gâtés par la génétique…

Un étrange shampooing indien

J'ai passé beaucoup de temps en Inde. Je me suis aperçue que même les femmes et les hommes des milieux les plus défavorisés avaient des cheveux dans un état impeccable. C'est sûr, ils n'utilisaient jamais un quelconque shampooing ! Cette énigme n'a cessé de me titiller jusqu'à ce que je parvienne à percer ce grand secret. Un jour, j'ai fait la connaissance d'une vieille bonne femme qui se lavait exclusivement les cheveux avec des lentilles cuites qu'elle écrasait en purée. Elle réussit à me convaincre de me faire « son » shampooing. Je dois avouer que le résultat fut étonnant : ma chevelure était bien plus belle et bien brillante qu'avant !

Attention au matraquage publicitaire !

Comme nous sommes tous un peu naïfs et qu'on nous matraque à longueur de journée avec les vertus de telle ou telle substance révolutionnaire, on finit par croire qu'il faut utiliser une kyrielle de produits cosmétiques pour avoir une belle chevelure. Il est vrai, les industriels et les publicitaires savent nous caresser, si j'ose dire, « dans le sens du poil ». Ils nous promettent monts et merveilles : qu'ils soient gras ou secs, nos cheveux vont devenir souples, brillants et resplendissants de santé. Le miracle tant espéré se produira en moins d'une semaine en achetant telle marque de shampooing, telle lotion tonifiante et tel stimulant capillaire ! Malheureusement, en dépit ce que nous assènent les publicités à longueur de journée, j'ai rencontré très peu de personnes satisfaites de l'état de leur chevelure. Faites l'expérience vous-même et enquêtez dans votre entourage : vous verrez que la plupart des gens se plaignent d'avoir, les uns des fourches, les autres des cheveux, cassants, gras, secs, fins ou plats. Et j'en passe…

L'aromathérapie au secours du cheveu

En résumé, il faut savoir que les shampooings classiques ne sont pas des potions magiques. Ce sont essentiellement des mélanges de détergents, de cires et d'autres substances qui confèrent une brillance, une souplesse et une vitalité seulement apparentes aux cheveux. Croyez-moi ou non, mais on trouve maintenant sur les marchés des compléments de soins capillaires destinés à éliminer les résidus de shampooings ou après-shampooings dont l'accumulation peut à long terme se révéler nocive pour la chevelure... C'est comme si l'on nous vendait un poison pour nous proposer ensuite son antidote ! Si vous voulez mon avis, on nage ici dans l'absurdité la plus complète !

Je vous l'affirme tout net : les shampooings ou les après-shampooings que vous fabriquerez vous-même, avec des ingrédients naturels, seront infiniment supérieurs à tout ce que vous trouverez dans le commerce ! En plus, vous ne paierez ni les frais d'emballage ou de conditionnement, ni indirectement la publicité dont on vous rebat les oreilles... Sachez que le contenu des shampooings industriels revient à quelques francs à peine aux fabricants : je suis bien placée pour le dire, puisque j'ai longtemps travaillé pour une société multinationale de produits cosmétiques !

Vigilance face aux « produits verts »

Enfin, quitte à enfoncer encore le clou, j'ai également dirigé une petite affaire de fabrication artisanale de produits de soins pour la peau et pour les cheveux. Je peux vous assurer qu'en utilisant exclusivement des produits naturels, c'est-à-dire des substances souvent chères, les marges bénéficiaires sont très réduites si l'on veut rester compétitif. De quoi convaincre les industriels d'utiliser plutôt des substances chimiques qui ne coûtent pratiquement rien… Il faudra donc faire preuve de vigilance quand vous lirez sur un flacon des mentions du type « shampooing aromatique » ou encore « shampooing naturel ». Lisez attentivement les dosages – s'ils sont indiqués ! Vous verrez que les herbes, les essences naturelles ou les extraits de plantes sont généralement présents en quantités infimes !

Le cheveu, indicateur de santé

Rappelez-vous toujours que vos cheveux, ainsi que vos ongles, sont autant de « baromètres » de votre état de santé. Ils indiquent un éventuel problème dans l'organisme et donnent l'alerte : les cheveux deviennent fins, cassants, secs ou ternes ; les ongles se fragilisent, se cassent, se dédoublent ou présentent des taches blanches. Tout l'effort et tout l'argent que vous aurez pu dépenser pour avoir une belle chevelure sera gaspillé et réduit à néant si vous n'avez pas une bonne hygiène alimentaire, si vous êtes trop stressé, ou si vous manquez de sommeil.

Pour terminer, comme je l'ai déjà dit, de votre hérédité dépend l'apparence de vos cheveux. Soyez humble : faites du mieux que vous pouvez avec ce que la nature et vos parents vous ont légué. N'espérez plus obtenir l'impossible en achetant des shampooings et des produits capillaires hors de prix !

Cheveux fins

Leurs principaux défauts : ils manquent de tenue et ne donnent pas beaucoup de volume à la chevelure. Cependant, traités avec des pré-shampooings et des après-shampooings naturels, ils auront plus de vigueur et de force. Ils paraîtront plus épais et seront plus faciles à coiffer.

Les cheveux fins réclament des soins très légers et très doux. Utilisez une brosse à poils souples arrondis. Ne les exposez pas trop au vent ni aux rayons du soleil. Évitez les colorations trop appuyées, les décolorations ou les permanentes qui risquent de les fragiliser et de les rendre cassants. Enfin, limitez l'usage trop fréquent de bigoudis, de bandeaux, de serre-tête et de barrettes, c'est-à-dire de tout ce qui comprime, serre et gêne la délicate complexion de votre chevelure.

Cheveux clairsemés

C'est un problème que connaissent souvent les personnes ayant des cheveux fins (voir les suggestions ci-dessus). Soignez votre chevelure avec beaucoup de douceur, n'utilisez jamais de shampooings agressifs, et évitez les colorations ou les permanentes. Coiffez-vous en évitant les gestes trop brusques et utilisez une brosse à poils souples arrondis. Pour leur donner un peu plus de vigueur et de santé, utilisez des pré-shampooings et des après-shampooings aux protéines, par exemple à base d'œufs ou de lait.

Cheveux épais

Quelle chance vous avez ! Vos cheveux épais, débordant de vitalité et de force, résisteront même aux mauvais traitements sans se casser ni fourcher ! Si ce type de cheveu n'exige aucun soin particulier, veillez quand même à les garder aussi longtemps que possible dans une aussi belle santé. Vous les voulez plus brillants encore ? Utilisez dans ce cas un après-shampooing ou une lotion démêlante qui les rendra plus faciles à coiffer.

Cheveux gras

L'hypersécrétion des glandes sébacées est la grande responsable des cheveux gras. Résistez à la tentation, même si elle est grande, de faire un shampooing tous les jours : vous ne feriez qu'aggraver le problème, car vos glandes augmenteraient encore leur activité pour restaurer l'équilibre de votre chevelure.

Pour dégraisser vos cheveux entre deux lavages, le shampooing à sec me paraît être le meilleur compromis. Par ailleurs, évitez les coups de brosse trop énergiques et les séances de coiffure qui s'éternisent. Une vingtaine ou une trentaine de coups de brosse seront amplement suffisants pour répartir les graisses le long de la gaine épithéliale. Ne lavez ni ne rincez vos cheveux à l'eau trop chaude, car la chaleur stimulerait la production de sécrétions sébacées. Faites plutôt un rinçage au vinaigre : cela rendra votre chevelure à la fois plus brillante et plus facile à coiffer.

Cheveux secs

Ils sont ternes. Comme si cela ne suffisait pas, ils ont une fâcheuse propension à fourcher et à casser, si bien qu'ils sont difficiles à coiffer. Tous les types de cheveux (sauf les cheveux gras) peuvent devenir secs en certaines circonstances : un problème de santé passager, un shampooing trop agressif, un défaut de lavage après un bain de mer, une exposition intense et prolongée au soleil, ou encore après l'utilisation un peu intensive d'une brosse, d'un fer à friser ou d'une laque.

Pour soigner des cheveux secs, il vous faudra d'abord déterminer l'origine du problème. Ensuite, vous pourrez essayer les traitements décrits plus loin pour améliorer leur allure.

Cheveux gris

La fameuse couleur « poivre et sel » passe pour donner une certaine élégance à l'homme mûr. Elle n'a pas l'heur de plaire à la plupart des femmes, qui se ruinent en colorations pour effacer leurs cheveux blancs avant de baisser un beau jour les bras…

Les cheveux gris sont liés à une baisse naturelle de la production de mélanine. Celle-ci est inéluctable en vieillissant, mais elle intervient à un âge plus ou moins avancé, encore une fois selon l'hérédité de chacun. Si votre père ou votre mère ont commencé très tôt à grisonner, il y a fort à parier que la même chose vous arrivera aussi, à peu près au même âge.

Attention aux colorants !

Les colorants que l'on trouve dans le commerce contiennent des substances chimiques, qui peuvent se révéler difficiles à supporter sinon dangereuses chez certaines personnes. Des études fiables ont démontré que l'utilisation continue de tels produits sur une longue période pouvait avoir des effets nocifs sur la santé.

B.a.-ba pour une chevelure saine

Si vous ne pouvez vraiment pas vous passer des shampooings du commerce, allez de préférence dans un magasin diététique et choisissez le produit qui vous paraît le plus naturel. Pour l'améliorer et le rendre plus efficace, il vous suffira ensuite de lui ajouter des huiles essentielles en vous aidant du tableau figurant plus loin.

Vos cheveux ont seulement besoin d'être lavés une fois par semaine, sauf bien sûr si vous avez ramoné votre cheminée ou réalisé une tâche vraiment salissante ! Si vous les lavez trop souvent, vos cheveux secs deviendront encore plus secs et vos cheveux gras toujours plus gras ! En outre, en effectuant deux shampooings par semaine, vous risquez d'avoir plus de difficultés à vous coiffer. Une chevelure propre, en dépit de ce que l'on entend parfois dire, ne doit pas

« crisser ». Si c'est le cas, cela signifie que la graisse naturelle présente sur la gaine épithéliale a été complètement éliminée. C'est très mauvais : en effet, c'est à elle que les cheveux doivent leur brillant.

Il va vous falloir maintenant faire preuve de courage… Si vous voulez avoir des cheveux vigoureux et en parfaite santé, vous utiliserez seulement de l'eau tiède avec le shampooing… et vous les rincerez à l'eau froide, en ajoutant un peu de vinaigre au dernier rinçage.

• Ne lésinez pas sur le prix de la brosse. Achetez le top du top, c'est-à-dire une brosse en poils naturels. Tapotez-la sur la paume de votre main pour vous assurer que les poils sont raisonnablement souples et que leur extrémité est arrondie. N'oubliez pas de la nettoyer délicatement au moins une fois par semaine : elle durera plus longtemps.

• Pour vous coiffer, une trentaine ou une quarantaine de coups de brosse suffisent. Inclinez la tête et allez depuis le sommet du crâne jusqu'aux extrémités des mèches afin de répartir uniformément les sécrétions sébacées. Le fait de pencher la tête augmente l'afflux de sang dans le cuir chevelu, une excellente chose pour les follicules capillaires.

• Utilisez un peigne aux dents raisonnablement écartées. Si elles sont trop fines et trop proches les unes des autres, vous risquez de favoriser la chute des cheveux et de les arracher.

• Évitez les chignons et, de manière générale, les coiffures qui imposent de tirer et de plaquer vos cheveux. Vous risquez de développer à la longue ce que l'on appelle une alopécie, ou chute temporaire des cheveux. Tout cela à cause d'une coiffure inadaptée !

• L'utilisation excessive de produits colorants ou d'un fer à friser fragilise les cheveux et les rend cassants. Si vous avez ce problème alors que vous ne les teignez pas ni n'utilisez ce genre d'appareil, votre régime alimentaire est probablement à revoir.

• L'eau chlorée et l'eau salée sont toutes deux très mauvaises pour votre chevelure. Après avoir pris un bain dans une piscine ou dans la mer, rincez-vous immédiatement les cheveux. Lavez-les dès que possible en utilisant un pré-shampooing et un après-shampooing.

• Ne faites aucun traitement un tant soit peu agressif sur vos cheveux tant qu'ils sont encore humides. Par exemple, ne passez ni brosse, ni peigne : vous risqueriez de les abîmer car ils sont alors très élastiques. Après le shampooing, essuyez-les doucement en passant une serviette. Puis démêlez-les grossièrement en utilisant seulement les doigts.

• Pratiqués régulièrement, des massages doux stimuleront la circulation sanguine dans le cuir chevelu. Croyez-moi, l'état de santé de votre chevelure s'en ressentira. Appuyez vos doigts et vos pouces sur votre crâne et massez-vous la tête à l'aide de la pulpe des doigts, et bien sûr jamais avec les ongles. Vous devez sentir votre peau remuer et voir vos sourcils bouger. Ne frottez pas, vous vous arracheriez des cheveux : le remède serait alors pire que le mal !

Vous trouverez dans les pages suivantes une kyrielle de produits de soins capillaires qui tonifieront et donneront un peu plus d'éclat à votre chevelure. Les huiles essentielles permettront de réparer certains dégâts occasionnés par des substances chimiques et d'améliorer l'état de santé des cheveux colorés, oxygénés ou desséchés. Vous pourrez en mettre aussi bien dans des shampooings, des eaux de rinçage, que dans des lotions tonifiantes. Attention, ne dépassez jamais une concentration d'1 % (20 gouttes pour 10 cl de liquide). Si le produit est destiné à un enfant âgé de 5 à 12 ans, divisez la proportion d'huiles essentielles par deux. N'en ajoutez que 2 gouttes pour 10 cl de liquide si votre enfant a entre 2 et 5 ans.

Pour les traitements spécifiques des pathologies comme les pellicules, l'alopécie ou la chute de cheveux, reportez-vous à la deuxième partie de cet ouvrage, Les remèdes de A à Z (p. 145).

À noter

Les huiles essentielles peuvent être utilisées partout dans la maison et dans le jardin. Pensez-y et ne les réservez pas seulement aux soins et aux problèmes de santé.

Les huiles essentielles pour les soins capillaires

Problèmes	Huiles essentielles et végétales
Alopécie	Bay St Thomas, carotte, lavande, romarin, sauge sclarée, thym et huile d'onagre.
Cheveux cassants	Camomille, lavande, santal et sauge sclarée.
Cheveux fourchus	Bois de rose et santal.
Cheveux gras	Bay St Thomas, citron, cyprès, lavande, romarin et sauge sclarée.
Chevaux normaux	Citron, géranium, lavande et romarin.
Cheveux secs	Géranium, lavande, romarin, santal et ylang-ylang.
Chute de cheveux	Citron, cèdre, genièvre et romarin.
Pellicules	Bay St Thomas, bergamote, cèdre, lavande, romarin, santal et sauge sclarée.
Soins généraux des cheveux	Cèdrc, géranium, lavande, romarin, sauge sclarée et ylang-ylang.
Tonifiant du cuir chevelu	Bay St Thomas, cèdre, camomille, citron, romarin, sauge sclarée, tea-tree et ylang-ylang.

LOTIONS AVANT-SHAMPOOING

Vous avez les cheveux secs naturellement ? Ils se sont desséchés à la suite d'une utilisation excessive de shampooings, de produits colorants ou décolorants, d'une trop longue exposition au soleil ou d'une quelconque maladie ? Dans tous les cas, le fait d'utiliser une lotion avant-shampooing fera beaucoup de bien à vos cheveux et à votre cuir chevelu.

LOTION AUX HUILES CHAUDES

2 cuillers à soupe d'huile de ricin • 1 cuiller à soupe d'huile d'olive • 10 gouttes d'huile essentielle de lavande • 5 gouttes d'huile essentielle de sauge sclarée • 5 gouttes d'huile essentielle de santal

Mélanger les ingrédients dans une petite casserole. Faire tiédir au bain-marie jusqu'à atteindre la température du corps.

Utilisation

À l'aide de ce produit, masser les cheveux et le cuir chevelu. Couvrir ensuite la tête avec un linge très chaud et humide, puis coiffer un bonnet de bain. Recommencer cette opération deux ou trois fois avec une nouvelle serviette bien chaude. Au moins 1 heure après, faire un shampooing à base d'herbes aromatiques. Les doses indiquées seront doublées en cas de cheveux longs ou épais.

LOTION AUX ŒUFS ET AU MIEL POUR CHEVEUX SECS OU ABÎMÉS

1 jaune d'œuf battu • 2 cuillers à café d'huile de ricin • 1 cuiller à café de miel liquide • Lait en poudre • 2 gouttes d'huile essentielle de santal • 2 gouttes d'huile essentielle de sauge sclarée

Dans un bol, mélanger le jaune d'œuf battu, l'huile de ricin et le miel, puis ajouter suffisamment de lait en poudre pour obtenir une pâte très onctueuse. Incorporer ensuite soigneusement les huiles essentielles.

Utilisation

Étaler le produit sur les cheveux et le cuir chevelu. Couvrir la tête d'une serviette très chaude et coiffer un bonnet de bain par-dessus. Si vous détestez ce genre d'accessoire, vous pouvez utiliser simplement une serviette trempée dans de l'eau très chaude et parfaitement essorée. Laisser le produit agir 20 minutes. Faire ensuite un shampooing léger à base d'herbes aromatiques.

SHAMPOOINGS ET EAUX DE RINÇAGE

Même si ce genre d'information n'est pas franchement rassurant, il faut le savoir : les shampooings du commerce possèdent *grosso modo* la même formule chimique que les nettoyants pour moquette ! L'un de ces ingrédients communs est un agent moussant. On nous a longtemps martelé que, plus un shampooing fait de mousse, plus il est efficace… En réalité, la mousse n'a rien à voir avec la capacité détergente d'un produit : elle donne seulement l'impression de propreté, mais il est vrai qu'elle est bien agréable à voir…

En revanche, les détergents présents dans les shampooings classiques ont un rôle autrement plus efficace… Le hic, c'est qu'ils éliminent non seulement les saletés, mais aussi l'huile naturellement sécrétée par le cuir chevelu. C'est pourquoi les industriels ajoutent de la cire dans leurs produits, qui va permettre de lubrifier la gaine épithéliale du cheveu.

La base de shampooing dont je vous donne ici la recette vous permettra de préparer un produit aromatique entièrement naturel. Il vous rappellera peut-être celui qu'utilisaient vos grands-parents, c'est-à-dire avant la venue des détergents. Ce shampooing à base de savon préservera les graisses naturelles présentes sur votre cuir chevelu. Comme il est alcalin, vous n'aurez même plus besoin d'utiliser une lotion spéciale de rinçage.

Dans les premiers temps, ce produit naturel va vous changer des shampooings du commerce qui n'en finissent pas de mousser ! C'est le moins que l'on puisse dire ! Persévérez, même s'il vous déroute au début : vos cheveux et aussi votre portefeuille vous en sauront gré ! Après environ trois semaines (il faudra tout ce temps pour vous déshabituer des produits chimiques que vous avez utilisés pendant des années !), vous commencerez à voir la différence et à apprécier combien il est bénéfique à votre chevelure.

BASE POUR SHAMPOOING AROMATIQUE

80 à 100 g de savon de Marseille en paillettes • 1 l d'eau de pluie ou d'eau minérale • 2 cuillers à café de borax • 20 gouttes d'huiles essentielles appropriées à votre cas

Dans de l'eau chaude, verser les paillettes de savon et le borax en agitant constamment. Mettre au bain-marie si nécessaire. Ajouter au total 20 gouttes d'une ou plusieurs huiles essentielles appropriées à votre cas (voir tableau ci-dessus). Si le shampooing est destiné à un enfant, versez 10 gouttes d'huiles essentielles (enfant âgé de 5 à 12 ans) ou seulement 5 gouttes (enfants de 2 à 5 ans). Remuer encore afin que le mélange soit parfaitement homogène. Des grumeaux vont se former quand le shampooing refroidira. Cela n'a aucune importante : il suffira d'agiter le produit pour les faire disparaître.

VARIANTE AU SAVON LIQUIDE

Vous trouverez du savon liquide de bonne qualité dans certains magasins diététiques, ainsi qu'en pharmacie. Ce type de produit est pratique, car il est généralement commercialisé dans des flacons munis de bouton-poussoir et de bec verseur. Pour transformer ce savon liquide en produit capable de traiter les problèmes capillaires les plus divers, il vous suffira tout simplement d'y ajouter des huiles essentielles.

Éventuellement, si sa consistance vous paraît visqueuse, diluez-le avec un peu d'eau minérale.

SHAMPOOING AROMATIQUE EXPRESS

Vous n'avez ni le temps, ni à vrai dire l'envie, de fabriquer vous-même votre shampooing ? Rien de grave, il vous suffit d'acheter un shampooing doux classique dans le commerce. Ajoutez 50 gouttes d'une ou de plusieurs huiles essentielles selon votre problème capillaire (voir tableau ci-dessus) pour 25 cl de shampooing, puis agitez vigoureusement. Si le produit est destiné à un enfant, versez 10 gouttes d'huiles essentielles (enfant âgé de 5 à 12 ans) ou seulement 5 gouttes (enfants de 2 à 5 ans).

LOTION DE RINÇAGE

2 verres de vinaigre de cidre • 2 cuillers à soupe d'huiles essentielles appropriées à votre cas (voir tableau ci-dessus)

Mélanger les ingrédients dans un flacon de 50 cl. Laisser reposer quatre jours, afin que les substances amplifient leurs effets par synergie.

Utilisation

Verser ½ verre de produit par litre d'eau chaude. Rincer les cheveux en utilisant une bassine afin de recueillir la lotion qui s'égoutte de votre tête. Renouveler l'opération aussi longtemps que vous voulez.

APRÈS-SHAMPOOINGS

Normalement, après avoir utilisé un shampooing naturel et une lotion de rinçage à base de vinaigre de cidre, vous n'aurez plus besoin d'utiliser d'après-shampooing. Pourtant, si vous avez les cheveux très fins, plats et sans vigueur, ou si votre chevelure a été maltraitée par des permanentes, des colorations ou autres traitements, ils auront besoin d'un petit « coup de pouce revitalisant ». C'est pourquoi je vous recommande ces après-shampooings.

Après-shampooing au romarin pour tous types de cheveux (sauf cheveux gras)

1 jaune d'œuf battu • 1 cuiller à café de glycérine • 2 gouttes d'huile de ricin • 2 gouttes d'huile essentielle de romarin • 2 gouttes d'huile essentielle de lavande • Lait en poudre

Mélanger les ingrédients, puis ajouter le lait en poudre jusqu'à l'obtention d'une crème onctueuse.

Utilisation

À l'aide de ce produit, masser doucement les cheveux et le cuir chevelu. Laisser agir au moins 10 minutes, puis rincer doucement à l'eau tiède. Appliquer ensuite la lotion de rinçage au vinaigre de cidre.

Après-shampooing au citron spécial cheveux gras

2 cuillers à soupe d'eau-de-vie • 1 cuiller à café de miel liquide • 1 œuf battu • 2 gouttes d'huile essentielle de lemon-grass • 2 gouttes d'huile essentielle de romarin • Lait en poudre

Mélanger les ingrédients, puis ajouter le lait en poudre jusqu'à l'obtention d'une crème onctueuse.

Utilisation

À l'aide de ce produit, masser doucement les cheveux et le cuir chevelu. Laisser agir au moins 10 minutes, puis rincer doucement à l'eau tiède.

Lotion coiffante

2 cuillers à café d'huile essentielle de lavande • 2 cuillers à café d'huile essentielle de romarin • ½ cuiller à café d'huile essentielle de géranium • ½ cuiller à café d'huile de jojoba (pour cheveux secs et abîmés seulement) ou ½ cuiller à café d'huile essentielle de genièvre (pour les autres types de cheveux)

Mélanger les ingrédients dans un flacon muni d'un bec verseur. Bien agiter.

Utilisation

Utilisée entre deux shampooings, cette lotion vous permettra de garder une chevelure brillante, souple et en bonne santé. Ses huiles essentielles non grasses seront absorbées, c'est pourquoi elle convient à tous les types de cheveux.

Versez quelques gouttes de produit dans le creux des mains, frottez-les l'une contre l'autre, puis passez-vous les mains sur la tête. Vous pouvez faire ce traitement aussi souvent que vous le souhaitez.

Les bains

Rares sont les personnes qui n'aiment pas prendre de bain. Généralement, on reste environ un quart d'heure dans la baignoire, et souvent plus de temps encore pour bien « décompresser ». Chacun a fait l'expérience de l'effet reposant et propice au sommeil d'un bain lorsqu'on le prend le soir ou avant d'aller se coucher. L'une des raisons pour lesquelles les bains sont tellement relaxants tient au fait que l'eau élimine les ions positifs à l'origine du stress et de la fatigue. Même si vous restez seulement quelques minutes dans votre baignoire, ce sera, si j'ose dire, toujours cela de pris, et bien meilleur qu'une simple douche. Quant à ceux qui rechignent sous prétexte de refuser de « stagner dans leurs propres saletés », dois-je leur rappeler qu'un bain doit être toujours suivi d'une douche ?

Tranquillité, chaleur et quiétude sont quelques-unes des sensations ressenties au moment du bain. Le parfum des huiles essentielles présentes dans vos huiles de bain, sans oublier une bouillotte remplie d'eau chaude pour vous reposer la tête, compléteront ce tableau idyllique. À votre convenance, vous pouvez ajouter des accessoires qui rendront votre salle de bains encore plus accueillante : bougies, encens, musique, livres ou magazines, verre de jus de fruit, serviettes épaisses et moelleuses pour vous sécher… Et

Éliminez vos peaux mortes !

On l'oublie trop souvent : la peau est capable d'éliminer le tiers des déchets et des toxines produits par le corps humain. Si elle fonctionne dans des conditions optimales, les fonctions du foie, des reins et des poumons se trouvent ainsi largement soulagées.
Pour fonctionner le plus efficacement possible, la peau doit toujours être propre et débarrassée des cellules mortes qui pourraient obstruer ses pores. C'est pourquoi il est excellent pour la santé de se frotter la peau à sec chaque matin à l'aide d'une brosse, afin d'éliminer justement ces peaux mortes.

n'oubliez pas d'afficher la pancarte « Ne pas déranger » sur la porte de la salle de bains !

Mais peut-être suis-je en train de retourner le couteau dans la plaie parce que vous n'avez pas de baignoire dans votre petit appartement ! Rien de grave, versez 1 ou 2 gouttes d'une huile essentielle appropriée sur un gant humide. Essorez-le légèrement, puis passez ce linge sur votre corps. Une autre possibilité est de préparer un spray dans lequel vous aurez ajouté une ou plusieurs huiles essentielles capables de traiter un problème particulier. Dans ce cas, ne mettez jamais plus de 6 gouttes d'essences pour 20 cl de liquide dans le pulvérisateur et agitez avant toute utilisation. Vaporisez du produit sur votre corps encore humide en sortant de la douche, massez-vous légèrement pour bien faire pénétrer les substances actives dans votre peau, puis séchez-vous en tamponnant avec une serviette.

HUILES THÉRAPEUTIQUES POUR LE BAIN

Les suggestions que vous trouverez ci-dessous sont destinées à des adultes. Pour le bain du sujet jeune, voir Les remèdes de A à Z, Enfant et bébé, p. 203.

Préparer un bain aromatique est bête comme chou. Faites d'abord couler de l'eau tiède et fermez bien la porte de la salle de bains. Quand la baignoire est suffisamment pleine, mélangez 5 à 10 gouttes de l'huile de bain choisie dans 1 cuiller à soupe de crème fraîche ou d'huile végétale quelconque (ces substances favoriseront la dilution). Versez ce produit dans la baignoire juste avant, ou juste après être entré dans l'eau. Agitez pour bien disperser. Attention, si vous n'ajoutez pas les huiles essentielles au tout dernier moment, une partie plus ou moins importante de leurs précieuses substances actives s'évaporera dans l'air sans vous prodiguer leurs bienfaits !

HUILE DE BAIN « ANTIBACTÉRIENNE »

3 gouttes d'huile essentielle de tea-tree • 3 gouttes d'huile essentielle d'eucalyptus • 2 gouttes d'huile essentielle de thym • 1 goutte d'huile essentielle de citron • 1 goutte d'huile essentielle de girofle

HUILE DE BAIN « ANTIVIRALE »

3 gouttes d'huile essentielle de tea-tree ou de manuka • 3 gouttes d'huile essentielle d'eucalyptus • 3 gouttes d'huile essentielle de lavande • 1 goutte d'huile essentielle de thym

HUILE DE BAIN « DÉODORANTE »

4 gouttes d'huile essentielle de sauge sclarée • 2 gouttes d'huile essentielle d'eucalyptus • 2 gouttes d'huile essentielle de patchouli • 2 gouttes d'huile essentielle de menthe poivrée

HUILE DE BAIN SPÉCIALE « PEAU SÈCHE »

4 gouttes d'huile essentielle de camomille • 4 gouttes d'huile essentielle de palmarosa • 2 gouttes d'huile essentielle de patchouli

HUILE DE BAIN SPÉCIALE « PEAU GRASSE »

5 gouttes d'huile essentielle de citron • 3 gouttes d'huile essentielle d'ylang-ylang

HUILE DE BAIN « SOINS DES ÉRUPTIONS CUTANÉES »
2 gouttes d'huile essentielle d'eucalyptus • 2 gouttes d'huile essentielle de thym • 4 gouttes d'huile essentielle de lavande • 2 gouttes d'huile essentielle de camomille

HUILE DE BAIN « IDÉES CLAIRES »
2 gouttes d'huile essentielle de menthe poivrée • 2 gouttes d'huile essentielle de citron • 1 goutte d'huile essentielle de thym • 2 gouttes d'huile essentielle de romarin • 3 gouttes d'huile essentielle de lavande

HUILE DE BAIN « HYDRATANTE »
2 gouttes d'huile essentielle de camomille • 2 gouttes d'huile essentielle de lavande • 2 gouttes d'huile essentielle de carotte • 2 gouttes d'huile essentielle de géranium • 2 gouttes d'huile essentielle de rose (en option)

HUILE DE BAIN « AHHH ! »
1 goutte d'huile essentielle de lavande • 2 gouttes d'huile essentielle de pamplemousse • 2 gouttes d'huile essentielle de géranium • 2 gouttes d'huile essentielle d'ylang-ylang • 2 gouttes d'huile essentielle de patchouli

HUILE DE BAIN « RÉGÉNÉRANTE »
4 gouttes d'huile essentielle de lavande • 3 gouttes d'huile essentielle de romarin • 2 gouttes d'huile essentielle de menthe poivrée

HUILE DE BAIN « RELAXANTE »
4 gouttes d'huile essentielle de camomille • 3 gouttes d'huile essentielle de lavande • 2 gouttes d'huile essentielle d'ylang-ylang

HUILE DE BAIN « BONHEUR »
2 gouttes d'huile essentielle de bergamote • 3 gouttes d'huile essentielle d'orange • 3 gouttes d'huile essentielle de citron • 1 goutte d'huile essentielle de menthe poivrée • 1 goutte d'huile essentielle de cannelle

HUILE DE BAIN « SOIN DES COUPS DE SOLEIL »
8 à 10 gouttes d'huile essentielle de lavande

Huiles glycérinées pour le bain

Qu'elles soient destinées à vous relaxer ou à traiter de petits problèmes de peau, il suffit de verser un peu de ces huiles dans votre bain tiède. Détendez-vous et profitez de leurs parfums suaves ! À noter qu'en raison de la présence de glycérine, ces produits de bain se dissoudront imparfaitement dans l'eau. Mais le nettoyage de la baignoire ne devrait pas vous réclamer beaucoup de temps…

Base pour huile glycérinée pour le bain

½ verre de vodka, d'eau-de-vie, ou de vinaigre de cidre • 2 cuillers à soupe de shampooing de bonne qualité • 3 cuillers à café de glycérine • 3 cuillers à café d'huiles essentielles (voir les huiles proposées ci-dessous)

Mélanger les ingrédients dans un flacon. Le retourner plusieurs fois pour bien mélanger. Laisser reposer pendant quatre jours, afin que les différentes substances amplifient leurs effets par synergie.

Utilisation

Même si la vodka est relativement onéreuse, il faut savoir que cette préparation vous permettra de prendre environ 40 bains aromatiques, ce qui la rend extrêmement abordable. Mon choix personnel, c'est-à-dire le vinaigre de cidre, ajoute son arôme si particulier à celui des huiles essentielles. Il offre les mêmes vertus thérapeutiques que l'alcool, et il est bien meilleur marché. À vous de voir donc…

Quel que soit votre choix parmi les mélanges d'huiles essentielles ci-dessous, faites couler le bain et ajouter ½ cuiller à café de produit. Agitez la surface de l'eau pour bien disperser les substances actives. Enfin, entrez dans la baignoire en soupirant d'aise !

Mélange « spécial enfants »

½ cuiller à café d'huile essentielle de camomille • ½ cuiller à café d'huile essentielle de lavande • ½ cuiller à café d'huile essentielle de mandarine

MÉLANGE « SPÉCIAL PEAU SÈCHE »
1 cuiller à café d'huile essentielle de lavande • 1 cuiller à café d'huile essentielle de rose ou de bois de rose • 1 cuiller à café d'huile essentielle de palmarosa

MÉLANGE « SPÉCIAL PEAU NORMALE »
1 cuiller à café d'huile essentielle de géranium • 1 cuiller à café d'huile essentielle de bois de rose • 1 cuiller à café d'huile essentielle d'ylang-ylang

MÉLANGE « SPÉCIAL PEAU GRASSE »
½ cuiller à café d'huile essentielle de genièvre • ½ cuiller à café d'huile essentielle de citron • ½ cuiller à café d'huile essentielle de patchouli

MÉLANGE « BONNE NUIT ! »
½ cuiller à café d'huile essentielle de camomille • 1 cuiller à café d'huile essentielle de lavande • 1 cuiller à café d'huile essentielle de marjolaine • ½ cuiller à café d'huile essentielle de santal

MÉLANGE « SPÉCIAL ANTICELLULITE »
2 cuillers à café d'huile essentielle de genièvre • ½ cuiller à café d'huile essentielle de pamplemousse • ½ cuiller à café d'huile essentielle de tea-tree

L'huile de bain « spécial insomnie »

Après un bon bain à l'aide de cette huile, vous n'aurez plus à craindre d'insomnie ! Mais ne mettez pas plus d'½ à 1 cuiller à café de produit ! En plus grande quantité, son parfum risquerait d'être entêtant : vous auriez la tête qui tourne et vous pourriez même « planer » un peu !

HUILE DE BAIN « NUIT PAISIBLE »
1 verre d'eau-de-vie ou de vodka • 2 cuillers à café d'huile essentielle de camomille • 1 cuiller à café d'huile essentielle de lavande • 1 cuiller à café d'huile essentielle de marjolaine • 1 cuiller à café d'huile essentielle de santal • 3 cuillers à café de glycérine

Lotions vinaigrées

Pas chers, simples, amusants à préparer et à utiliser : tels sont quelques-uns des avantages des lotions vinaigrées. Mais au fait, pourquoi utiliser ce liquide obtenu par fermentation acétique de cidre ou d'alcool ? Eh bien, parce qu'il va restaurer le manteau acide de la peau, agir sur les problèmes de sécheresse de l'épiderme, calmer les démangeaisons et les sensations de brûlure causées par un coup de soleil.

À mon humble avis, le vinaigre de cidre me paraît avoir de plus grandes vertus thérapeutiques. C'est celui que je préfère, même si un vinaigre blanc de bonne qualité fera tout aussi bien l'affaire : ce dernier en outre, moins agressif, tonifiera la peau tout en douceur.

Vous détestez l'odeur du vinaigre ? Utilisez alors du vin blanc ou de la vodka mélangée à 50 % d'eau minérale. Ces deux liquides offrent l'avantage d'accentuer la fragrance des huiles essentielles.

Comment utiliser une lotion vinaigrée ?

Soins	Dosages
Bain	½ verre de lotion vinaigrée dans la baignoire.
Rinçage des cheveux	½ verre de lotion vinaigrée pour 4 verres d'eau.
Tonifiant de la peau et de la chevelure	1 cuiller à soupe de lotion vinaigrée par verre d'eau.
Friction après la douche	¼ verre de lotion vinaigrée par ½ verre d'eau.
Déodorant	Utiliser pur.

Vous pourrez utiliser vos lotions vinaigrées de multiples façons (voir le tableau ci-dessous). Leur préparation n'exige aucune compétence particulière et demande peu de matériel (un flacon, un verre et un compte-gouttes) : dans 2 verres de vinaigre de cidre ou de vinaigre blanc, il suffit de verser 100 gouttes d'une ou d'un mélange d'huiles essentielles, puis de bien mélanger. À vous maintenant de choisir, parmi les remèdes suivants, celui qui vous convient le mieux.

« SENSATION LAVANDE »
100 gouttes d'huile essentielle de lavande

« SENSATION CITRONNÉE »
30 gouttes d'huile essentielle de citron • 25 gouttes d'huile essentielle de petit grain • 20 gouttes d'huile essentielle de bergamote • 20 gouttes d'huile essentielle d'orange • 5 gouttes d'huile essentielle de girofle

« SENSATION MENTHOLÉE »
40 gouttes d'huile essentielle de menthe poivrée • 40 gouttes d'huile essentielle de menthe verte • 15 gouttes d'huile essentielle de lavande • 5 gouttes d'huile essentielle de girofle

« SENSATION ÉPICÉE »
40 gouttes d'huile essentielle de sauge sclarée • 40 gouttes d'huile essentielle de romarin • 10 gouttes d'huile essentielle de fenouil • 10 gouttes d'huile essentielle de badiane

« SENSATION FORESTIÈRE »
40 gouttes d'huile essentielle de pin • 20 gouttes d'huile essentielle d'hysope • 20 gouttes d'huile essentielle de citron • 10 gouttes d'huile essentielle de cyprès • 10 gouttes d'huile essentielle de menthe poivrée

BAINS MOUSSANTS

Bon, c'est vrai qu'on aime tous plus ou moins avoir de la mousse jusqu'au menton ! Cela ne saurait pourtant excuser les fabricants industriels, qui ont trop souvent recours à des détergents bon marché à la fois agressifs et desséchants. N'en utilisez jamais plus qu'indiqué sur l'étiquette et, après vous être bien séché, appliquez une crème ou une huile de bain de manière à bien réhydrater votre peau. Le miel, la glycérine ou les matières grasses qu'elles contiennent contrebalanceront l'éventuelle action dessiccative du détergent. À mon avis cependant, le mieux est de préparer vous-même un produit sain et de bonne qualité supérieure à l'aide d'un bon shampooing de haut de gamme. Voici comment s'y prendre…

BASE POUR BAIN MOUSSANT

¼ verre d'huile d'amande douce • 1 verre de shampooing haut de gamme • 50 gouttes d'huiles essentielles

Mélanger très soigneusement les ingrédients dans une bouteille. Renverser plusieurs fois le flacon avant l'emploi.

Utilisation

Choisir les huiles essentielles selon les suggestions indiquées pour les lotions vinaigrées (voir le tableau ci-dessus).

Verser lentement ¼ de verre de produit sous le jet du robinet, de manière à faire le plus de mousse possible.

CRÈME DE BAIN

Très facile à faire, cette crème de soin du corps sera conservée au réfrigérateur et utilisée dans les deux mois suivant sa préparation. Elle hydratera votre peau et lui donnera à la fois souplesse et douceur. Une petite mise en garde s'impose ici : l'eau ne devra pas être trop chaude, au risque de faire durcir l'œuf et de solidifier le produit ! Rien à craindre en revanche de l'huile, qui se dispersera dans l'eau sans laisser le moindre résidu graisseux sur les parois de la baignoire.

CRÈME DE BAIN « SENTEUR PRINTANIÈRE »

1 œuf • ½ verre d'huile d'olive • 1 cuiller à soupe de glycérine • ½ verre de lait en poudre • 20 gouttes d'huile essentielle de lavande • 10 gouttes d'huile essentielle de carotte • 10 gouttes d'huile essentielle d'orange • 2 verres d'eau

Dans un bol, battre l'œuf et mélanger l'huile d'olive, la glycérine et le lait en poudre. Ajouter ensuite les huiles essentielles tout en continuant à remuer. Enfin, diluer lentement avec un peu d'eau tiède et conserver au réfrigérateur.

Utilisation

Ajoutez ½ verre de produit dans l'eau du bain. Agiter la surface pour bien disperser la crème.

SELS DE BAIN

En général, on utilise des sels de bain pour adoucir l'eau lorsqu'elle est trop calcaire par exemple. Le propos est différent ici, puisque vous allez ajouter des huiles essentielles qui parfumeront l'eau de votre bain et lui conféreront des pouvoirs thérapeutiques. Si vous aimez la couleur, pas de problème ! Après avoir versé les huiles essentielles dans votre produit, ajoutez, goutte à goutte, le colorant naturel de votre choix…

SELS « RÉTROS »

100 g d'acide tartrique • 100 g de bicarbonate de soude • 50 g de maranta (arrow-root) • 8 gouttes d'huile essentielle de lavande • 8 gouttes d'huile essentielle de santal • 4 gouttes d'huile essentielle de girofle

Mélanger les ingrédients et agiter vigoureusement. Ajouter les huiles goutte après goutte, en remuant constamment pour prévenir la formation des grumeaux. Mettre dans un pot et remuer quotidiennement pendant quelques jours.

Utilisation

Saupoudrer le contenu d'½ verre de produit pendant que coule le bain.

DÉODORANTS

Il y a seulement deux endroits où les déodorants sont indispensables, les pieds et les aisselles, où l'odeur de transpiration pose un réel problème. Mais pourquoi au fait ? Simplement parce que les glandes de ces régions du corps sont différentes des autres : leurs sécrétions sont à la fois plus abondantes et plus odorantes. En fait, la sueur n'a aucune odeur quand elle est vient tout juste d'être exsudée par la peau : c'est en se décomposant très rapidement qu'elle dégage une odeur repoussante.

Le produit suivant est un déodorant léger. Absolument sans danger, il est très agréable à utiliser. L'odeur du vinaigre s'évanouira après un très court laps de temps. Ne subsistera alors sur la peau que la délicate fragrance des huiles essentielles.

DÉODORANT « FRAÎCHE COMME LA ROSE »
10 cl de vinaigre de cidre • 10 cl d'eau distillée d'hamamélis • 20 gouttes d'huile essentielle de bergamote • 20 gouttes d'huile essentielle de lavande • 10 gouttes d'huile essentielle de patchouli • 10 gouttes d'huile essentielle de bois de rose • 10 gouttes d'huile essentielle de benjoin • ½ cuiller à café de glycérine

Mélanger les ingrédients dans un flacon pulvérisateur et agiter vigoureusement. Laisser reposer quatre jours, afin que les substances amplifient leurs effets par synergie. Remuer de temps en temps et conserver dans un endroit frais, sec et sombre.

Utilisation
Appliquer ou pulvériser le déodorant après la douche, ou à tout moment de la journée si nécessaire.

DÉODORANT POUR MONSIEUR « SENTEUR DE LA FORÊT »
10 cl de vinaigre de cidre • 10 cl d'eau distillée d'hamamélis • 20 gouttes d'huile essentielle de benjoin • 20 gouttes d'huile essentielle de bergamote • 20 gouttes d'huile essentielle de cyprès • 10 gouttes d'huile essentielle d'eucalyptus • 5 gouttes d'huile essentielle de bois de rose • ½ cuiller à café de glycérine

Mélanger les ingrédients dans un flacon pulvérisateur et agiter vigoureusement. Laisser reposer quatre jours, afin que les substances amplifient leurs effets par synergie. Remuer de temps en temps et conserver dans un endroit frais, sec et sombre.

Utilisation

Appliquer ou pulvériser le déodorant après la douche, ou à tout moment de la journée si nécessaire.

POUDRE DÉODORANTE POUR LES PIEDS

6 cuillers à soupe de talc sans parfum • 6 cuillers à soupe de farine de maïs • 20 gouttes d'huile essentielle de lavande • 20 gouttes d'huile essentielle de myrrhe • 10 gouttes d'huile essentielle de patchouli • 5 gouttes d'huile essentielle de citron

Passer le talc et la farine de maïs au tamis. Verser ensuite les huiles essentielles en les incorporant très progressivement et en remuant constamment pour éviter la formation de grumeaux. Conserver dans un sachet sous vide ou dans un flacon hermétique.

Utilisation

Le soir, saupoudrer l'intérieur des chaussures pour éliminer les odeurs de transpiration.

Si vous souffrez d'une pathologie aiguë, voir Les remèdes de A à Z, Pied (p. 288).

EAUX DE TOILETTE

Personnellement, je préfère utiliser des eaux de toilette, plutôt que de véritables parfums, car leurs fragrances sont bien plus légères. Ainsi, je ne laisse pas derrière moi un sillage qui risque d'incommoder mes voisins de spectacle et de table au restaurant ! Là encore, chacun ses goûts...

Vous remarquerez sans doute que certaines huiles essentielles utilisées ici ne figurent pas dans la liste des essences recommandées pour les soins de la peau (voir le tableau en début de partie, p. 354). C'est tout simplement parce qu'il ne s'agit pas à proprement parler d'huiles essentielles pour la peau. Cependant, elles sont indispensables pour créer un parfum qui sera à la fois parfaitement bien équilibré et charpenté.

Les eaux de toilette sont constituées de 60 % d'alcool, de 15 % d'eau distillée, de 5 % d'une huile essentielle ou d'un mélange de plusieurs huiles essentielles, et de 5 % de glycérine. Cette dernière substance permet de donner du corps à l'eau de toilette et de contrebalancer l'effet desséchant de l'alcool sur la peau. Voici une base pour réaliser vos eaux de toilette…

BASE POUR EAU DE TOILETTE

2 cuillers à soupe de vodka ou d'eau-de-vie • 2 cuillers à café d'eau distillée • ¼ de cuiller à café de glycérine • 1 cuiller à café et demie d'une huile essentielle ou d'un mélange de plusieurs huiles essentielles

Mélanger les ingrédients dans un flacon d'une contenance de 60 ml. Agiter vigoureusement et laisser reposer deux à six mois pour une bonne maturation. Attention, l'odeur initiale n'a rien à voir avec la fragrance finale. Un peu de patience, que diable !

« FLEURS DES JARDINS »

½ cuiller à café d'huile essentielle de bergamote • ½ cuiller à café d'huile essentielle de géranium • 20 gouttes d'huile essentielle de petit grain ou de néroli • 20 gouttes d'huile essentielle de palmarosa • 2 gouttes d'huile essentielle de santal

« CHÉRI »

1 cuiller à café d'huile essentielle de bois de rose • 20 gouttes d'huile essentielle d'ylang-ylang • 10 gouttes d'huile essentielle de jasmin • 10 gouttes d'huile essentielle de bergamote

« MATA-HARI »

1 cuiller à café d'ylang-ylang • 15 gouttes d'huile essentielle de patchouli • 15 gouttes d'huile essentielle de santal • 5 gouttes d'huile essentielle de jasmin • 5 gouttes d'huile essentielle de rose

« MÉDITERRANÉE »
1 cuiller à café et demie d'huile essentielle de lavande • 10 gouttes d'huile essentielle de citron • 10 gouttes d'huile essentielle de palmarosa

« MÂLE »
1 cuiller à café d'huile essentielle de santal • 30 gouttes d'huile essentielle de cèdre • 10 gouttes d'huile essentielle de bois de rose • 5 gouttes d'huile essentielle de citron

L'AROMATHÉRAPIE AU FOYER

Vous rêvez d'une vie de famille calme, agréable, au sein de laquelle vous pourriez vous détendre et vous épanouir tranquillement, oublier toute anxiété, et décompresser pour reprendre des forces avant d'affronter le monde extérieur ? Vous avez envie qu'on se sente bien chez vous ?

Dans ce cas aussi, les huiles essentielles vous seront également utiles. Les essences des plantes parfument, désodorisent et ionisent l'air que vous respirez. Elles vont stimuler votre esprit, vous redonner de l'énergie ou au contraire vous relaxer. Et ce n'est pas tout, car elles sont aussi capables de repousser des insectes indésirables… Depuis Bébé jusqu'à votre animal de compagnie en passant par vos parents et vos amis, tout le monde profitera de leurs bienfaits ! On sera bien chez vous : on ne cessera de vous le répéter. Dès que vos invités auront franchi la porte d'entrée, ils seront souriants et parfaitement à l'aise.

À vous de créer des alliances d'huiles essentielles de telle sorte que la senteur de chaque pièce de la maison s'harmonise avec sa voisine. À vous aussi de choisir, selon l'endroit, ici une essence plutôt relaxante, là une fragrance qui vous donnera du tonus. Comme vous voyez, un vaste champ d'investigations et d'expérimentations s'offre à vous !

Avant d'utiliser des huiles essentielles dans votre maison, il faut savoir plusieurs choses importantes…

• Les vaporisateurs, les brûle-parfums et autres diffuseurs sont vivement conseillés pour préserver la santé de la maisonnée quand l'un des membres de votre famille est malade ou en présence d'un risque infectieux quelconque. Dans les chambres à coucher et le salon, les huiles essentielles vont contribuer à créer une douce ambiance de calme et de sérénité.

• Pulvérisées dans l'air de votre chambre à coucher ou dans celles de vos enfants, les essences de plantes ne se limiteront pas à assainir l'air : elles favoriseront le sommeil, la détente et le bien-être de chacun.

• Les huiles essentielles ont aussi leur place dans la cuisine, la salle de bains, la buanderie, les W-C, et même dans le sac de l'aspirateur, autant d'endroits où elles élimineront les éventuelles mauvaises odeurs tout en jouant un rôle antibactérien.

ASPIRATEUR

Les désodorisants et la poudre pour tapis indiqués plus bas feront parfaitement l'affaire. Il suffira de verser un peu de produit dans le sac d'aspirateur pour éliminer cette odeur de poussière qui devient jour après jour plus insupportable…

BUANDERIE ET CAVE

C'est souvent la pièce un peu fourre-tout de la maison. On y range les bottes en caoutchouc pour jardiner, les chaussures de sport, les sacs et les valises, les balais et les serpillières, ainsi que les serviettes de plage et le bac à litière du chat… Pourtant, c'est là aussi que se trouve la machine à laver et que l'on fait parfois sécher le linge !

Les mauvaises odeurs sont donc intolérables dans une buanderie, lieu qui doit par ailleurs être parfaitement désinfecté. En utilisant un mélange d'huiles essentielles parfumées aux propriétés antibactériennes et antifongiques, votre linge gardera son odeur de frais et de propre.

DÉSINFECTANT POUR BUANDERIE
1 cuiller à café d'huile essentielle de lavande • ½ cuiller à café d'huile essentielle de romarin • ½ cuiller à café d'huile essentielle de citron • 20 gouttes d'huile essentielle de pin • 20 gouttes d'huile essentielle de lemon-grass

Verser les huiles essentielles dans un flacon et agiter vigoureusement. Si possible, laisser reposer quatre jours, afin que les différentes substances amplifient leurs effets par synergie. Conserver dans un endroit frais et à l'abri de la lumière.

Utilisation

– *Prélavage.* S'il y a un quelconque risque infectieux ou contagieux dans la maisonnée, faire tremper le linge de lit et les pyjamas dans de l'eau à laquelle auront été ajoutées 10 gouttes de désinfectant et 10 gouttes d'huile essentielle d'eucalyptus.

– *Lavage.* Ajouter 4 à 5 gouttes de désinfectant dans la dernière eau de rinçage de votre machine à laver. Dans le cas d'un lavage à la main, utiliser seulement 2 gouttes de produit.

– *Séchage.* Verser 2 à 3 gouttes de désinfectant sur un mouchoir qui sera glissé dans le sèche-linge.

Pense-bête pour la buanderie et la cave	
Désodorisant et désinfection	Vaporiser du désinfectant « senteur provençale » dans l'air et à l'intérieur des placards ou des paniers à linge.
Fer à repasser	Verser 2 gouttes de désinfectant pour buanderie dans un vaporisateur rempli de 30 cl d'eau. Faire un test préalable sur l'envers d'un ourlet.
Sols, placards et évier	Utiliser le détergent ménager « multi-usages ».

CHAMBRE À COUCHER

C'est un lieu commun de dire que la chambre à coucher est l'endroit où l'on passe environ le tiers de sa vie, à dormir, à rêver, à bavarder, à lire, à faire l'amour, etc. Trop de gens s'y disputent aussi, car c'est le seul endroit où ils peuvent parler sans crainte d'être entendus des enfants… Pitié, laissez votre chambre à l'écart de cela… Pour vos scènes de ménage, choisissez plutôt le garage ou le fond du jardin !

Les huiles essentielles ont de multiples applications dans une chambre à coucher. Elles peuvent créer une ambiance à la fois mystérieuse, romantique et sensuelle, ou propice à un sommeil réparateur. Plus prosaïquement, elles sont également très efficaces pour éliminer les mites qui se cachent dans vos placards ! Veillez à ce que les essences utilisées à différents endroits de votre chambre à coucher possèdent une fragrance proche. Il serait gênant de sentir une senteur lourde et musquée dans le lit, dans le placard un parfum citronné, et près de la fenêtre une odeur florale ! Encore une fois, il vous faudra tâtonner un peu avant de trouver votre bonheur et un mariage réussi de senteurs.

Voici quelques manières simples d'utiliser des mélanges parfumés dans votre chambre à coucher.

- Pulvériser un peu de mélange d'huiles essentielles dans l'air avant d'aller au lit.
- Allumer un brûle-parfum, en veillant bien sûr à ce qu'il ne soit pas trop près des rideaux, du lit ou d'un objet inflammable.
- Verser quelques gouttes de l'un des produits ci-dessous sur un bout de coton, puis glisser celui-ci sous les oreillers ou sous le lit.
- Humecter deux mouchoirs en papier d'1 à 3 gouttes de mélange d'huiles essentielles, glisser ces derniers dans un petit sachet et mettre le tout sous les taies d'oreiller.
- Pour parfumer une armoire ou un placard, mettre des morceaux de coton humectés de quelques gouttes de produit sous les piles de linge et dans les tiroirs.
- Lors du nettoyage des plinthes et des fenêtres de la chambre à coucher, ajouter quelques gouttes de l'un des produits ci-dessous dans l'eau.

« NUITS ROMANTIQUES »
1 cuiller à café d'huile essentielle d'ylang-ylang • ½ cuiller à café d'huile essentielle de lime • ½ cuiller à café d'huile essentielle de petit grain • 20 gouttes d'huile essentielle de santal • 15 gouttes d'huile essentielle de patchouli • 5 gouttes d'huile essentielle de girofle

Mettre les huiles essentielles dans un flacon verseur et agiter vigoureusement. Si possible, laisser reposer quatre jours, afin que les différentes essences amplifient leurs effets par synergie. Conserver dans un endroit frais et à l'abri de la lumière. Agiter avant l'emploi.

« LE TEMPS DU SOMMEIL »
½ cuiller à café d'huile essentielle de camomille • ½ cuiller à café d'huile essentielle de lavande • 20 gouttes d'huile essentielle de marjolaine • 20 gouttes d'huile essentielle de néroli ou de sauge sclarée

Mettre les huiles essentielles dans un flacon verseur ou dans un pulvérisateur et agiter vigoureusement. Si possible, laisser reposer quatre jours, afin que les différentes essences amplifient leurs effets par synergie. Conserver dans un endroit frais et à l'abri de la lumière. Agiter avant l'emploi.

Utilisation
Ce produit vous sera bien utile quand, pour une raison ou pour une autre, vous n'arriverez pas à dormir.

« RELAXATION »
1 cuiller à café d'huile essentielle de bergamote • ½ cuiller à café d'huile essentielle de lavande • 20 gouttes d'huile essentielle de mandarine • 20 gouttes d'huile essentielle de cèdre • 20 gouttes d'huile essentielle de santal, de menthe poivrée ou de genièvre

Mettre les huiles essentielles dans un flacon verseur ou dans un pulvérisateur et agiter vigoureusement. Si possible, laisser reposer quatre jours, afin que les différentes essences amplifient leurs effets par synergie. Conserver dans un endroit frais et à l'abri de la lumière. Agiter avant l'emploi.

Utilisation

Ce produit vous détendra. Il vous relaxera et vous aidera à dormir. Fini l'anxiété, oublié le stress accumulé dans la journée !

« FÉMINITÉ »

1 cuiller à café d'huile essentielle de rose • 1 cuiller à café d'huile essentielle d'orange ou de mandarine • ½ cuiller à café d'huile essentielle de géranium • 20 gouttes d'huile essentielle de petit grain • 10 gouttes d'huile essentielle de patchouli • 10 gouttes d'huile essentielle de cannelle

Mettre les huiles essentielles dans un flacon verseur ou dans un pulvérisateur et agiter vigoureusement. Si possible, laisser reposer quatre jours, afin que les différentes essences amplifient leurs effets par synergie. Conserver dans un endroit frais et à l'abri de la lumière. Agiter avant l'emploi.

Aphrodisiaque et anaphrodisiaque...

Tous les couples peuvent traverser des moments difficiles où la sexualité de l'un des deux partenaires, pour une raison ou pour une autre, se met temporairement en berne. Rien de grave, sauf si un sentiment de culpabilité s'installe. Pour l'éviter, versez dans un spray l'une des nombreuses huiles aux vertus aphrodisiaques que la nature nous a données. Vous avez l'embarras du choix : bois de rose, jasmin, néroli, patchouli, rose, santal, sauge sclarée, vétiver et ylang-ylang.

Si le problème est inverse, c'est-à-dire si votre partenaire a un trop grand appétit sexuel, un spray contenant de l'huile essentielle de marjolaine devrait contribuer à calmer ses ardeurs excessives ! Mais bon, sans vouloir me mêler de ce qui ne me regarde pas, il faudra vous demander au préalable si vous n'avez pas besoin – vous-même – d'une essence aphrodisiaque...

« L'ANTIMITE »
1 cuiller à café d'huile essentielle de lavande • 1 cuiller à café d'huile essentielle de romarin • 1 cuiller à café d'huile essentielle de citron

Mettre les huiles essentielles dans un flacon verseur et agiter vigoureusement. Si possible, laisser reposer quatre jours, afin que les différentes essences amplifient leurs effets par synergie. Conserver dans un endroit frais et à l'abri de la lumière. Agiter avant l'emploi.

Utilisation

– *Pour armoires.* Verser 2 à 3 gouttes de produit sur chaque portemanteau ; à chaque nettoyage de l'intérieur de l'armoire, diluer 2 à 3 gouttes d'antimite dans 2 verres d'eau.

– *Pour tiroirs.* Verser 2 à 3 gouttes de produit sur un bout de papier ou sur des boules de coton, et glisser le tout dans le tiroir où sont rangés vos sous-vêtements, pulls, etc.

La plupart des antimites du commerce repoussent ces sales bêtes, c'est vrai, mais l'odeur de naphtaline qui imprègne ensuite les vêtements offre l'inconvénient de faire fuir aussi nos congénères ! Le produit recommandé ici n'a pas ce défaut : il laissera dans vos armoires et vos placards une odeur de frais ; sa fragrance n'interférera ni avec le parfum de Madame, ni avec l'après-rasage de Monsieur, ni avec les senteurs qui planent dans votre chambre à coucher.

Chaussures malodorantes !

Si vous avez l'habitude de ranger vos chaussures dans l'armoire, vous courez le risque d'embaumer le meuble lui-même, mais aussi la chambre ! Oubliez vos a priori et versez un peu de poudre désodorisante pour tapis et moquettes (voir plus bas) dans vos chaussures. Agitez pour bien disperser la poudre, puis laissez agir le produit toute la nuit. Une alternative plus pratique et plus économique, car réutilisable plusieurs semaines : verser plusieurs cuillerées de poudre dans une vieille paire de chaussettes ou de bas, faire un nœud et glisser le tout à l'intérieur des chaussures ; enlever au matin et replacer chaque soir.

CHAMBRE D'ENFANT

Les adultes s'imaginent souvent avoir le monopole de l'anxiété, et que jeunesse rime avec désinvolture et insouciance. Quelle erreur ! L'angoisse des examens, l'enjeu des compétitions sportives, les cauchemars et les angoisses de toutes sortes, les problèmes d'acné ou l'obésité, sans parler du regard des autres à l'école, tout cela empoisonne quotidiennement la vie de notre progéniture.

Faites en sorte que votre enfant soit le plus possible détendu au moins une heure avant d'aller se coucher. Par exemple, vous pouvez lui faire prendre un bain tiède, lui donner à boire un lait chaud ou une infusion de camomille, lui faire tout simplement un petit câlin ou encore lui raconter une histoire au lit. Les enfants ont besoin d'éprouver un sentiment de sécurité et d'isolement dans leur chambre. Les produits suivants, le premier destiné aux plus jeunes, le second plus spécifiquement aux adolescents, vont justement contribuer à créer cette ambiance d'« oasis ».

« QUIÉTUDE ET SÉRÉNITÉ »
1 cuiller à café d'huile essentielle de lavande • 1 cuiller à café d'huile essentielle de camomille • 1 cuiller à café d'huile essentielle de mandarine

Mettre les huiles essentielles dans un flacon verseur ou dans un atomiseur et agiter vigoureusement. Si possible, laisser reposer quatre jours, afin que les différentes essences amplifient leurs effets par synergie. Conserver dans un endroit frais et à l'abri de la lumière. Agiter avant l'emploi.

Utilisation

Reportez-vous aux conseils donnés pour la chambre à coucher de l'adulte (voir ci-dessus).

Voir Les Remèdes de A à Z, Enfant et bébé, p. 203 pour les dosages appropriés à l'âge du sujet.

« ADOLESCENCE PAISIBLE »

1 cuiller à café d'huile essentielle de bergamote • 1 cuiller à café d'huile essentielle de lime • 20 gouttes d'huile essentielle de cannelle • 10 gouttes d'huile essentielle de romarin • 10 gouttes d'huile essentielle de poivre

Mettre les huiles essentielles dans un flacon verseur ou dans un atomiseur et agiter vigoureusement. Si possible, laisser reposer quatre jours, afin que les différentes essences amplifient leurs effets par synergie. Conserver dans un endroit frais et à l'abri de la lumière. Agiter avant l'emploi.

Utilisation

Reportez-vous aux conseils donnés pour la chambre à coucher de l'adulte (voir ci-dessus).

CUISINE

Des cuisines émanent les fumets délicieux des plats, mais parfois aussi des effluves rien moins que repoussantes : odeurs de chou, de frites, de poissons ou de viandes grillées, sans parler des ordures et des égouts. En outre, la cuisine est un endroit particulièrement favorable à la prolifération des bactéries. Les huiles essentielles vous seront donc ici d'un grand secours. Ces puissants antibactériens rafraîchiront l'atmosphère. Elles viendront à bout des odeurs les plus tenaces.

DÉSODORISANT DE CUISINE « FRAÎCHEUR CITRONNÉE »

1 cuiller à café d'huile essentielle de citron • ½ cuiller à café d'huile essentielle de bergamote • ½ cuiller à café d'huile essentielle de pamplemousse • 25 gouttes d'huile essentielle de santal • 30 gouttes d'essence de vanille

Mettre les huiles essentielles et l'essence de vanille dans un flacon verseur et agiter vigoureusement. Si possible, laisser reposer quatre jours, afin que les différentes essences amplifient leurs effets par synergie. Conserver dans un endroit frais et à l'abri de la lumière. Agiter avant l'emploi.

Utilisation

Ce produit va créer une atmosphère sereine et gaie quand vous ferez la cuisine.

Vaporisez un peu de désodorisant dans l'air ou allumez un brûle-parfum avant de commencer la cuisson des plats. Vous pouvez également en verser quelques gouttes sur une éponge pour nettoyer le plan de travail.

LESSIVE DÉSINFECTANTE POUR CUISINE

1 verre et demi de lessive biodégradable sans phosphate • 1 litre d'eau chaude • 1 cuiller à café d'huile essentielle de citron • 1 cuiller à café d'huile essentielle de pin • 20 gouttes d'huile essentielle de cannelle

Verser la lessive en poudre dans l'eau chaude, puis remuer doucement jusqu'à ce qu'elle soit parfaitement dissoute. Laisser refroidir. Pendant ce temps, mélanger les huiles essentielles dans un petit flacon. Quand le liquide est revenu à bonne température, verser son contenu dans la lessive. Agiter et transvaser dans une bouteille munie d'un bouchon. Renverser celle-ci avant l'emploi.

DÉSINFECTANT « COUP DE POING ANTIBACTÉRIES »

2 cuillers à café d'huile essentielle de citron • 1 cuiller à café et demie d'huile essentielle de pin • ½ cuiller à café d'huile essentielle de cannelle • ½ cuiller à café d'huile essentielle de tea-tree

Mélanger les huiles essentielles dans un flacon verseur d'une contenance de 25 ml minimum. Agiter vigoureusement, puis laisser reposer quatre jours, afin que les différentes substances amplifient leurs effets par synergie.

« DÉTERGENT MÉNAGER MULTI-USAGE »

60 g de bicarbonate de soude • 2 litres d'eau chaude • 1 cuiller à soupe de vinaigre • 3 cuillers à soupe de désinfectant « coup de poing antibactéries » • 1 cuiller à soupe d'eau de Javel

Verser le bicarbonate de soude dans l'eau, puis laisser refroidir. Dans un bol, verser le vinaigre et le mélange d'huiles essentielles, laisser dissoudre, puis ajouter enfin l'eau de Javel. Incorporer ce mélange à l'eau froide additionnée de bicarbonate de soude. Bien agiter et conserver dans une bouteille.

Utilisation

Ce détergent ménager très efficace viendra à bout des graisses et des taches les plus rebelles. C'est aussi un puissant pouvoir désinfectant que vous utiliserez sur une éponge ou dans un vaporisateur pour nettoyer le plan de travail, le sol et les murs. Évitez d'inhaler les vapeurs d'ammoniaque !

Pense-bête pour la cuisine	
Canalisation	Pour les désinfecter et les désodoriser, verser 4 à 6 gouttes de désinfectant « coup de poing antibactéries » dans le siphon.
Désodorisant	Mélanger 50 gouttes de désinfectant « coup de poing antibactéries » dans 1 cuiller à café de vinaigre. Verser dans un pulvérisateur d'une contenance de 30 à 40 cl et compléter avec de l'eau. Agiter avant l'emploi.
Évier	Diluer 1 cuiller à café de détergent ménager « multi-usage » dans 1 litre d'eau tiède.
Lave-vaisselle	Verser 2 gouttes de détergent ménager « multi-usage » dans la machine.
Plan de travail	Utiliser le « détergent ménager multi-usage ».
Poubelle	Vaporiser du détergent ménager « multi-usage », essuyer, puis verser 4 gouttes de désinfectant « coup de poing antibactéries ».

Sol et murs	Diluer 8 gouttes de désinfectant « coup de poing antibactéries » et 1 à 2 cuillers à café de détergent ménager « multi-usage » dans 1 litre d'eau tiède.
Torchon	Diluer 8 gouttes de désinfectant « coup de poing antibactéries » et 1 cuiller à café de détergent ménager « multi-usage » dans 2 litres d'eau. Utiliser en prélavage. Si possible, laisser tremper toute la nuit.
Vaisselle	Dans l'eau de lavage, verser 1 cuiller à café de détergent ménager « multi-usage ».

DÉSINFECTANTS ET DÉSODORISANTS

Les produits ménagers du commerce, qu'il s'agisse de désodorisants et de désinfectants en aérosols, mais aussi des nettoyants en général, sont fabriqués exclusivement à l'aide de substances chimiques. À mon humble avis, ils font certainement plus de mal que de bien, surtout si l'on a des tendances allergiques ! Leurs parfums entrent en conflit les uns avec les autres. En outre, ils n'ont que très peu d'efficacité en dehors de leurs pouvoirs germicides et désinfectants, et les huiles essentielles n'ont rien à leur envier en ce domaine. Comme vous le voyez, il n'y a pas de raison valable de leur rester fidèle, surtout en sachant que les produits à base d'essences de plantes vont créer un environnement naturel, convivial et agréable. En plus, ils sont puissants et moins chers ! Alors, que demande le peuple ?

Avant toute chose, je vous conseille de préparer de petites quantités de chacun de ces produits pour vous assurer que vous en appréciez le parfum. Aucun de ces produits à utiliser dans un spray ou dans un brûle-parfum n'est vraiment sorcier à réaliser. Je vous conseille de ne pas pulvériser ces substances sur des meubles ou les objets trop délicats, car elles risqueraient de les tacher. Voici comment réaliser un désodorisant et un désinfectant…

Mélanger les huiles essentielles dans un flacon de 25 ml et agiter vigoureusement. Verser ½ à 1 cuiller à café de ce mélange dans 50 ml de vodka ou d'eau-de-vie, puis transvaser le tout dans un pulvérisateur. Laisser dissoudre et ajouter encore un verre d'eau distillée. Bien agiter avant l'emploi.

DÉSODORISANT « BIENVENUE ! »
1 cuiller à café d'huile essentielle de géranium • 1 cuiller à café d'huile essentielle de bergamote • 1 cuiller à café d'huile essentielle de lavande • 1 cuiller à café d'huile essentielle de citron • 50 gouttes d'huile essentielle de cannelle • 20 gouttes d'huile essentielle de girofle

Utilisation
Dans le salon ou la salle à manger, il va créer une ambiance gaie, chaleureuse et apaisante. Son bouquet agréable souhaitera la bienvenue aux membres de la famille et aux amis... tout en éliminant les bactéries et les virus !

DÉSODORISANT « FAMILLE HEUREUSE »
2 cuillers à café d'huile essentielle de lavande • 2 cuillers à café d'huile essentielle de pamplemousse • ½ cuiller à café d'huile essentielle de bergamote • ½ cuiller à café d'huile essentielle de santal

Utilisation
Avec son parfum plein de gaieté, il vous remontera à coup sûr le moral ou calmera une petite tension familiale.

DÉSINFECTANT « SENTEUR PROVENÇALE »
1 cuiller à café d'huile essentielle d'eucalyptus • 1 cuiller à café d'huile essentielle de tea-tree • 1 cuiller à café d'huile essentielle de lavande • 1 cuiller à café d'huile essentielle de pin • ½ cuiller à café d'huile essentielle de thym • ½ cuiller à café d'huile essentielle de cannelle ou de girofle

Utilisation
L'un de vous a attrapé un rhume, une toux persistante, une grippe ou une quelconque maladie contagieuse, et vous n'avez pas très envie que toute la maisonnée soit contaminée ! Je vous comprends. Pulvérisez ce produit dans toutes les pièces.

Vous pouvez également en mettre quelques gouttes sur un mouchoir pour en respirer le parfum de temps en temps.

HUMIDIFICATEUR D'AIR

L'hiver surtout, à cause du chauffage central, le degré d'humidité du salon, de la salle à manger et des chambres à coucher décline. Si vous n'y prenez garde, la faible hygrométrie de l'air ambiant peut à son tour déshydrater votre peau. Il est très simple d'éviter ce problème : il suffit de mettre quelques gouttes d'un mélange d'huiles essentielles dans un bol rempli d'eau près du radiateur, ou directement dans le saturateur.

MEUBLES

Grâce à ce nettoyant qui nourrit également le bois, vos meubles vont retrouver leur lustre et leur brillant.

NETTOYANT AU CITRON POUR MEUBLES

3 cuillers à soupe d'huile d'olive • 3 cuillers à soupe de jus de citron • 1 cuiller à café d'huile essentielle de citron

Mélanger les ingrédients dans un flacon. Agiter avant l'emploi.

Utilisation

Mettre quelques gouttes de produit sur un chiffon doux et appliquer sur les meubles en bois. Faire cette opération une fois tous les quinze jours seulement.

De quelques senteurs séductrices

À table ! Versez quelques gouttes d'une huile essentielle de votre choix sur l'envers d'une nappe, du linge de table, ou sur des endroits qui vont être en contact avec la chaleur des plats. Veillez tout de même à ce que leurs parfums ne perturbent, ni ne masquent l'odeur des aliments ! Les essences citronnées ou épicées sont les mieux adaptées à un tel usage.

À vos plumes ! Vous aimez recevoir des lettres parfumées ? Alors, pourquoi ne pas en envoyer vous aussi ? Le plus difficile est de trouver une fragrance qui reflète la personnalité du destinataire (ou la vôtre s'il s'agit d'un billet doux !) et de résister à la tentation d'en mettre trop ! Le reste est très simple : il suffit de verser quelques gouttes de l'essence ou du mélange choisi sur du papier buvard ou sur un mouchoir en papier, puis d'intercaler celui-ci entre la lettre et l'enveloppe. J'oubliais… Il vous faudra aussi un peu de patience, une semaine, le temps nécessaire au parfum de pénétrer dans les fibres du papier !

SALLE DE BAINS

De nombreux indésirables se cachent dans les salles de bains… Les champignons trouvent là un terrain pour proliférer… Quant aux cafards, attirés par l'humidité, ils montrent un intérêt marqué pour les bacs à douche, les baignoires et les canalisations.

On peut attraper toutes sortes de maladies en marchant sur un sol ou sur un bac de douche infesté de champignons. La propreté de la salle de bains n'est pas en cause. Il suffit qu'elle soit mal désinfectée. Voici quelques produits pour vous éviter ce genre de désagréments…

DÉSINFECTANT POUR SALLE DE BAINS

1 cuiller à café et demie d'huile essentielle de citron • 1 cuiller à café d'huile essentielle de bergamote • 1 cuiller à café d'huile essentielle de pin • ½ cuiller à café d'huile essentielle de citronnelle • ½ cuiller à café d'huile essentielle de thym • ½ cuiller à café d'huile essentielle de tea-tree

Mélanger les huiles essentielles dans un flacon verseur d'une contenance de 25 ml. Agiter vigoureusement. Si possible, laisser reposer quatre jours, afin que les différentes substances amplifient leurs effets par synergie.

Utilisation

Ce désinfectant pour salle de bains contient des huiles essentielles puissamment antibactériennes et antifongiques. Avant de quitter la pièce, chacun d'entre vous devra vaporiser un peu de ce produit dans le tub après la douche et dans l'air.

DÉTERGENT POUR SALLE DE BAINS

4 cuillers à soupe de bicarbonate de soude • 2 litres d'eau chaude • 1 cuiller à soupe de vinaigre • 3 cuillers à soupe de désinfectant pour salle de bains (p. 424) • 1 cuiller à soupe d'eau de Javel

Verser le bicarbonate de soude dans l'eau chaude, puis laisser refroidir. Dans un bol, mélanger le vinaigre et le désinfectant pour salle de bains, puis ajouter à la préparation précédente. Incorporer enfin l'eau de Javel en remuant soigneusement. Conserver dans une bouteille. Pour l'utiliser, agiter avant l'emploi, puis transvaser un peu de ce produit dans un pulvérisateur ou en imbiber directement une éponge.

Utilisation

Bien qu'il contienne des huiles essentielles différentes, ce produit pour salle de bains ressemble comme un frère au détergent ménager « multi-usage » que vous utilisez à la cuisine. Très efficace, il vous permettra de nettoyer les murs et les sols, la baignoire et la cabine de douche, le lavabo et l'armoire de toilette… Si vous tombez sur des taches récalcitrantes, versez un peu bicarbonate de soude avant de pulvériser du détergent.

Pense-bête pour la salle de bains	
Baignoire et lavabo	Vaporiser du détergent pour salle de bains, laisser agir 1 minute ou 2, puis essuyer avec une éponge.
Désodorisant	Mélanger 50 gouttes de désinfectant pour salle de bains dans 2 cuillers à soupe de vinaigre. Verser dans un pulvérisateur d'une contenance de 30 à 40 cl, et ajouter 1 verre d'eau chaude. Agiter avant l'emploi.

Douche	Diluer 2 cuillers à café de détergent ménager « multi-usage » dans 1 litre d'eau tiède.
Sol et murs	Mélanger 1 cuiller à café de désinfectant pour salle de bains dans 10 cl de vinaigre. Verser dans un pulvérisateur d'une contenance de 30 à 40 cl et ajouter 1 cuiller à soupe d'eau. Agiter avant l'emploi. Pulvériser après chaque douche et aussi souvent que nécessaire.
Tablettes et armoire de toilette	Vaporiser du détergent pour salle de bains, laisser agir 1 minute ou 2, puis essuyer avec une éponge.

TAPIS ET MOQUETTES

Cette poudre désinfectante et désodorisante convient à tous les tapis et moquettes. Les personnes possédant un animal de compagnie l'apprécieront tout particulièrement !

POUDRE DÉSODORISANTE POUR TAPIS ET MOQUETTES

2 verres de bicarbonate de soude • 4 cuillers à soupe de talc sans parfum ou de farine de maïs • 4 cuillers à soupe de borax • 30 gouttes d'huile essentielle de citron • 20 gouttes d'huile essentielle de lavande • 10 gouttes d'huile essentielle de cannelle • 10 gouttes d'huile essentielle de pin

Dans un bol, tamiser les ingrédients en poudre, puis ajouter les huiles essentielles goutte après goutte en remuant constamment pour éviter la formation de grumeaux. Conserver dans un pot en verre, dans un récipient muni d'un bec verseur ou d'un couvercle percé (une vieille boîte de sucre en poudre, par exemple). Remuer le flacon deux fois par jour pendant trois jours avant l'emploi.

Utilisation

Saupoudrer un peu de produit sur le tapis ou la moquette. Laisser agir pendant quelques heures ou, mieux, toute la nuit. Le lendemain, passer l'aspirateur pour enlever la poudre.

TOILETTES

Ici, les deux problèmes majeurs se nomment bactéries et odeurs, deux choses dont le désinfectant pour W-C devrait facilement venir à bout.

Pour qu'ils continuent à le faire à l'âge adulte, il est très important de dire à ses enfants de bien se laver les mains après être allés aux toilettes. La plupart d'entre nous font cela sans y penser, en oubliant malgré tout qu'en appuyant sur l'interrupteur, en prenant la poignée de la porte ou en tournant un robinet du lavabo, on laisse des bactéries que d'autres attrapent à leur tour. En utilisant ce produit désodorisant et antibactérien, vous désinfecterez non seulement la lunette des W-C, mais aussi la poignée de la porte et l'interrupteur, tout en laissant une agréable odeur dans l'air.

DÉSINFECTANT POUR W-C

2 cuillers à café d'huile essentielle de tea-tree • 1 cuiller à café d'huile essentielle de lavande • 1 cuiller à café d'huile essentielle de citron • 40 gouttes d'huile essentielle de pin • 40 gouttes d'huile essentielle de lemon-grass

Verser les huiles essentielles dans un flacon et agiter vigoureusement. Si possible, laisser reposer quatre jours, afin que les différentes essences amplifient leurs effets par synergie. Conserver dans un endroit frais et à l'abri de la lumière.

Utilisation

Dans un pulvérisateur, verser 1 cuiller à café de désinfectant pour W-C et 2 cuillers à soupe de vodka ou d'eau-de-vie. Laisser dissoudre quelques instants, puis ajouter enfin 1 verre d'eau. Afficher un panneau sur la porte des toilettes, avec le texte suivant : « SVP. Après être allé aux toilettes, toujours j'agiterai ce pulvérisateur et toujours je vaporiserai vers le haut du plafond pour que le produit retombe doucement sur la lunette, l'interrupteur et la poignée de la porte. »

Pense-bête pour les toilettes	
Cuvette	Verser 10 gouttes de désinfectant pour W-C dans la cuvette après l'avoir soigneusement nettoyée.
Lunette de W-C et murs	Dans 2 verres d'eau, diluer 1 à 2 cuillers à café de détergent ménager « multi-usage » et 5 gouttes d'huiles essentielles de tea-tree ou d'eucalyptus.
Sol	Dans 2 litres d'eau, diluer 1 à 2 cuillers à café de détergent ménager « multi-usage » et 10 gouttes d'huile essentielle d'eucalyptus.

L'AROMATHÉRAPIE AU TRAVAIL ET À L'ÉCOLE

De plus en plus souvent, nous sommes amenés à emporter un dossier à la maison et à travailler à domicile. C'est loin d'être toujours par choix, mais plutôt par nécessité économique ou parce que l'employeur nous impose d'être toujours plus performants. Évidemment, cette situation bouscule l'équilibre et les nécessaires frontières entre vie professionnelle et vie familiale. Elle est une source supplémentaire de stress.

Ne sommes-nous pas d'ailleurs tendus avant même d'être arrivés sur notre lieu de travail ? Il y a parfois à peine moins d'une heure, nous étions encore dans les bras de Morphée… Et puis, il a fallu se lever, préparer et prendre le petit déjeuner, faire peut-être un peu de rangement dans la maison, préparer les enfants et les amener à l'école, en subissant leur énervement et leurs chamailleries sur la banquette arrière ! Enfin, il a fallu se coltiner les embouteillages pour atteindre le bureau en étant, miracle, quand même à l'heure… Pas besoin de se demander pourquoi la plupart d'entre nous se sentent en permanence fatigués et à bout de nerfs !

Apprendre à gérer son stress

Que vous travailliez seul comme je le fais moi-même, que vous exerciez votre métier dans un magasin, dans un bureau, ou dans une usine, vous aurez toujours des stress à affronter.

C'est comme ça, et on n'y peut malheureusement rien. Pour bien gérer ce problème et éviter qu'il ne devienne vraiment insupportable, il est très important d'y penser à tête reposée et de faire une sorte d'inventaire de toutes les situations considérées comme les plus stressantes. Le bavardage incessant ou certaines sollicitations de vos collègues vous énervent ou vous gênent dans votre travail ? N'avez-vous pas trop tendance à être trop exigeant envers vous-même et envers les autres ? Êtes-vous sensible au bruit ou à l'isolement ? Restez-vous dans la même position trop longtemps ? Votre environnement de travail est-il en cause ? Il s'agit bien sûr de quelques exemples des sources les plus communes de stress : je ne doute pas que vous pourrez ajouter une foule d'autres facteurs à cette liste…

En étant un peu prévoyant et en prenant les choses calmement, je suis sûre que vous pourrez éliminer certaines causes de stress et réduire votre tension nerveuse. En fait, on subit beaucoup de choses en se disant que l'on « n'y peut rien » et, soyons un peu honnêtes, parce qu'on aime bien jouer les martyrs ! Réorganisez-vous ! Pour vous rendre la vie agréable, mettez toutes les chances de votre côté : mangez équilibré, dormez suffisamment, amusez-vous, faites de l'exercice, accordez-vous des moments de détente et de loisirs, communiquez avec les autres, vos proches comme vos amis… Enfin, utilisez des huiles essentielles tous les jours : elles vous aideront à supporter tous les petits problèmes de votre vie professionnelle.

Sur le chemin du travail

Pas besoin de vous faire un dessin ! On sait tous ce que c'est : les embouteillages, les coups de klaxon, la cohue dans le métro et l'heure qui n'arrête pas de tourner… Et ça recommence au moment des vacances quand vous êtes pris pendant des heures dans un bouchon… J'arrête là pour ne pas en rajouter ! Sachez que vous pouvez tout à fait vous éviter ce genre de stress en créant une atmosphère positive, relaxante et gaie autour de vous. Voici comment faire pour vous détendre.

• Dans un compte-gouttes, mélangez une quantité égale d'huile essentielle de menthe poivrée et d'huile essentielle de lavande. Gardez toujours le flacon à portée de main dans une boîte dans laquelle vous aurez placé aussi plusieurs boules de coton. En cas d'énervement, versez 1 goutte ou 2 sur un ou plusieurs d'entre eux et mettez-les à divers endroits de la voiture : boîte à gants, derrière le pare-soleil, dessous de sièges, etc. Vous pouvez également, aussi souvent que nécessaire, verser 1 ou 2 gouttes de ce mélange sur un mouchoir en papier pour en respirer le parfum.

• Quand vous êtes bloqué dans un embouteillage sur l'autoroute des vacances et que, malgré le parfum des huiles essentielles, l'énervement ne cesse de croître, proposez le jeu suivant à vos enfants et faites-le vous-même : dites-leur d'inspirer lentement et, dans le même temps, de lever doucement les épaules en essayant de toucher les oreilles ; en expirant l'air, chacun relâchera les épaules et poussera un grand soupir. Cet exercice simple de relaxation, qui permet d'évacuer le stress, amusera beaucoup vos enfants. Il vous sera également très profitable.

• Encore une autre bonne méthode pour se détendre : serrer les dents et la mâchoire en inspirant, puis relâcher en expirant.

Au travail

Votre lieu de travail est climatisé ? Vous travaillez sur ordinateur, environné d'objets en plastique et de meubles de bureau dont le revêtement dégage une odeur chimique ? Au sol, il y a du linoléum ou de la moquette en matière synthétique ? Autant de choses susceptibles de créer ce que j'appellerais des « stress chimiques », nocifs pour votre santé, et auxquels vous êtes confronté jour après jour. Vous pensez peut-être que vous n'y pouvez rien : ce n'est pas si sûr car, encore une fois, les huiles essentielles sont ici d'un précieux secours.

Le travail engendre également des stress dits « physiques » : obligation de rester assis ou debout toute la journée, contraintes liées à l'utilisation de machines ou d'ordinateurs, exposition aux germes en suspension dans l'air quand on travaille avec le public, etc. Pour réduire leurs effets, faites quelques étirements musculaires pendant 1 ou 2 minutes tous les quarts d'heure. Utilisez aussi un stimulant antibactérien si l'un de vos collègues un peu souffrant est malgré tout venu travailler.

STIMULANT ANTIBACTÉRIEN

1 cuiller à soupe d'huile essentielle de lavande • ½ cuiller à café d'huile essentielle de cyprès • ½ cuiller à café d'huile essentielle de romarin • ½ cuiller à café d'huile essentielle d'eucalyptus

Verser les huiles essentielles dans un flacon et agiter vigoureusement. Si possible, laisser reposer quatre jours, afin que les essences amplifient leurs effets par synergie.

Utilisations

Utiliser le mélange dans un diffuseur posé près de vous.

Verser 2 gouttes de produit sur un mouchoir pour respirer son parfum aussi souvent que nécessaire.

Si possible, prendre une douche rapide dans la journée, et utiliser ce mélange d'huiles essentielles dans une eau de toilette. Les ions positifs seront dépolarisés et transformés en ions négatifs antistress.

Sous les pieds, poser un tapis de pure laine vierge sur lequel aura été vaporisé un peu de produit.

Rhumes, grippes et autres maladies infectieuses

Si vous êtes malade, par pitié, restez au lit et n'en bougez pas ! Gardez vos germes pour vous, dites-vous que personne n'est indispensable, et ne prenez jamais le risque de contaminer vos collègues !

PARFUM D'AMBIANCE « FRAÎCHEUR VIVIFIANTE »

1 cuiller à café d'huile essentielle de citron • ½ cuiller à café d'huile essentielle de lavande • ½ cuiller à café d'huile essentielle de pamplemousse • ½ cuiller à café d'huile essentielle de cyprès

Verser les huiles essentielles dans un flacon et agiter vigoureusement. Si possible, laisser reposer quatre jours, afin que les essences amplifient leurs effets par synergie.

Utilisation

Ajoutez ce produit dans un diffuseur ou dans les saturateurs des radiateurs.

STIMULANT ANTIFATIGUE « POINTS DE POULS »

2 cuillers à soupe d'huile d'amande douce • 10 gouttes d'huile essentielle de bergamote • 10 gouttes d'huile essentielle de citron • 10 gouttes d'huile essentielle de romarin

Verser les ingrédients dans un flacon et agiter vigoureusement. Si possible, laisser reposer quatre jours, afin que les différentes substances amplifient leurs effets par synergie.

Utilisation

Avec un peu de ce produit, masser les tempes, le front et les points de pouls des poignets et du cou.

Aussi souvent que nécessaire, verser quelques gouttes de ce mélange sur un mouchoir en papier et respirer le parfum pour surmonter une petite baisse de régime.

Ajouter un peu de ce stimulant dans une eau de toilette. En cas de tension ou de chaleur excessive, se frotter les mains, les bras et le cou.

MÉLANGE « DÉTENTE SPÉCIAL TERTIAIRE »

2 cuillers à café d'huile essentielle de citron • 1 cuiller à café d'huile essentielle de cyprès • 1 cuiller à café d'huile essentielle de cèdre • 1 cuiller à café d'huile essentielle de pin

Verser les huiles essentielles dans un flacon et agiter vigoureusement. Si possible, laisser reposer quatre jours, afin que les essences amplifient leurs effets par synergie.

Utilisation

Ce mélange d'huiles essentielles stimule les effets bénéfiques des ions négatifs. Généralement apprécié par tous, il fera diminuer l'irritabilité et la susceptibilité de chacun. Il détendra instantanément l'atmosphère dans un bureau où l'ambiance est un peu guindée.

Versez quelques gouttes de produit sur un chiffon que vous passerez sur votre bureau et sur celui de vos collègues, s'ils sont d'accord.

Dans un petit vaporisateur, mélangez 10 gouttes de produit à 1 cuiller à café de vodka. Laissez reposer un jour, puis remplissez d'eau. Vaporisez dans l'air à proximité de votre poste de travail.

Verser quelques gouttes de ce produit dans un diffuseur d'atmosphère ou dans les saturateurs des radiateurs.

Un effet insolite de l'huile essentielle de citron

Selon une étude sérieuse, la délicieuse senteur de l'huile essentielle de citron diviserait par deux les erreurs des employés faisant de la saisie sur ordinateur !

« LE CREUX DE L'APRÈS-MIDI »

3 cuillers à café d'huile d'amande douce • 6 gouttes d'huile essentielle de romarin • 4 gouttes d'huile essentielle de lemon-grass • 2 gouttes d'huile essentielle de basilic

Verser les ingrédients dans un flacon et agiter vigoureusement. Si possible, laisser reposer quatre jours, afin que les différentes substances amplifient leurs effets par synergie.

Utilisation

Idéal pour se rafraîchir les idées dans l'après-midi, ce produit éliminera toute impression de fatigue et de somnolence après le déjeuner !

Verser 1 à 2 gouttes sur les points de pouls des poignets et du cou. Masser doucement et respirer un peu le parfum.

Aussi souvent que désiré, verser un peu de produit sur un mouchoir en papier pour en humer le parfum.

ÉPUISEMENT ET SURMENAGE

Votre entourage vous avait pourtant prévenu… Tout le monde, et même peut-être votre supérieur hiérarchique, vous avait conseillé de ralentir la cadence ! Pourtant, vous vous sentiez fort et invincible. Peut-être pensiez-vous que le monde allait s'écrouler si vous baissiez le rythme ! Voilà maintenant le résultat : vous êtes tellement épuisé, mentalement et physiquement, que vous êtes vidé et sans énergie dès le matin. Allez, il n'est jamais trop tard pour commencer à prendre soin de vous ! Commencez d'abord par réaliser certains changements dans votre style de vie…

- Allégez votre charge de travail.
- Mangez beaucoup de fruits et d'aliments naturels. Ne vous mettez pas à table quand vous êtes énervé ou extrêmement fatigué. Attendez un moment plus propice, quand vous serez un peu plus calme : votre organisme sera ainsi mieux à même d'assimiler les aliments que vous lui donnerez.
- Dormez au moins 8 heures par nuit.
- Dans la mesure du possible, évitez de vous confronter à des personnes ou à des situations négatives.
- Prenez le temps de lire le journal ou de regarder les informations télévisées, en vous disant que le monde n'a pas besoin de vous pour continuer à tourner !
- Accordez-vous des moments de solitude et de réflexion, en vous isolant de gens qui accaparent votre temps et votre énergie.

• N'ayez pas peur de demander de l'aide et de parler de vos problèmes aux autres.

« HUILE SPÉCIALE CONTRE LE SURMENAGE »
1 cuiller à café d'huile de pépins de raisin • 1 cuiller à café d'huile essentielle de lavande • ½ cuiller à café d'huile essentielle de pamplemousse • ½ cuiller à café d'huile essentielle de citron • ½ cuiller à café d'huile essentielle de santal

Verser les ingrédients dans un flacon et agiter vigoureusement. Si possible, laisser reposer quatre jours, afin que les différentes substances amplifient leurs effets par synergie.

Utilisation

Vous pouvez indifféremment utiliser ce produit comme huile de bain ou de massage, ou inclure ce mélange d'huiles essentielles dans un vaporisateur, un brûle-parfum ou une eau de toilette.

Prenez le temps de faire un ou deux massages hebdomadaires avec cette huile. S'ils sont effectués par un kinésithérapeute, ils vous remettront encore plus vite en forme. À défaut, demandez à votre partenaire ou à un proche, c'est tellement agréable de se faire masser !

À noter

L'encens apporte un peu de spiritualité dans notre monde tristement matérialiste.

STRESS DES JEUNES

Les enfants et les adolescents aussi ont des stress à assumer ! Grâce aux essences de plantes, ils travailleront mieux à l'école et leur vie scolaire sera plus épanouie : étant mère de famille, je sais par expérience qu'ils sont plus réceptifs que les adultes aux effets des huiles essentielles. Évitez de leur confier un flacon contenant un remède d'aromathérapie avant l'âge de 10 ans. Versez plutôt quelques gouttes de produit sur des bouts de coton que vous glisserez dans un sachet en papier ou dans la poche d'un vêtement. Ainsi, ils pourront en respirer le parfum de temps en temps.

Toutes les suggestions figurant dans ce chapitre pourront être appliquées aux enfants, après avoir bien sûr adapté leur dosage à leur âge (voir Les remèdes de A à Z, Enfant et bébé, p. 203).

« PAUSE PARFUMÉE POUR MADEMOISELLE »

1 cuiller à café d'huile essentielle de lavande • ½ cuiller à café d'huile essentielle de bergamote • ½ cuiller à café d'huile essentielle de géranium • 20 gouttes d'huile essentielle de menthe poivrée • 20 gouttes d'huile essentielle de sauge sclarée

Verser les huiles essentielles dans un flacon et agiter vigoureusement. Si possible, laisser reposer quatre jours, afin que les différentes essences amplifient leurs effets par synergie. Conserver dans un endroit frais et à l'abri de la lumière.

Utilisations

C'est un excellent stimulant pour être en grande forme dès le matin ! Vous profiterez de ses bienfaits de nombreuses manières.

Dans une huile corporelle appliquée sur la peau sèche, mélanger 5 gouttes de produit à 1 cuiller à café d'huile d'amande douce.

Après la douche, sur la peau encore humide, passer un gant humecté d'eau sur lequel on aura versé de 2 à 3 gouttes de produit. Attention, après avoir ajouté les essences, il faudra bien malaxer le gant pour répartir les substances actives.

Imbiber un bout de coton de 2 à 3 gouttes de mélange, puis glisser celui-ci dans le soutien-gorge : la chaleur du corps libérera les vapeurs d'huiles essentielles.

Verser 2 à 3 gouttes de produit sur un bout de coton, puis glisser celui-ci dans le sac à main : à chaque ouverture, d'enchanteresses odeurs flatteront les narines !

Verser 2 à 3 gouttes de produit sur un mouchoir en papier. Respirer le parfum pour avoir le cœur à l'ouvrage au moment des examens…

Ajouter 5 gouttes de produit dans un atomiseur, puis diluer avec 50 ml d'eau. Agiter vigoureusement et utiliser comme brumisateur de visage, en fermant bien sûr les yeux.

« PAUSE PARFUMÉE POUR JEUNE HOMME »
1 cuiller à café d'huile essentielle de bergamote • 1 cuiller à café d'huile essentielle de citron • ½ cuiller à café d'huile essentielle de romarin • ½ cuiller à café d'huile essentielle de cèdre

Verser les huiles essentielles dans un flacon et agiter vigoureusement. Si possible, laisser reposer quatre jours, afin que les différentes essences amplifient leurs effets par synergie. Conserver dans un endroit frais et à l'abri de la lumière.

Utilisations

Ajouter un peu de produit dans une lotion d'après-rasage.

Dans une huile corporelle appliquée sur la peau sèche, mélanger 5 gouttes de produit à 1 cuiller à café d'huile d'amande douce.

Après la douche, sur la peau encore humide, passer un gant humecté d'eau sur lequel on aura versé de 2 à 3 gouttes de produit. Attention, après avoir ajouté les essences, il faudra bien malaxer le gant pour répartir les substances actives.

Imbiber un bout de coton de 2 à 3 gouttes de mélange, puis glisser celui-ci dans la poche : la chaleur du corps libérera les vapeurs d'huiles essentielles.

En cas de petit passage à vide dans la journée, verser 2 à 3 gouttes de produit sur une boule de coton, puis glisser celle-ci dans votre poche.

Verser 2 à 3 gouttes de produit sur un mouchoir en papier. Respirer le parfum avant de passer un examen ou d'écrire un devoir important.

Ajouter 5 gouttes de produit dans un atomiseur, puis diluer avec 50 ml d'eau. Agiter vigoureusement et utiliser comme brumisateur de visage, en fermant bien sûr les yeux.

EN VOYAGE

Depuis les conquêtes sociales que constituent la 5e semaine de congé et la semaine de 35 heures, on rêve de plus en plus de vacances dans des pays lointains. Mais patatras, faute d'une préparation suffisante et de précautions élémentaires, le cauchemar commence à peine assis dans l'avion ou sur le siège de la voiture… Et il se poursuit une fois arrivé à destination ! Voici quelques conseils pour que votre séjour soit ce qu'il devrait être, c'est-à-dire un enchantement.

• Les premiers jours, veillez à avoir l'alimentation la plus simple possible.

• Dans les pays à risque, lavez les fruits et mangez seulement des fruits préalablement pelés.

• Prenez des cachets d'acidofilus, en suivant les doses recommandées sur l'emballage.

• Buvez exclusivement des boissons en bouteille capsulées, de préférence de l'eau minérale en bouteille en verre. Recrachez une eau qui a le moindre goût douteux ou un arrière-goût de plastique.

• Brossez-vous les dents en utilisant de l'eau minérale.

• Dans les pays chauds, évitez les fruits de mer, les salades, les légumes crus, le lait frais (préférez-le en poudre) et la crème fraîche.

• Résistez à la tentation de manger les sandwichs que proposent les vendeurs à la sauvette.

• Utilisez le liquide désinfectant (voir Les remèdes de A à Z, Épidémie p. 214) en cas de risque infectieux.

MAL DES TRANSPORTS

Le fait d'avoir la nausée en voiture, en bateau, ou en avion peut faire regretter d'avoir quitté son domicile ! Mais cela ne devrait pas gâcher votre voyage, car il y a moyen d'y remédier. Avant d'effectuer un long trajet, j'emporte une bouteille d'½ litre d'eau dans laquelle j'ajoute 2 cuillers à café de miel et 2 gouttes d'huile essentielle de menthe poivrée. J'agite bien avec l'emploi et j'en bois ½ verre dès que je me sens mal. Le remède est souverain ! Voici les doses recommandées…

• Enfant de 2 à 5 ans : 1 cuiller à café de produit dilué dans un ¼ de verre d'eau.

• Enfant de 5 à 12 ans : 2 cuillers à café de produit dilué dans un ¼ de verre d'eau.

• Enfant de 12 à 16 ans : ¼ de verre de produit pur.

• Adulte : ½ verre de produit pur.

Les traitements suivants sont très efficaces si vous souffrez du mal des transports…

• Pour prévenir la nausée, versez quelques gouttes d'huiles essentielles de lavande et de menthe poivrée sur une boule de coton. Placez-les n'importe où dans la garniture des portes avant ou arrière du véhicule.

• De 30 minutes à 1 heure avant de partir, avalez 2 gélules de gingembre (en vente en pharmacie ou dans des magasins diététiques). Vous pouvez également mâcher du gingembre confit pour calmer vos nausées.

VOL AÉRIEN

Même si les statistiques démontrent que l'on a moins de risque de mourir dans un accident d'avion qu'en prenant sa voiture ou même le train, cette peur n'en est pas moins réelle.

Avant tout, il existe quelques trucs simples à faire avant de prendre l'avion. Grâce à eux, peut-être arriverez-vous à destination sans être blanc comme un linge, et pourquoi pas, en ayant surmonté votre phobie de l'air !

• À bord, buvez beaucoup d'eau et de jus de fruit. Résistez à la tentation de noyer votre angoisse dans l'alcool, même si l'hôtesse vous l'offre !

• Portez des chaussures aérées ou, encore mieux, des sandales, afin d'éviter que vos pieds n'enflent pendant ce long voyage.

• Marchez toutes les 30 minutes dans l'allée : cela évacue le stress et soulage l'envie de vomir. Penser à demander une place côté couloir afin de ne pas importuner sans cesse vos voisins.

• Sur un mouchoir, versez quelques gouttes d'huile essentielle d'eucalyptus. Respirez le parfum profondément si vous avez des haut-le-cœur pendant la traversée de zones de turbulence et lors de la descente.

Si la perspective de devoir passer plusieurs heures dans le ciel vous hante malgré tout, il vous suffit d'utiliser, la semaine avant votre départ, le mélange d'huiles essentielles suivant.

« PRÉPARATION AU DÉPART »
1 cuiller à café d'huile essentielle de lavande • ½ cuiller à café d'huile essentielle de bergamote • ½ cuiller à café d'huile essentielle de géranium • 40 gouttes d'huile essentielle de santal

Verser les huiles essentielles dans un flacon et agiter vigoureusement. Si possible, laisser reposer quatre jours, afin que les essences amplifient leurs effets par synergie.

Utilisation

Dans un grand bain tiède, mélangez 10 gouttes de produit dans 1 cuiller à café d'huile végétale quelconque.

En sortant de la douche, avant de vous sécher, passez vivement un gant humide sur lequel vous aurez ajouté 3 gouttes de mélange.

Pour un massage corporel, versez 4 gouttes de produit et 1 cuiller à café d'huile de pépins de raisin dans un bol rempli d'eau tiède.

Utilisez le produit dans un vaporisateur ou dans un diffuseur.

Diluez 8 gouttes de mélange d'huiles essentielles dans 2 cuillers à café d'huile de pépins de raisin. Transvasez dans un compte-gouttes et agitez vigoureusement. Appliquez ce mélange sur les points de pouls du poignet et du cou. Massez légèrement.

Pour respirer le parfum des huiles essentielles, versez 1 à 2 gouttes sur un mouchoir en papier. Renouvelez l'opération aussi souvent que nécessaire.

RELAXANT « ANTI-ANGOISSE DE L'AIR »
60 gouttes d'huile essentielle de lavande • 60 gouttes d'huile essentielle de géranium • 40 gouttes d'huile essentielle de pamplemousse • 1 cuiller à café de vodka

Verser les huiles essentielles dans un vaporisateur ou dans un petit flacon doté d'un bouchon. Agiter vigoureusement. Si possible, laisser reposer quatre jours, afin que les différentes essences amplifient leurs effets par synergie.

Utilisation

Ce mélange d'huiles essentielles convient aussi bien aux adultes qu'aux sujets de plus de 2 ans, à condition d'être utilisé en petites quantités (une petite pression sur le vaporisateur suffira). Il sera très utile si l'un d'entre vous a peur en avion. Vous pouvez aussi l'utiliser en cas de fatigue ou si vous vous sentez nerveux. Voici quelques-unes des manières de s'en servir…

Vaporisez un peu de mélange d'huiles essentielles sur un mouchoir et respirez son parfum aussi souvent que nécessaire.

Si l'idée d'être à plusieurs milliers de pieds au-dessus du plancher des vaches vous angoisse, trempez un gant de toilette ou un mouchoir dans de l'eau très chaude, essorez, vaporisez un peu de produit dessus (l'équivalent d'1 à 2 gouttes), puis passez le linge sur vos mains et sur votre visage : la chaleur produira un effet relaxant quasi instantané. Mettez aussi ce gant sur la nuque, c'est extrêmement efficace dans ce cas.

Relaxant « spécial enfants en bas âge »

1 cuiller à soupe d'huile de pépins de raisin • 2 gouttes d'huile essentielle de lavande • 3 gouttes d'huile essentielle de camomille

Verser tous les ingrédients dans un flacon et agiter vigoureusement. Si possible, laisser reposer quatre jours, afin que les différentes substances amplifient leurs effets par synergie.

Utilisation

En voyage, les enfants trouvent facilement le temps long. Alors, ils s'énervent, se mettent à pleurer ou se chamaillent.

Ce produit devrait les relaxer et vous détendre par la même occasion. Il est adapté aux enfants de plus d'1 an. Si votre bébé n'a pas atteint cet âge, oubliez l'essence de lavande et mélangez seulement 2 gouttes d'huile essentielle de camomille dans 1 cuiller à soupe d'huile de pépins de raisin. Vous utiliserez un peu de ce produit pour masser doucement les bras et les jambes de votre enfant. Vos gestes, tendres, devront toujours se diriger vers le cœur.

Une autre possibilité, plus simple : versez quelques gouttes de produit sur un mouchoir en papier et demandez à votre enfant d'en respirer le parfum.

Soin des jambes lourdes et des pieds enflés

2 cuillers à café et demie de gel neutre • 10 gouttes d'huile essentielle de menthe poivrée • 5 gouttes d'huile essentielle de lavande

Mélanger très soigneusement le gel et les huiles essentielles (à moins d'aimer les pâtes grumeleuses !), puis transvaser dans un pot.

Utilisation

Appliquez du gel sur vos jambes et vos pieds aussi souvent que vous le souhaitez. Attention, il faut laisser le temps au produit de pénétrer sans avoir recours à un massage !

Si ce gel est destiné à votre enfant, utilisez de l'huile essentielle de menthe verte plutôt que de l'essence de menthe poivrée.

DÉCALAGE HORAIRE

C'est un miracle qui se renouvelle des centaines de fois chaque jour : en quelques heures, des avions transportent des hommes à l'autre bout de la planète. Notre corps a du mal à suivre le rythme : il a besoin de temps pour s'adapter au décalage horaire. Voici quelques conseils pour jouer à saute-mouton avec les fuseaux…

• Le jour de votre arrivée, attendez le soir pour dormir.

• Buvez beaucoup d'eau minérale, mais jamais d'alcool.

• Quand vous irez vous coucher, versez 1 goutte d'huile essentielle de camomille et 1 goutte d'huile essentielle de lavande sur un mouchoir que vous glisserez sous la taie d'oreiller. Faites la même chose pour calmer l'éventuelle surexcitation des enfants et les aider à s'endormir.

BOUQUET D'ESSENCES « REMISE À L'HEURE »

60 gouttes d'huile essentielle de pamplemousse • 60 gouttes d'huile essentielle de géranium • 60 gouttes d'huile essentielle de camomille

Verser les huiles essentielles dans un flacon et agiter vigoureusement. Si possible, laisser reposer quatre jours, afin que les essences amplifient leurs effets par synergie.

Utilisation

Dès votre arrivée, faites couler un bain en y ajoutant 10 gouttes de produit mélangées à 1 cuiller à café d'huile végétale. Agiter la surface de l'eau pour bien disperser le produit.

Si vous préférez prendre une douche, versez 1 ou 2 gouttes de produit sur un gant de toilette humecté d'eau très chaude. Passez-le énergiquement sur l'ensemble de votre corps, en évitant bien sûr des parties génitales.

Bien sûr, ces suggestions valent également pour le trajet du retour !

BOUQUET D'ESSENCES « SOMMEIL FACILE »
60 gouttes d'huile essentielle de lavande • 60 gouttes d'huile essentielle de géranium • 60 gouttes d'huile essentielle de camomille

Verser les huiles essentielles dans un flacon et agiter vigoureusement. Si possible, laisser reposer quatre jours, afin que les essences amplifient leurs effets par synergie.

Utilisation

Vous utiliserez ce mélange d'huiles essentielles de la même manière que le bouquet d'essences « remise à l'heure ».

Pour un massage corporel après la douche, versez 6 gouttes de ce produit dans un flacon de 15 ml rempli d'huile de massage de base (voir L'aromathérapie au quotidien, Le massage aromatique, p. 445).

On est bientôt arrivé ?

Si vous voyagez avec vos enfants, ils ne manqueront pas de vous poser cette irritante question toutes les deux secondes ! Moi, j'ai trouvé un truc : je dis à mes enfants que celui qui ne me demandera pas si on arrive bientôt aura un cadeau. Parfois, ça marche… Voici des conseils autrement plus efficaces…

• Arrêtez-vous toutes les heures environ dans un parc, une aire récréative ou un endroit quelconque où vos enfants pourront gambader sans danger et se dépenser. La moyenne s'en ressentira, c'est vrai, mais le trajet en voiture sera nerveusement moins éprouvant pour tout le monde !

• Préparez une gourde ou une bouteille remplie d'infusion de menthe pour calmer leur envie de vomir.

LE MASSAGE AROMATIQUE

Cela fait des siècles que l'on pratique la science du massage pour améliorer le mouvement des membres, tonifier ou échauffer les muscles, et améliorer plus généralement l'état de santé des individus. Les bienfaits du massage sont innombrables. Ils ne concernent pas seulement la peau, les muscles ou les articulations du corps. Donnant une impression de bien-être, ils font oublier les soucis et possèdent un grand impact psychologique.

Une stimulation positive pour l'organisme

Les différents systèmes internes du corps humain sont très réceptifs aux massages. Ils stimulent notamment la circulation sanguine et la circulation lymphatique, ce qui favorise le renouvellement des cellules de la peau et accélère l'élimination des toxines et des déchets accumulés dans l'organisme. Leurs effets sur le système nerveux n'est pas des moindres. Cette sorte de quiétude vaguement euphorique que vous allez découvrir est justement due, au moins en partie, aux gestes du masseur qui détendent les terminaisons nerveuses de certaines régions de votre corps.

Mais l'effet le plus spectaculaire d'un massage s'observe évidemment sur les muscles : c'est pourquoi les soigneurs sont tellement indispensables à tous les sportifs de haut niveau ! Les massages aident vos muscles à s'étirer, ce qui réduit le risque de crampes et d'élongations. Ils accélèrent également la guérison des entorses et des foulures à la suite d'un faux mouvement.

Le massage permet en outre d'éliminer rapidement ce que les gens du métier appellent les « nœuds de tension ». Après une séance chez un kinésithérapeute, on ressent une étonnante sensation de légèreté et de souplesse dans les épaules, le haut du dos ou la nuque. Il s'agit là d'autant de régions particulièrement sujettes aux raideurs dont beaucoup de gens se plaignent. Un massage réduira ici le risque de douleurs ou d'ankylose qui peuvent vite se transformer, si l'on n'y prend garde, en maux de tête ou en cette fâcheuse impression d'avoir le crâne pris dans un étau.

Les massages abdominaux, enfin, vont favoriser votre digestion. Ils sont particulièrement indiqués en cas de constipation ou de ballonnements.

Informez-vous !

Comme je voudrais être sûre que vous profiterez de tous les bienfaits d'un massage aromatique, je vous recommande d'apprendre les techniques de base et les gestes essentiels. Il existe un grand nombre d'excellents livres sur le sujet. Lisez-les, vous ne le regretterez pas !

Se rapprocher

Un massage corporel est un moment pendant lequel deux personnes se retrouvent dans une même situation apaisante, celle de se toucher et d'avoir un contact physique. Certaines personnes âgées l'acceptent mal parfois, mais vous pourrez leur faire aussi beaucoup de bien en leur massant simplement les épaules, ou en leur préparant un bain de pieds.

LES HUILES ESSENTIELLES DE MASSAGE

Comme je l'ai déjà dit, je ne connais guère de soin plus agréable qu'un massage. Le plaisir et l'impression de bien-être seront décuplés si vous utilisez une huile, une crème ou une lotion dans laquelle vous aurez ajouté des huiles essentielles.

Les molécules des essences de plantes sont suffisamment petites pour pénétrer dans la peau. Parvenues dans l'épiderme, elles dissolvent les amas graisseux avant de passer dans le sang qui les achemine dans les différents systèmes de l'organisme. Lors d'un massage, on inhale également leur arôme, si bien que les substances actives atteignent les voies respiratoires et les poumons. Parce qu'elles pénètrent dans le corps de manières aussi diverses, elles sont capables de soulager et même de soigner toutes sortes de choses : problèmes cutanés, sanguins, articulaires, musculaires, digestifs, génito-urinaires, endocriniens, immunitaires ou nerveux.

Contre-indications et dosage

Il existe des huiles essentielles que vous devrez éviter si vous êtes enceinte ou sujet à des crises d'épilepsie. Avant d'utiliser une essence de plante, vérifiez bien les éventuelles contre-indications figurant dans la première partie de cet ouvrage. Respectez aussi à la lettre les proportions et les dosages.

Savoir choisir son huile essentielle

Sauf rares exceptions, toutes les huiles essentielles possèdent des propriétés thérapeutiques. Certaines sont simplement plus efficaces que les autres. Pour commencer, l'essence de lavande me paraît le meilleur choix : elle possède à la fois de très nombreuses utilisations tout en ne présentant aucun danger pour toute la famille. Les huiles essentielles de camomille et de géranium sont également très utiles : vous en aurez très souvent besoin pour préparer des remèdes et des soins.

Dans le tableau ci-après, vous trouverez seulement les huiles essentielles les plus efficaces pour soigner un problème donné. Sans doute dénicherez-vous d'autres essences aux propriétés similaires, mais les énumérer toutes risquerait de vous embrouiller ! Pour un panorama complet et exhaustif des propriétés des huiles essentielles, reportez-vous au chapitre Les huiles, p. 13, en première partie de cet ouvrage.

Des huiles essentielles pour vos massages thérapeutiques	
Soins	Huiles essentielles
Arthrite et rhumatisme	Benjoin, cèdre, camomille, eucalyptus, gingembre, marjolaine, poivre et romarin.
Asthme	Camomille, cyprès, eucalyptus, encens, lavande, menthe poivrée et thym.
Bronchite et toux	Cèdre, eucalyptus, lavande, marjolaine, menthe poivrée, pin, romarin, tea-tree et thym.
Colique et diarrhée	Camomille, fenouil, gingembre, lavande, marjolaine, menthe poivrée et poivre.
Constipation	Fenouil, marjolaine, orange et poivre.
Crampe musculaire	Cyprès, lavande, marjolaine, poivre et romarin.
Douleur	Poivre.
Douleur et raideur musculaire	Camomille, eucalyptus, genièvre, gingembre, lavande, marjolaine, poivre et romarin.
Élimination des toxines	Angélique, fenouil, pamplemousse et poivre.
Entorse et foulure	Camomille, lavande, marjolaine et poivre.
Frigidité	Bois de rose, jasmin, néroli, patchouli, rose, santal et ylang-ylang.
Indigestion et flatulence	Badiane, camomille, fenouil, lavande, orange et menthe poivrée.
Problème du tractus urinaire	Cèdre, eucalyptus, lavande et pin.
Rétention d'eau	Angélique, cyprès, fenouil, genièvre, pamplemousse et romarin.
Stimulation de la circulation sanguine	Eucalyptus, gingembre, poivre et romarin.

Stimulation du système immunitaire	Bois de rose, eucalyptus, lavande, manuka et tea-tree.
Stress et tension nerveuse	Cèdre, camomille, cyprès, genièvre, géranium, lavande et menthe poivrée.
Tissu distendu et rides	Marjolaine, pamplemousse, poivre et romarin.

Produits de massage

Quand vous préparerez votre huile de massage de base, faites les choses en grand ! Prévoyez 10 cl de produit pour les répartir ensuite dans 4 flacons de 25 ml. Ainsi, après avoir ajouté le mélange d'essences de votre choix, vous obtiendrez autant de remèdes différents. Veillez à respecter les proportions, c'est-à-dire 16 gouttes d'huiles essentielles dans chaque récipient. L'huile de germe de blé ne doit pas être négligée : elle évitera que vos remèdes ne rancissent.

De la même manière, vous pouvez préparer de la crème de massage en plus grande quantité que celle indiquée ci-dessous, puis la répartir dans 4 pots lorsque vous lui ajouterez des huiles essentielles. Dans ce cas, ajoutez 25 gouttes d'essence dans chaque préparation.

HUILE DE MASSAGE DE BASE

3 cuillers à soupe d'huile de pépins de raisin • 3 cuillers à café d'une huile infusée de votre choix (ou 3 cuillers à café d'huile de pépins de raisin) • 2 cuillers à café d'huile d'amande douce • 2 cuillers à café d'huile d'avocat • 1 cuiller à café d'huile de germe de blé • 64 gouttes d'huiles essentielles

Verser les ingrédients dans un flacon et agiter vigoureusement. Si possible, laisser reposer quatre jours, afin que les différentes substances amplifient leurs effets par synergie.

CRÈME DE MASSAGE DE BASE
1 cuiller à soupe et demie d'huile d'olive • 130 g d'huile de coco ou de coprah (ou d'une autre huile végétale solide) • 100 gouttes d'huiles essentielles

Faire chauffer l'huile végétale solide et l'huile d'olive. Laisser refroidir, puis incorporer ensuite les huiles essentielles goutte après goutte pour éviter la formation de grumeaux. Continuer à remuer le mélange, puis transvaser dans un pot opaque, afin que le contenu reste à l'abri de la lumière.

Utilisation
La viscosité de cette crème pourra varier en ajoutant plus ou moins d'huile d'olive. Conserver au réfrigérateur.

PRÊT POUR LE MASSAGE !
Idéalement, un massage sera pratiqué sur une table de massage. Au moment du choix et de l'acquisition d'un tel objet, vérifiez son confort, ses réglages et sa hauteur : il serait dommage que vous, le masseur ou la masseuse, attrapiez un tour de reins !

Si un tel investissement vous rebute, la table de la salle à manger et même le sol feront parfaitement l'affaire. Dans ce cas, il faudra vous procurer un matelas en mousse, une couette épaisse ou des couvertures pour que le patient ne joue pas au fakir ! Si vous faites un massage au sol, vous aurez vous-même besoin de serviettes épaisses ou d'oreillers à mettre sous vos genoux.

L'atmosphère de la pièce est essentielle : une lumière tamisée et un peu de musique douce favoriseront une meilleure relaxation. N'hésitez pas à pousser un peu le thermostat d'ambiance : il n'y a rien de pire que d'avoir froid lors d'un massage. Enfin, pendant toute la durée de la séance, pensez à avoir un bonne réserve de serviettes chaudes.

Tout est prêt ? Versez le mélange d'huiles essentielles de votre choix dans un bol rempli d'eau tiède. Trempez vos doigts dans le récipient et humectez la paume de vos mains. Ainsi, l'huile sera à bonne température quand vous l'appliquerez sur le corps. Elle pénétrera encore mieux dans la peau…

Des trucs pour un massage réussi

Maintenant que vous êtes fin prêt, mettez toutes les chances de votre côté pour que votre massage soit le plus agréable et le plus bénéfique.

La posture adoptée est primordiale. Restez toujours bien droit. Si vous pratiquez un auto-massage qui vous impose de vous pencher, pliez les genoux sans incliner le dos. Dans le cas où des gestes un peu appuyés seraient nécessaires, mettez-vous sur le flanc et prenez une position qui soulage vos bras et vos épaules. J'oubliais : gardez vos épaules parfaitement détendues et rentrez le ventre pour soutenir le dos.

En lisant cela, vous vous dites peut-être que vous n'y arriverez jamais. Persévérez ! À la longue, cette gymnastique deviendra évidente. Ce précepte vous aidera : « La moindre douleur ou tension dans mon dos signale que ma posture n'est pas correcte. »

D'autres précautions seront utiles : porter des vêtements confortables, oublier les chaussures serrées et les bijoux, couper ses ongles de mains et de pieds. Prévoyez aussi de ne pas être dérangé : il n'y a rien de pire lors d'une séance de massage ! Avertissez tout le monde à la maison que vous n'êtes là pour personne, débranchez le téléphone et mettez le répondeur en marche.

Une dernière chose à prendre en compte est votre état d'esprit. Inutile d'essayer de profiter d'un massage si vous vous sentez d'humeur irritable : vous ne seriez pas très réceptif à ses bienfaits. Au préalable, il vous faudra éliminer votre tension nerveuse et vos « ondes négatives ». Ne mésestimez pas ces flux d'énergie : même s'ils ont impalpables, ils feront la différence entre un massage d'anthologie et un traitement que je qualifierais de « routinier ».

Quelques précautions à prendre

Dans certains cas, il est préférable de s'abstenir d'administrer ou de recevoir un massage. En voici quelques exemples…

• Quand une personne a la fièvre, même légère. Dans ce cas, massez seulement ses mains et ses pieds, cela fera beaucoup de bien à votre patient.

• En présence d'une inflammation grave, par exemple en cas d'arthrite ou de zones enflées. Massez seulement les régions indemnes et évitez, en particulier, de toucher aux pieds de votre patient si ses chevilles ou ses mollets sont enflés.

• Ne jamais faire de massage sur une région infectée, en particulier sur une brûlure ou sur une plaie purulente.

• Éviter tout massage en présence de la moindre pathologie cutanée. Cependant, vous devez savoir qu'il existe des huiles essentielles particulièrement efficaces pour soigner un psoriasis ou les plaques d'eczéma.

• Si votre patient ou vous-même avez des varices ou présentez des zones de vaisseaux éclatés, massez seulement au-dessus des zones concernées. Au moyen de gestes légers, vous pourrez toutefois masser doucement sans danger les pieds. Attention, des pressions trop fortes sur des veines variqueuses peuvent engendrer des complications et aggraver l'inflammation.

• Après une piqûre de serpent ou d'araignée venimeuse, toute forme de massage favorisera la propagation du poison dans le corps. Bandez fermement la région atteinte et restez immobile en attendant les secours.

• Après une hémorragie interne intervenue récemment, qu'elle se soit produite dans l'estomac, les poumons ou la vésicule biliaire, il est préférable d'éviter tout massage appuyé qui stimulerait la circulation sanguine.

• Une personne souffrant de thrombose ne doit jamais être massée. Les personnes atteintes de maladies cardiaques graves éviteront également toute forme de massage qui aurait pour effet d'augmenter leur circulation sanguine.

• Évitez les massages si un organe quelconque est enflammé, notamment en cas de pancréatite, de méningite, de gastrite et d'appendicite.

• Les malades atteints de cancer, de tumeur maligne ou de tuberculose ne recevront aucun massage. L'augmentation de la circulation sanguine et lymphatique qui en résulterait risquerait de favoriser la propagation des métastases et les progrès de la maladie. Encore une fois, un délicat massage du pied et des mains n'offre quant à lui aucun danger.

• Prenez beaucoup de précautions si vous massez une femme pendant les trois premiers mois de grossesse, surtout si elle a déjà eu des problèmes de fausse couche. Faites seulement des gestes très légers sur l'abdomen et le bas du dos (voir Le massage pendant la grossesse, p. 454).

Se détendre

Pour bien vous concentrer et vous relaxer avant de faire un massage, allumez un brûle-parfum et fermez la porte. Asseyez-vous quelques minutes et respirez profondément, en relâchant la tension présente dans votre corps à chaque fois que vous expirerez de l'air. Mettez vos problèmes de côté en vous disant que vous aurez bien le temps d'y penser par la suite… Levez-vous et étirez-vous, depuis les orteils jusqu'au bout des doigts. Alors, vous commencerez à vous sentir très calme et enfin prêt à délivrer le massage. Vous verrez : cette petite préparation vous aidera beaucoup ! Et votre patient vous en saura gré…

LES GESTES ÉLÉMENTAIRES

Les gestes suivants, à la fois simples et jamais douloureux, sont certainement les meilleurs pour débuter. Ils possèdent de grands pouvoirs thérapeutiques et ne présentent aucun danger, à condition bien sûr que certaines précautions élémentaires soient observées. Avant de réaliser vous-même un massage, je vous recommande de prendre rendez-vous chez un kinésithérapeute et d'observer comment il s'y prend. Vous saurez ainsi plus précisément de quoi il retourne.

Effleurage

Cette technique consiste en des gestes longs et continus, relativement peu appuyés, réalisés en direction du cœur. Elle doit son nom au fait que les mains effleurent seulement les tissus superficiels. Il est bon de commencer et d'achever un massage en faisant un effleurage le plus léger possible. Une précaution à suivre ici : éviter d'exercer une quelconque pression sur l'épine dorsale.

Pétrissage

Cette technique de massage est utilisée sur les parties les plus charnues du corps : fesses, cuisses, mollets, muscles des épaules, etc. Elle comprime et presse fortement les tissus, agissant ainsi en profondeur.

Joignez vos deux mains sur le muscle que vous souhaitez masser, puis prenez la chair d'une main, paume incluse. Pressez assez fermement avec les doigts, puis faites glisser le pouce comme si vous alliez pétrir une pâte. Appuyez ensuite avec ce dernier et massez à l'aide des autres doigts. Répétez cette opération avec l'autre main, puis de nouveau avec la première, de manière à créer un rythme fluide et continu. Pour que le massage soit bon, vos mains doivent toujours rester en contact avec la peau du patient.

Le massage pendant la grossesse

Un massage effectué pendant la grossesse stimulera la circulation sanguine, ce qui réduira ainsi le risque d'apparition de varices, de vergetures, de rétention d'eau et de crampes musculaires. Il soulagera également d'éventuels problèmes de constipation ou d'indigestion. Bien sûr, il faudra toujours aller très doucement, en évitant les frictions en profondeur et les gestes trop appuyés. En outre, les huiles de massage permettront quant à elles de lubrifier et de bien hydrater la peau.

Effleurez !

En utilisant la technique de l'effleurage dans le bas du dos, vous allez détendre les muscles, ce qui sera extrêmement bénéfique. Plus avant au cours de votre grossesse, un effleurage un peu plus appuyé et un pétrissage de cette région du corps sont très recommandés pour soulager d'éventuelles douleurs dorsales. Enfin, au cours du travail d'accouchement, un massage du dos et des pieds atténuera la douleur et apportera un réconfort certain.

En fait, c'est surtout pendant les trois premiers mois de grossesse qu'il faudra prendre le maximum de précautions quand vous ferez des massages.

Pense-bête pour le massage pendant la grossesse

- Durant toute la grossesse, n'utilisez jamais la technique du tapotement, c'est-à-dire avec le poing ou le creux et le tranchant de la main.
- Au cours des premiers mois de grossesse, ne faites jamais de frictions profondes et intenses des chairs du bas du dos et de l'abdomen.
- Évitez de masser les pieds en profondeur, car il y a ici des points d'acupression qui risqueraient de déclencher le travail d'accouchement.
- Dans vos huiles de massage, utilisez toujours de faibles dosages d'essences.
- Pendant la grossesse, évitez les huiles essentielles suivantes : basilic, cannelle, cèdre, céleri, fenouil, genièvre, hysope, jasmin, marjolaine, mélisse, menthe poivrée, menthe pouliot, muscade, myrrhe, persil, romarin, sauge sclarée et thym.
- Pendant les quatre premiers mois de grossesse, évitez les huiles essentielles de camomille, de géranium, de lavande et de rose.

Du confort !

Pour un massage du dos, il sera plus confortable pour la femme enceinte qu'elle s'allonge sur le flanc ou s'assoie à califourchon sur une chaise. Pour qu'elle soit parfaitement à l'aise, placez un oreiller moelleux entre son ventre et le dossier.

Pour d'autres massages, des membres par exemple, la femme enceinte s'allongera sur le dos avec une paire d'oreillers sous ses genoux. Veillez à ce qu'elle soit confortablement installée avant de commencer votre soin. Pratiquez ensuite le massage selon les règles habituelles, en évitant toute friction ou geste en profondeur au niveau des pieds, de l'abdomen et du bas du dos. Ne faites jamais de massages avec le creux ou le tranchant de la main, ni bien sûr avec les poings. Frictionnez doucement la région des épaules, les jambes, les bras et la tête.

Le massage des enfants et de bébé

Les bébés répondent naturellement aux gestes qu'on leur prodigue : ils n'ont pas encore eu le temps de développer d'inhibition ou de gêne face à un quelconque contact physique. Le massage sera aussi très profitable pour eux, car il va permettre d'approfondir et de resserrer encore les liens avec leur mère ou avec leur père. Si l'enfant est agité ou s'il fait une colique, un massage le soulagera et le calmera presque instantanément. Il sera tout content et vous fera un grand sourire craquant.

Les jeunes enfants seront massés de la même manière que les adultes, mais avec des gestes plus superficiels. Allez-y doucement quand vous utiliserez le poing ou le creux et le tranchant de la main ! Vous les masserez pour soulager leurs tensions musculaires liées à un exercice sportif un peu intensif ou à une mauvaise posture en classe. Mais je ne répéterai jamais assez qu'il vaut mieux prévenir que guérir : veillez à ce que vos enfants se tiennent bien droit lorsqu'ils font leurs devoirs ou regardent la télévision. Avant qu'ils ne se dépensent physiquement, demandez-leur de faire des échauffements pour éviter le risque de claquage et de crampe.

Premiers secours

Un jour ou l'autre, tout le monde est confronté à une urgence et à un accident. Dans une telle situation, il est important de réagir vite et de savoir quelles premières mesures prendre, ce que l'on appelle « les gestes qui sauvent. »

Pour être efficace, vous devez avoir sur vous une trousse de premiers secours et avoir quelques bases de secourisme. Dans ce cas, le mieux est de suivre des cours de préparation ou de se pencher au moins sur un ouvrage consacré à la question. Ayez toujours également, inscrits dans votre agenda, les numéros de téléphone du Samu et des pompiers, du centre antipoison et de l'hôpital les plus proches.

Dans l'idéal, il vous faudrait deux trousses de premiers secours : l'une à la maison, l'autre dans votre voiture. Le contenu de chacune devra être régulièrement contrôlé et, si nécessaire, changé. Ainsi, vous pourrez assurer une assistance rapide en cas d'accident et, qui sait, sauver une vie !

La trousse de premiers secours

Elle comprendra bien sûr des pansements aérés favorisant la cicatrisation, de la gaze, des bandes, du sparadrap, du coton hydrophile, des pincettes, des ciseaux, etc. En dehors de ces objets de première nécessité, vous y ajouterez divers ustensiles et produits vous permettant de préparer des mélanges à l'aide d'huiles essentielles. Voici un petit kit complet d'aromathérapie qui sera très utile en voyage :

- 2 flacons verseurs ;
- 2 compte-gouttes ;
- 1 spatule ;
- 1 flacon de 15 ml d'huile d'amande douce pour préparer vos mélanges ;

• 1 vaporisateur rempli de vinaigre de cidre pour soulager les piqûres d'insectes et de méduses ;

• 1 pot de pommade de soin (voir L'aromathérapie pratique, Les méthodes de A à Z, p. 468) ;

• 1 flacon d'eau distillée d'hamamélis pour réduire une inflammation ;

• plusieurs infusettes de camomille pour soulager la tension nerveuse, la dépression et l'anxiété, ainsi que des inflammations internes : gastrites, diarrhées, cystites, douleurs menstruelles, etc. ;

• 1 flacon d'huile essentielle de camomille pour traiter les problèmes évoqués ci-dessus et pour donner un peu de tonus ;

• 1 flacon d'huile essentielle d'eucalyptus, en raison des vertus anti-inflammatoires, antiseptiques, antivirales et analgésiques de cette essence ;

• 1 flacon d'huile essentielle de géranium ; mélangée à de l'essence de citron et à de l'eau distillée d'hamamélis, elle arrêtera un saignement et calmera une nervosité liée au stress ; associée à de l'huile essentielle de citron et de lavande, elle servira de répulsif contre les insectes ;

• 1 flacon d'huile essentielle de gingembre pour soulager la nausée, les douleurs musculaires et la fatigue ;

• 1 flacon d'huile essentielle de pamplemousse pour combattre la fatigue, la dépression et la nervosité ; mélangée à de l'essence de géranium, elle soulagera les raideurs musculaires ;

• 1 flacon d'huile essentielle de lavande, qui est à la fois un antibactérien, un antiviral et un antidépresseur ; vous l'utiliserez pure ou mélangée à de l'eau distillée d'hamamélis pour soigner les piqûres, les ecchymoses, les brûlures légères, les coups de soleil, ou pour repousser les insectes ; cette essence est excellente également contre les maux de tête ;

• 1 flacon d'huile essentielle de citron ; mélangée à de l'huile essentielle de géranium et à de l'eau distillée d'hamamélis, elle arrêtera un saignement et préviendra l'infection d'une plaie ; on dit aussi qu'ajouter 1 goutte de cette essence dans un verre est un remède souverain pour purifier l'eau dans les pays à risque, mais je ne vous garantis pas son efficacité... ;

• 1 flacon d'huile essentielle de menthe poivrée et/ou 1 flacon d'huile essentielle de gingembre, deux essences permettant de soulager les crampes d'estomac, le mal des transports et les nausées ; attention, dans vos préparations, ne dépassez pas une concentration de 0,5 % ;

• 1 flacon d'huile essentielle de romarin, qui stimule le système nerveux central, éclaircit les idées, et détend des muscles fatigués après une trop longue station assise ; en inhalation, elle calmera la toux et soulagera les symptômes du rhume et le catarrhe ; attention, cette essence ne sera jamais utilisée par les femmes enceintes ou les personnes sujettes à des crises d'épilepsie ;

• 1 flacon d'huile essentielle de tea-tree, essence à la fois antibactérienne, antivirale, antiseptique et antifongique que vous pourrez utiliser pure ; elle soignera les abcès, le pied d'athlète, l'herpès, les coupures, les écorchures, les morsures, la teigne et les coups de soleil.

Les huiles essentielles de premiers secours

Problèmes	Huiles essentielles	Traitements
Ampoule	Géranium et tea-tree	Nettoyer la zone.
Ballonnement	Gingembre et menthe poivrée	Inhalation ou massage de l'estomac.
Brûlure	Lavande	Nettoyer la zone.
Coup de soleil	Lavande	Bain.
Coupure et écorchure	Lavande et tea-tree	Nettoyer la zone
Crampe	Géranium et gingembre	Massage.
Démangeaison	Eucalyptus et lavande	Lotion.
Décalage horaire	Lavande, pamplemousse et romarin	Bain, douche ou massage.

Douleur musculaire	Lavande, gingembre et romarin	Bain ou massage.
Ecchymose	Lavande et eau distillée d'hamamélis	Application locale.
Entorse et foulure	Camomille, lavande et eau distillée d'hamamélis	Application locale pendant quatre jours.
Épuisement physique	Lavande et menthe poivrée	Bain, douche ou massage.
Fièvre	Géranium et gingembre	Bain, douche ou massage.
Indigestion	Gingembre et menthe poivrée	Solution buvable.
Insomnie	Camomille et lavande	Bain ou massage.
Insolation	Citron, eucalyptus et lavande	Couvrir de serviettes imbibées d'eau fraîche.
Mal des transports	Gingembre et menthe poivrée	Inhalation ou solution buvable.
Maux de tête	Lavande et menthe poivrée	Inhalation ou massage du cou et de la nuque.
Piqûre et morsure	Lavande et tea-tree	Application locale pure.
Piqûre de méduse	Lavande	Asperger de vinaigre et d'huile essentielle.
Plaie	Lavande, tea-tree et eau distillée d'hamamélis	Lotion.
Rage de dent	Camomille	Massage des gencives.
Répulsif d'insecte	Lavande et menthe poivrée	Lotion.
Rhume	Eucalyptus et gingembre	Bain ou massage.
Rhume des foins	Camomille et eucalyptus	Inhalation.
Saignement	Citron, géranium et eau distillée d'hamamélis	Application locale.

Vomissement	Gingembre et menthe poivrée	Inhalation ou solution buvable.

Les gestes de premiers secours	
Bain	5 à 10 gouttes d'huiles essentielles mélangées à 1 cuiller à café d'huile d'amande douce.
Application locale	4 gouttes d'huiles essentielles sur un gant ou un mouchoir humide, puis tordre le linge pour disperser les substances actives.
Douche	3 gouttes d'huiles essentielles sur un gant humide ; frotter vivement l'ensemble du corps.
Inhalation	Respirer le parfum à même le flacon.
Lotion	4 gouttes d'huile essentielle mélangées à 1 cuiller à café d'huile d'amande douce.
Massage	4 gouttes d'huiles essentielles mélangées à 1 cuiller à café d'huile d'amande douce.
Nettoyage d'une plaie	3 gouttes d'huile essentielles mélangées à 1 verre d'eau tiède.
Solution buvable	1 goutte d'huile essentielle dans 1 verre d'eau chaude ; bien remuer avant d'absorber.

EMPOISONNEMENT PAR DES HUILES ESSENTIELLES

Les huiles essentielles sont potentiellement mortelles quand elles sont ingérées : ½ cuiller à café seulement peut se révéler fatale à un enfant. Les bouchons de sécurité présents sur certains flacons apportent une certaine garantie, mais ils ne sont pas infaillibles : après s'être acharnés dessus pendant plusieurs minutes ou vous avoir observé, les enfants trouveront bien comment ouvrir le flacon ! En outre, comme ces petits garnements sont d'un naturel curieux et impatient, ils sentent rarement l'odeur d'un produit avant de l'avaler goulûment… Pour éviter tout risque inutile, mieux vaut donc conserver vos huiles essentielles dans une armoire à pharmacie que vous fermerez soigneusement à clef.

Que faire en cas d'accident ?

Si par malheur de l'huile essentielle était ingérée ou qu'elle pénétrait dans les yeux d'un adulte ou d'un enfant, appelez immédiatement le Samu (15), les pompiers (18) ou le centre antipoison le plus proche de votre domicile. Notez le nom de l'huile essentielle en cause pour pouvoir le signaler à votre interlocuteur.

On vous posera certainement les questions suivantes…

- Quels sont l'âge et le poids du malade ?
- Quelle huile essentielle a-t-il avalée ?
- Est-ce que l'huile essentielle était diluée ou non ? Si oui, en quelles proportions ?
- Quelle quantité d'huile essentielle a-t-elle été ingérée ?
- Quand l'accident est-il survenu ?
- Qu'avez-vous fait en l'apprenant, quels ont été vos premiers gestes ?
- Quels sont les symptômes ?

Ne faites pas vomir le malade. Ne lui donnez jamais de lait ou d'huile à boire, en pensant que cela permettrait de diluer l'essence ingérée et d'en atténuer les effets : les graisses présentes dans ces produits accéléreraient au contraire leur absorption. Faites plutôt un bain de bouche à grande eau. Demandez de recracher et renouvelez plusieurs fois cette opération.

Si une huile essentielle a été accidentellement en contact avec la peau, lavez la région à l'aide de savon en laissant couler de l'eau chaude jusqu'à ce que toute trace d'essence ait disparu.

Si de l'huile essentielle a pénétré dans les yeux, laissez couler de l'eau froide sur le visage pendant 10 à 15 minutes.

QUATRIÈME PARTIE

L'AROMATHÉRAPIE PRATIQUE

Mes anges gardiens à moi, ce sont mes huiles essentielles qui me prodiguent de merveilleux enchantements. J'espère que cet ouvrage vous aidera dans la pratique de l'art de l'aromathérapie et, surtout, qu'il sera pour vous une source d'inspiration.

L'ÉQUIPEMENT

Il est bien de disposer d'une grande boîte spécialement destinée au stockage des différents ingrédients et de l'équipement ou, mieux encore, d'enfermer tout cela dans un placard. Si vous avez des enfants en bas âge, il est indispensable que l'ensemble de votre matériel soit hors de leur portée, dans un lieu fermé à clef.

Je vous déconseille fortement de mettre les ustensiles spécialement destinés à l'aromathérapie et vos huiles essentielles elles-mêmes dans vos placards de cuisine. Choisissez un endroit qui leur sera exclusivement consacré. Pourquoi, me demanderez-vous ? Eh bien, parce que l'arôme puissant des essences va imprégner la vaisselle que vous utiliserez, notamment les cuillers en bois. En les mettant au même endroit que vos provisions, vous courrez le risque de manger des choses au goût pour le moins étrange, comme des gâteaux parfumés à l'huile essentielle de tea-tree ou de lavande ! Enfin, les casseroles et les plats, en particulier ceux où vous aurez réchauffé certaines substances comme de la cire d'abeille, seront difficiles à récupérer. Sacrifiez de vieux objets de cuisine dont vous ne vous servez plus pour les réserver exclusivement pour tel ou tel usage. Encore un conseil : gardez les pots en verre et les récipients vides de produits cosmétiques, ils vous seront très utiles pour conserver vos pommades ou vos crèmes de soin. Vous pourrez les mettre au bain-marie pour préparer directement de petites quantités de produits.

Des bienfaits du bain-marie

De nombreux remèdes figurant dans ce livre réclament une cuisson au bain-marie. La raison est simple : il s'agit de protéger les huiles végétales et les huiles essentielles d'un contact trop vif et trop violent avec la chaleur qui risquerait de les dénaturer. Cette méthode offre un dernier avantage : il vous sera plus facile de contrôler la cuisson.

Pour un bain-marie, rien ne remplace à mon avis une bonne vieille grande casserole, une cocotte ou un fait-tout remplis d'eau, le tout posé sur un petit réchaud électrique. L'acquisition de ce dernier objet est loin d'être inutile, car il vous permettra de pratiquer l'art de l'aromathérapie ailleurs que dans votre cuisine. Vous pourrez vous installer n'importe où, loin des regards curieux de vos enfants…

L'équipement de base

- Petites et grandes casseroles en inox (jamais en aluminium).
- Grande casserole, cocotte ou fait-tout pour la cuisson au bain-marie.
- Cuillers en bois.
- Tamis plus ou moins fins.
- Spatule en caoutchouc.
- Ciseaux.

- Petits couteaux.
- Grands couteaux.
- 2 ou 3 pots de grande dimension.
- 2 ou 3 bols.
- Récipients doseurs.
- Cuillers.
- Compte-gouttes.
- Pilon et mortier (ou moulin à café).
- Assortiment de petits pots et de flacons munis de couvercles ou de bouchons.
- Infusettes à thé.
- Filtres à café.
- Balance de cuisine (suffisamment précise pour mesurer des poids de l'ordre du gramme).
- 2 thermomètres.
- Mesure en plastique de 25 ml.
- Compte-gouttes pour les yeux.
- Gaze.
- Stylo à l'alcool à pointe fine.
- Centrifugeuse ou mixer.

L'entretien et le lavage

Avant de commencer une préparation, assurez-vous que la vaisselle est parfaitement propre. C'est très important. Plus les ustensiles et les récipients seront nets et indemnes de germes, plus vos produits aromatiques se conserveront longtemps !

Les flacons et les récipients en verre seront lavés à l'eau chaude et au savon, puis soigneusement rincés et séchés à l'envers, éventuellement au four à basse température. Les bouteilles et les flacons pourront être mis 20 minutes à bouillir dans de l'eau. Posez dans ce cas un tissu humide sur le goulot.

Les récipients et objets en plastique seront stérilisés dans de l'eau additionnée de métabisulfite de sodium ou E 223 (en vente en pharmacie). Attention de ne pas inhaler les vapeurs de ce produit.

DOSAGES ET CONSERVATION

Conserver ses huiles essentielles

Les essences sont généralement commercialisées dans des flacons opaques ou de verre sombre – bleu ou ambre. Sensibles à la lumière, elles se dégradent aussi au contact de l'air : après ouverture, il faudra donc les utiliser rapidement.

Conservez vos huiles dans une boîte hermétiquement fermée, dans un endroit sec et aéré. Ne les mettez pas au réfrigérateur : elles s'épaissiraient ou se figeraient et risqueraient de moisir.

Sachez compter !

Permettez-moi de répéter une nouvelle fois qu'il est fondamental de mesurer soigneusement le nombre de gouttes d'huiles essentielles utilisées : quand une recette indique d'en mettre 2, ne doublez pas la dose en pensant obtenir un produit plus efficace ! Un compte-gouttes gradué est un objet indispensable dans l'art de l'aromathérapie : vous en trouverez dans toutes les pharmacies.

En lisant le tableau ci-après, vous remarquerez peut-être que j'ai parfois légèrement augmenté ou diminué le dosage indiqué dans les remèdes. J'ai fait cela en sachant que certains soins réclament des dosages plus ou moins élevés d'huiles essentielles. Quand vous vous serez bien familiarisé avec l'aromathérapie, vous serez alors capable de juger quelle quantité vous paraît la mieux adaptée à votre cas. Dans un premier temps cependant, il est plus sûr de vous en tenir aux proportions indiquées ici.

Concentrations d'huiles essentielles	
Atomiseur	50 à 100 gouttes dans 30 cl d'eau.
Application locale	10 gouttes pour 10 cl d'eau.
Bain	10 gouttes au maximum (selon l'âge) mélangées à 1 cuiller à café d'huile de pépins de raisin.
Bain de pieds	4 à 6 gouttes (selon l'âge).
Crème de massage	2 à 2,5 %.
Huile de massage	2 à 3 %.
Inhalation	2 gouttes (selon l'âge).
Lotion	1 à 1,5 %.
Nettoyant ménager	2 % (ou dès que l'odeur vous plaît !).
Pommade	3 à 5 %.
Répulsif contre les insectes	2 à 2,5 %.
Shampooing et après-shampooing	20 à 30 gouttes pour 1 verre de shampooing.

Mesures et équivalences

20 gouttes = environ 1 ml.
100 gouttes = environ 1 cuiller à café ou 5 ml.
1 cuiller à soupe = environ 20 ml.

Correspondances de concentrations

2 gouttes dans 2 cuillers à café = environ 1 %.
4 gouttes dans 2 cuillers à café = environ 2 %.
6 gouttes dans 2 cuillers à café = environ 3 %.
4 gouttes dans 1 cuiller à soupe = environ 1 %.
8 gouttes dans 1 cuiller à soupe = environ 2 %.
12 gouttes dans 1 cuiller à soupe = environ 3 %.
20 gouttes dans 10 cl = environ 1 %.
40 gouttes dans 10 cl = environ 2 %.
60 gouttes dans 10 cl = environ 3 %.

APPLICATIONS LOCALES

Vous utiliserez souvent ce type de soin. Je vous le conseille dans cet ouvrage pour soigner toutes sortes de choses, tant sous forme d'applications locales de compresses froides que de compresses chaudes ou fomentations.

Compresses froides

Il s'agit d'une application externe froide, utilisée afin de réduire une inflammation. Une compresse froide agit en abaissant la chaleur dans la région donnée. Elle permettra par exemple de dégonfler une enflure et de soulager la douleur à la suite d'une entorse.

Vous préparerez votre compresse en mouillant un linge doux dans 10 cl d'eau froide, puis en ajoutant 10 gouttes d'huile essentielle. Tordez le linge pour bien répartir les substances actives et pour qu'il ne goutte pas. Appliquez sur la région affectée. Renouvelez l'opération quand la compresse a perdu de sa fraîcheur.

Fomentations

Non, il ne s'agit pas ici de comploter, mais d'appliquer une médication externe chaude pour stimuler la circulation sanguine ! Une fomentation humide soulage la douleur et détend des spasmes musculaires. Elle a un pouvoir décongestionnant. Elle favorise en outre le drainage du pus.

Vous procéderez de la même manière que dans le cas des compresses froides, sauf que vous utiliserez ici de l'eau très chaude. Il faudra faire preuve de célérité lorsque vous préparerez une fomentation : sous l'action de la chaleur, les huiles essentielles s'évaporent très vite et perdent ainsi leurs pouvoirs thérapeutiques. Avant d'appliquer le linge, vérifiez sa température avec l'intérieur du poignet : il faut qu'il soit le plus chaud possible, mais pas au risque de vous ébouillanter ! Couvrez ensuite avec une bande pour conserver le plus longtemps la température. Renouvelez l'opération toutes les 2 heures jusqu'à disparition de la douleur.

BAINS

Difficile de s'en lasser tant ils sont variés : bains chauds, bains de pieds, bains au lait ou aux herbes aromatiques, et bien d'autres encore. Leur pouvoir thérapeutique, chaque fois différent, vous étonnera !

Bain chaud

30 ou 40 °C pendant 10 à 15 minutes maximum.

Je vous le conseille pour traiter un état fébrile, car il va augmenter la transpiration du malade et le rythme de sa respiration. Il fera ainsi baisser la fièvre et favorisera l'élimination des toxines accumulées dans l'organisme.

Le patient devra rester environ 10 minutes dans ce bain chaud, jamais sans surveillance bien sûr, surtout s'il s'agit d'un enfant. Il faudra ensuite bien le sécher, lui mettre un peignoir épais, puis dans un lit bien chaud. Juste avant de le coucher, vous lui ferez boire une infusion de menthe ou de mille-feuille.

Contre-indication

Ne jamais donner de bain chaud à une personne souffrant d'hypertension ou d'un problème cardiaque quelconque.

Bain froid

21 à 27 °C pendant 2 à 5 minutes maximum.

Le plus difficile sera d'entrer dans la baignoire, mais, si vous êtes d'un tempérament un tant soit peu spartiate, ce bain froid sera excellent pour votre tonus musculaire et vos voies respiratoires ! Il est également conseillé pour soulager la fatigue et la constipation. Enfin, il tonifie la peau et stimule les fonctions de la glande thyroïde.

Bain tiède

27 à 34 °C pendant 20 minutes.

C'est le type même du bain calmant et relaxant, idéal pour évacuer le stress par exemple. Tamisez la lumière et ressortez votre meilleur disque de musique planante : il sera encore plus efficace ! Vous pouvez rester 20 minutes dans l'eau, ou vous prélasser encore plus longtemps si vous le souhaitez.

Bain au lait

Si vous voulez avoir la peau douce et soyeuse, pas la peine de chercher plus loin !

Vous utiliserez du lait frais, du lait en poudre, du beurre ou du yaourt, puis vous ajouterez les huiles essentielles de votre choix en les mélangeant soigneusement. Il vous suffira ensuite de verser ce produit dans l'eau, d'agiter, et d'entrer tout de suite après dans le bain.

Bain au miel

C'est un vieux truc de grand-mère pour adoucir la peau. Le bain au miel a aussi la vertu de soulager les problèmes d'insomnie.

Versez 1 cuiller à soupe de miel dans un bol rempli d'eau tiède, remuez, puis ajoutez quelques gouttes d'une huile essentielle relaxante. Versez le tout dans la baignoire et entrez dans l'eau en sifflotant.

Bain aux herbes aromatiques

Ses domaines d'application sont très variés. Son action adoucissante, hydratante et stimulante sur la peau n'est plus à présenter.

Il existe d'innombrables manières d'utiliser des herbes aromatiques. La plus courante consiste à verser une décoction de plantes ou à jeter une infusette remplie d'herbes séchées dans l'eau en train de couler. Pour amplifier encore les vertus thérapeutiques de votre bain, vous pourrez lui ajouter 6 gouttes d'une ou de plusieurs huiles essentielles.

Bain aux sels de magnésium

Très relaxant, ce bain est également bon pour la peau. Il soulage d'éventuelles douleurs en détendant les muscles. Veillez cependant à ne pas prendre de bains aux sels de magnésium trop souvent.

Lorsque vous faites couler votre bain tiède, versez 10 gouttes de votre huile essentielle favorite et 1 verre de sels de magnésium. Agitez pour une bonne dissolution et restez au moins 20 minutes dans l'eau.

Bain au vinaigre

Encore un vieux remède qui a fait ses preuves contre les démangeaisons !

Dans un bain tiède, versez 1 tasse de vinaigre de cidre, quelques gouttes d'une huile essentielle adoucissante et un peu de vinaigre antiseptique. Glissez dans l'eau en chantonnant, et prenez tout votre temps !

Bain de mains

C'est un traitement particulièrement efficace pour soulager les engelures et les symptômes de la maladie de Raynaud. De nombreux phyto-aromathérapeutes le prescrivent souvent.

Pour un bain de mains simple, remplissez une cuvette suffisamment grande pour que vos deux mains soient immergées en même temps. L'eau doit être aussi chaude que possible. Versez 4 à 6 gouttes de l'huile essentielle appropriée à la surface de l'eau, mélangez soigneusement, puis trempez vos mains 15 à 20 minutes, en rajoutant de l'eau chaude au fur et à mesure qu'elle refroidit. Séchez-vous en frottant vivement avec une serviette.

Bain de pieds

Il est imparable contre un mauvais rhume ou une grippe, mais vous devrez le prendre dès l'apparition des premiers symptômes pour en engranger tous les bénéfices. Ce type de bain soulagera bien sûr aussi des pieds fatigués, échauffés ou endoloris après une épreuve sportive ou un après-midi de shopping particulièrement éreintant. Enfin, des bains de pieds alternativement froids et chauds viendront à bout des maux de tête les plus récalcitrants.

Pour un bain de pieds simple, remplissez une bassine suffisamment grande pour que vos deux pieds soient immergés en même temps. À défaut, utilisez la baignoire en vous asseyant sur le rebord. L'eau doit être aussi chaude que possible. Versez 4 à 6 gouttes de l'huile essentielle appropriée à la surface de l'eau, mélangez soigneusement, puis trempez vos pieds 10 à 15 minutes, en rajoutant de l'eau chaude au fur et à mesure qu'elle refroidit. Séchez-vous en frottant vivement avec une serviette, puis enfilez une bonne paire de charentaises bien épaisses.

Pour alterner le chaud et le froid, remplissez deux bassines suffisamment grandes pour que vos deux pieds soient immergés en même temps. Versez de l'eau froide dans la première et de l'eau la plus chaude possible dans la deuxième. Sauf avis contraire, ajoutez l'huile essentielle appropriée dans l'eau froide et agitez pour bien disperser les substances actives. Trempez vos pieds dans une bassine, puis dans l'autre. Répétez cette opération pendant environ 15 minutes.

Bain de siège

Il est idéal pour soulager un prurit anal, des hémorroïdes, et pour traiter différents problèmes gynécologiques.

Comme son nom l'indique, le niveau de l'eau dans la baignoire ne dépassera pas les hanches. Seul le bas-ventre et les fesses seront complètement immergés dans l'eau tiède.

BAIN DE BOUCHE

Vous l'utiliserez pour rafraîchir votre haleine, pour soigner des ulcères buccaux ou des problèmes de gencive.

Pour préparer un bain de bouche, il suffit de mélanger 4 gouttes d'huile essentielle dans 25 ml d'eau-de-vie. Versez 1 cuiller à café de ce produit dans ¼ de verre rempli d'eau chaude. N'avalez jamais le liquide !

BRÛLE-PARFUM ET DIFFUSEUR

C'est là une manière très agréable d'embaumer l'air de senteurs délicieuses, mais aussi de favoriser la relaxation ou d'empêcher la propagation d'une maladie infectieuse ! Un brûle-parfum suffisamment profond, quelques gouttes d'huiles essentielles dans l'eau, une bougie pour chauffe-plat, et le tour est joué !

CATAPLASME

C'est une préparation pâteuse, chaude ou froide, appliquée sur la peau pour réduire une inflammation, drainer du pus ou tout autre corps étranger suite à une blessure. En outre, elle décongestionnera la poitrine et favorisera la circulation sanguine.

Dans de l'eau chaude ou glacée, écrasez du pain, de la farine de lin ou une pomme de terre bouillie afin d'obtenir une pâte. Ajoutez ensuite quelques gouttes d'une huile essentielle appropriée et remuez bien le mélange.

Étalez cette préparation sur un linge, pliez-le pour couvrir la région intéressée, vérifier bien la température avec l'intérieur du poignet, puis procédez à l'application du cataplasme. Couvrez enfin à l'aide d'un bandage ou avec une serviette épaisse pour garder la chaleur ou la fraîcheur le plus longtemps possible.

Le même produit pourra être utilisé trois ou quatre fois. Vous le réchaufferez entre deux assiettes posées sur une casserole d'eau bouillante ou le refroidirez en le mettant au freezer. Renouvelez fréquemment le traitement pendant les 2-3 premières heures.

Cire d'abeille

On en trouve en pharmacie (mais elle est chère !), dans les magasins diététiques et en s'adressant directement à un apiculteur (le plus avantageux). La cire d'abeille achetée chez ce dernier sera peut-être truffée de pattes et de bouts d'ailes d'abeilles, de débris de fleurs ou autres impuretés. Avant de l'utiliser, il faudra la raffiner.

Raffiner la cire d'abeille

Mettez la cire d'abeille dans une vieille casserole réformée, couvrez d'eau et laissez chauffer très doucement jusqu'à ce que la cire soit complètement fondue. Laissez refroidir. Récupérez la cire se trouvant au-dessus de la surface de l'eau, et jetez la couche pleine de déchets noirs se trouvant au-dessous. Renouvelez l'opération si nécessaire.

Cubes de cire d'abeille

En préparant à l'avance de petits cubes, vous vous simplifierez la vie : finie la corvée de couper, puis de peser la quantité exigée de cire d'abeille à chaque fois ! Grâce à cette méthode très simple, vous réaliserez un grand nombre de cubes de même poids. Vous gagnerez ainsi beaucoup de temps lorsque vous préparerez une crème ou une pommade.

Faites chauffer de la cire d'abeille raffinée à feu doux. Quand le produit est devenu liquide, versez-le dans un bac à glaçons préalablement huilé. Pesez les cubes ainsi réalisés : leur poids devra être compris entre 12 et 15 g. Vous les conserverez dans une boîte hermétique, car ils risquent d'attirer les insectes (les mites et les moucherons en raffolent !). Collez une étiquette où vous mentionnerez le poids.

DÉSINFECTANT ANTISEPTIQUE

Encore un produit extrêmement efficace pour nettoyer une plaie sale dont vous craignez qu'elle ne s'infecte.

Versez 5 à 10 gouttes (selon l'âge du patient) d'une ou de plusieurs huiles essentielles dans 10 cl d'eau froide préalablement bouillie. Agitez vigoureusement pour bien mélanger.

DOUCHE VAGINALE

Une mise en garde s'impose ici : en prenant des douches vaginales trop fréquemment, vous risquez de bouleverser l'équilibre de pH de la muqueuse vaginale et d'éliminer certaines sécrétions naturelles indispensables. Suivez ce traitement seulement en cas d'infection, mais jamais en présence de quelques pertes blanches sans importance.

Prenez trois douches vaginales par jour pendant une semaine. Je vous conseille d'utiliser plutôt des plantes que des huiles essentielles, dont la forte concentration risquerait d'irriter la délicate paroi vaginale. Vous pourrez cependant utiliser de l'essence de lavande, de manuka, de myrrhe et de tea-tree. Dans la poire vaginale, versez 2 verres d'eau tiède préalablement bouillie et seulement 2 gouttes de l'huile essentielle recommandée. Bien agiter avant l'emploi et faire la douche vaginale immédiatement, quand le mélange est encore homogène.

Si l'infection persiste au-delà d'une semaine, c'est que le problème est plus grave : allez consulter sans tarder votre gynécologue, qui vous prescrira un traitement approprié.

FILTRAGE

Afin que vos préparations liquides se conservent dans d'excellentes conditions, vous devrez les filtrer soigneusement.

Les filtres à café en papier constituent la meilleure solution (et la plus économique !) chaque fois que vous souhaiterez obtenir un produit translucide et exempt d'impuretés.

GARGARISME

Il est idéal quand on est enroué ou frappé d'une extinction de voix. Un gargarisme soulage le mal de gorge. Il est capable d'atténuer et même de soigner une inflammation de la gorge.

Il vous suffit d'ajouter 1 goutte d'huile essentielle appropriée dans une tasse d'eau tiède et de vous gargariser. Évidemment, n'avalez jamais de produit !

Boisson au miel

1 verre et demi de miel liquide • 1 morceau de gingembre (environ 5 cm)

Coupez le gingembre en rondelles très fines (de l'épaisseur d'une feuille de papier), puis ajoutez le miel et transvasez le tout dans un bocal. Couvrez et faites chauffer au bain-marie en évitant l'ébullition. Laissez mijoter ainsi pendant environ 1 heure. Enlevez ensuite le gingembre à l'aide d'une passoire et pressez pour en extraire tout le suc.

Utilisation

Pour préparer votre gargarisme, versez 1 à 2 cuillers à café de miel et le jus d'un citron dans un verre rempli d'eau chaude. Vous pourrez préparer ce délicieux breuvage chaque fois que vous pensez couver un rhume ou que vous êtes pris de frissons. Cette boisson est excellente en cas de moral en berne et de manque d'appétit. Vous pouvez enfin l'utiliser pour agrémenter vos plats.

HUILE INFUSÉE

Les huiles obtenues par macération sont excellentes et sans aucun danger. Je vous recommande tout particulièrement l'huile infusée de calendula, très précieuse pour soigner les problèmes de peau.

Remplissez complètement un bocal de plante fraîche finement hachée. Si vous n'en avez pas, vous trouverez un grand choix sous forme déshydratée dans une herboristerie (dans ce cas, ne remplir le récipient qu'à moitié). Ajoutez 1 cuiller à soupe de vinaigre de cidre pour 400 à 500 g de plante, posez le couvercle et agitez vigoureusement. Laissez reposer quelques heures, en remuant de temps en temps le mélange. Ce stade de la préparation est essentiel : le vinaigre permet d'extraire certaines substances qui ne seront pas libérées par la suite dans l'huile.

Recouvrez maintenant avec une huile de bonne qualité, par exemple de l'huile d'olive et de l'huile de pépins de raisin, préalablement amenée à la température du corps au bain-marie. Fermez hermétiquement le bocal et placez-le dans un endroit chaud, au soleil, dans une casserole remplie d'eau chaude ou sur un radiateur.

Filtrez le mélange d'huile et de plante à travers une mousseline épaisse ou un linge. Pressez pour extraire le plus possible d'huile et reversez le liquide obtenu dans le bocal, en rajoutant si nécessaire de la plante hachée et de l'huile. Bouchez et remettez au chaud. Cette opération sera répétée plusieurs fois jusqu'à obtenir une concentration satisfaisante. En revanche, la macération dans le vinaigre ne sera réalisée qu'une seule fois.

Enfin, passez l'huile dans une passoire fine pour enlever tous les résidus de plante, puis à travers un linge finement tissé. Transvasez dans un flacon opaque et conservez au réfrigérateur.

INHALATION

Elle soulagera une congestion de la poitrine, du nez ou des sinus en fluidifiant le mucus bronchique. Je vous la recommande également en cas de mal à la tête ou de gorge.

Pour faire une inhalation, préparez au préalable une grande serviette et un bol rempli d'eau bouillante. Versez 6 gouttes d'huile essentielle (selon l'âge) dans le bol, mettez la serviette sur votre tête, ses pans retombant de part et d'autre du récipient, et penchez-vous rapidement pour inhaler les vapeurs d'huiles essentielles. Si le patient est très jeune, très âgé ou fragile, mettez par prudence le bol dans un lavabo, faites asseoir le malade et ne le laissez jamais sans surveillance.

Une dernière chose : attendez un peu avant de sortir quand vous aurez fait une inhalation, l'air du dehors pouvant irriter vos muqueuses devenues très sensibles.

Précautions de dosage

Si vous utilisez de l'huile essentielle de thym ou de menthe poivrée, n'en ajoutez pas plus d'1 ou 2 gouttes dans une inhalation.

PATCH

Ce mot anglais désigne les dispositifs transdermiques, de plus en plus utilisés par l'industrie pharmaceutique. Dans le cas présent, il vous servira à vous assurer de l'innocuité d'une huile essentielle, notamment si vous êtes sujet à des allergies.

Pour faire ce patch, mélangez dans un bol 1 goutte d'huile essentielle et 1 cuiller à café d'huile végétale. Appliquez un peu de cette préparation à la pliure du bras et massez légèrement. Couvrez avec un pansement et laissez agir 24 heures. Si vous n'observez ni inflammation, ni démangeaison, ni plaque rouge d'aucune sorte, vous pouvez utiliser cette huile essentielle sans crainte. Dans le cas contraire, abandonnez cette essence. Cette technique du patch est utilisable pour tester n'importe quel produit.

POMMADE

Les pommades, les baumes et les onguents, comme on les appelle indifféremment, sont des émulsions grasses ou résineuses auxquelles on ajoute des huiles essentielles ou des extraits de plantes pour leur donner des propriétés thérapeutiques spécifiques. De crémeuses, elles deviennent liquides au contact de la chaleur de la peau. Elles pénètrent très facilement dans l'épiderme quand on effectue un massage.

Une émulsion est un mélange d'huile et d'eau qui, une fois combinées, restent liées. L'huile est l'ingrédient principal de ce milieu hétérogène constitué par la dispersion de particules microscopiques. La plupart des pommades contiennent de la cire d'abeille, du beurre de cacao ou de l'huile de coco, c'est-à-dire des matières grasses solides. Je suis sûre que la préparation de telles pommades sera un vrai plaisir. Pour ma part, cela me donne l'impression d'être comme les herboristes et les soi-disant sorcières qui, il y a des siècles, faisaient les mêmes gestes et utilisaient presque exactement les mêmes produits que vous et moi.

Quelques pommades utiles

- La pommade à base de consoude, que vous utiliserez pour soigner des ecchymoses ou une entorse ; elle accélérera également la guérison des fractures et la cicatrisation d'une coupure ou d'une plaie.
- La pommade de calendula est un traitement de premier secours en cas de plaies, de coupures, d'écorchures, de crevasses du mamelon et d'ulcérations cutanées quelconques ; elle soulagera également les éruptions d'une rougeole ou d'une varicelle.
- La pommade à base de plantain est souveraine sur les piqûres d'insectes et les morsures d'animaux.

Comment préparer une pommade ?

Dans une casserole, faites fondre à feu doux de la cire d'abeille ou de l'huile de coco. Ajoutez de la lanoline et laissez dissoudre. Versez ensuite le mélange d'huiles végétales (huile d'olive, huile d'amande douce, huile de pépins de raisin, etc.) très lentement, en arrêtant dès que le mélange commence à prendre ; réchauffez juste ce qu'il faut pour qu'il reste liquide.

Versez maintenant cette mixture très lentement, au goutte à goutte, dans l'eau chaude d'une casserole. Agitez constamment et arrêtez-vous dès qu'elle commence à prendre ; si cela arrivait, réchauffez légèrement pour qu'elle redevienne liquide.

Quand la température de votre préparation aura baissé jusqu'à atteindre 45-48 °C, c'est-à-dire quand vous pouvez toucher l'extérieur du récipient sans vous brûler, ajoutez les teintures et les huiles essentielles. Mélangez-les soigneusement. Quand la pâte sera bien homogène, vous transvaserez le tout dans un bocal stérile que vous scellerez immédiatement.

C'est là le moment particulièrement délicat de la fabrication : si vous transvasiez le produit trop tôt, l'émulsion pourrait retomber ; si vous le faisiez trop tard, elle resterait dans la casserole et ne coulerait plus…

Pommade de soin

1 cube d'environ 7 g de cire d'abeille • 40 g de lanoline déshydratée • 2 cuillers à soupe d'huile d'olive ou d'huile de pépins de raisin (ou d'une quelconque huile infusée si vous en possédez une) • 20 gouttes d'huile essentielle de lavande • 30 gouttes d'huile essentielle de tea-tree ou de manuka • 20 gouttes d'huile essentielle de romarin • 10 gouttes d'huile essentielle de thym

Mettez la cire d'abeille au bain-marie dans une petite casserole. Lentement, ajoutez la lanoline et mélangez le produit.

Versez ensuite l'huile d'olive ou l'huile de pépins de raisin tout en continuant à remuer le mélange. Veillez à ce que la cire reste liquide et à ne pas trop chauffer la mixture. Enlevez ensuite du feu et laissez doucement refroidir jusqu'à atteindre une température d'environ 37 °C. Versez enfin les huiles essentielles goutte après goutte. Quand la pommade commence à prendre, transvasez dans un pot hermétique.

VAPORISATEUR

La vaporisation d'un produit à base d'huiles essentielles aux propriétés antibactériennes, antifongiques et antivirales empêche la propagation des maladie infectieuses. Tout en désodorisant l'air ambiant, elle apaise le stress et facilite le sommeil. L'usage d'un tel produit est particulièrement indiqué dans la cuisine ou les toilettes, où il assainira et parfumera l'air tout en désinfectant et en débarrassant les surfaces d'éventuelles bactéries.

Vous préparerez vos mélanges destinés à une vaporisation en ajoutant, dans un flacon d'une contenance de 30 cl, ½ à 1 cuiller d'une ou de plusieurs huiles essentielles et 50 ml de vodka ou de vinaigre de cidre. Vous laisserez reposer le tout quelques instants, avant de compléter avec de l'eau déminéralisée.

VINAIGRE ANTISEPTIQUE

Voilà un produit qui sera très utile dans votre armoire à pharmacie ! Vous l'utiliserez pour nettoyer et désinfecter toutes sortes de plaies. Ce produit calmera également les démangeaisons.

Pour le préparer, il suffit de mélanger, dans un flacon opaque, ½ verre de vinaigre de cidre, ½ verre d'eau déminéralisée, 30 gouttes d'huile essentielle de tea-tree et 30 gouttes d'huile essentielle de lavande. Agitez vigoureusement, puis versez un peu de produit sur un coton pour tamponner délicatement la plaie à désinfecter.

GLOSSAIRE

Acide et alcalin

La peau est protégée des invasions bactériennes par un manteau acide dont le pH va de 5,5 à 6,2. Malheureusement, la plupart des savons ont pour effet d'alcaliniser l'épiderme, si bien qu'après chaque lavage elle doit se réajuster. La réadaptation de son pH peut prendre entre 30 minutes et 2 heures, période pendant laquelle elle se trouve fragilisée face aux agressions extérieures. En utilisant un tonifiant moyennement acide, vous lui permettrez de recouvrer immédiatement son équilibre optimal.

Alcool

L'alcool éthanol à 95° est utilisé, à des dilutions variées, pour préparer des teintures, des astringents, et comme dissolvant des huiles essentielles. En France, ce type d'alcool est en vente seulement sur ordonnance et vous devrez vous rabattre sur l'alcool à 90°, produit pratiquement équivalent pour le propos qui nous concerne. À défaut, vous pouvez tout à fait utiliser des alcools blancs vendus dans le commerce, par exemple de la vodka, du gin ou une quelconque eau-de-vie.

Allergène

Le terme désigne toute substance susceptible d'engendrer une réaction allergique. Si vous êtes sujet aux allergies ou si vous avez la peau sensible, il est vivement conseillé de vérifier l'effet éventuellement allergène de certaines huiles essentielles avant de les utiliser. C'est ce que l'on appelle un patch (pour savoir comment vous y prendre pour faire ce test, voir L'aromathérapie pratique, Les méthodes de A à Z, p. 468).

Avoine

Si vous aimez le porridge et qu'il vous en reste du petit déjeuner, vous pourrez toujours le garder au frais jusqu'à l'heure de votre bain ou de celui de bébé ! Ce n'est pas une plaisanterie : les flocons d'avoine adoucissent la peau ; ils la laisseront toute lisse et soulageront d'éventuelles démangeaisons. Mettez-les flocons dans de la gaze ou dans un torchon, faites un nœud et jetez le tout dans l'eau. Vous n'aurez même pas besoin de savon ! Vous pouvez aussi utiliser l'avoine pour vos masques de beauté, vos gommages, vos savons, vos préparations de soin des mains, etc.

Beurre de cacao

Il est extrait de la fève du cacao à l'aide de grosses presses. Le beurre fond à très basse température et devient très rapidement liquide au contact de l'épiderme. C'est un excellent émollient pour les peaux sèches. Et en plus, son odeur est délicieuse ! Je vous le recommande si vous êtes enceinte en application sur les seins et le ventre. Vous pourrez aussi l'utiliser pur ou dans une crème pour adoucir et protéger votre peau, particulièrement aux endroits où elle est la plus fine : contour des yeux, lèvres et cou. Le beurre de cacao est moyennement allergène.

Bicarbonate de soude

Mélangé à du sel, il permet d'obtenir un excellent dentifrice abrasif. Additionné à de l'eau, à du vinaigre et à des huiles essentielles, il permettra de préparer une pâte très efficace pour soulager la douleur d'une piqûre ou d'une morsure.

Borax

Le borate hydraté de sodium, nom chimique du borax, est un minéral soluble dans l'eau dont on extrait les cristaux blancs ou grisâtres sur les rives de certains lacs. Le borax est légèrement alcalin et adoucissant : vous l'inclurez donc volontiers dans vos préparations cosmétiques. Attention, il ne doit jamais être ingéré, ni appliqué sur une plaie, ni utilisé pour soigner bébé !

Cire d'abeille

Les abeilles sécrètent cette graisse et en recouvrent les parois des alvéoles des rayons de miel dans leur ruche. La cire d'abeille est un produit idéal pour préparer une pommade ou une crème (voir L'aromathérapie pratique, Les méthodes de A à Z, p. 468).

Eau

Les bactéries prolifèrent facilement dans l'eau, qui trouvent là un milieu extrêmement favorable à leur multiplication. Comme c'est l'un des principaux ingrédients des remèdes figurant dans cet ouvrage, il faudra n'utiliser que de l'eau minérale, de l'eau distillée ou de l'eau bouillie si vous voulez que vos préparations se conservent longtemps.

Un petit truc en passant...

Trempez un bout de coton dans de l'eau froide, puis tapotez-le sur le visage : votre maquillage tiendra ainsi plus longtemps !

Eau de rose

Ce liquide à l'odeur délicieuse est obtenu à partir de pétales ou d'huile de rose. L'eau de rose dite « triple », vendue en pharmacie, est préparée par distillation de fleurs fraîches de *Rosa damascena*, ou rose de Damas.

En diluant 1 part d'eau de rose dans le double d'eau distillée, vous obtiendrez un produit utilisable dans une crème purifiante, un tonifiant ou une lotion hydratante. Vous pourrez aussi vous en servir comme eau de toilette.

Eau distillée voir Eau.

Émulsion

C'est un mélange d'eau et d'huile qui, une fois réalisé, ne se dissocie plus.

Fomentation

Souvent confondue avec un cataplasme, la fomentation consiste à appliquer un linge humide et chaud pour soulager une douleur et réduire une inflammation (voir L'aromathérapie pratique, Les méthodes de A à Z, p. 468).

Gel

Vous trouverez du gel à base de gomme adragante dans votre pharmacie. Ce produit constituera une excellente base pour vos préparations d'aromathérapie, surtout si vous désirez un produit non gras. Il est possible de faire vous-même votre propre gel en mélangeant de l'eau et de la poudre d'adragante, mais la gomme de cet arbrisseau du genre astragale coûte les yeux de la tête ! En outre, elle est rarement vendue en petites quantités et le gel est d'une fabrication délicate. Allez, pour une fois que je vous conseille d'acheter un produit tout prêt !

Glycérine

Cette substance naturelle est présente dans les graisses animales et végétales. Elle intervient habituellement dans la fabrication des savons. De consistance épaisse et visqueuse, elle est translucide, inodore et de saveur légèrement sucrée. Présente en petites quantités dans une lotion, dans une crème ou un tonifiant, elle jouera un rôle antibactérien tout en ayant sur la peau un effet adoucissant, lubrifiant et hydratant. Attention, si vous mettez plus de 20 % de glycérine dans un produit, vous obtiendrez le résultat exactement inverse : elle asséchera votre épiderme ! Pour Monsieur, on ajoutera un peu de ce tri-alcool dans l'après-rasage : il calmera encore mieux les feux du rasoir.

La glycérine agit enfin comme un agent conservateur. Cependant, pour être efficace, elle devrait être présente à raison d'un dosage de 20 %, ce qui est largement excessif. Il faudra donc vous contenter d'une quantité bien moindre pour préserver vos préparations, que vous combinerez à 4 % de teinture de benjoin pour en optimiser les effets.

Hamamélis

L'*Hamamélis virginiana* est fréquemment mentionné au long de cet ouvrage, particulièrement lorsqu'il s'agit de préparer des tonifiants et des astringents. Vendue en pharmacie, l'eau distillée d'hamamélis est styptique (astringente) et désinfectante. Elle réduit les inflammations cutanées et les ecchymoses, soulage la douleur des piqûres et combat les pellicules. En raison de son caractère astringent, c'est le meilleur tonifiant pour les peaux grasses que je connaisse. En outre, c'est un excellent déodorant pour l'aine et les aisselles.

Humectant

On parle d'humectant à propos des substances qui ont la capacité d'hydrater et de conserver l'humidité naturelle de la peau. La glycérine et le miel sont deux humectants.

Hydratant

C'est un liquide, une lotion, une crème ou tout autre agent qui hydrate la peau ou qui l'empêche de se dessécher.

Hyperpigmentation

C'est une pigmentation excessive de la peau consécutive à une exposition prolongée au soleil, à l'utilisation d'huiles essentielles ou de plantes photosensibles (voir à Photosensibilité ci-après).

Kaolin

Son nom vient du chinois, la « colline élevée », d'où l'on extrayait cette argile blanche friable. Le kaolin en poudre entre dans la composition des pâtes céramiques, des savons, des peintures et du papier. Il est utilisé comme base dans certains produits cosmétiques, notamment les masques destinés aux peaux grasses ou mixtes, car il a la vertu d'absorber les graisses de la peau.

Lanoline déshydratée

Cette substance onctueuse et grasse est extraite du suint de la laine de mouton. Elle est souvent commercialisée sous forme déshydratée, c'est-à-dire en poudre. Comme je suis un peu écolo sur les bords, j'ai longtemps refusé d'utiliser la lanoline en raison du trop grand nombre de substances chimiques utilisées dans l'élevage ovin. Je m'explique : quand un mouton broute dans une pâture traitée avec des phosphates organiques, des pesticides passent dans l'organisme de l'animal, puis sur son suint, enfin dans votre corps lorsque vous utiliserez de la lanoline.

J'avoue que les choses se sont améliorées et que la lanoline est plus pure qu'avant. En tout état de cause, d'un point de vue sanitaire, elle est certainement plus inoffensive que la vaseline obtenue à partir de pétrole ! Je conseillerais cependant aux femmes allaitantes de l'éviter, et de lui préférer le beurre de cacao ou l'huile de coco pour soigner leurs crevasses aux mamelons.

Attention, la lanoline est allergène.

Photosensibilité

On parle de photosensibilité lorsque la peau devient extrêmement sensible au soleil après l'application de certaines substances. La peau peut alors présenter des irritations, des rougeurs, une pigmentation excessive, ou enfler.

Racine d'iris

La poudre d'*Iris fiorentina* possède un parfum de violette séchée. Elle est obtenue en réduisant en poudre le rhizome âgé de 2 ans de cette plante à la belle fleur de couleur pourpre. Elle est utilisée comme fixatif dans les pots-pourris et les parfums. Vous en inclurez dans vos savons, vos dentifrices, et dans diverses préparations de soins corporels.

Attention, l'allergie à la racine d'iris est fréquente ! Faites un test préalable.

Sébum

Le rôle de cette substance grasse sécrétée par les glandes sébacées est de lubrifier la peau et la chevelure.

Sels de magnésium (sulfate de magnésium)

Ce sel minéral est appelé « sel d'Epsom » par les Britanniques parce qu'il est extrait dans les sources de l'Epsom, dans le Surrey. C'est un excellent additif dans un bain : il soulagera votre fatigue et vos muscles endoloris. Il est excellent dans un bain de pieds, après une rude journée de marche ou de shopping !

Styrax

Le baume de styrax, ou styrax officinal, est extrait de l'écorce d'arbres comme le *Liquidambar orientalis* et le styrax (aliboufier). L'écorce est récoltée puis broyée. Elle est ensuite raffinée pour devenir la délicate substance parfumée que l'on connaît. Le styrax est utilisé comme fixatif de parfums, et son arôme agrémente de nombreux savons, crèmes et autres lotions. Malheureusement, il est devenu très difficile à trouver.

Synergie

On appelle ainsi l'effet obtenu par l'action coordonnée de plusieurs huiles essentielles. Cette synergie est un processus long qui réclame souvent quatre jours, parfois plus.

Talc

Il est obtenu par mélange de différents calcaires que l'on broie jusqu'à obtenir une poudre impalpable. N'utilisez que du talc stérile acheté en pharmacie ! Si ce n'était pas le cas, il pourrait contenir certaines bactéries, comme celle du tétanos par exemple, qui serait fatal à votre bébé. Si vous avez le moindre doute, stérilisez le talc en le mettant au four à 150 °C pendant 1 heure. Remuez souvent la poudre.

Teinture de benjoin

Cette teinture alcoolique est obtenue à partir de résine extraite de l'écorce du styrax benjoin. Elle sera présente dans vos crèmes, lotions et pommades comme agent conservateur. En raison de ses propriétés antibactériennes, antivirales et antifongiques, vous l'utiliserez en application locale sur des plaques d'eczéma, des points noirs, des brûlures, des boutons et des régions prurigineuses.

Quand vous achèterez votre teinture en pharmacie, demandez simplement de la teinture de benjoin pure. Si elle contient des additifs, elle peut s'avérer dangereuse en cas d'utilisation inadaptée.

DES ADRESSES POUR L'E-ACHAT

Bien sûr, les pharmacies-herboristeries ou les boutiques spécialisées sont les meilleurs endroits pour vous procurer vos huiles essentielles. Si vous ne trouvez pas votre bonheur, si vous habitez une petite ville ou si une essence venait à manquer, sachez que l'e-commerce peut vous tirer d'affaire. L'objet rare vous parviendra directement dans votre boîte à lettres, et avec paiement sécurisé s'il vous plaît !

(Sont seulement mentionnés ici les sites web francophones.)

ESPACE NATURE
BP 918, 90020 Belfort, tél.: 03 84 22 51 64
www.espace-nature.com
Choix d'huiles essentielles et de plantes d'herboristerie. Diffuseurs et saturateurs.

LABORATOIRE DEMONCEAUX
www.labodemonceaux.ca
L'embarras du choix dans ce laboratoire canadien, avec plus de 80 variétés différentes d'huiles essentielles. Beau choix d'huiles végétales de beauté également.

LABORATOIRE HÉVÉA
tél.: 04 93 64 29 83
www.labo-hevea.com

Pas loin d'une centaine d'huiles essentielles, sans doute l'un des plus grands choix du marché. Produits certifiés 100 % purs et naturels.

Laboratoire Nutrition Hygiène
www.nutrition-hygiene.com
Des huiles essentielles, mais aussi des élixirs floraux, des sucs de plantes et des compléments nutritionnels.

Laboratoires Jacques Paltz
Une valeur sûre dans le domaine des huiles essentielles. Site très bien fait, avec recherche par thèmes et par mots clefs. D'étonnants coffrets : « Antipollution », « Pack rando », etc.
www.jacquespaltz.fr

NaturShop
Un choix d'une quarantaine d'huiles essentielles des laboratoires Pranarom et Phytosun'arom. Et quelques essences parfois difficiles à trouver, comme l'aneth.
www.naturshop.fr

Plantes et parfums de Provence
26170 Mollans-sur-Ouvèze, tél.: 04 75 28 74 40
www.ppp-provence.com
De l'essence de lavande bien sûr, mais aussi toutes les huiles essentielles que l'on peut extraire des arbres et des plantes de Provence : romarin, eucalyptus, pin, orange, menthe, cyprès, géranium, etc.

Casse-tête anglo-franco-latin

Vous avez un doute sur le nom latin ou vous avez décidé de recourir à un fabricant anglais ? Aucun problème, ces deux sites web proposent des tables très utiles de correspondances latin-français-anglais. La plupart des huiles essentielles sur le marché sont là :
http://nss.univ-lyon1.fr/O&O (puis cliquer sur « huiles essentielles » ; site de l'Université de Lyon-I) ;
www.huiles-essentielles.com (le site des Laboratoires Jacques Paltz).

Table des matières

Introduction
Le bon génie des huiles essentielles

Première partie
Les huiles

DEUXIÈME PARTIE
LES REMÈDES DE A À Z

TROISIÈME PARTIE
L'AROMATHÉRAPIE AU QUOTIDIEN

QUATRIÈME PARTIE
L'AROMATHÉRAPIE PRATIQUE

Photocomposition Nord Compo
Imprimé en Allemagne par GGP Media GmbH, Pößneck

Pour le compte des Éditions Marabout.
Dépôt légal : octobre 2009
ISBN : 978-2-501-06093-6
Codif. : 40.50.29.0
Édition 02